应用型本科高校建设示范教材

理论力学

主　编　胡庆泉　王继燕

副主编　李　琳　杨尚阳　尹大刚　侯善芹

中国水利水电出版社
www.waterpub.com.cn
·北京·

内 容 提 要

本书是为适应应用型人才培养的需要而编写，编写过程中参考了教育部高等学校力学教学指导委员会制定的《理论力学课程教学基本要求》，同时融入了编者多年的教学经验，作为教材可参照中、少学时（52～76）要求执行。

本书除绪论外共分14章：静力学基础、平面汇交力系和平面力偶系、平面任意力系、空间力系、摩擦、点的运动学、刚体的简单运动、点的合成运动、刚体的平面运动、质点动力学的基本方程、动量定理、动量矩定理、动能定理、达朗贝尔原理。本书在叙述问题时，突出受力与运动分析，注重对学生综合分析能力的培养，具有很强的教学适用性，有助于培养工程应用型人才。

本书可作为高等学校工科机械类、土木类专业“理论力学”或“工程力学”课程的教材，也可供成人教育、网络教育以及有关工程技术人员参考。

本书配有电子教案，读者可以从中国水利水电出版社网站（www.waterpub.com.cn）或万水书苑网站（www.wsbookshow.com）免费下载。

图书在版编目（CIP）数据

理论力学 / 胡庆泉，王继燕主编. -- 北京 : 中国水利水电出版社，2023.1
应用型本科高校建设示范教材
ISBN 978-7-5226-1349-9

Ⅰ. ①理… Ⅱ. ①胡… ②王… Ⅲ. ①理论力学－高等学校－教材 Ⅳ. ①O31

中国国家版本馆CIP数据核字(2023)第022257号

策划编辑：杜威　责任编辑：王玉梅　加工编辑：吕慧　封面设计：梁燕

书　　名	应用型本科高校建设示范教材 理论力学 LILUN LIXUE
作　　者	主　编　胡庆泉　王继燕 副主编　李　琳　杨尚阳　尹大刚　侯善芹
出版发行	中国水利水电出版社 （北京市海淀区玉渊潭南路1号D座　100038） 网址：www.waterpub.com.cn E-mail：mchannel@263.net（答疑） 　　　　sales@mwr.gov.cn 电话：（010）68545888（营销中心）、82562819（组稿）
经　　售	北京科水图书销售有限公司 电话：（010）68545874、63202643 全国各地新华书店和相关出版物销售网点
排　　版	北京万水电子信息有限公司
印　　刷	三河市德贤弘印务有限公司
规　　格	170mm×240mm　16开本　16.5印张　305千字
版　　次	2023年1月第1版　2023年1月第1次印刷
印　　数	0001—3000册
定　　价	49.00元

前　　言

“理论力学”是高等理工科院校普遍开设的一门技术基础课。它不仅是后续课程及其他专业课程的基础，还能够帮助学生直接分析和解决工程中的某些实际问题。近年来，在专业教学改革中，“理论力学”教学课时有所减少，加之高校扩招所导致学生基础的变化，这些因素使得相关专业“理论力学”教学内容的差别程度越来越大。为了满足由于这些变化所产生的教学以及应用型人才培养的需要，我们组织部分人员，参照教育部高等学校力学教学指导委员会制定的《理论力学课程教学基本要求》，并结合编者近年来的教学改革实践编写了本书。

在本书编写过程中，一方面考虑了学科自身的完整性和系统性，基本延续了传统内容体系，依次讲述静力学、运动学和动力学；另一方面着重考虑了应用型人才培养对基础课程知识需要的针对性与实用性，编写时删去了一些扩展部分的内容，如碰撞、机械振动等。针对学生应用知识能力的不足，在对基本概念进行论述时注重引导学生分析问题，把对物体受力分析和运动分析能力的培养贯穿教学始终。为了强化应用，在对定理进行论证和对公式进行推导时不做冗长叙述，力求简洁，而是把重点放在如何应用这些定理和公式去分析和解决问题上。另外，针对学生理论联系实际能力较差的现状，编写时还加重了物体计算简图所对应的实际工程构件背景的介绍，以达到逐步培养学生由工程实际抽象建立力学模型能力的目的。

本书由胡庆泉、王继燕任主编（负责统编定稿），李琳、杨尚阳、尹大刚、侯善芹任副主编（审读全稿）。具体编写人员及分工如下：刘建忠（绪论、第 1 章）、蒋彤（第 2 章、第 3 章）、王继燕（第 4 章、第 11 章）、崔泽（第 5 章）、高华（第 6 章）、李琳（第 7 章）、高曦光（第 8 章）、马昌红（第 9 章）、侯善芹（第 10 章）、杨尚阳（第 12 章）、胡庆泉（第 13 章）、倪正银（第 14 章）。本书编者均常年负责“理论力学”课程教学工作，有较深的理论造诣和丰富的教学经验。

由于时间仓促，书中难免有疏漏之处，恳请读者批评指正。

编　者

2022 年 8 月

目　　录

绪　论

0.1　理论力学的研究对象和内容

理论力学是研究物体机械运动一般规律的科学。辩证唯物主义的观点认为，自然界一切物质都是相互联系和相互作用的。这种不同的相互作用构成了物质世界的各种不同运动形式，例如发热、发光、产生电磁场，以及化学、力学等现象，也包括人的思维活动等。自然界中的物质都处在运动中。运动是物质存在的形式，是物质的固有属性，在物质的各种运动形式中，机械运动是最简单的一种。

所谓机械运动，是指物体在空间的相对位置随时间发生的变化。它是人们生活和生产实践中最常见的一种运动，也是宇宙间一切物质运动最简单的形式。物质的各种运动形式在一定的条件下可以相互转化，而且在高级和复杂的运动中往往存在着简单的机械运动。

物体的平衡是机械运动的特殊情况，理论力学研究的内容也包括物体的平衡规律。由于物体之间相互的机械作用，使得物体的运动状态发生改变，理论力学研究物体机械运动的一般规律，具体来说就是研究力与机械运动改变之间的关系。

本课程研究的内容是速度远小于光速的宏观物体的机械运动，它以伽利略和牛顿总结的基本定律为基础，属于古典力学的范畴。至于速度接近于光速的物体和基本粒子的运动，则必须用相对论和量子力学的观点才能完善地予以解释。在工程实际中，一般情况下物体的宏观速度远小于光速，因此皆属于古典力学研究的范畴。

理论力学所研究的是机械运动中最一般、最普遍的规律，是各门力学分支的基础，同时也与其他许多学科有着密切的联系。

本课程的内容包括以下三个部分：

（1）静力学：研究受力物体平衡时作用力之间的关系。

（2）运动学：从几何的角度来研究物体的运动，而不考虑作用于物体上的力。

（3）动力学：研究物体受力与其运动之间的关系。

0.2 理论力学的研究方法

力学是最古老的科学之一。理论力学是在长期的生产实践和科学实验的基础上总结出来的，同其他科学发展的规律一样，理论力学的发展也经历了从实践到理论，又从理论回到实践，用实践来检验理论，通过实践使理论进一步发展的过程。

观察和实验是理论力学发展的基础。在力学发展的初期，人类在对自然现象的直接观察及参加生产劳动的过程中建立了力的概念，并得出一些简单的力学规律。在古代，人们为了提水，制造了辘轳；为了搬运重物，使用了杠杆、斜面和滑轮；为了利用风力和水力，制造了风车和水车；等等。制造和使用这些生活和生产工具，使人类对于机械运动以及力的性质有了初步的认识，并积累了大量的经验，经过分析、综合和归纳，逐渐形成了力及运动等一系列基本概念。

实验是力学研究的重要一环，例如理论力学中的摩擦定律和惯性定律等就是直接建立在实验基础上的。现实生活中的物体运动是复杂多样的，一时不易认识它的本质，就必须从这些复杂的现象中抓住主要的因素，撇开次要的、局部的、偶然的因素，通过现象看本质，理解事物的内在联系，这就是在力学中普遍采用的抽象简化方法。通过抽象，把所研究的对象简化为理想模型。例如，在研究物体的机械运动时，略去了物体的变形，先得到了刚体模型，使得研究工作大为简化。如果客观条件改变了，就需要考虑新的主要因素，建立新的模型，使它更接近于实际。例如，研究航天器的运动轨迹时将其抽象为质点，在研究航天器的运行姿态时将其抽象为刚体，在研究其空中对接时则视其为变形体，等等，这些都体现了辩证法的思想。

通过抽象简化，进一步把人类长期以来从实践中得来的经验和认识到的个别特殊规律加以分析、综合、归纳，找出事物的普遍规律，从而建立一些最基本的普遍定律，作为本学科的理论基础。根据这些基本理论，借助于严密的数学工具进行演绎推理，得到各种形式的定理或公式，这就是演绎法，它也是力学中广泛应用的方法。

值得注意的是，在解决力学的问题时离不开数学这一有效的工具，特别是现代计算机技术的快速发展，使其在解决力学问题中发挥了巨大的作用，也使得极复杂的力学问题的解决成为可能。

理论力学是其他力学以及其他相关课程的基础，也是第一门力学课程，正确的学习方法既有利于理论力学的学习，也有利于其他课程知识的学习。因此，要学好理论力学，掌握学习方法是十分重要的。理论力学是理论性较强的课程，它概念多、定理多、公式多，因此在学习基本理论时要多思考、多练习，对定理的结论要着重理解它的物理意义，更重要的是要掌握定理的应用。另外，要善于理论联系实际，通过练习逐步熟悉从工程原型到力学模型的简化过程及特点，能应用学到的理论力学知识去解决工程实际问题。

0.3 学习理论力学的主要目的

（1）利用理论力学的知识直接解决一些工程实际问题。工程问题一般都要接触到机械运动，有些工程问题可以直接应用理论力学的基本理论去解决，有些比较复杂的问题则需要用理论力学和其他专门知识共同解决。

（2）为学习后续课程及其他知识奠定基础。很多理工科专业的课程，包括专业基础课及专业课的学习，都必须以理论力学知识为基础。

（3）为新兴学科的研究与开发提供必要支撑。随着现代科学技术的发展，理论力学的研究内容已渗入到其他科学领域，与其他学科交叉融合形成新兴前沿学科，如生物力学等，这也为理论力学的发展提供了广阔空间。

（4）学习“理论力学”课程，不仅要掌握科学知识，更要在学习的过程中领悟人生哲学道理，形成正确的人生观、价值观、世界观。我国著名的力学家钱学森（图 1）突破重重阻力学成归国，致力于祖国的科技事业，为我国科技发展做出了卓越贡献，成为中国航天科技事业的先驱和杰出代表。他一生传奇经历，为国人敬仰，是后辈学习的楷模。研究领域广泛，被誉为“万能科学家”的钱伟长（图 2），他的经典名句：我没有专业，祖国的需要就是我的专业。

图 1

图 2

拓展阅读：牛顿简介

艾萨克·牛顿（1643—1727），英国著或的物理学家、数学家，百科全书式的“全才”。他在 1687 年发表的论文《自然定律》里，对万有引力和三大运动定律进行了描述，奠定了此后三个世纪里物理世界的科学观点，并成为现代工程学的基础。他通过论证开普勒行星运动定律与他的引力理论间的一致性，展示了地面物体与天体的运动都遵循着相同的自然定律；为太阳中心说提供了强有力的理论支持，并推动了科学革命。

在力学方面，牛顿阐明了动量和角动量守恒的原理，提出牛顿运动定律。

在光学方面，他发明了反射望远镜，并基于对棱镜片将白光发散成可见光谱的观察，发展出了颜色理论。他还系统地表述了冷却定律，并研究了音速。

在数学方面，牛顿与戈特弗里德·威廉·莱布尼茨分享了发展出微积分学的荣誉。他也证明了广义二项式定理，提出了“牛顿法”以趋近函数的零点，并为幂级数的研究做出了贡献。

第 1 章　静力学基础

静力学是研究物体在力系作用下的平衡规律的科学。

物体处于平衡状态是自然界中普遍存在的现象，也是机械运动的特殊情况。对于平衡状态的研究自然离不开对物体的受力分析。

静力学部分主要解决三类问题：一是对物体进行受力分析，分析某个物体共受几个力，以及每个力的作用位置和方向，并绘制物体受力图；二是对作用在物体上的力系进行简化，在保持对物体作用原来力系作用效果不变的情况下，用最简单的力系作用形式代替原来较为复杂力系的作用；三是研究各种力系的平衡规律，分析作用在物体上的各种力系平衡时所需满足的条件。工程实际中，静力学问题有着广泛的应用，是设计结构、构件和机械零件时静力分析计算的基础，同时也是力学分析的基础。

1.1　静力学的基本概念

1. 力与力系的概念

人们通过长期的生产劳动和科学实践，建立了力的概念。力是物体间相互的机械作用，这种作用使物体的机械运动状态发生变化或者使物体发生变形。例如，人对小车施加一推力，推动小车由静止状态开始运动；房屋结构的横梁在载荷的作用下发生微小的弯曲变形等。

物体受力后产生的效应表现在两个方面：使物体的运动状态发生变化的作用效应，称为力的外效应；使物体发生变形的效应，称为力的内效应。理论力学主要研究力对物体的外效应，材料力学则研究力对物体的内效应。

实践证明，力对物体的作用效果取决于力的大小、方向和作用点，即力的三要素。在力的三个要素中，只要改变其中一个，也就改变了力的效应。

为了完整地表示力的效应，力必须用矢量表示，而且为定位矢量（有时若只与作用线相关时，可以表示为滑动矢量），画图时要把其三个要素完整地表示出来，例如沿水平地面推一小车（图 1-1），作用在小车 B 点处有一个推力 $\boldsymbol{F}$，画图时要在作用点处作一有向线段，其方向与力的作用方向一致，有向线段的长度按照比例表示力的大小，线段的起点或终点表示力的作用点，力所沿的直线称为力的作用线。本书中用黑体字母表示矢量，字母不加黑表示力的大小（矢量的模）。在国际单位制中力的单位为牛顿（N）。

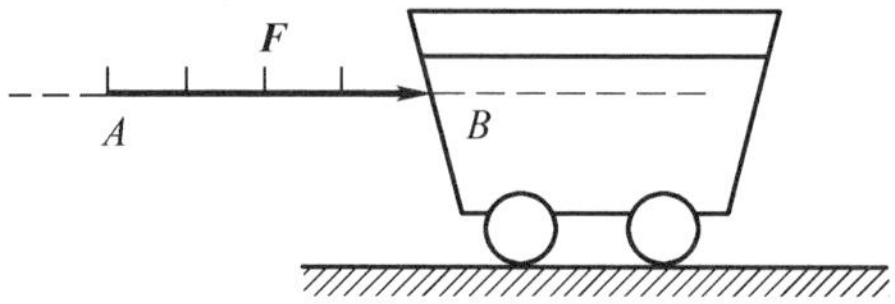

图 1-1

工程中把作用于物体上的一群力称为力系。根据力系中力的作用线是否在同一平面，力系可分为平面力系和空间力系；根据力系中力的作用线是否汇交，力系又可分为汇交力系、平行力系和任意力系。对物体作用效果相同的力系称为等效力系。

2. 刚体的概念

理论力学研究的对象是刚体，由物体抽象简化而来。实际上，在自然界中任何物体受力后总会产生一些变形。但在通常情况下绝大多数零件和构件的变形都是很微小的，甚至需要用专门的仪器才能测量出来。研究证明，在许多情况下，这种变形对物体的外效应影响甚微，可以忽略不计，即不考虑力对物体作用时物体所产生的变形。将这种受力后认为不发生变形（或变形可以忽略）的物体称为刚体。因此，刚体是对实际物体经过科学的抽象和简化得到的理想化的模型，这样的简化不仅抓住了问题的本质，而且极大地简化了计算过程。

3. 平衡的概念

平衡是指物体相对于地球处于静止或做匀速直线运动的一种状态。显然，平衡是物体受力状态的一种特殊形式。作用在刚体上并使其处于平衡状态的力系称为平衡力系，平衡力系应满足的条件称为平衡条件。

静力学研究刚体的平衡规律，即研究作用在刚体上的力系应满足的平衡条件。

1.2 静力学公理

静力学公理是人们在长期的生活及生产实践中对于力的性质与特点的认知所总结的某些结论，又经过实践反复验证确认这些结论符合客观生产实际，最终使这些结论形成了关于力普遍性的客观规律。这些公理奠定了静力学的全部理论基础。

公理 1 力的平行四边形法则：作用在物体上同一点的两个力可以合成为一个合力，合力的作用点也在该点，合力的大小和方向由这两个力为邻边所构成的平行四边形的对角线确定（图 1-2）。

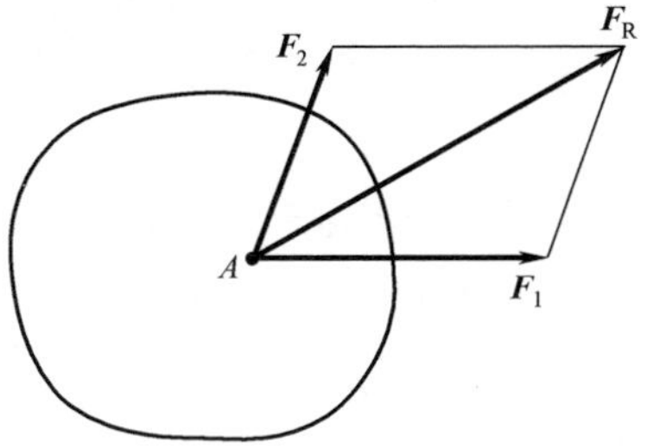

图 1-2

这个公理说明了作用在物体上同一个点的两个分力与合力的关系，即合力矢等于两个分力矢的和：

$$\boldsymbol{F}_{\mathrm{R}} = \boldsymbol{F}_1 + \boldsymbol{F}_2 \tag{1-1}$$

求合力时，既可以根据两个分力与合力之间的几何关系用解析方法求解，也可以用作图的方法求解，即确定比例尺，画一力平行四边形，求得两汇交力合力的大小和方向。此方法也称为矢量加法。

用几何法求合力时，为了作图方便，可以只画出平行四边形的一半，即三角形便可（图 1-3）。其方法是从任意点 O 先作出一力矢 $\boldsymbol{F}_1$，后再由其终端作另一力矢 $\boldsymbol{F}_2$，最后由力矢 $\boldsymbol{F}_1$ 的起点至力矢 $\boldsymbol{F}_2$ 的终点作一有向线段，形成一个封闭的三角形，这个封闭边的有向线段就代表两个力的合力。此三角形称为力三角形。也可以先作 $\boldsymbol{F}_2$，再作 $\boldsymbol{F}_1$，得到同样的结果。这种按照各分力依次首尾相接求合力的方法称为力的三角形法则。

公理 1 提供了一个由二力组成的最简单力系求其合力的法则，这也为以后复杂力系的简化提供了基础。

公理 2　二力平衡条件：受二力作用的刚体处于平衡状态的充分必要条件是，这两个力大小相等、方向相反、作用线共线（图 1-4）。

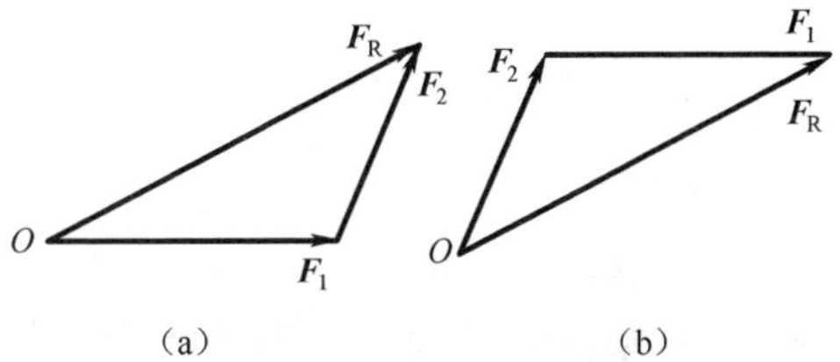

图 1-3

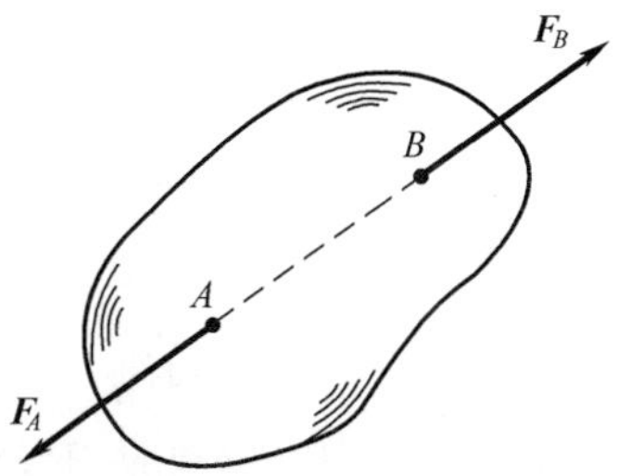

图 1-4

公理 2 表明了作用于刚体上最简单力系平衡时所必须满足的条件。需要注意的是，这个公理只适用于刚体，对变形体来说只是必要条件而非充分条件。例如，柔软的绳索只能在二等值、反向、共线的拉力下保持平衡，而在承受压力时无法保持平衡。

公理 3　加减平衡力系原理：在作用于刚体的任一力系上，加上或减去任意个平衡力系，并不改变原力系对刚体的作用效果。

公理 3 是研究力系等效替换的重要依据，也是对复杂力系进行简化的一个重要方法。在上述公理的基础上，很容易导出下述两个推论。

推论 1　力的可传性原理：作用于刚体上某点的力，可以沿着它的作用线移到刚体内任意一点，并不改变该力对刚体的作用效果。图 1-5 中，在小车点 A 处作用一水平推力 $\boldsymbol{F}$，然后将力 $\boldsymbol{F}$ 沿其作用线移到 B 点处变为拉力，对小车的作用而言，作用力移动前后的效果是相同的。

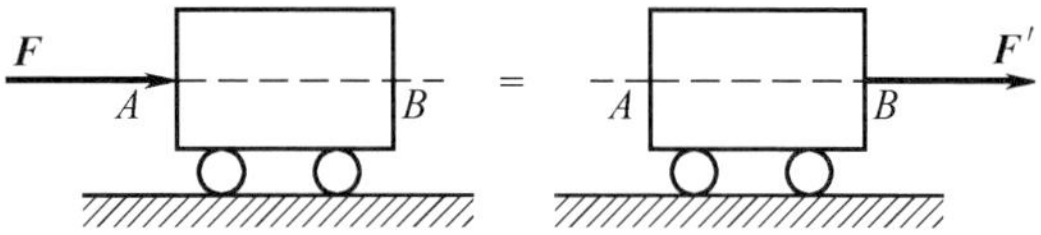

图 1-5

对推论 1 做一简单推证：刚体上的 A 点作用一力 $\boldsymbol{F}$［图 1-6（a）］，根据加减平衡力系原理，在力的作用线点 B 处加上两个相互平衡的力 $\boldsymbol{F}_1$ 和 $\boldsymbol{F}_2$［图 1-6（b）］，且使 $F_1 = F_2 = F$，使得力 $\boldsymbol{F}$ 和 $\boldsymbol{F}_1$ 也组成一个平衡力系，故可除去，这样只剩下一个力 $\boldsymbol{F}_2$［图 1-6（c）］，经过这样的变换后，力对物体的作用效果没有改变，因此可以视为原来的力 $\boldsymbol{F}$ 沿其作用线由 A 点移到了 B 点。

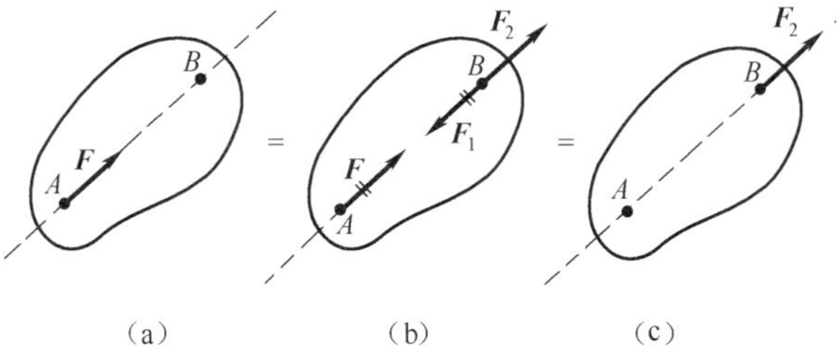

图 1-6

由此可见，作用于刚体上的力可以沿着作用线移动。对于刚体来说，力的作用点已不是决定力作用效应的要素，它已被作用线所代替。因此，作用于刚体上的力的三要素是：力的大小、方向和作用线。作用于刚体上的力可以沿着作用线移动，这种矢量称为滑动矢量。

推论 2　三力平衡汇交定理： 作用于刚体上的三个互不平行的力，若使其保持在平衡状态，那么这三个力的作用线必汇交于一点。

证： 如图 1-7 所示，在一刚体的 A、B、C 三点上分别作用三个互不平行的力 $\boldsymbol{F}_1$、$\boldsymbol{F}_2$、$\boldsymbol{F}_3$，其中 $\boldsymbol{F}_1$ 和 $\boldsymbol{F}_2$ 两力的作用线汇交于 O 点，根据力的可传性，将力 $\boldsymbol{F}_1$ 和 $\boldsymbol{F}_2$ 移到汇交点 O，然后根据力的平行四边形法则求得合力 $\boldsymbol{F}_{12}$，如果刚体处于平衡状态，则力 $\boldsymbol{F}_3$ 应与 $\boldsymbol{F}_{12}$ 组成平衡力系，两个力必须等值、反向、共线，所以 $\boldsymbol{F}_3$ 必定通过 O 点，三个力汇交于一点，同时也共面，定理得证。

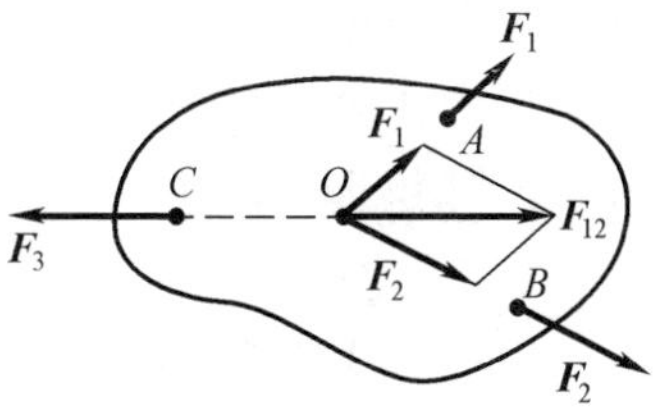

图 1-7

公理 4　作用与反作用定律： 两个物体间的作用力与反作用力，总是大小相等，方向相反，作用线相同，并分别作用于这两个物体上。

这个公理概括了自然界中物体间相互机械作用的关系，它既表明了作用力和反作用力总是成对出现的，也表明了力在物体系统中的传递关系。值得注意的是，作用力与反作用力分别作用在两个相互作用的物体上，因此在研究单个物体时，不能视为平衡力系。

1.3　约束及约束反力

在空间可以自由运动、其位移不受任何限制的物体称为自由体，如空中飞行的飞机、火箭、人造卫星等。工程中的大多数物体，某些方向的位移往往受到限制，这样的物体称为非自由体。例如，高速公路上行驶的汽车、安装在轴承中的转轴、大型结构中的构件等都是非自由体。

对非自由体某些方向的位移起限制作用的周围物体称为约束。如道路是汽车的约束、轴承是转轴的约束、结构中某一构件其周围的物体是该构件的约束等。当物体沿着所限制的方向有运动趋势时，约束对物体必产生一作用力。约束对被约束物体的作用力称为约束反作用力，是一种被动力，简称约束反力或约束力。与其相对的是，主动作用于物体之上的力称为主动力，物体的重力也可看作主动力。由此看来，约束反力的方向总是与物体被约束所限制的位移方向相反，而且作用在被约束之处，这是用以确定各种约束反力方向的原则。至于约束反力的大小和方向则必须依据平衡条件来确定。

下面介绍几种工程中常用的约束类型，并分析其约束反力的特点。

1. 柔体约束

工程中常见的柔软绳索、钢丝绳、三角带、链条等都可以简化为柔体，它的约束称为柔体约束。如图 1-8（a）所示，一球体用一根绳子吊起，在重力的作用下球体具有下落的趋势，但是绳子阻止球体向下运动，因此球体受到了来自绳子的约束反力，显然这个力是拉力，作用在绳子连接球体之处［图 1-8（b)］。对绳子来说，其受到来自球体给它的反作用力，这个力是沿绳子伸长的方向。

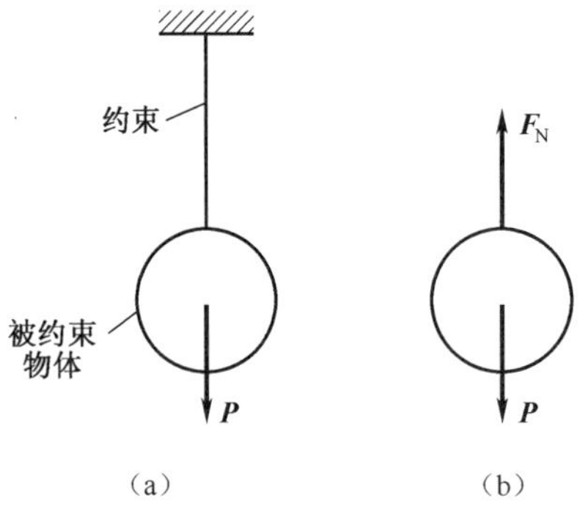

图 1-8

图 1-9（a）表示皮带或链条传动的情况。皮带或链条对于轮子的约束也属于柔性约束，对传动轮的约束反力如图 1-9（b）所示。

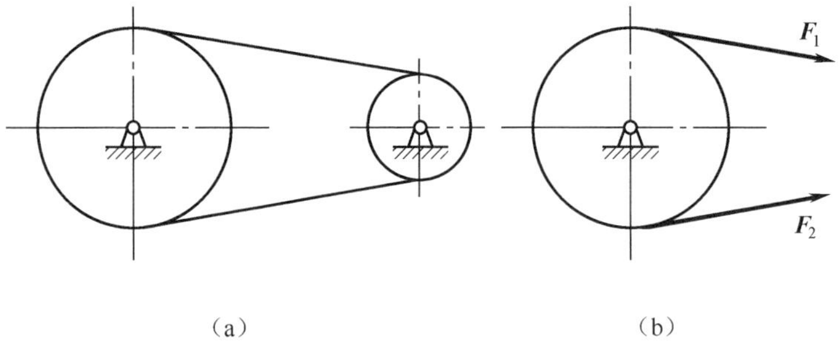

图 1-9

由于柔体只限制了物体沿柔体伸长方向的运动，而不能限制物体沿其他方向运动，所以柔体的约束反力必定是沿柔体的中心线且背离被约束的物体，只能是拉力。

2. 光滑面约束

当两物体接触面上的摩擦力很小，且对所研究问题不起主要作用而略去不计时，可以认为接触面是光滑的。

例如，一物块放置在光滑的平面上，如图 1-10（a）所示，受到光滑平面的约束，物块在垂直于平面法线上的位移受到限制，所以就承受来自接触点处平面法线方向的约束反力作用，如图 1-10（b）所示。曲面接触的情况也是如此，如一个圆柱体放置在一个 V 形槽中，如图 1-11（a）所示，两侧斜面约束也视为光滑面的约束情况，作用于圆柱体的约束反力如图 1-11（b）所示。

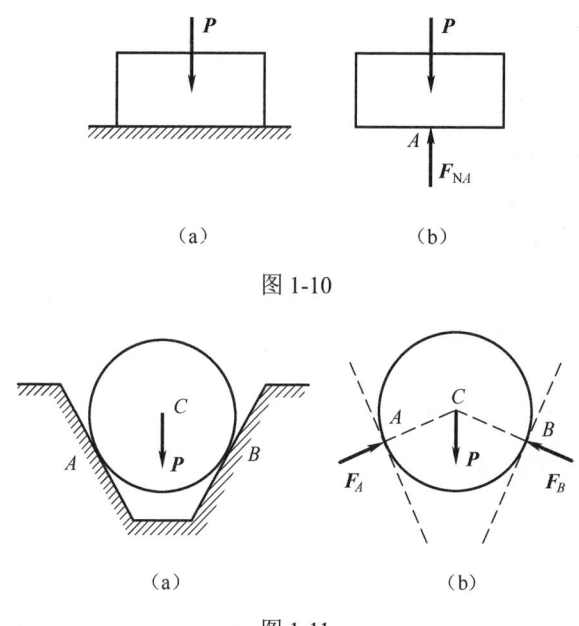

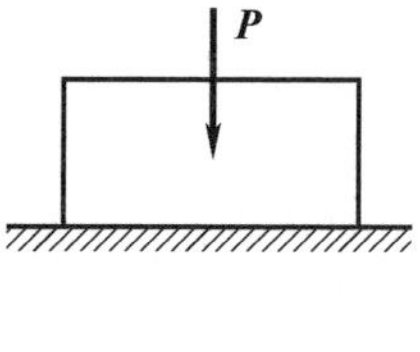

（a）　（b）

图 1-10

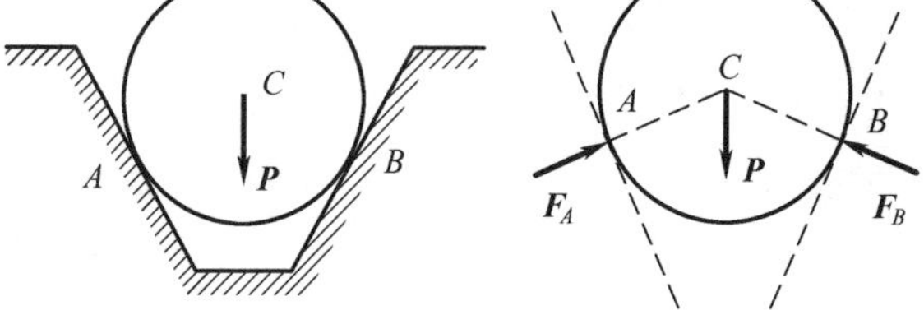

（a）　（b）

图 1-11

这类约束的特点是不限制物体沿约束表面切线方向的位移，只阻碍物体沿接触表面法线方向、指向约束体内部的位移。因此，光滑支承面对物体的约束力作用在接触点处，方向沿接触表面的公法线指向被约束的物体。对于研究的物体而言，受到的光滑面约束反力只能是压力，这个力称为法向约束反力。

3. 光滑铰链约束

铰链约束为两构件采用圆柱定位销形成的连接。它由一个圆柱销钉插入两个物体的圆孔中构成，若销钉与圆孔之间的接触是光滑的，就称为光滑铰链约束。光滑铰链约束可分为以下三种情况：

（1）圆柱形铰链。构件连接方式如图 1-12（a）和（b）所示。

由于销钉与物体圆孔接触曲面都是光滑的，两者之间的配合总有缝隙，所以两圆柱面接触只是在局部某一点上［图 1-12（c）］，本质上属于光滑面约束，那么销钉对物体的约束力应通过物体圆孔中心。由于接触点不确定，约束反力的方向就难以确定，在这种情况下，通常用两个互相垂直的分力 $\boldsymbol{F}_{Kx}$、$\boldsymbol{F}_{Ky}$ 来表示这个未知的约束反力的合力 $\boldsymbol{F}_K$，如图 1-12（d）所示。

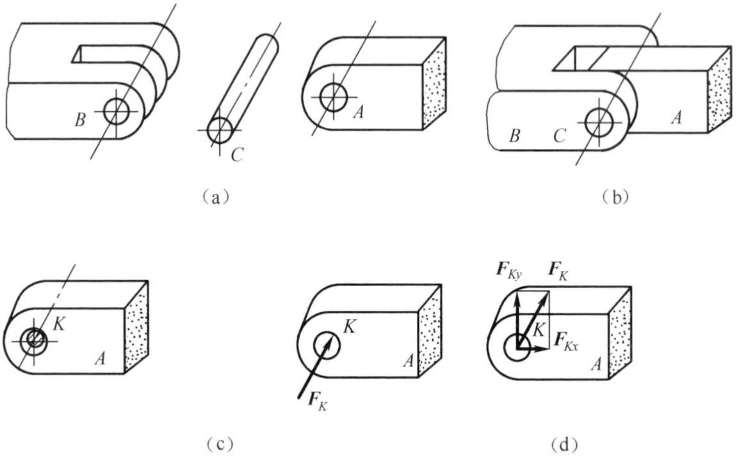

图 1-12

（2）固定铰链支座。固定铰链支座也简称为固定铰支座。它是将连接的两构件中的一个固定于地面或机架。图 1-13（a）所示为桥梁上所用一种支座的构造示意图，图 1-13（b）和（c）是固定铰支座的计算简图，固定铰支座的约束反力如图 1-13（d）所示。

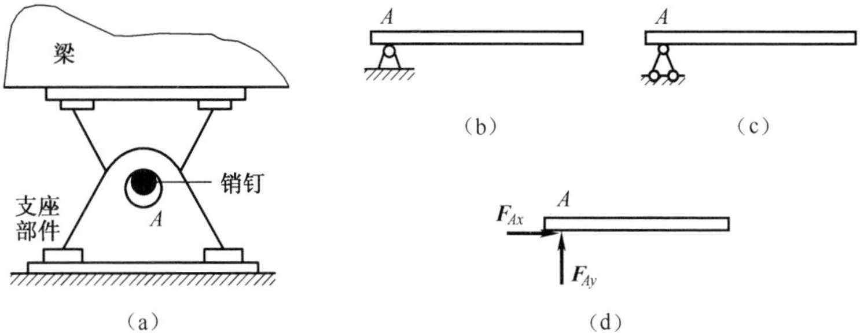

图 1-13

固定铰支座约束广泛存在于生活及工程实际中，请找出我们所在教室中有关固定铰支座的实例，并指明其作用。

（3）向心轴承支座。图 1-14（a）所示为轴承装置，在垂直于轴线的平面内可画成如图 1-14（b）所示的简图，轴可在孔内任意转动，也可沿孔的中心线移动，但是轴承阻碍着轴沿径向向外的位移，这种约束情况同铰链相同，它的约束反力在垂直于轴线的平面内，如图 1-14（c）所示。

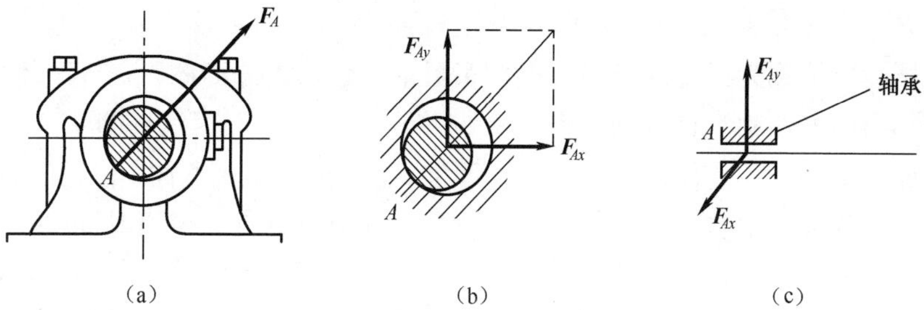

图 1-14

4. 活动铰链约束

活动铰链支座简称活动铰支座，它是在固定铰支座和光滑支承面之间装有几个滚轴而成，如图 1-15（a）所示。由于滚轴的作用，被支承的物体可沿支承面的切线方向运动，法线方向的运动被限制，这种支座允许被支承物体由于温度发生变化等外界因素引起的沿支承面切线产生的微小位移。图 1-15（b）至（d）分别为活动铰支座的几种简化形式。可以看出，活动铰支座的约束与光滑支承面约束相同，约束反力沿支承面的法线方向，如图 1-15（e）所示。

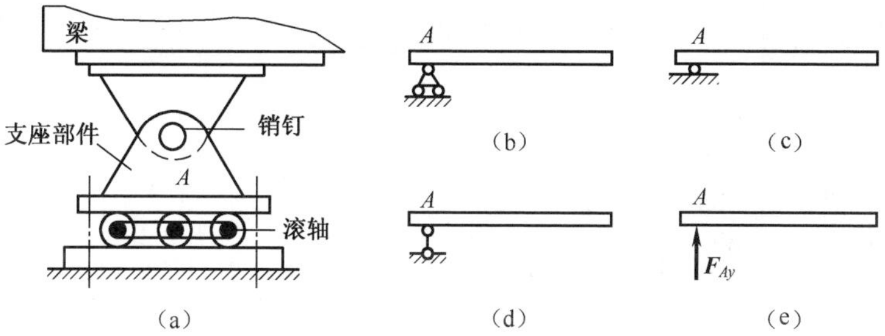

图 1-15

1.4　物体的受力分析和受力图

在研究物体平衡或运动状态发生变化时都必须先分析物体的受力情况，这是研究各种力学问题的前提。弄清所研究的物体都受到哪些力的作用及如何作用的过程称为对物体进行受力分析。通常所研究的物体是结构中的某一构件，或是其一部分，或是整体，它可能既受主动力的作用，还受到周围物体约束反力的作用。因此，为清楚地表明物体的受力状态，就要根据已知条件和待求问题选择某一物体（或物体系）作为研究对象，然后解除周围的约束，把该物体从原来的体系中分离出来，再依次画出该物体上所作用的全部力（包括主动力与约束反力）。选取的要分析的物体称为研究对象，解除约束后的物体称为分离体，在分离体上画出所受全部力的简图称为物体的受力图。

画受力图是解平衡问题的第一步，不能有任何错误，否则以后计算的依据发生错误，将导致得出完全不正确的结论。此后如果没有特殊说明或标注，则物体的重力一般不计，并认为一切接触面都是光滑的。画受力图时，首先要明确选取研究对象，其次分别解除周围约束画出分离体，然后画出其上作用的主动力，最后逐一在解除约束之处按照约束类型画出约束反力，最终得到物体的受力图。

例 1-1 用力 $\boldsymbol{F}$ 拉动碾子以压平路面，重为 $\boldsymbol{P}$ 的碾子受到一石块的阻碍，如图 1-16（a）所示，不计摩擦，试画出碾子的受力图。

解：（1）取碾子为研究对象。解除碾子在 A、B 处的约束，得到分离体，并单独画出其简图。

（2）画出作用在碾子中心 O 点处的主动力 $\boldsymbol{P}$（碾子重力）和碾子中心的拉力 $\boldsymbol{F}$。

（3）画约束力。因碾子在 A 和 B 两处受到石块和地面的光滑面约束，故在 A 处及 B 处受到石块与地面的法向反力 $\boldsymbol{F}_{NA}$ 和 $\boldsymbol{F}_{NB}$ 的作用，它们都沿着碾子上接触点的公法线而指向圆心。

最后，得到碾子的受力图如图 1-16（b）所示。

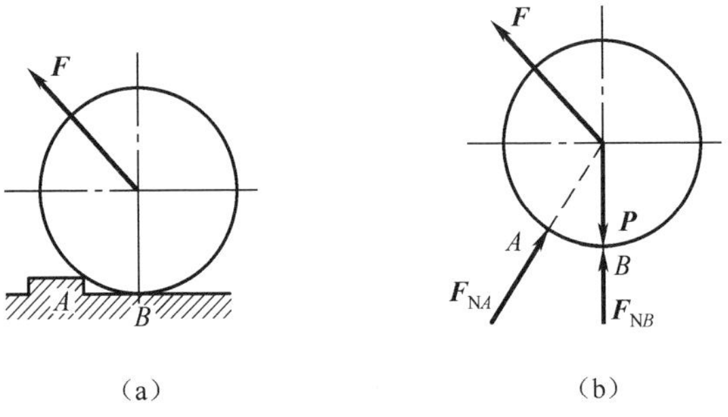

图 1-16

例 1-2 图 1-17（a）所示的结构由杆 AC、CD 与滑轮 B 铰接组成。物体重 $\boldsymbol{W}$，绳子绕在滑轮上。杆、滑轮及绳子的自重不计，并忽略各处的摩擦，试分别画出滑轮 B、杆 AC 和 CD 及整个系统的受力图。

解：（1）以滑轮为研究对象。依次解除 B 点处圆柱销和绕在其上的绳子沿水平与垂直方向的约束，画出分离体图。B 处为光滑铰链约束，杆上的铰链销钉对轮孔的约束反力为 $\boldsymbol{F}_{Bx}$、$\boldsymbol{F}_{By}$，绳索的拉力为 $\boldsymbol{F}_{TE}$、$\boldsymbol{F}_{TH}$，滑轮受力图如图 1-17（b）所示。

（2）以 DC 杆为研究对象。依次解除 C 点处圆柱形铰链约束、D 点处固定铰链支座约束，画出分离体图。由光滑铰链约束的性质可知，其约束反力其实就是一个力，只不过在通常情况下方向和大小不能事先确定，但是对 DC 杆而言，D、C 处分别为铰链约束，也就是说只在 D、C 处分别受一个约束反力作用，根据二力平衡原理，两个力必定等值、反向、共线，所以可以判断出两点处的约束反力必须共线（方向可假定），且有 $\boldsymbol{F}_{SD}=\boldsymbol{F}_{SC}$，故 CD 杆称为二力杆，其受力图如图 1-17（c）所示。

（3）以 AC 杆为研究对象。依次解除 A 点处固定铰链支座约束和 B、C 点处圆柱形铰链约束，画出分离体图。根据约束反力特点，在 A、B 处分别画两个互相垂直的约束反力（分力）：$\boldsymbol{F}_{Ax}$、$\boldsymbol{F}_{Ay}$ 与 $\boldsymbol{F}'_{Bx}$、F'_{By}，C 点处按照作用力与反作用力关系有 F'_{SC}，AB 杆受力图如图 1-17（d）所示。

（4）以整体为研究对象。依次解除 A、D 点处固定铰链支座约束及 E 点处绳子的约束，得到分离体图。物体的重力 $\boldsymbol{G}$ 为主动力，A、D 点处都是固定铰链支座约束，分别画出力 $\boldsymbol{F}_{Ax}$、$\boldsymbol{F}_{Ay}$、$\boldsymbol{F}_{SD}$，绳子在水平方向的约束反力为拉力，画出 $\boldsymbol{F}_{TE}$。整体受力图如图 1-17（e）所示。

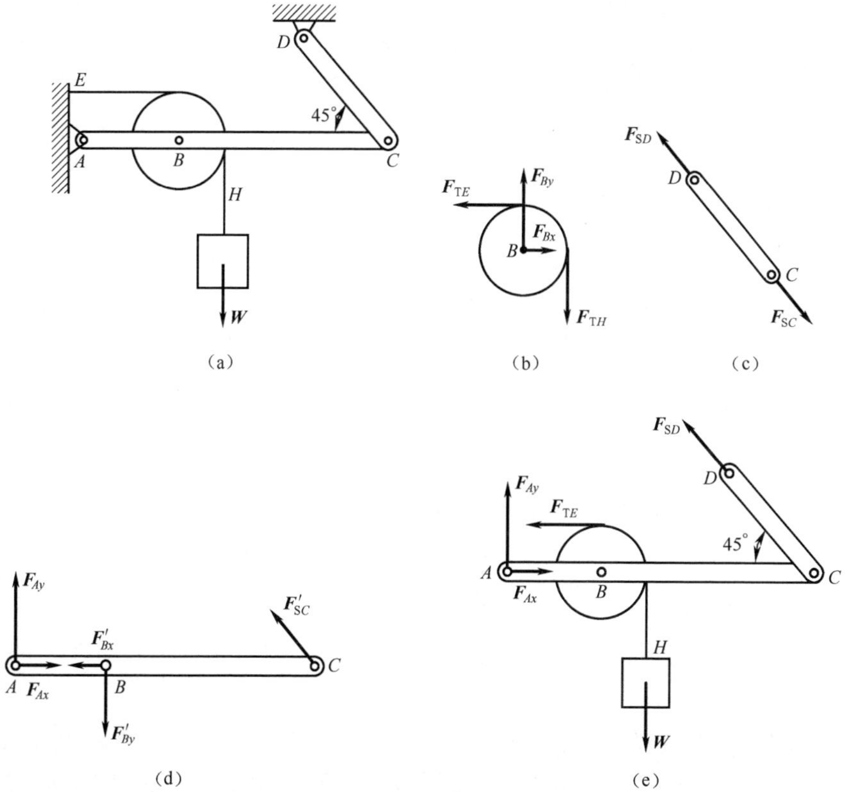

图 1-17

对物体进行受力分析需要注意以下几点：

（1）要明确研究对象，即是在研究哪一部分，因为选的研究对象不同，受到的主动力和约束自然不同。

（2）要弄清楚各处约束，按照约束类型正确画出约束反力。

（3）正确理解作用力与反作用力的关系，在受力图中必须要体现反向与共线的特点。

（4）在进行受力分析时，若能先找出二力杆，就可以简化分析过程，这对以后的计算也会带来很大方便。

拓展阅读：静力学发展简史

静力学一词是由法国数学家、力学家皮埃尔•伐里农于 1725 年引入的。从现存的古代建筑可以推测当时的建筑者已使用了某些由经验得来的力学知识，并且为了举高和搬运重物已经能运用一些简单机械（例如杠杆、滑轮和斜面等）。

静力学是从公元前 3 世纪开始发展，到公元 16 世纪伽利略奠定动力学基础为止。这期间经历了西欧奴隶社会后期、封建时期和文艺复兴初期。因农业、建筑业的要求，以及同贸易发展有关的精密衡量的需要，推动了力学的发展。人们在使用简单的工具和机械的基础上，逐渐总结出力学的概念和公理。例如，从滑轮和杠杆得出力矩的概念；从斜面得出力的平行四边形法则；等等。

阿基米德是使静力学成为一门真正科学的奠基者。在他的关于平面图形的平衡和重心的著作中创立了杠杆理论，并且奠定了静力学的主要原理。阿基米德得出的杠杆平衡条件是：若杠杆两臂的长度同其上的物体的重量成反比，则此二物体必处于平衡状态。阿基米德是第一个使用严密推理来求出平行四边形、三角形和梯形物体的重心位置的人，他还应用近似法求出了抛物线段的重心。

著名的意大利艺术家、物理学家和工程师达•芬奇是文艺复兴时期首先跳出中世纪烦琐科学人们中的一个，他认为实验和运用数学解决力学问题有巨大意义。他应用力矩法解释了滑轮的工作原理；应用虚位移原理的概念来分析起重机构中的滑轮和杠杆系统；在他的一份草稿中，他还分析了铅垂力奇力的分解；研究了物体的斜面运动和滑动摩擦阻力，首先得出了滑动摩擦阻力同物体的摩擦接触面的大小无关的结论。

对物体在斜面上的力学问题的研究，最有功绩的是斯蒂文，他得出并论证了力的平行四边形法则。静力学一直到伐里农提出了著名的伐里农定理后才完备起来。伐里农定理和潘索多边形原理是图解静力学的基础。

图解静力学是静力学中用作图方式求解问题的一种方法，所得结果的精确度虽不如数解法，但能迅速得出一目了然的答案，故在一般工程结构的设计中也常采用。用此法进行设计，便于随时调整原始数据和迅速找出计算过程中的错误，并可用以比较几种设计方案的长处和短处。

分析静力学是意大利数学家、力学家 J.L.拉格朗日提出来的，他在大型著作《分析力学》中，根据虚位移原理，用严格的分析方法叙述了整个力学理论。虚位移原理早在 1717 年由伯努利指出，而应用这个原理解决力学问题的方法的进一步发展和对它的数学研究却是拉格朗日的功绩。

我国古代科学家对静力学有着重大的贡献。春秋战国时期伟大的哲学家墨翟（公元前 5 世纪至公元前 4 世纪）在他的代表作《墨经》中，对杠杆、轮轴和斜面作了分析，提出了杠杆的平衡原理。

习　题

1-1　试画出题 1-1 图中圆柱的受力图。与其他物体接触处的摩擦力均略去。

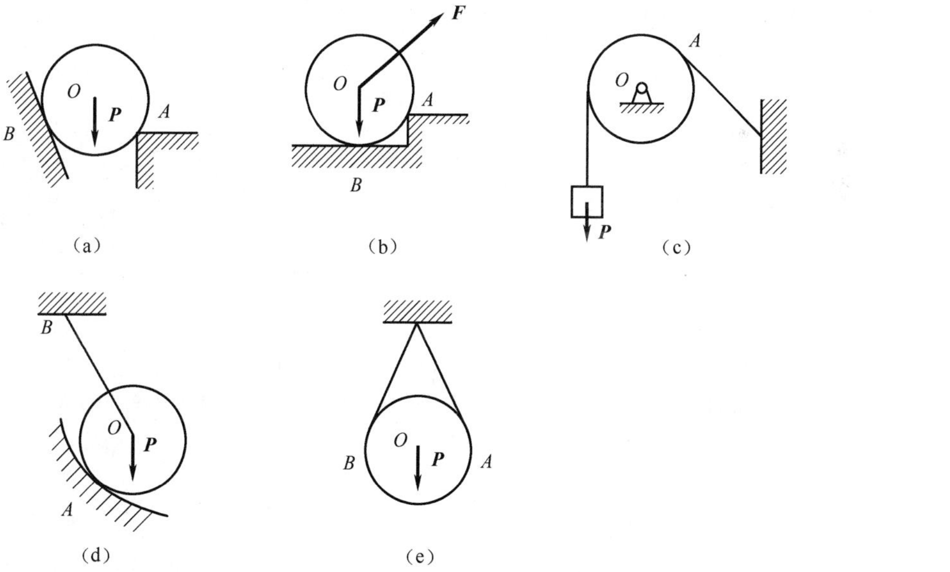

题 1-1 图

1-2　试画出题 1-2 图中 AB 杆的受力图。

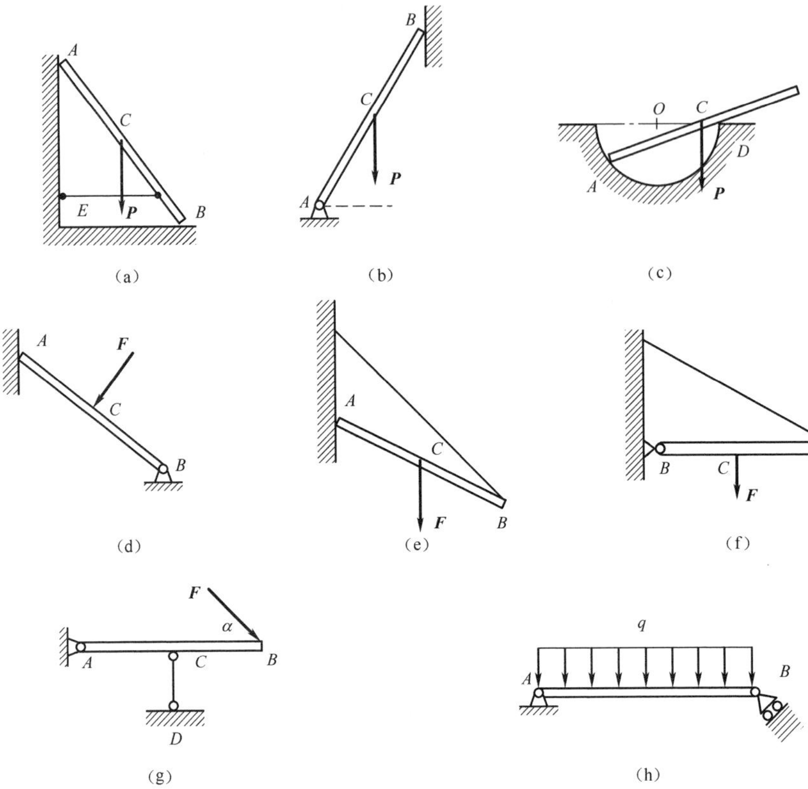

题 1-2 图

1-3　试画出题 1-3 图中指定物体的受力图。

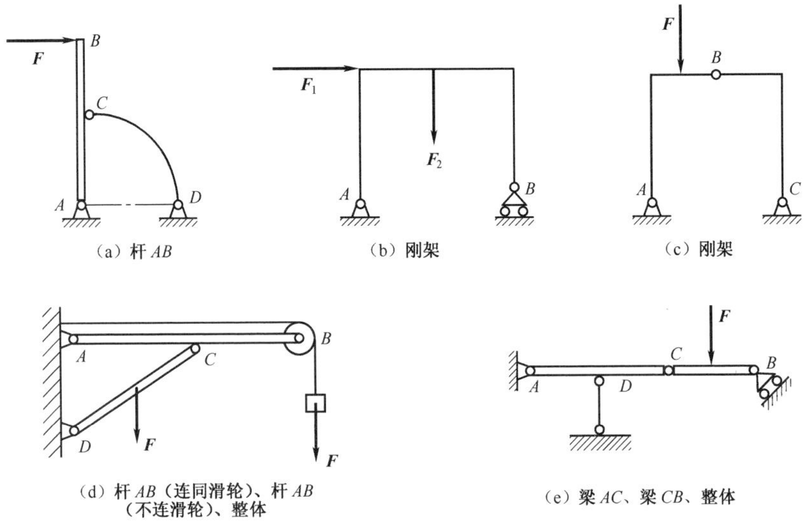

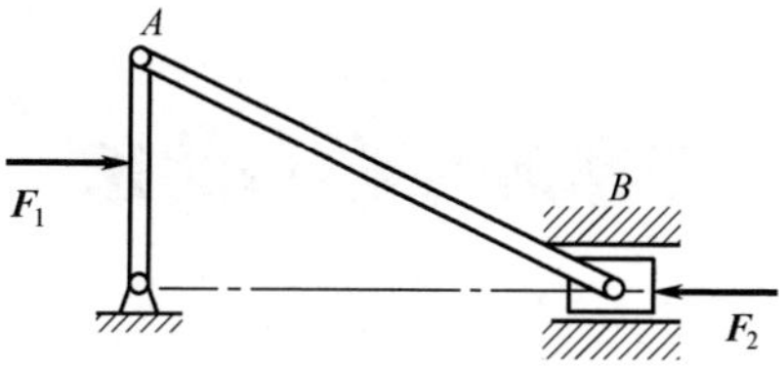

（f）曲柄 *OA*、滑块 *B*

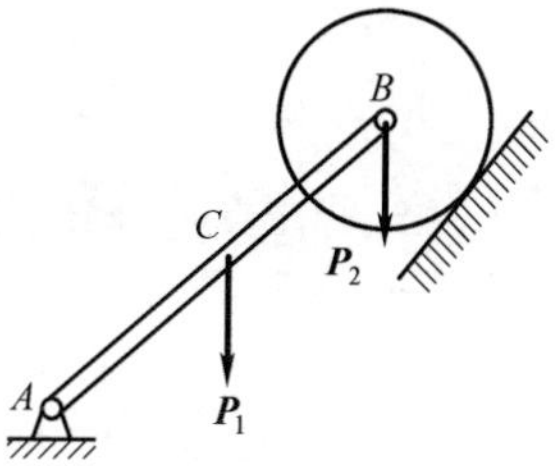

（g）轮 *B*、杆 *AB*

题 1-3 图

1-4　画出题 1-4 图中组合梁中 *AB* 及 *CD* 部分的受力图。

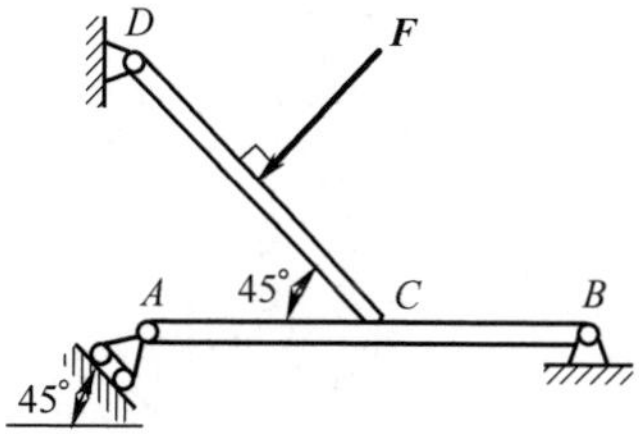

（a）

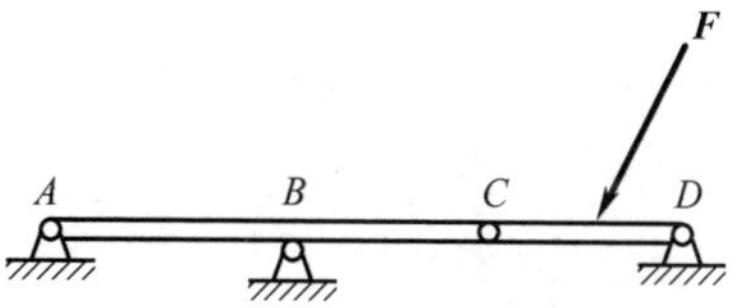

（b）

题 1-4 图

1-5　画出题 1-5 图中支架 *AB*、*BC*、*DH* 和滑轮部分的受力图。

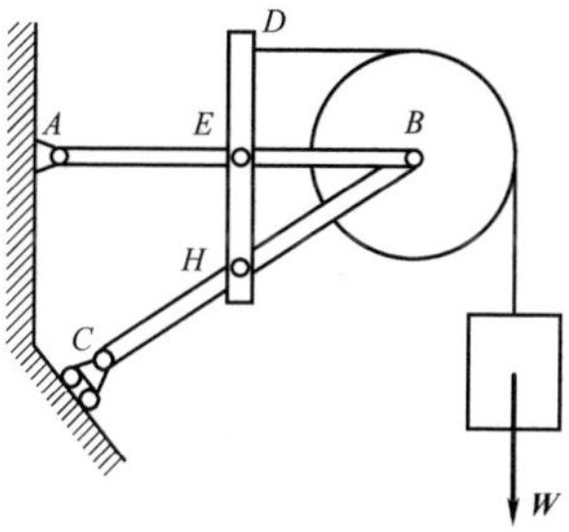

题 1-5 图

第 2 章　平面汇交力系和平面力偶系

静力学部分将力系分为平面问题和空间问题两部分进行研究。只要作用于物体上的力分布在一个平面内或物体的受力情况有一对称面，即可简化为平面问题进行研究。平面静力学的研究不仅在实际中有广泛应用，还为后续空间静力学的研究奠定了基础。本章内容从平面汇交力系和平面力偶系的合成和平衡开始，一方面解决工程中有关此类力系的静力学问题，另一方面为更复杂平面力系的研究打下基础。

各力的作用线在同一个平面内且汇交于一点的力系称为平面汇交力系。下面分别用几何法、解析法来研究平面汇交力系的合成和平衡。

2.1　平面汇交力系的合成和平衡的几何法

1. 平面汇交力系的合成

如图 2-1（a）所示，刚体受平面汇交力系 $\boldsymbol{F}_1$、$\boldsymbol{F}_2$、$\boldsymbol{F}_3$、$\boldsymbol{F}_4$ 作用，利用力的平行四边形法则，将 $\boldsymbol{F}_1$、$\boldsymbol{F}_2$ 合成，得到合力 $\boldsymbol{F}_{R1}$，$\boldsymbol{F}_{R1}=\boldsymbol{F}_1+\boldsymbol{F}_2$，作用线过汇交点，重复使用此法则，得 $\boldsymbol{F}_{R2}=\boldsymbol{F}_{R1}+\boldsymbol{F}_3=\boldsymbol{F}_1+\boldsymbol{F}_2+\boldsymbol{F}_3$，最后得

$$\boldsymbol{F}_R=\boldsymbol{F}_1+\boldsymbol{F}_2+\boldsymbol{F}_3+\boldsymbol{F}_4$$

合力 $\boldsymbol{F}_R$ 的作用线过汇交点 A。

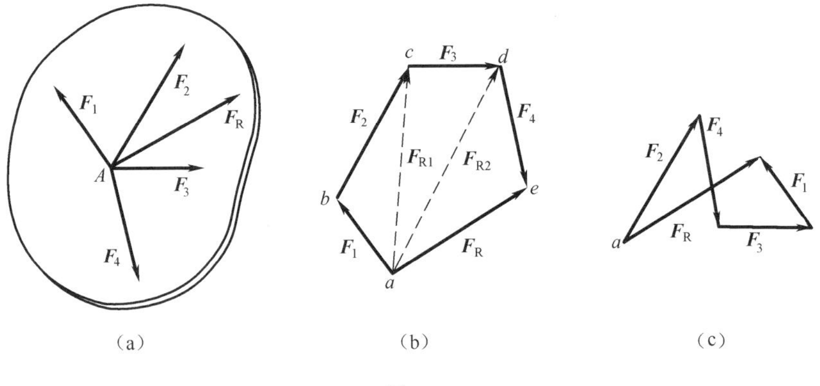

图 2-1

也可以用更简单的方法求合力 $\boldsymbol{F}_R$。由图 2-1（a）可见，$\boldsymbol{F}_{R1}$、$\boldsymbol{F}_{R2}$ 不必作出，

只需将各力矢 $\boldsymbol{F}_1$、$\boldsymbol{F}_2$、$\boldsymbol{F}_3$、$\boldsymbol{F}_4$ 依次首尾相连，得到一个不封闭的多边形 $abcde$，如图 2-1（b）所示，从第一个矢量的起点 a 指向最后一个矢量的终点 e，则矢量 $\overline{ae}$ 就是合力 $\boldsymbol{F}_{\mathrm{R}}$。这就是平面汇交力系合成的几何法，也称为力的多边形法则。若各力合成的次序不同，得到的力多边形的形状不同，如图 2-1（c）所示，但是合力 $\boldsymbol{F}_{\mathrm{R}}$ 完全相同。因此，合力 $\boldsymbol{F}_{\mathrm{R}}$ 与各力合成的次序无关。

将以上结论推广到平面汇交力系有 n 个力组成的情况，即

$$\boldsymbol{F}_{\mathrm{R}} = \boldsymbol{F}_1 + \boldsymbol{F}_2 + \boldsymbol{F}_3 + \cdots + \boldsymbol{F}_n = \sum_{i=1}^{n} \boldsymbol{F} = \sum \boldsymbol{F} \tag{2-1}$$

式（2-1）表明：平面汇交力系可以合成为一个合力，合力等于原力系中各力的矢量和，其作用线过各力的汇交点。

2. 平面汇交力系的平衡

平面汇交力系的合成结果为一个合力，因此平面汇交力系平衡的充分必要条件是合力等于零，即

$$\boldsymbol{F}_{\mathrm{R}} = \sum \boldsymbol{F} = 0 \tag{2-2}$$

由力的多边形法则可知，合力为零意味着第一个力的起点和最后一个力的终点重合，即力的多边形自行封闭，所以平面汇交力系平衡的充分必要的几何条件是力系的多边形自行封闭，如图 2-2 所示。

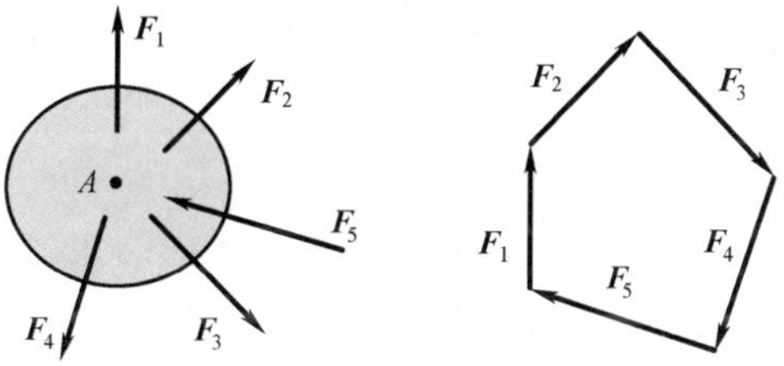

图 2-2

例 2-1　支架的横梁 AB 与斜杆 DC 彼此以铰链 C 相连接，并各以铰链 A、D 连接于铅直墙上，如图 2-3（a）所示。已知 $AC = CB$，杆 DC 与水平线成 45°，载荷 $P = 10\mathrm{kN}$，作用于 B 处。设梁和杆的重量忽略不计，求铰链 A 的约束力和杆 DC 所受的力。

解： 选取横梁 AB 为研究对象。横梁在 B 处受载荷 $\boldsymbol{P}$ 作用。DC 为二力杆，它对横梁 C 处的约束力 F_C 的作用线必沿两铰链 D、C 中心的连线。铰链 A 的约束力 F_A 的作用线可根据三力平衡汇交定理确定，即通过另两力的交点 E，如图 2-3（b）所示。

根据平面汇交力系平衡的几何条件，这三个力应组成一封闭的力三角形。按

照图中力的比例尺，先画出已知力 $\boldsymbol{P}$ 的大小为 $\overline{ab}$ 的长度，再由点 a 作直线平行于 AE，由点 b 作直线平行于 CE，如图 2-3（c）和（d）所示。在力三角形中，线段 db 和 da 分别表示力 F_C 和 F_A 的大小，量出它们的长度，按比例换算得

$$F_C = 28.3\,\text{kN}，\quad F_A = 22.4\,\text{kN}$$

根据作用力和反作用力的关系，作用于杆 DC 的 C 端的力 F_C' 与 F_C 的大小相等，方向相反。由此可知杆 DC 受压力，如图 2-3（b）所示。

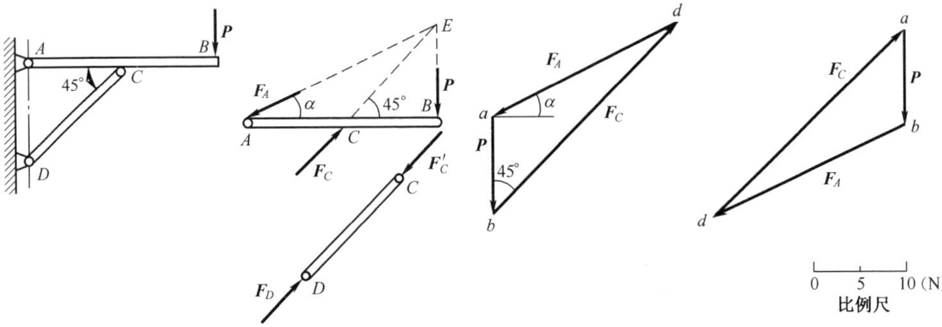

（a）（b）（c）（d）

图 2-3

2.2 平面汇交力系的合成和平衡的解析法

1. 力在直角坐标轴上的投影

已知作用在 A 点的力 $\boldsymbol{F}$ 和平面直角坐标系 xOy，如图 2-4 所示。力 $\boldsymbol{F}$ 与 x、y 轴正向间的夹角分别为 α、β。从力 $\boldsymbol{F}$ 的两端 A、B 分别向 x、y 轴引垂线，得到垂足 a、b 和 a_1、b_1，线段 ab 和 a_1b_1 的长度加上正负号分别称为力 $\boldsymbol{F}$ 在 x、y 轴的投影。其中投影的正负号规定如下：若从 a 到 b、a_1 到 b_1 的指向与 x、y 轴正向一致，投影为正，反之为负。力 $\boldsymbol{F}$ 在 x、y 轴的投影为

$$F_x = F\cos\alpha，\ F_y = F\cos\beta \tag{2-3}$$

力 $\boldsymbol{F}$ 的大小和方向余弦为

$$F = \sqrt{F_x^2 + F_y^2}，\quad \cos(\boldsymbol{F},\boldsymbol{i}) = \frac{F_x}{F}，\quad \cos(\boldsymbol{F},\boldsymbol{j}) = \frac{F_y}{F} \tag{2-4}$$

力 $\boldsymbol{F}$ 的解析表达式为

$$\boldsymbol{F} = \boldsymbol{F}_x + \boldsymbol{F}_y = F_x\boldsymbol{i} + F_y\boldsymbol{j} \tag{2-5}$$

式中，$\boldsymbol{F}_x$、$\boldsymbol{F}_y$ 为力 $\boldsymbol{F}$ 的分力，F_x、F_y 为力 $\boldsymbol{F}$ 在 x、y 轴上的投影，x、y 轴正向的单位向量为 $\boldsymbol{i}$、$\boldsymbol{j}$。

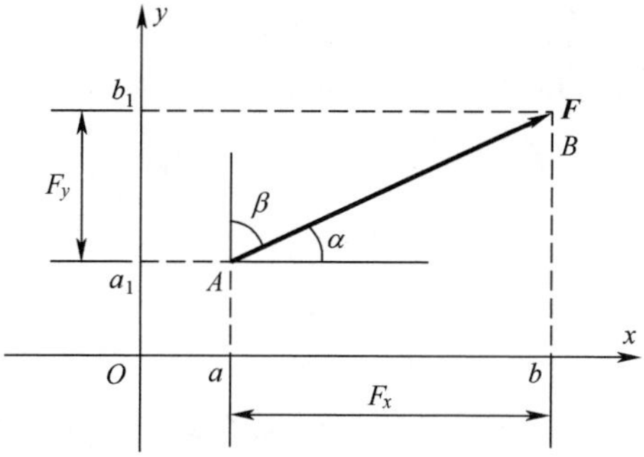

图 2-4

实际计算投影时，常采用下述方法：力在轴上的投影的大小等于此力与投影轴（不一定是与投影轴的正向）所夹锐角的余弦的乘积，至于符号可直接观察确定。

需要指出：力在轴上的投影是代数量，而力沿轴的分力为矢量，投影无所谓作用点，而分力的作用线交于原力作用点上，二者不可混淆。在直角坐标系中，如果将力 $\boldsymbol{F}$ 沿坐标轴方向分解，所得分力 $\boldsymbol{F}_x$、$\boldsymbol{F}_y$ 的值与投影 F_x、F_y 的绝对值相等。

2. 平面汇交力系合成的解析法

刚体上作用平面汇交力系 $\boldsymbol{F}_1$，$\boldsymbol{F}_2$，…，$\boldsymbol{F}_n$，取 x、y 轴正向的单位向量为 $\boldsymbol{i}$、$\boldsymbol{j}$，则第 i 个力的解析表达式为

$$\boldsymbol{F}_i = \boldsymbol{F}_{ix} + \boldsymbol{F}_{iy} = F_{ix}\boldsymbol{i} + F_{iy}\boldsymbol{j}$$

合力的解析表达式为

$$\boldsymbol{F}_{\mathrm{R}} = F_{\mathrm{R}x}\boldsymbol{i} + F_{\mathrm{R}y}\boldsymbol{j}$$

由式（2-1）可知

$$\boldsymbol{F}_{\mathrm{R}} = \sum \boldsymbol{F} = (F_{1x} + F_{2x} + \cdots + F_{nx})\boldsymbol{i} + (F_{1y} + F_{2y} + \cdots + F_{ny})\boldsymbol{j} = F_{\mathrm{R}x}\boldsymbol{i} + F_{\mathrm{R}y}\boldsymbol{j}$$

即

$$\left.\begin{aligned} F_{\mathrm{R}x} &= F_{1x} + F_{2x} + \cdots + F_{nx} = \sum F_x \\ F_{\mathrm{R}y} &= F_{1y} + F_{2y} + \cdots + F_{ny} = \sum F_y \end{aligned}\right\} \tag{2-6}$$

式中，F_{1x} 和 F_{1y}，F_{2x} 和 F_{2y}，…，F_{nx} 和 F_{ny} 分别是各分力在 x 和 y 轴上的投影。式（2-6）表明，合力在任意轴上的投影等于各个分力在同一轴上投影的代数和。这就是合力投影定理。

已知合力的投影 $F_{\mathrm{R}x}$ 和 $F_{\mathrm{R}y}$，可得合力 $\boldsymbol{F}_{\mathrm{R}}$ 的大小和方向余弦为

$$\left.\begin{aligned} F_{\mathrm{R}} &= \sqrt{F_{\mathrm{R}x}^2 + F_{\mathrm{R}y}^2} = \sqrt{(\sum F_x)^2 + (\sum F_y)^2} \\ \cos(\boldsymbol{F}_{\mathrm{R}}, \boldsymbol{i}) &= \frac{\sum F_x}{F_{\mathrm{R}}},\quad \cos(\boldsymbol{F}_{\mathrm{R}}, \boldsymbol{j}) = \frac{\sum F_y}{F_{\mathrm{R}}} \end{aligned}\right\} \tag{2-7}$$

3. 平面汇交力系的平衡条件和平衡方程

平面汇交力系平衡的充分必要条件是合力等于零，由式（2-7）有

$$F_{\mathrm{R}}=\sqrt{(\sum F_x)^2+(\sum F_y)^2}=0$$

由此可得平面汇交力系的平衡方程

$$\left.\begin{aligned}\sum F_x=0\\ \sum F_y=0\end{aligned}\right\} \tag{2-8}$$

也就是说，平面汇交力系平衡的充分必要解析条件是：该力系中所有力在平面两个轴上投影的代数和分别等于零。这是两个独立的方程，可以求解两个未知量。

需要指出：选择坐标系以方便投影为原则，注意投影的正负和大小。未知力的指向可以假设，若计算结果为正值，则表示所假设的指向与力的实际指向相同，否则表示与力的实际指向相反，两投影轴不可平行。

例 2-2 如图 2-5（a）所示，重物 $P=20\mathrm{kN}$，用钢丝绳挂在支架的滑轮 B 上，钢丝绳的另一端缠绕在绞车 D 上。杆 AB 与 BC 铰接，并以铰链 A、C 与墙连接。如两杆和滑轮的自重不计，并忽略摩擦和滑轮的大小，试求平衡时杆 AB 和 BC 所受的力。

解： AB、BC 两杆都是二力杆，假设杆 AB 受拉力，杆 BC 受压力，如图 2-5（b）所示。为了求出这两个未知力，可通过求两杆对滑轮的约束反力来求解。选取滑轮为研究对象，其上受到钢丝绳的拉力 $\boldsymbol{F}_1$ 和 $\boldsymbol{F}_2$、杆 AB 和 BC 的反力 $\boldsymbol{F}_{BA}$ 和 $\boldsymbol{F}_{BC}$ 作用，已知 $F_1=F_2=P$，由于滑轮的大小可忽略不计，故这些力可视为平面汇交力系，受力图如图 2-5（c）所示。

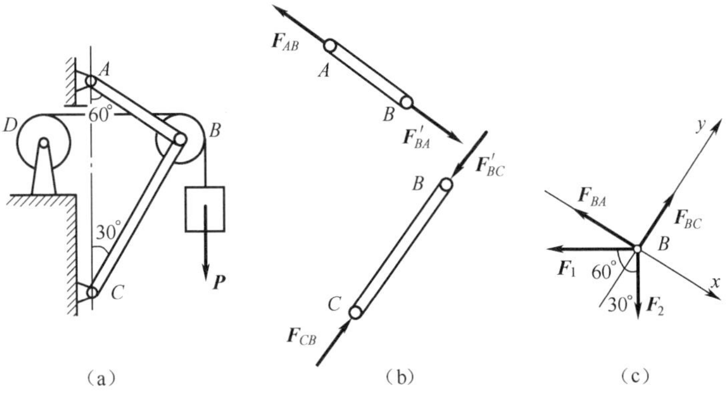

图 2-5

选取坐标轴如图 2-5（c）所示。为使每个未知力只在一个坐标轴上有投影，坐标轴应尽量与未知力作用线垂直，列平衡方程

$$\sum F_x = 0,\ -F_{BA} + F_2\cos 60° - F_1\cos 30° = 0$$
$$\sum F_y = 0,\ F_{BC} - F_2\cos 30° - F_1\cos 60° = 0$$

可得

$$F_{BA} = -7.32\ \text{kN},\quad F_{BC} = 27.32\ \text{kN}$$

所求结果，$\boldsymbol{F}_{BC}$为正值，表示力的假设方向与实际方向相同，即杆 BC 受压。$\boldsymbol{F}_{BA}$为负值，表示该力的假设方向与实际方向相反，即杆 AB 也受压力。

2.3　力矩的概念及其计算

1. 平面上力对点的矩

如图 2-6 所示，用扳手拧紧螺母时，力 $\boldsymbol{F}$ 使扳手绕 O 点（称为矩心）转动，转动的效果不仅与力的大小有关，而且与矩心 O 到力 $\boldsymbol{F}$ 作用线的垂直距离 h（称为力臂）有关，用乘积 Fh 来表示力 $\boldsymbol{F}$ 使扳手绕 O 点转动效果的强弱。另外，当改变力 $\boldsymbol{F}$ 的指向时，扳手绕 O 点的转动方向也随之改变，于是定义力的大小与力臂的乘积冠以正负号来度量力使物体绕 O 点转动效果的物理量，称为平面力对点的矩，简称力矩，记作

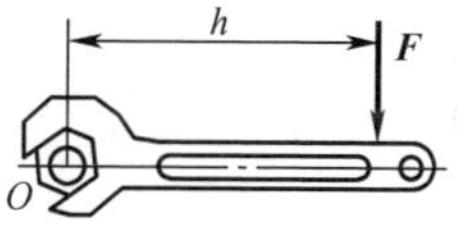

图 2-6

$$M_O(\boldsymbol{F}) = \pm Fh = \pm 2A_{\triangle OAB} \tag{2-9}$$

平面力对点的矩由力矩的大小和转向两个因素决定，可以用一个代数量完整地表示出来，单位为 $\text{N}\cdot\text{m}$ 或 $\text{kN}\cdot\text{m}$。其正负号按下述规定：力使物体绕矩心逆时针转动为正；反之为负。

由力矩的定义可知，当力的作用线通过矩心或力等于零时，力对该点的矩为零；当力在作用线上滑动时，力对该点的矩不变（因为力和力臂的大小均未改变）。

2. 合力矩定理

平面汇交力系的合力对平面内任一点的力矩等于各分力对同一点的矩的代数和，称为合力矩定理。有关此定理的证明将在平面任意力系的章节中给出，其表达式为

$$M_O(\boldsymbol{F}) = \sum M_O(\boldsymbol{F}_i) \tag{2-10}$$

在计算力矩时，若力臂不易求出，常将力分解为力臂易求的两个分力，然后应用合力矩定理来求力对点之矩。

例 2-3　力 $\boldsymbol{F}$ 作用于支架上的 C 点，如图 2-7 所示。已知 $F = 1200\text{N}$，$a = 140\text{mm}$，$b = 120\text{mm}$，试求力 $\boldsymbol{F}$ 对作用面内 A 点之矩。

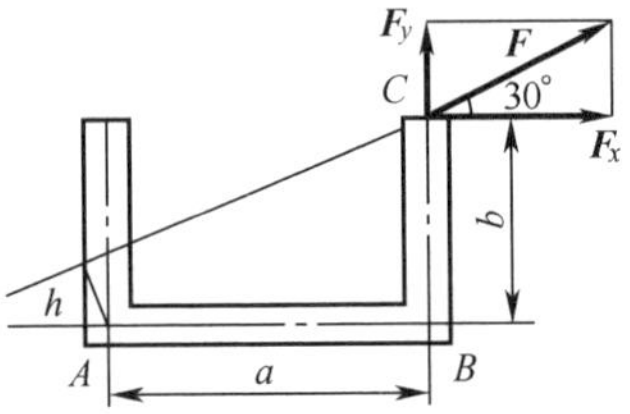

图 2-7

解：把力 $\boldsymbol{F}$ 分解为水平分力 $\boldsymbol{F}_x$ 和垂直分力 $\boldsymbol{F}_y$，由合力矩定理得

$$
\begin{aligned}
M_A(\boldsymbol{F}) &= M_A(\boldsymbol{F}_x) + M_A(\boldsymbol{F}_y) \\
&= -F\cos 30° \times b + F\sin 30° \times a \\
&= -1200 \times 0.866 \times 0.12 + 1200 \times 0.5 \times 0.14 = -40.7\ \text{N·m}
\end{aligned}
$$

负号表示力矩为顺时针转向。

例 2-4 水平梁 AB 受按三角形分布的载荷作用，如图 2-8 所示。载荷的最大值为 q，梁长为 l。试求合力作用线的位置。

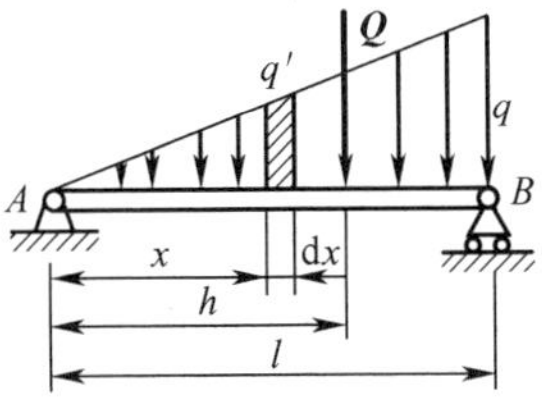

图 2-8

解：在梁上距 A 端为 x 处取长度 dx，则在 dx 上作用力的大小为 $q'\mathrm{d}x$，其中 q' 为该处的载荷强度。由图 2-8 可知，$q' = xq/l$。因此载荷的合力大小为

$$Q = \int_0^l q'\mathrm{d}x = \int_0^l \frac{x}{l} q\mathrm{d}x = \frac{1}{2}ql$$

设合力作用线距 A 点为 h，根据合力矩定理有

$$Qh = \int_0^l q'x\mathrm{d}x$$

将 q'、Q 值代入上式积分，得

$$h = 2l/3$$

2.4 力偶的概念及其性质

1. 力偶的概念

大小相等、方向相反、作用线互相平行却不重合的两个力称为力偶。例如司

机驾驶汽车、钳工用丝锥攻丝时，加在方向盘和丝杠上的力就是这样的力偶，如图 2-9 所示，记作 $(\boldsymbol{F},\boldsymbol{F}')$。力偶中两力作用线之间的垂直距离 d 称为力偶臂，力偶所在的平面称为力偶作用面。

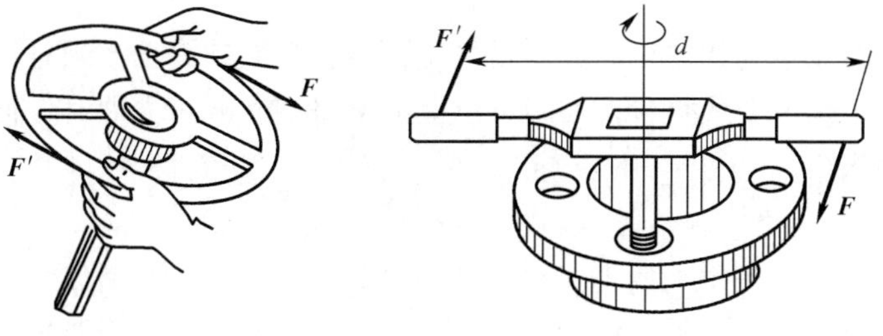

图 2-9

2. 力偶的基本性质

（1）力偶无合力或力偶无法合成为一个力，所以一个力偶不能和一个力等效，只能和一个力偶等效。力偶是特殊的力系。

（2）力偶对物体的作用效果与力对物体的作用效果不同。力既可使物体移动，又可使物体转动，而力偶只能使物体转动。力偶和力是静力学的两个基本要素。

（3）力偶的两个力由于大小相等、方向相反、作用线互相平行，所以在任意坐标轴上的投影和恒为零。

3. 力偶矩的概念

力偶无合力，本身又不平衡，力偶对物体的转动效果可用两个力对其作用面内任一点的力矩的和来度量。如图 2-10 所示，力偶 $(\boldsymbol{F},\boldsymbol{F}')$ 作用在物体上，其力偶臂为 d，则它对平面内任意点 O 的力矩之和为

$$M_O(\boldsymbol{F})+M_O(\boldsymbol{F}')=-F'\cdot x+F\cdot(d+x)=-F(d+x-x)=Fd$$

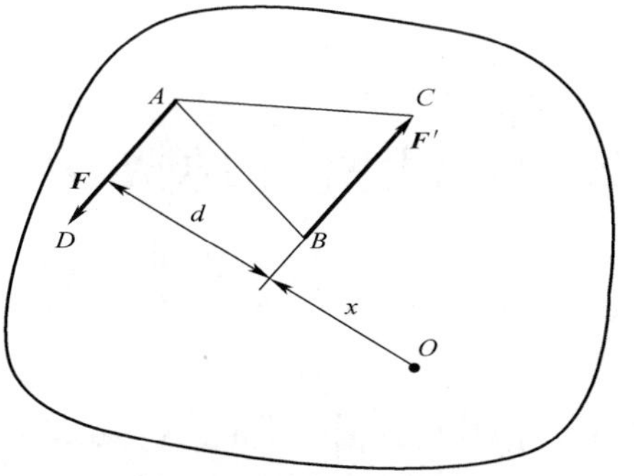

图 2-10

由于矩心的选择是任意的，故力偶对物体的转动效果只取决于两个因素：力和力偶臂的大小，与矩心无关。用力偶中任一力的大小与力偶臂的乘积 Fd 定义力偶对物体的转动效果，称为力偶矩，用 M 表示，即

$$M = \pm Fd \tag{2-11}$$

式中，正负号表示力偶的转向。通常规定：逆时针方向为正，顺时针方向为负。因此，力偶矩是一个代数量，常用单位有 N·m 和 kN·m，力偶对任何一点的力矩恒等于其力偶矩。

4. 同一平面内力偶的等效定理

力偶无合力，一个力偶不能和一个力等效，只能和一个力偶等效。力偶对物体的转动效果只决定于力偶矩。所以在同一作用面内的两个力偶等效的条件是力偶矩相等，也称为力偶的等效定理。

由力偶的等效定理得出以下性质：

（1）在保持力偶矩的大小和转向不变的条件下，可任意改变力偶中力的大小和力偶臂的长短。

（2）作用在刚体上的力偶，只要保持其转向及力偶矩的大小不变，可在其力偶作用面内任意转移位置。

证明从略。

由上述性质，力偶可用图 2-11 所示的符号表示，其中 $M = Fd$ 。

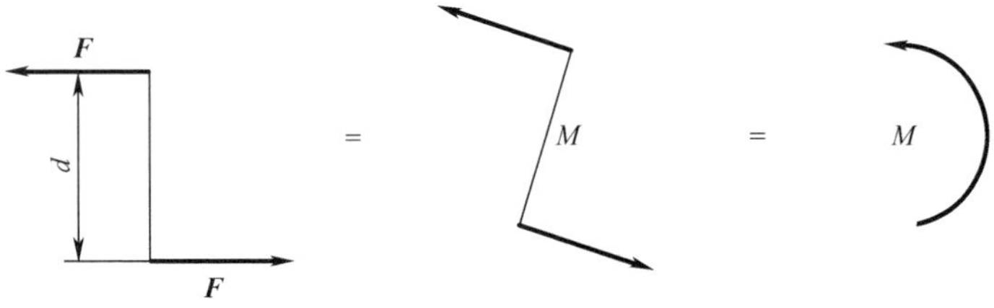

图 2-11

2.5 平面力偶系的合成与平衡

作用在刚体同一平面内的一组力偶称为平面力偶系。

1. 平面力偶系的合成

设力偶 $(\boldsymbol{F}_1, \boldsymbol{F}_1')$ 和 $(\boldsymbol{F}_2, \boldsymbol{F}_2')$ 作用在同一平面内，如图 2-12（a）所示，它们的力偶矩分别是 $M_1 = F_1 d_1$ 和 $M_2 = -F_2 d_2$ 。根据力偶等效定理，在保证力偶矩不变的条件下，可将这两个力偶变换成力偶臂为 d 的两个等效力偶 $(\boldsymbol{F}_3, \boldsymbol{F}_3')$ 和 $(\boldsymbol{F}_4, \boldsymbol{F}_4')$，有

$$F_3=\frac{M_1}{d}\,,\quad F_4=\frac{M_2}{d}$$

再将$(\boldsymbol{F}_3,\boldsymbol{F}_3')$和$(\boldsymbol{F}_4,\boldsymbol{F}_4')$转移，使$\boldsymbol{F}_3$和$\boldsymbol{F}_4$、$\boldsymbol{F}_3'$和$\boldsymbol{F}_4'$的作用线重合，如图 2-12（b）所示。于是，力$\boldsymbol{F}_3$和$\boldsymbol{F}_4$合成为一个合力$\boldsymbol{F}$，$\boldsymbol{F}_3'$和$\boldsymbol{F}_4'$合成为一个合力$\boldsymbol{F}'$，$F=F_3-F_4$，$F'=F_3'-F_4'$。显然，$\boldsymbol{F}$和$\boldsymbol{F}'$具有大小相等、方向相反、作用线互相平行却不重合的性质，故这两个合力组成一个新力偶$(\boldsymbol{F},\boldsymbol{F}')$，如图 2-12（c）所示，其力偶矩为

$$M=F_{\rm R}d=(F_3-F_4)d=F_3d-F_4d=M_1+M_2$$

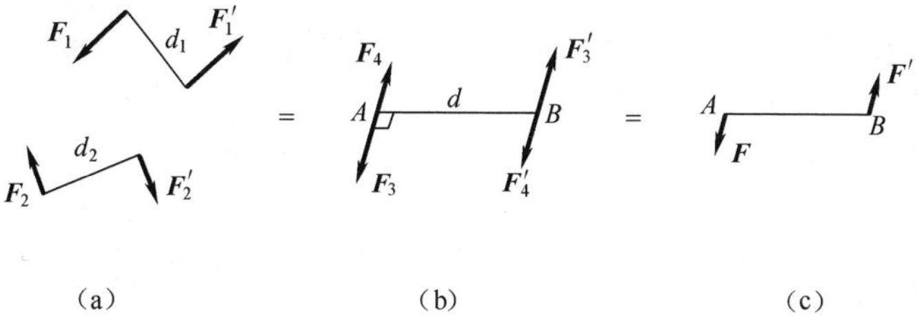

图 2-12

将此结果推广到 n 个力偶组成的平面力偶系的情况，则有

$$M=M_1+M_2+\cdots+M_n=\sum M \tag{2-12}$$

式（2-12）表明：平面力偶系的合成结果是一个合力偶，其力偶矩等于各分力偶的力偶矩的代数和。

2. 平面力偶系的平衡

若合力偶矩等于零的平面力偶系作用在物体上，物体必不能转动。那么平面力偶系平衡的充分必要条件是：平面力偶系中各力偶矩的代数和等于零，即

$$\sum M=0 \tag{2-13}$$

例 2-5　简支梁 AB 上作用有两个平行力和一个力偶，如图 2-13（a）所示。已知$F=F'=2\,\text{kN}$，$a=1\,\text{m}$，$M=20\,\text{kN·m}$，$l=5\text{m}$。求 A、B 两支座的约束反力。

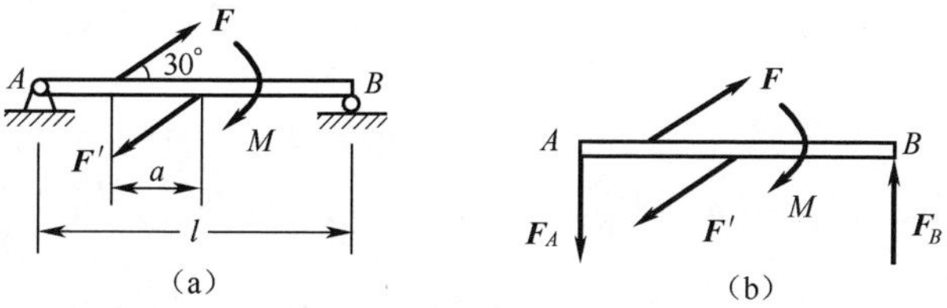

图 2-13

解：$(\boldsymbol{F},\boldsymbol{F}')$组成一个力偶，故简支梁上的载荷为两个力偶。根据力偶只能与力偶等效的原则，支座 A、B 处约束反力必须组成一个力偶。B 为滚动支座，其约束反力 $\boldsymbol{F}_B$ 垂直支承面，固定支座 A 的约束反力 $\boldsymbol{F}_A$ 与 $\boldsymbol{F}_B$ 应组成一力偶，所以 $\boldsymbol{F}_A$ 的作用线也沿铅垂线与 $\boldsymbol{F}_B$ 方向相反，且 $F_A = F_B$，取简支梁 AB 为研究对象，由平面力偶系平衡方程

$$\sum M = 0,\ -Fa\sin 30° - M + F_B l = 0$$

$$F_A = F_B = 4.2\ \text{kN}$$

例 2-6 图 2-14（a）所示机构的自重不计。圆轮上的销子 A 放在摇杆 BC 上的光滑导槽内。圆轮上作用一力偶，其力偶矩为 $M_1 = 21\text{kN}\cdot\text{m}$，$OA = r = 0.5\text{m}$。图示位置时 OA 与 OB 垂直，$\alpha = 30°$，且系统平衡。求作用于摇杆 BC 上的力偶矩 M_2 及铰链 O、B 处的约束反力。

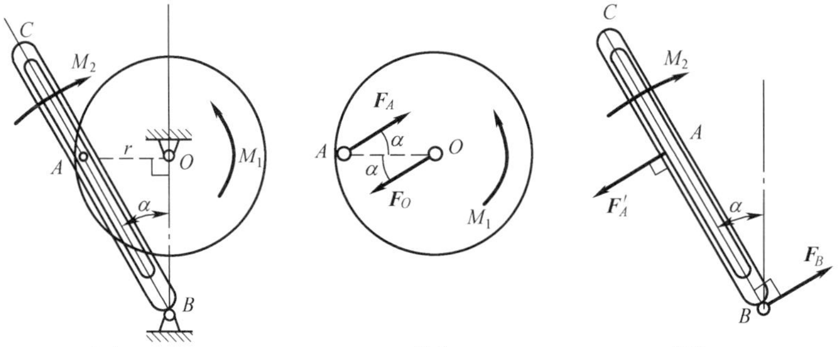

图 2-14

解：先取圆轮为研究对象，其上作用有矩为 M_1 的力偶、光滑导槽对销子 A 的作用力 $\boldsymbol{F}_A$ 和铰链 O 处约束反力 $\boldsymbol{F}_O$。由于力偶必须由力偶来平衡，因而 $\boldsymbol{F}_O$ 与 $\boldsymbol{F}_A$ 必定组成一力偶，力偶矩方向与 M_1 相反，由此定出 $\boldsymbol{F}_A$ 的指向如图 2-14（b）所示，而 $\boldsymbol{F}_O$ 与 $\boldsymbol{F}_A$ 等值且反向。由力偶平衡条件得

$$\sum M = 0,\ M_1 - F_A r\sin\alpha = 0$$

解得

$$F_A = \frac{M_1}{r\sin 30°}$$

再以摇杆 BC 为研究对象，其上作用有矩为 M_2 的力偶及力 F_A' 与铰链 B 处的约束反力 $\boldsymbol{F}_B$，如图 2-14（c）所示。同理 $\boldsymbol{F}_A'$ 与 $\boldsymbol{F}_B$ 必组成力偶，由平衡条件得

$$\sum M = 0,\ -M_2 + F_A' \cdot \frac{r}{\sin\alpha} = 0$$

其中

$$\boldsymbol{F}_A' = \boldsymbol{F}_A$$

解得
$$M_2 = 4M_1 = 8\text{kN}\cdot\text{m}$$

$\boldsymbol{F}_O$ 与 $\boldsymbol{F}_A$ 组成力偶，$\boldsymbol{F}_B$ 与 $\boldsymbol{F}'_A$ 组成力偶，则有

$$F_O = F_B = F_A = \frac{M_1}{r\sin 30^\circ} = 8\text{kN}$$

习　　题

2-1　已知四个力作用在 O 点。$F_1 = 500\text{N}$，$F_2 = 300\text{N}$，$F_3 = 600\text{N}$，$F_4 = 1000\text{N}$，方向如题 2-1 图所示。试分别用几何法和解析法求合力的大小和方向。

2-2　铆接薄板在孔心 A、B 和 C 处受三力作用，如题 2-2 图所示。$F_1 = 100\text{ N}$，沿铅直方向；$F_3 = 50\text{ N}$，沿水平方向，并通过 A；$F_2 = 50\text{ N}$，力的作用线也通过 A。求此力系的合力。

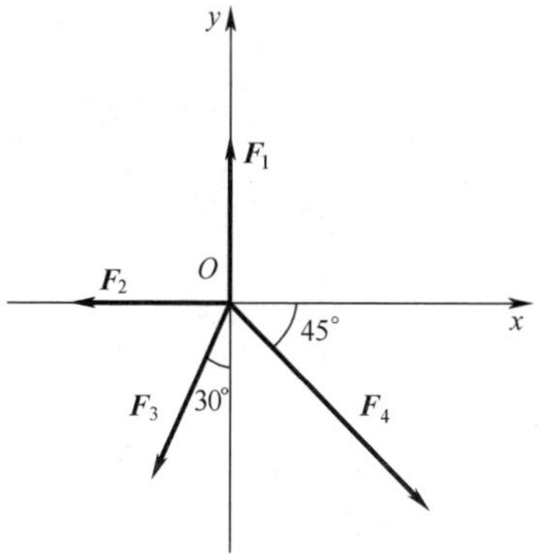

题 2-1 图

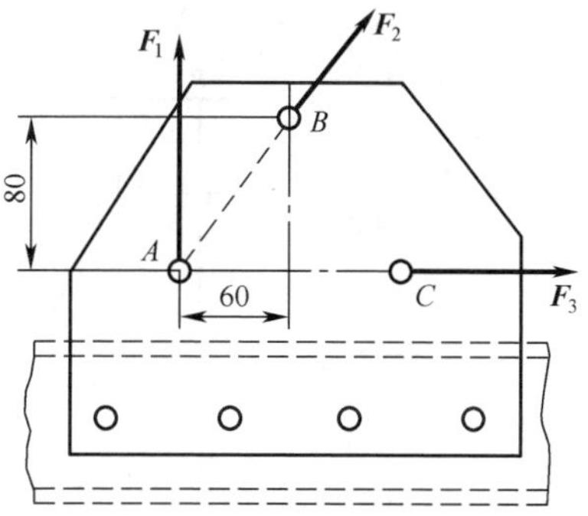

题 2-2 图

2-3　题 2-3 图所示简支梁受载荷作用，$F = 20\text{kN}$，求支座 A、B 处的约束力。

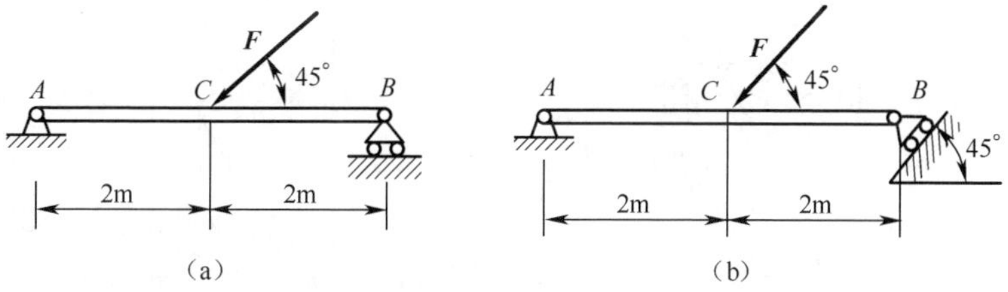

题 2-3 图

2-4　题 2-4 图所示液压夹紧机构中，D 为固定铰链，B、C、E 为活动铰链。已知力 $\boldsymbol{F}$，机构平衡时角度如图，求此时工件 H 所受的压紧力。

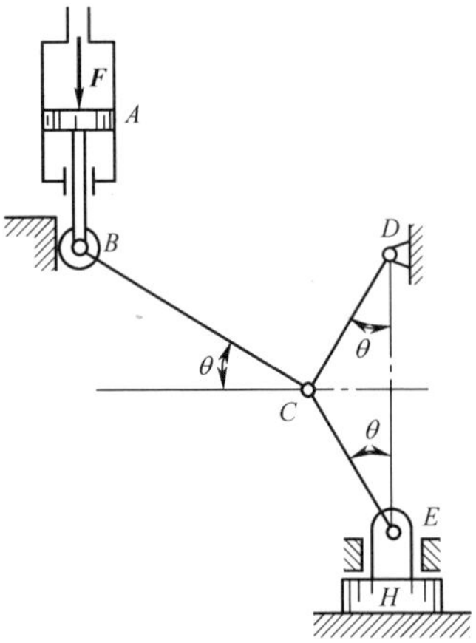

题 2-4 图

2-5 三铰拱的尺寸和受力如题 2-5 图所示，拱的自重不计，试求 A、B 处的约束力。

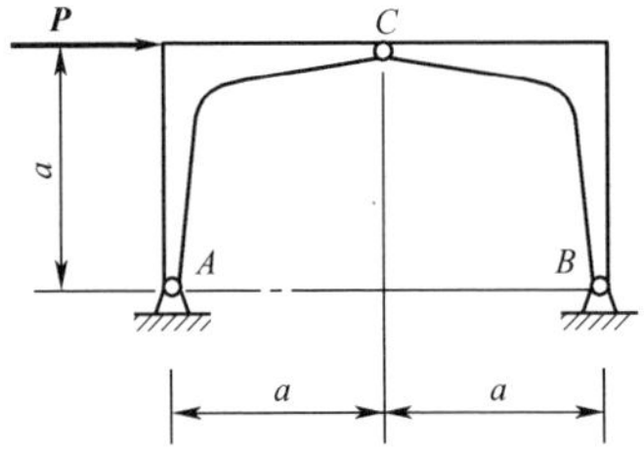

题 2-5 图

2-6 支架由杆 AB 和 AC 用铰链连接而成，A、B 和 C 三处为铰接，A 点悬挂重为 W 的物体，如题 2-6 图所示。试求杆 AB 和 AC 的受力。

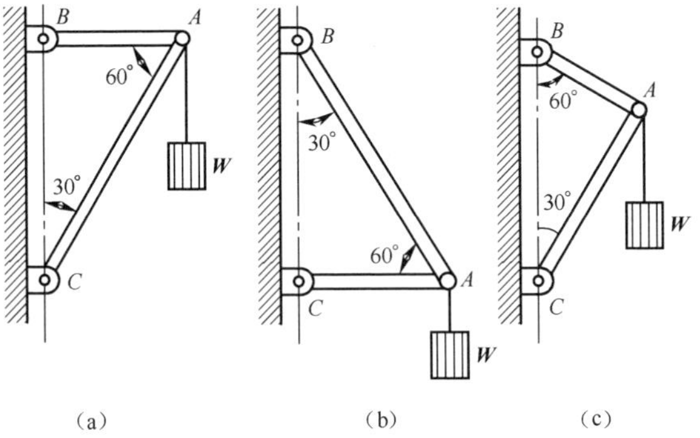

题 2-6 图

2-7　铰链四杆机构 *CABD* 的 *CD* 边固定，在铰链 *A*、*B* 处有力 $\boldsymbol{F}_1$、$\boldsymbol{F}_2$ 作用。该机构在题 2-7 图所示的位置平衡，杆重略去不计。求力 $\boldsymbol{F}_1$ 与 $\boldsymbol{F}_2$ 的关系。

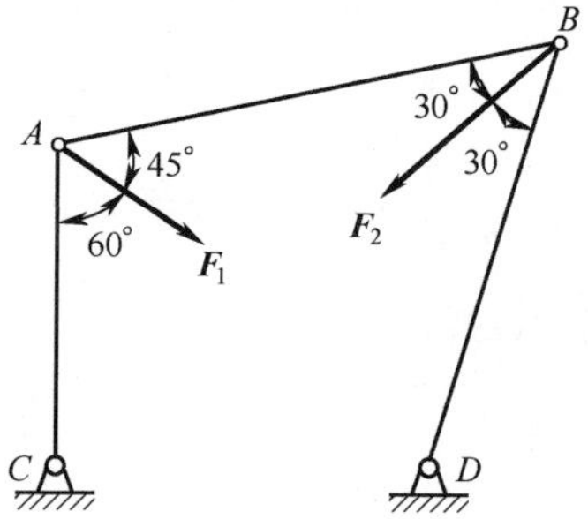

题 2-7 图

2-8　试计算题 2-8 图中力 $\boldsymbol{F}$ 对点 *O* 之矩。

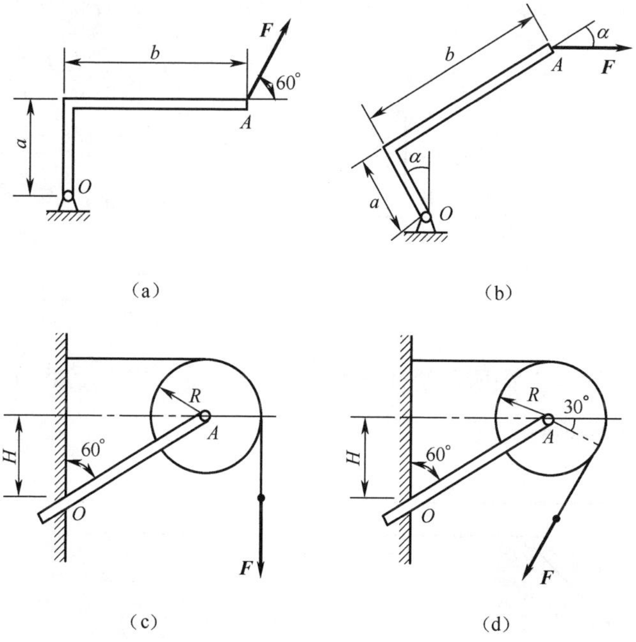

题 2-8 图

2-9　简支梁 *AB* 的尺寸及受力如题 2-9 图所示，$\alpha = 45°$，自重不计。求支座 *A*、*B* 处的约束力。

2-10　为了测定飞机螺旋桨所受的空气阻力偶，可将飞机水平放置，其一轮搁置在地秤上，如题 2-10 图所示。当螺旋桨未转动时，测得地秤所受的压力为

4.6 kN；当螺旋桨转动时，测得地秤所受的压力为6.4 kN。已知两轮间距离$l=2.5$ m，求螺旋桨所受的空气阻力偶的矩M。

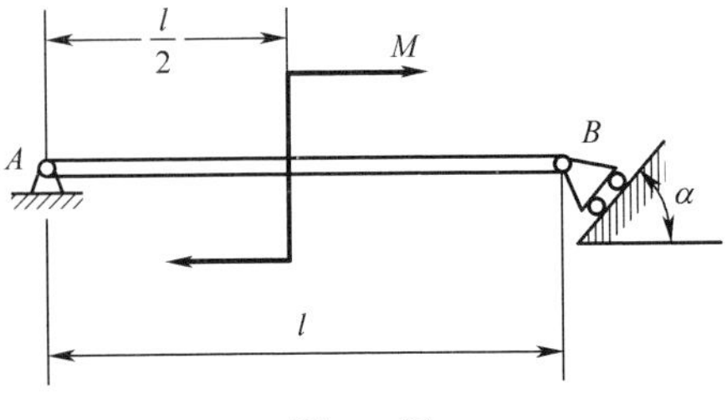

题 2-9 图

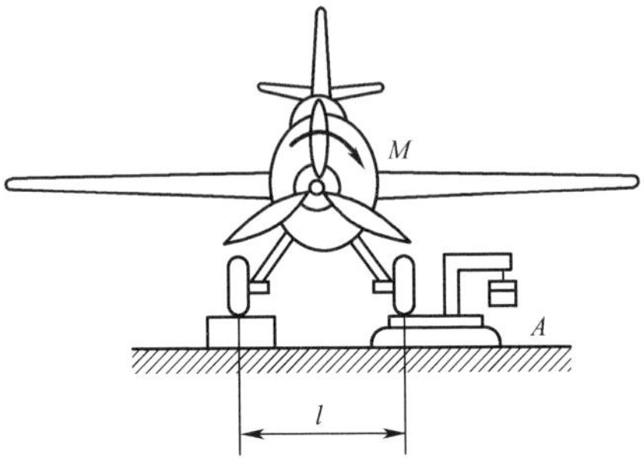

题 2-10 图

2-11　题 2-11 图中，圆弧杆AB与直角折杆BDC在B处铰接，A、C两处均为固定铰链支座，已知$l=2r$，求支座A、C处的约束力。各杆自重均不计，铰链处均为光滑连接。

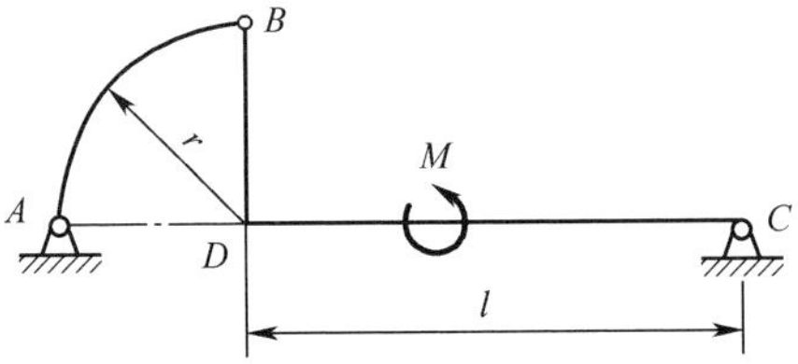

题 2-11 图

2-12　试求题 2-12 图所示两种结构中A、C处的约束力。各杆自重均不计，铰链处均为光滑连接。

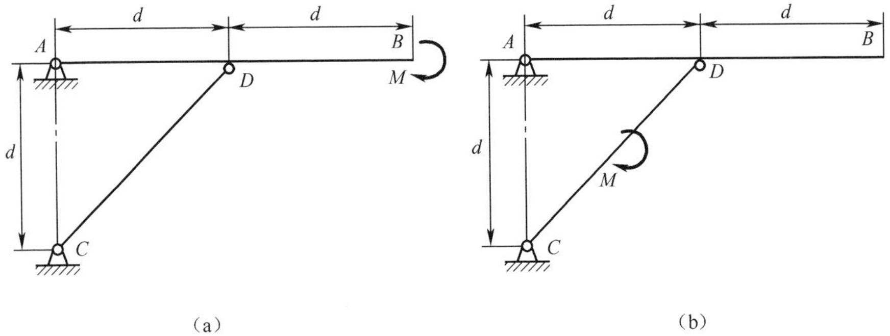

题 2-12 图

2-13　机构 $OABO_1$ 在题 2-13 图所示的位置平衡。已知 $OA = 0.4\text{m}$，$O_1B = 0.6\text{m}$，作用在 OA 上的力偶矩 $M_{e1} = 1\text{N}\cdot\text{m}$。求力偶矩 M_{e2} 和杆 AB 所受的力。各杆自重均不计，铰链处均为光滑连接。

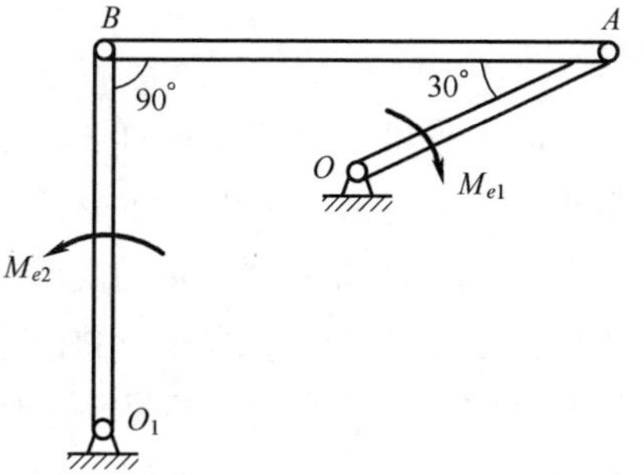

题 2-13 图

2-14　在题 2-14 图所示的机构中，曲柄 OA 上作用一力偶，其矩为 M；另在滑块 D 上作用水平力 $\boldsymbol{F}$。机构尺寸如图，各杆重量不计。求当机构平衡时力 $\boldsymbol{F}$ 与力偶矩 M 的关系。

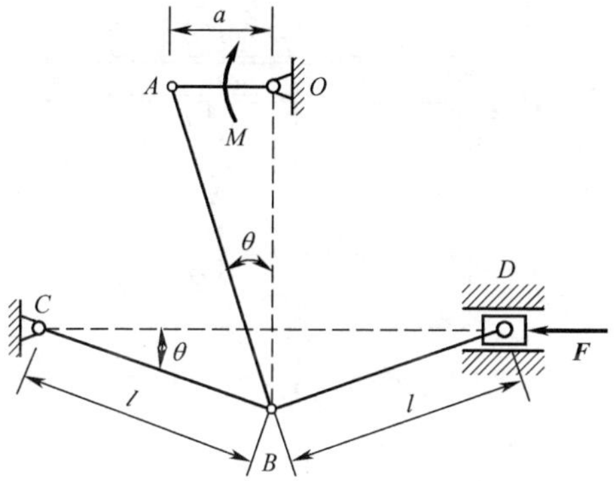

题 2-14 图

第 3 章　平面任意力系

力的作用线在同一个平面内且呈任意分布的力系，称为平面任意力系。平面任意力系是一种较为复杂和常见的力系，工程实际中许多构件的受力都可以简化为此种力系。如图 3-1 所示，简易吊车的横梁 *AB* 所受外力包括自重、起吊重物重量、固定铰支座约束力和拉杆 *CD* 的拉力，这些力的作用线都在同一个平面内，但不相交于同一点，呈任意分布，这样的力系即是平面任意力系。此外，若物体上所受的载荷和支承都有同一个对称平面，且力的作用线分布满足上述特点，那么作用在该物体上的力系也可以简化成在该对称平面内的平面任意力系。

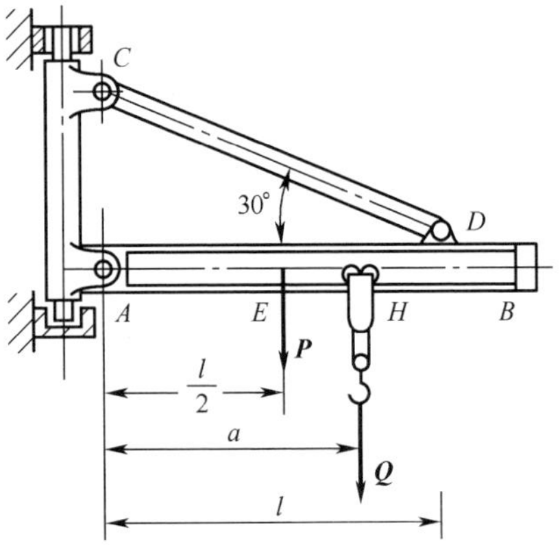

图 3-1

本章研究平面任意力系的简化和平衡问题，重点是应用平面任意力系的平衡方程求解刚体和刚体系统的平衡问题。由于此种力系在工程中较为常见，所采用的分析和解决问题的方法具有普遍性，因此本章内容在静力学中占有重要地位。

3.1　力的平移定理

在对平面任意力系进行简化前，先介绍力的平移定理。

定理：可以把作用在刚体上点 A 的力 $\boldsymbol{F}$ 平行移到任意一点 B，但必须同时附加一个力偶，这个附加力偶的矩等于原来的力 $\boldsymbol{F}$ 对新作用点 B 的力矩。

证： 设力 $\boldsymbol{F}$ 作用在刚体上的 A 点，如图 3-2（a）所示，现将力 $\boldsymbol{F}$ 平行移动到 B 点。根据加减平衡力系公理，在 B 点上加一对平衡力$(\boldsymbol{F}',\boldsymbol{F}'')$，令它们的作用线与力 $\boldsymbol{F}$ 作用线平行，且 $\boldsymbol{F}=\boldsymbol{F}'=-\boldsymbol{F}''$，如图 3-2（b）所示，这三力的作用与原力是等效的。然后，将这三力看成一个作用在 B 点的力 $\boldsymbol{F}'$ 和一个力偶$(\boldsymbol{F},\boldsymbol{F}'')$，于是原来作用在 A 点的力 $\boldsymbol{F}$ 现在被一个作用在 B 点的力 $\boldsymbol{F}'$ 和一个力偶$(\boldsymbol{F},\boldsymbol{F}'')$所代替，如图 3-2（c）所示，从而实现了力的平行移动。附加上的力偶的矩为

$$M=Fd=M_B(\boldsymbol{F})$$

证明完毕。此定理的逆定理也成立。

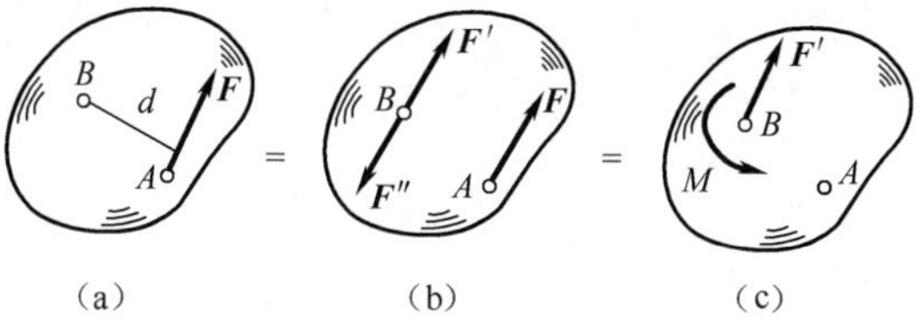

图 3-2

3.2　平面任意力系向一点简化

1．平面任意力系向一点简化

刚体上作用有 n 个力组成的平面任意力系 $\boldsymbol{F}_1,\boldsymbol{F}_2,\cdots,\boldsymbol{F}_n$，如图 3-3（a）所示。从力系作用的平面内任选一点 O，O 点称为简化中心。根据力的平移定理，将力系中的诸力分别平移到简化中心 O，结果是得到作用于 O 点的平面汇交力系 $\boldsymbol{F}_1',\boldsymbol{F}_2',\cdots,\boldsymbol{F}_n'$ 以及由相应的附加力偶组成的平面力偶系 $M_1,M_2,\cdots,M_n$，如图 3-3（b）所示，其中

$$\boldsymbol{F}_1=\boldsymbol{F}_1',\quad \boldsymbol{F}_2=\boldsymbol{F}_2',\quad \cdots,\quad \boldsymbol{F}_n=\boldsymbol{F}_n'$$

这些附加力偶的矩分别等于力 $\boldsymbol{F}_1,\boldsymbol{F}_2,\cdots,\boldsymbol{F}_n$ 对 O 点的矩，即

$$M_1=M_O(\boldsymbol{F}_1),\quad M_2=M_O(\boldsymbol{F}_2),\quad \cdots,\quad M_n=M_O(\boldsymbol{F}_n)$$

分别对平移后得到的两个简单力系进行合成。平面汇交力系可以进一步合成为作用线通过简化中心 O 的一个力 $\boldsymbol{F}_\mathrm{R}'$，$\boldsymbol{F}_\mathrm{R}'$ 称为平面任意力系的主矢，如图 3-3（c）所示，其大小和方向等于原来各力的矢量和，即

$$\boldsymbol{F}_\mathrm{R}'=\boldsymbol{F}_1'+\boldsymbol{F}_2'+\cdots+\boldsymbol{F}_n'=\sum_{i=1}^{n}\boldsymbol{F}_i'=\sum_{i=1}^{n}\boldsymbol{F}_i \tag{3-1}$$

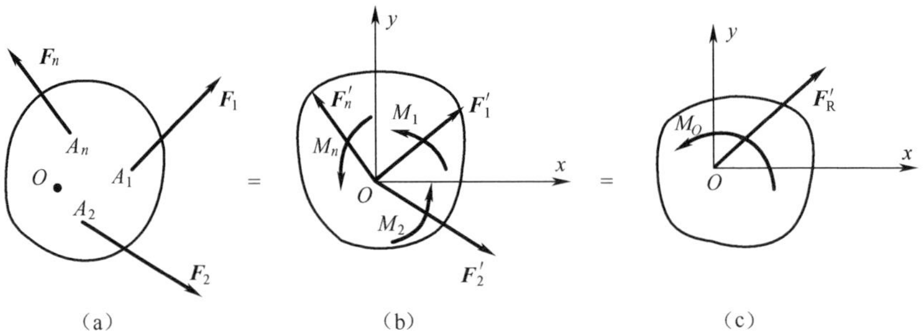

图 3-3

平面力偶系可以合成为一个力偶，这个力偶的矩 M_O 称为平面任意力系对简化中心 O 的主矩，等于各个附加力偶矩的代数和，也就是原来各力对 O 点的矩的代数和，即

$$M_O = M_1 + M_2 + \cdots + M_n = \sum M_i = \sum_{i=1}^{n} M_O(\boldsymbol{F}_i) \tag{3-2}$$

综上所述，一般情况下，平面任意力系向作用面内任一点 O 简化可得到一个力和一个力偶。这个力的作用线通过简化中心 O，其大小和方向等于力系中各个力的矢量和，称为平面任意力系的主矢。这个力偶的矩等于力系中各力对 O 点的矩的代数和，称为平面任意力系对简化中心 O 的主矩。

如果选取不同的简化中心，那么平面任意力系的主矢和主矩是否会有所不同呢？因为主矢等于各力的矢量和，并不涉及作用点，所以它和简化中心的选择无关；而主矩等于各力对简化中心之矩的代数和，当取不同的点为简化中心时，各力的力臂将有改变，各力对简化中心的矩也随之改变，所以在一般情况下主矩和简化中心的选择有关。今后谈到主矩时，必须指明是力系对哪一点的主矩。

主矢 $\boldsymbol{F}_{\mathrm{R}}'$ 的大小和方向可用几何法和解析法求出。

通过 O 点选取直角坐标系 xOy，如图 3-3（c）所示，则

$$F_{\mathrm{R}x}' = \sum_{i=1}^{n} F_{ix}, \quad F_{\mathrm{R}y}' = \sum_{i=1}^{n} F_{iy} \tag{3-3}$$

于是主矢的大小和方向为

$$\left.\begin{aligned} F_{\mathrm{R}}' &= \sqrt{F_{\mathrm{R}x}'^{\,2} + F_{\mathrm{R}y}'^{\,2}} = \sqrt{\left(\sum F_{ix}\right)^2 + \left(\sum F_{iy}\right)^2} \\ \cos(\boldsymbol{F}_{\mathrm{R}}', \boldsymbol{i}) &= \frac{\sum F_{\mathrm{R}x}'}{F_{\mathrm{R}}'}, \quad \cos(\boldsymbol{F}_{\mathrm{R}}', \boldsymbol{j}) = \frac{\sum F_{\mathrm{R}y}'}{F_{\mathrm{R}}'} \end{aligned}\right\} \tag{3-4}$$

式中，$\boldsymbol{i}$、$\boldsymbol{j}$ 分别为沿 x、y 轴正向的单位矢量。

2. 平面任意力系简化结果分析及合力矩定理

根据上述结论可知，一般情况下，平面任意力系向作用面内任一点 O 简化可得到一个主矢 $\boldsymbol{F}_R'$ 和一个主矩 M_O。下面对简化结果可能出现的情况进行进一步的讨论。

（1）$\boldsymbol{F}_R' = \boldsymbol{0}$，$M_O \neq 0$，则原力系可合成为一力偶，此力偶的矩 $M_O = \sum M_O(\boldsymbol{F})$。这种情况下主矩与简化中心的选择无关，因为不论力系向其所在平面内的哪一点简化，结果都是力偶矩相同的一个力偶。

（2）$\boldsymbol{F}_R' \neq \boldsymbol{0}$，$M_O = 0$，则原力系可合成为作用线通过简化中心 O 的一个力 $\boldsymbol{F}_R'$，且 $\boldsymbol{F}_R' = \sum \boldsymbol{F}' = \sum \boldsymbol{F}$。由于附加力偶系平衡，主矢即为力系的合力。

（3）$\boldsymbol{F}_R' \neq \boldsymbol{0}$，$M_O \neq 0$，利用前面介绍的力的平移定理，可将简化所得进一步合成为一个力。力偶矩为 M_O 的力偶用两个力 $\boldsymbol{F}_R$ 和 $\boldsymbol{F}_R''$ 表示，并令 $F_R' = F_R = F_R''$，去掉平衡力系 $\boldsymbol{F}_R'$ 和 $\boldsymbol{F}_R''$，于是作用于点 O 的力 $\boldsymbol{F}_R'$ 和力偶 $(\boldsymbol{F}_R, \boldsymbol{F}_R'')$ 就合成为一个作用在点 O' 的力 $\boldsymbol{F}_R$，如图 3-4 所示。

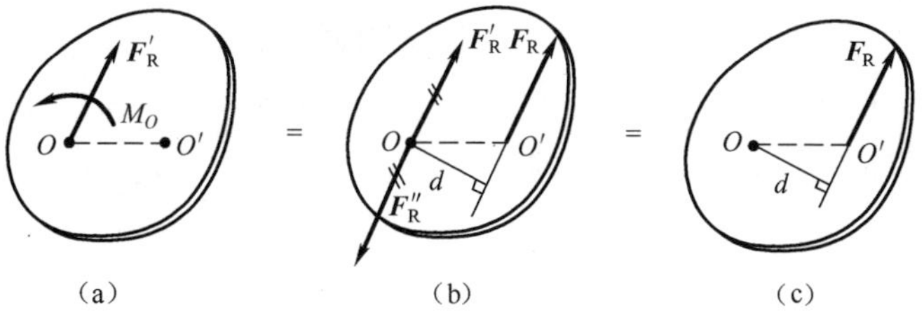

图 3-4

这个力 $\boldsymbol{F}_R$ 就是原力系的合力，合力作用线到点 O 的距离为 d，$d = \dfrac{|M_O|}{F_R'}$。至于合力 $\boldsymbol{F}_R$ 的作用线在点 O 的哪一侧，可以采用如下方法确定：$M_O > 0$，从 $\boldsymbol{F}_R'$ 的始端顺看至末端，合力 $\boldsymbol{F}_R$ 在 $\boldsymbol{F}_R'$ 的右侧；反之，$M_O < 0$，从 $\boldsymbol{F}_R'$ 的始端顺看至末端，合力 $\boldsymbol{F}_R$ 在 $\boldsymbol{F}_R'$ 的左侧。

由图 3-4（b）易见，合力 $\boldsymbol{F}_R$ 对点 O 的矩为

$$M_O(\boldsymbol{F}_R) = F_R d = M_O = \sum M_O(\boldsymbol{F}_i)$$

由于简化中心 O 是任意选取的，故上式有普遍意义。这就表明：若平面任意力系可合成为一力时，其合力对作用面内任一点的矩等于力系中各力对同一点之矩的代数和。这就是平面任意力系情况下的合力矩定理。此定理也适用于有合力的空间力系。

（4）$\boldsymbol{F}_R' = \boldsymbol{0}$，$M_O = 0$，则原力系平衡，物体处于平衡状态。有关平衡问题

的进一步研究将在下一节展开。

3. 固定端约束

利用平面任意力系简化理论分析一种工程中较为常见的约束类型——固定端约束（插入端约束）及其约束力的表示方法。

约束和被约束物体彼此固结为一体，既限制物体的移动，又限制物体转动的约束，称为固定端约束（插入端约束）。例如，插入建筑物墙内的阳台、输电线的电线杆、固定在刀架上的车刀等，都是此种约束。

上述实例中的阳台、电线杆、车刀等物体可以简化成一个杆件插入固定面的形式，如图 3-5（a）所示。杆上受到平面力系作用时，插入墙壁的固定端部分受到的约束力是杂乱分布的，可视为一平面任意力系，如图 3-5（b）所示。选择插入点 A 为简化中心，将这群力向点 A 简化，结果为作用在点 A 的一个力 $\boldsymbol{F}_A$ 和一个力偶 M_A。因此，在平面力系情况下，固定端 A 处的约束力可简化为一个力和一个力偶，如图 3-5（c）所示。通常这个力 $\boldsymbol{F}_A$ 的大小和方向均未知，用两个未知约束分力 $\boldsymbol{F}_{Ax}$、$\boldsymbol{F}_{Ay}$ 表示，用 M_A 表示约束力偶。约束力 $\boldsymbol{F}_{Ax}$、$\boldsymbol{F}_{Ay}$ 限制杆端沿平面内任何方向的移动，称为固定端反力；约束力偶 M_A 限制杆在平面内的转动，称为固定端反力偶。因此，固定端约束包含三个未知量，如图 3-5（d）所示。注意其与固定铰支座的区别，实例中的阳台若固定端约束中没有约束力偶，将会发生什么情况？

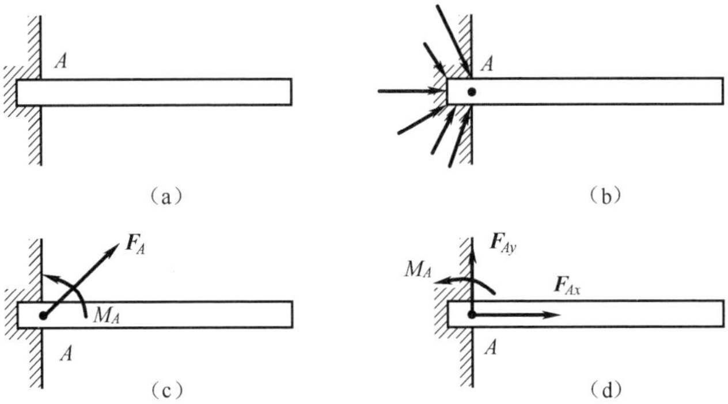

图 3-5

例 3-1 重力坝的一段受力情形如图 3-6（a）所示。坝的重力 $P_1=450\text{kN}$，$P_2=200\text{kN}$，两侧水压力的合力分别为 $F_1=300\text{kN}$，$F_2=70\text{kN}$，作用线如图。求力系向点 O 简化的结果、合力与基线 OA 的交点到点 O 的距离 x，以及合力作用线方程。

解：（1）将力系向点 O 简化后，可得到作用在点 O 的主矢 $\boldsymbol{F}_\text{R}'$ 和主矩 M_O，如图 3-6（b）所示。

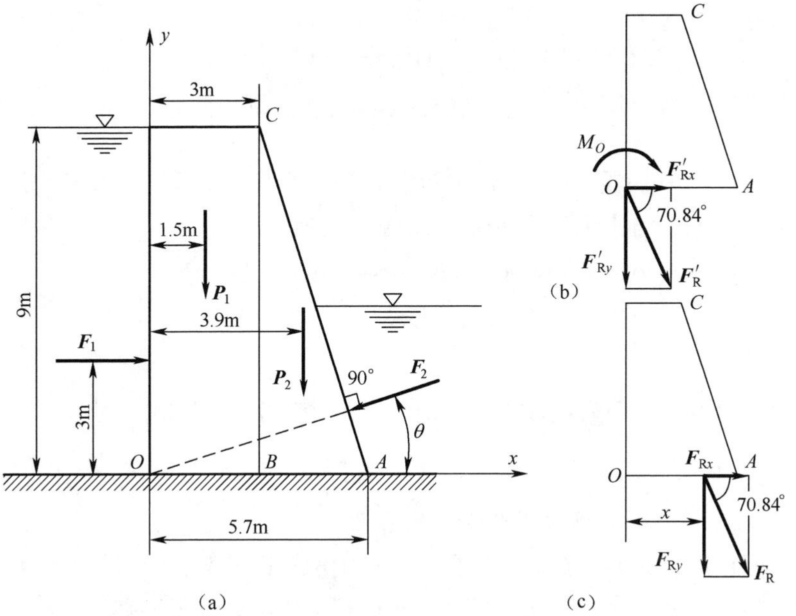

图 3-6

由图 3-6（a）有

$$\theta = \angle ACB = \arctan\frac{AB}{CB} = 16.7°$$

主矢 $\boldsymbol{F}_{\mathrm{R}}'$ 在 x、y 轴上的投影分别为

$$F_{\mathrm{R}x}' = \sum F_x = F_1 - F_2\cos\theta = 232.9\ \text{（kN）}$$

$$F_{\mathrm{R}y}' = \sum F_y = -P_1 - P_2 - F_2\sin\theta = -670.1\ \text{（kN）}$$

主矢 $\boldsymbol{F}_{\mathrm{R}}'$ 的大小为

$$F_{\mathrm{R}}' = \sqrt{F_{\mathrm{R}x}^2 + F_{\mathrm{R}y}^2} = 709.4\ \text{（kN）}$$

主矢 $\boldsymbol{F}_{\mathrm{R}}'$ 与 x 轴正向夹角为

$$\cos(\boldsymbol{F}_{\mathrm{R}}', \boldsymbol{i}) = \frac{F_{\mathrm{R}x}'}{F_{\mathrm{R}}'} = 0.3283$$

$$\cos(\boldsymbol{F}_{\mathrm{R}}', \boldsymbol{j}) = \frac{F_{\mathrm{R}y}'}{F_{\mathrm{R}}'} = -0.9446$$

故主矢 $\boldsymbol{F}_{\mathrm{R}}'$ 在第四象限内。

力系对点 O 的主矩为

$$M_O = \sum M_O(\boldsymbol{F}) = -3F_1 - 1.5P_1 - 3.9P_2 = -2355\ \text{（kN·m）}$$

（2）合力 $\boldsymbol{F}_{\mathrm{R}}$ 的大小和方向与主矢 $\boldsymbol{F}_{\mathrm{R}}'$ 相同，其作用线位置的 x 值可根据合力

矩定理求得，如图 3-6（c）所示，即

$$M_O = M_O(\boldsymbol{F}_{\mathrm{R}}) = M_O(\boldsymbol{F}_{\mathrm{R}x}) + M_O(\boldsymbol{F}_{\mathrm{R}y}) = 0 + F_{\mathrm{R}y}x$$

解得

$$x = \frac{M_O}{F_{\mathrm{R}y}} = 3.514 \text{（m）}$$

（3）设合力作用线上任一点的坐标为(x, y)，将合力作用于此点，如图 3-6（c）所示，则合力 $\boldsymbol{F}_{\mathrm{R}}$ 对坐标原点的矩的解析表达式为

$$M_O = M_O(\boldsymbol{F}_{\mathrm{R}}) = -yF_{\mathrm{R}x} + xF_{\mathrm{R}y} = -y\sum F_x + x\sum F_y$$

得合力作用线方程为$670.1x + 232.9y = 2355$。

3.3 平面任意力系的平衡条件和平衡方程

1. 平面任意力系的平衡条件和平衡方程

由平面任意力系向一点简化结果的讨论中可知：若简化所得的主矢和主矩同时为零，则物体处于平衡状态；反之，不论是主矢不等于零还是主矩不等于零，物体都不会平衡。因此，平面任意力系平衡的必要充分条件是：力系的主矢和对任一点的主矩都等于零，即

$$\boldsymbol{F}'_{\mathrm{R}} = \boldsymbol{0}, \quad M_O = 0 \tag{3-5}$$

平衡条件用解析形式表达为

$$\sum F_x = 0, \quad \sum F_y = 0, \quad \sum M_O(\boldsymbol{F}) = 0 \tag{3-6}$$

由此得出结论：平面任意力系平衡的解析条件是，力系中各力在平面内任选的两个坐标轴上投影的代数和分别为零，以及各力对于任一点的矩的代数和也为零。式（3-6）称为平面任意力系的平衡方程，为基本形式。其中前两个为投影方程，后一个为力矩方程，是三个彼此独立的方程，可以求解三个未知量。

平面任意力系的平衡方程还有以下两种形式：

（1）二力矩式：两个力矩方程和一个投影方程，即

$$\sum M_A(\boldsymbol{F}_i) = 0, \quad \sum M_B(\boldsymbol{F}_i) = 0, \quad \sum F_x = 0 \tag{3-7}$$

限制条件：A、B 两点的连线 AB 不能与 x 轴垂直。

为什么要加上限制条件？因为当$\sum M_A(\boldsymbol{F}_i) = 0$时，该力系不可能简化为一个力偶，但有可能是通过点 A 的合力平衡。当同时有$\sum M_B(\boldsymbol{F}_i) = 0$时，则该力系也许有一个合力沿 A、B 两点的连线平衡。如果再加上$\sum F_x = 0$，那么力系如有合力，则此合力必与 x 轴垂直。式（3-7）的限制条件（x 轴不得垂直 AB 连线）完全排除了力系简化为一个合力的可能性，故所研究的力系必为平衡力系。

（2）三力矩式：三个力矩方程，即

$$\sum M_A(\boldsymbol{F}_i)=0\text{，}\sum M_B(\boldsymbol{F}_i)=0\text{，}\sum M_C(\boldsymbol{F}_i)=0 \tag{3-8}$$

限制条件：A、B、C 三点不能共线。读者可自行证明这个限制条件。

如此，平面任意力系共有三种不同形式的平衡方程组，究竟选哪一种形式需要根据具体条件确定。对于受平面任意力系作用的研究对象的平衡问题，只可以列出三个独立的平衡方程，求解三个未知量，超过三个方程的其他平衡方程都是前三个方程的线性组合，不是独立的方程，但可以利用这些方程来校核计算的结果。

2. 平面特殊力系的平衡方程

平面汇交力系、平面力偶系、平面平行力系可以看作平面任意力系的几种特殊情况。有关平面汇交力系和平面力偶系的平衡问题在第 2 章中已有详细介绍，不再赘述。下面讨论平面平行力系的平衡方程。

当平面力系中各力的作用线互相平行时，称为平面平行力系。设物体受到平面平行力系 $\boldsymbol{F}_1,\boldsymbol{F}_2,\cdots,\boldsymbol{F}_n$ 的作用，若取 y 轴与各力的作用线平行，如图 3-7 所示，则这些力在 x 轴上的投影全部恒为零，即 $\sum F_x\equiv 0$。去掉此恒等式，于是平面平行力系平衡方程的数目只有两个，可以求解两个未知量，即

$$\sum F_y=0\text{，}\sum M_O(\boldsymbol{F})=0 \tag{3-9}$$

平面平行力系平衡方程的另一种形式是两个力矩方程的形式，即

$$\sum M_A(\boldsymbol{F}_i)=0\text{，}\sum M_B(\boldsymbol{F}_i)=0 \tag{3-10}$$

限制条件：A、B 两点的连线 AB 不能与力系中各力的作用线平行。

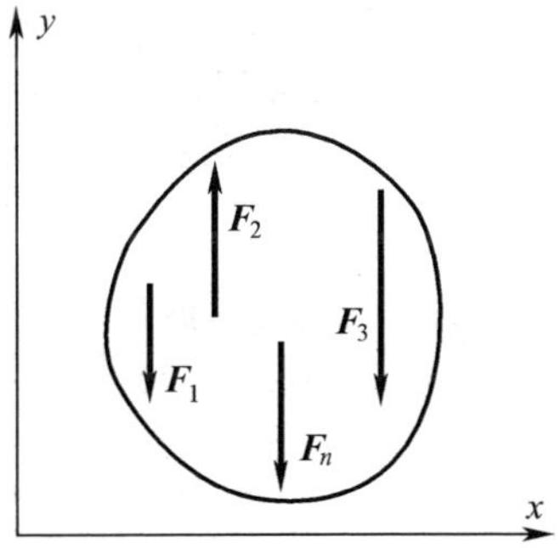

图 3-7

例 3-2 图 3-8 所示的水平横梁 AB，A 端为固定铰链支座，B 端为一滚动支座。梁的长为 $4a$，梁重 P，作用在梁的中点 C。梁的 AC 段上受均布载荷 q 作用，力偶矩 $M=Pa$。试求 A 和 B 处的支座反力。

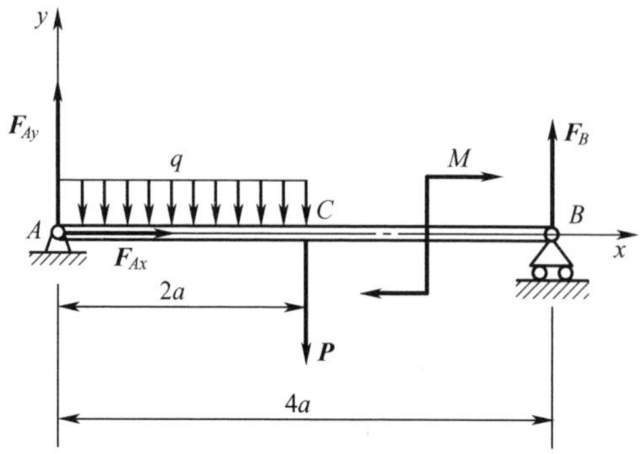

图 3-8

解：取梁 AB 为研究对象。梁上所受的主动力有集中力 $\boldsymbol{P}$、均布载荷 q、矩为 M 的力偶，它所受的约束力有固定铰支座 A 的两个分力 $\boldsymbol{F}_{Ax}$ 和 $\boldsymbol{F}_{Ay}$、滚动支座 B 垂直向上的约束力 F_B。受力如图 3-8 所示，列出平衡方程

$$\sum M_A(\boldsymbol{F})=0\text{，}\quad F_B\cdot 4a-M-P\cdot 2a-q\cdot 2a\cdot a=0$$

$$\sum F_x=0\text{，}\quad F_{Ax}=0$$

$$\sum F_y=0\text{，}\quad F_{Ay}-q\cdot 2a-P+F_B=0$$

解上述方程，得

$$F_{Ax}=0\text{，}\quad F_{Ay}=0.25P+1.5qa\text{，}\quad F_B=0.75P+0.5qa$$

例 3-3 如图 3-9（a）所示，飞机机翼上安装了一台发动机，作用在机翼 OA 上的气动力按梯形分布：$q_1=60\ \text{kN/m}$，$q_2=40\ \text{kN/m}$，机翼重 $P_1=45\text{kN}$，发动机重 $P_2=20\text{kN}$，发动机螺旋桨的作用力偶矩 $M=18\ \text{kN}\cdot\text{m}$。求机翼处于平衡状态时机翼根部固定端 O 受的力。

解：取机翼（包括螺旋桨）为研究对象，其受力如图 3-9（b）所示。分布载荷可以看作由三角形分布载荷 q_1-q_2 及均布载荷 q_2 两部分组成。

三角形分布载荷 q_1-q_2 的合力

$$F_{R1}=\frac{1}{2}(q_1-q_2)\cdot 9=90000\ \text{（N）}$$

均布载荷 q_2 的合力

$$F_{R2}=q_2\cdot 9=360000\ \text{（N）}$$

F_{R2} 位于离 O 为 $\frac{9}{2}=4.5\ \text{m}$ 处，列平衡方程，得

$$\Sigma F_x=0,\ F_{Ox}=0$$

$$\Sigma F_y=0,\ F_{Oy}+F_{R1}+F_{R2}-P_1-P_2=0$$

$$\Sigma M_O=0\text{，}\quad M_O+F_{R1}\cdot 3+F_{R2}\cdot 4.5-P_1\cdot 3.6-P_2\cdot 4.2-M=0$$

将已知数值代入，得

$F_{Ox}=0$， $F_{Oy}==-385\ \text{kN}$， $M_O=-1626\ \text{kN}\cdot\text{m}$ （与假设转向反向）

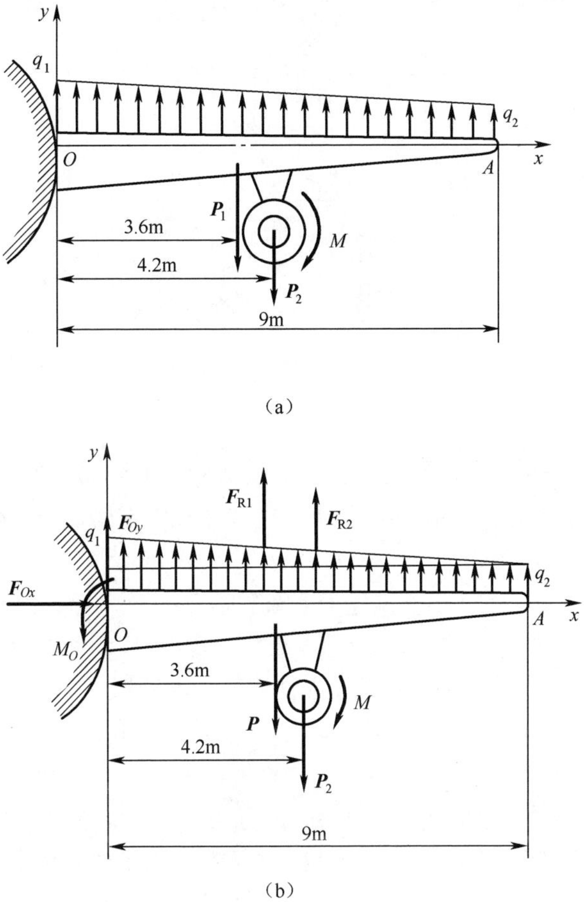

图 3-9

例 3-4　塔式起重机如图 3-10 所示。机架重 $G=220\text{kN}$，作用线通过塔架的中心，最大起吊重量 $P=50\text{kN}$，起重悬臂长 12 m，轨道 AB 的间距为 4m，平衡块重量为 Q，到塔身中心线的距离为 6m，求：

（1）要使起重机在满载（ $P=50\text{kN}$ ）和空载（ $P=0$ ）时都不翻倒，平衡块的重量 Q 应为多少？

（2）若设平衡块重量 $Q=30\text{kN}$，满载时，轮子 A、B 对轨道的压力等于多少？

解：取塔式起重机为研究对象。其上除主动力塔身重 $\boldsymbol{G}$、起吊重量 $\boldsymbol{P}$、平衡块重 $\boldsymbol{Q}$ 外，还有轨道对轮子 A、B 的约束力 $\boldsymbol{F}_{NA}$、 $\boldsymbol{F}_{NB}$，如图 3-10 所示，这些力组成了一个平面平行力系。

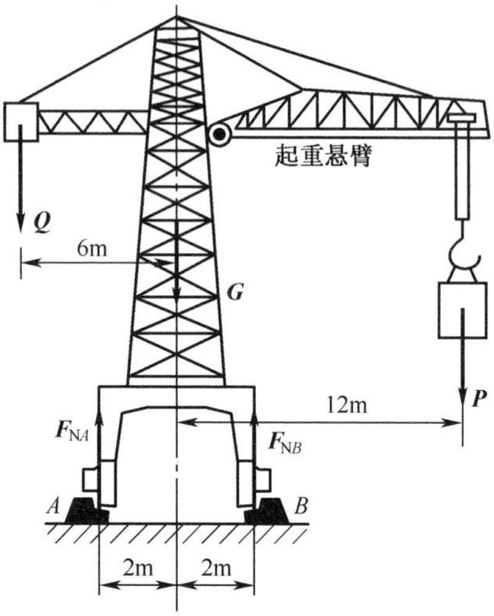

图 3-10

（1）先求起重机不会翻倒时平衡块的重量 Q。要保证起重机不会翻倒，就要保证起重机在满载时不向载荷一边翻倒，空载时不向平衡重一边翻倒。

分别分析以上两种情况。

满载时（$P=50\text{kN}$），起重机处于平衡的临界状态（即将翻未翻时），有绕 B 转动的趋势，表现为 $F_{NA}=0$，这时 Q 值越大越安全，由平衡方程求出的是平衡块重量的最小值 $Q_{\min}$，由图 3-10 列平面平行力系平衡方程

$$\sum M_B(\boldsymbol{F})=0，\quad G\cdot 2+Q_{\min}\cdot(6+2)-P\cdot(12-2)=0$$

$$Q_{\min}=7.5\ （\text{kN}）$$

空载时（$P=0$），起重机处于平衡的临界状态（即将翻未翻时），有绕 A 转动的趋势，表现为 $F_{NB}=0$，这时 Q 值越小越安全，由平衡方程求出的是平衡块重量的最大值 $Q_{\max}$，由图 3-10 列平面平行力系平衡方程

$$\sum M_A(\boldsymbol{F})=0，\quad Q_{\max}\cdot(6-2)-G\cdot 2=0$$

$$Q_{\max}=110\ （\text{kN}）$$

由于起重机实际工作时不允许处于满载和空载这两种危险状态，因此要保证起重机安全工作，平衡块重 Q 的大小应在上述所求两数值之间，即

$$7.5\text{kN}<Q<110\text{kN}$$

（2）当 $Q=30\text{kN}$ 满载时，求轮子 A、B 对轨道的压力 $\boldsymbol{F}_{NA}$、$\boldsymbol{F}_{NB}$，正常工作时起重机在各力作用下处于平衡状态，列出平面平行力系的平衡方程

$$\sum M_A(\boldsymbol{F})=0，\quad Q\cdot(6-2)-G\cdot 2+F_{NB}\cdot 4-P\cdot(12+2)=0$$

$$\sum F_y=0，\quad F_{NA}+F_{NB}-Q-G-P=0$$

解上述方程，得

$$F_{NA}=45\ (\text{kN}),\quad F_{NB}=255\ (\text{kN})$$

3.4　物体系统的平衡

1．静定和超静定问题

由前面的讨论可知，每种力系的独立平衡方程数目都是一定的。比如，平面汇交力系有两个平衡方程，只能求解两个未知量；平面力偶系有一个平衡方程，只能求解一个未知量；平面任意力系有三个平衡方程，只能求解三个未知量。如果所研究问题的未知量数目等于或少于独立平衡方程数目，这时的未知量可以由平衡方程全部求出，这种问题称为静定问题；反之，若未知量数目多于独立平衡方程数目，未知量不能全部由平衡方程求出，这种问题称为超静定问题。

图 3-11 所示是超静定问题的几个工程实例。在图 3-11 中，物体分别在平面汇交力系、平面平行力系和平面任意力系作用下平衡，独立平衡方程数目为两个、两个和三个，而未知量数目为三个、三个和四个，所以都属于超静定问题。另外，图中的独立平衡方程数目都只比未知量数目少一个，称为一次超静定问题。超静定问题的次数可依此类推。

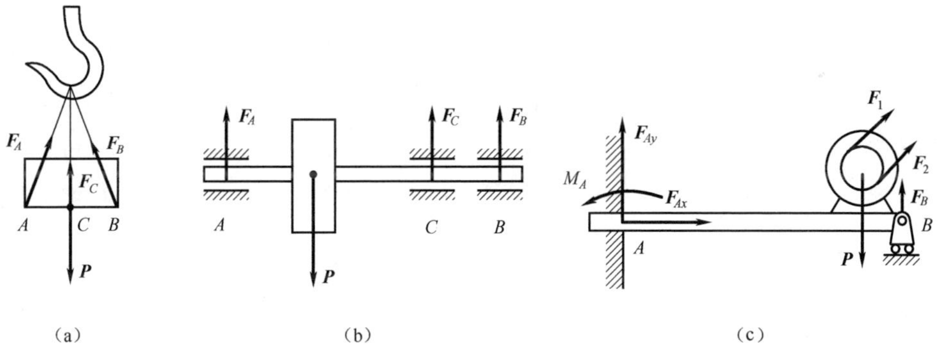

图 3-11

需要指出的是，超静定问题并不是无解的问题，未知量不能全部由平衡方程求出是因为静力学中的物体被抽象成了刚体，变形被略去。实际上，任何物体受力后都会有变形。如果进一步考虑物体的变形，在平衡方程之外添加某些补充方程，超静定问题是可解的，也就是说，任何超静定问题可以借助于研究构件的变形求解。相关内容在后续的材料力学、结构力学等课程中有详细介绍。

2. 物体系统的平衡

工程实际中的结构或机械多是由几个物体以一定方式连接起来的系统，这种系统称为物体系统。当物体系统平衡时，组成该系统的每一个物体都处于平衡状态。研究它们的平衡问题，有时要求出系统所受的未知外力，而有时要求出它们之间相互作用的内力。当选取整个系统为研究对象时，物体之间相互作用的内力并不出现，因此就要把某些物体分开来单独研究。另外，即使不要求求出内力，对于物体系统的平衡问题，有时也要把物体分开来研究，才能求出所有的未知外力。对物体系统平衡的研究是静力学部分极为重要的内容。

鉴于物体系统平衡问题的特点，解决的思路大致有两条：①先取整个系统为研究对象，列出平衡方程解出一些未知力，然后根据问题的要求再选取系统中的某些物体为研究对象，列出另外的平衡方程求解未知力；②分别选取系统中的每一个物体为研究对象，列出全部的平衡方程，然后求解。需要注意的是，在选择研究对象和列平衡方程时应使每一个平衡方程中未知量的数目尽可能少，最好是只有一个未知量，以避免求解联立方程。进行受力分析时两个物体之间的相互作用力要符合作用反作用定律。

下面举例说明物体系统平衡问题的具体求解。

例 3-5 如图 3-12（a）所示的组合梁由 AC 和 CD 在 C 处铰接而成。梁的 A 端插入墙内，B 处为滚动支座。已知：$F=20\text{kN}$，均布载荷 $q=10\text{kN/m}$，$M=20\text{kN}\cdot\text{m}$，$l=1\text{m}$。试求插入端 A 及滚动支座 B 的约束力。

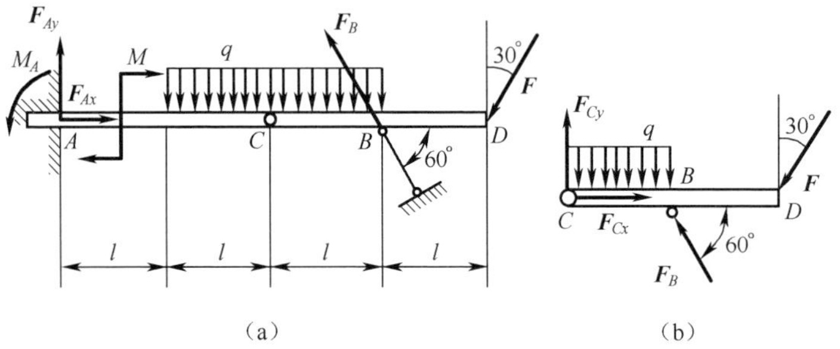

图 3-12

解：组合梁由 AC 梁和 CD 梁组成，单独考虑 AC 梁和 CD 梁，都是在平面任意力系作用下平衡，因而共有六个平衡方程，而 A 处、B 处和 C 处未知的约束力也是六个，所以组合梁的平衡问题是静定问题。

梁是工程实际中常见的结构形式之一。结构用于承受载荷，几何形状必须保持不变。组合梁由 n 个梁组成，其中直接支撑在基础上、可单独承载的梁是结构的基本部分，图 3-12（a）中的悬臂梁 AC，其 A 处和 C 处未知的约束力有五个；必须依靠基本部分的支撑才能承载的梁是结构的附属部分，如图 3-12（a）中的 CD 梁，其 B 处和 C 处未知的约束力有三个。

为此可先取梁 CD 为研究对象，其受力如图 3-12（b）所示，列出对点 C 的力矩方程

$$\sum M_C(\boldsymbol{F})=0,\quad F_B\sin 60°\cdot l-0.5ql^2-F\cos 30°\cdot 2l=0$$

可得
$$F_B=45.77\ \text{kN}$$

再以整体为研究对象，受力如图 3-12（a）所示，列平衡方程

$$\sum F_x=0,\quad F_{Ax}-F_B\cos 60°-F\sin 30°=0$$
$$\sum F_y=0,\quad F_{Ay}+F_B\sin 60°-2ql-F\cos 30°=0$$
$$\sum M_A(\boldsymbol{F})=0,\quad M_A-M-2ql\cdot 2l+F_B\sin 60°\cdot 3l-F\cos 30°\cdot 4l=0$$

求得 $F_{Ax}=32.89\ \text{kN}$，$F_{Ay}=-2.32\ \text{kN}$，$M_A=10.37\ \text{kN}\cdot\text{m}$。

请读者自行计算对比，先选取梁 CD 为研究对象后，再以 AC 梁为研究对象的算法。

例 3-6　三角形板 A 处为固定铰支座，杆 BD 上固结有销钉 C，如图 3-13（a）所示。已知 $F=100\ \text{N}$，不计各构件的重量和摩擦，求支座 A 和 B 处的约束力。

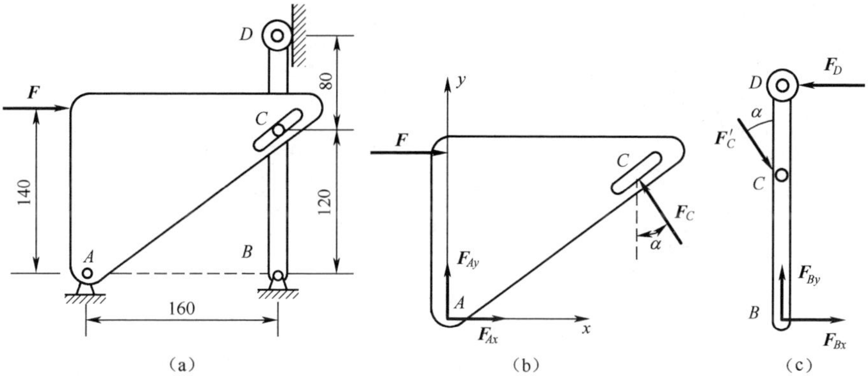

图 3-13

解：这是由三角形板和杆组成的刚体系的平衡问题。A 和 B 是两个固定铰链支座，各有两个约束力，C 和 D 处是两个光滑面约束，各有一个约束力，所以共有六个未知的约束力。每个刚体都在平面任意力系作用下平衡，各可列出三个共有六个平衡方程。

先取三角形板为研究对象，画出受力图，如图 3-13（b）所示，列平衡方程

$$\sum M_A=0,\quad F_C\sqrt{120^2+160^2}-F\cdot 140=0$$

$$\sum F_x = 0，\quad F_{Ax} + F - F_C \sin\alpha = 0$$
$$\sum F_y = 0，\quad F_{Ay} + F_C \cos\alpha = 0$$

解上述方程，得 $F_{Ax} = -58\ \text{N}$， $F_{Ay} = -56\ \text{N}$， $F_C = 70\ \text{N}$。

再取杆 BD 为研究对象，画出受力图，如图 3-13（c）所示，注意到 $F_C = F_C'$，列平衡方程

$$\sum M_B = 0，\quad F_D \cdot 200 - F_C' \sin\alpha \cdot 120 = 0$$
$$\sum F_x = 0，\quad F_{Bx} + F_C' \sin\alpha - F_D = 0$$
$$\sum F_y = 0，\quad F_{By} - F_C' \cos\alpha = 0$$

解上述方程，得 $F_D = 25.2\ \text{N}$， $F_{Bx} = -16.8\ \text{N}$， $F_{By} = 56\ \text{N}$。

例 3-7 图 3-14（a）所示为钢结构拱架。拱架由两个相同的钢架 AC 和 BC 用铰链 C 连接，拱脚 A、B 用铰链固结于地基，吊车梁支承在钢架的突出部分 D、E 上。设两钢架各重为 $P = 60\text{kN}$，吊车梁重为 $P_1 = 20\text{kN}$，其作用线通过点 C，载荷为 $P_2 = 10\text{kN}$，风力 $F = 10\text{kN}$，尺寸如图 3-14（a）所示。D、E 两点在力 $\boldsymbol{P}$ 的作用线上。求固定铰支座 A 和 B 的约束力。

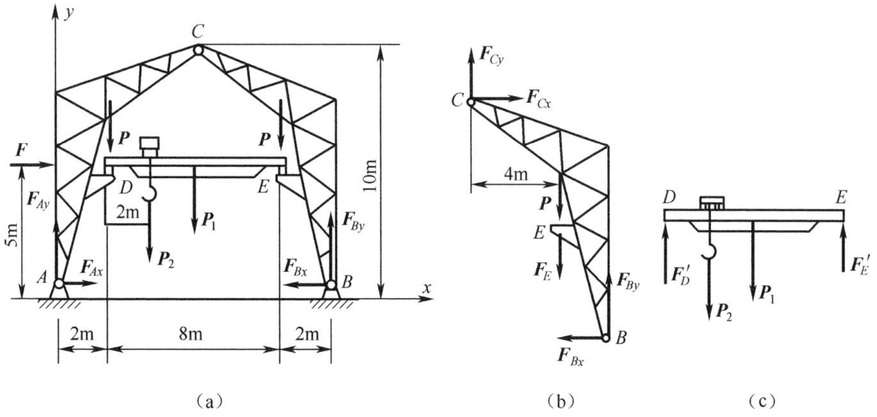

图 3-14

解：（1）选整个拱架为研究对象，其受力如图 3-14（a）所示，列出平衡方程

$$\sum M_A(\boldsymbol{F}) = 0，\quad 12F_{By} - 5F - 12P - 4P_2 - 6P_1 = 0 \qquad ①$$
$$\sum F_x = 0，\quad F + F_{Ax} - F_{Bx} = 0 \qquad ②$$
$$\sum F_y = 0，\quad F_{Ay} + F_{By} - P_2 - 2P - P_1 = 0 \qquad ③$$

（2）选右边钢架为研究对象，其受力如图 3-14（b）所示，列平衡方程

$$\sum M_C(\boldsymbol{F}) = 0，\quad 6F_{By} - 10F_{Bx} - 4(P + F_E) = 0 \qquad ④$$

（3）选吊车梁为研究对象，其受力如图 3-14（c）所示，列平衡方程

$$\sum M_D(\boldsymbol{F})=0，\quad 8F_E'-4P_1-2P_2=0 \qquad ⑤$$

由式⑤解得　　$F_E=12.5$（kN）

由式①解得　　$F_{By}=77.5$（kN）

将 F_{By} 和 F_E 的值代入式④得　　$F_{Bx}=17.5$（kN）

代入式②得　　$F_{Ax}=7.5$（kN）

代入式③得　　$F_{Ay}=72.5$（kN）

综合以上的例题，现将物体系统平衡问题的求解步骤归纳如下：

（1）选取研究对象。研究对象选择顺序的安排往往是决定问题繁易的关键，选择的原则是便于求解未知量。一般可优先考虑整个系统，再考虑系统的某部分。

（2）分析受力，画受力图。分析受力和画受力图时，应注意内力和外力的区别、作用力和反作用力的画法等。在正确画出受力图的基础上，应注意适当地运用简单力系的平衡条件，如二力平衡、三力平衡汇交定理、力偶等效定理等确定未知反力的方位，以简化求解过程。

（3）列出平衡方程。平衡方程的数目应与物体所受力系的类型相一致。为了避免联立方程的求解，在列力矩方程时，矩心选在尽可能多未知量作用线的交点上；投影轴选在与尽可能多未知量作用线垂直的方向上，力争一个平衡方程中只包含一个未知量，简化计算过程。

（4）解平衡方程，计算结果。

习　题

3-1　将题 3-1 图所示平面任意力系向点 O 简化，并求力系合力的大小及其与原点的距离 d。已知 $F_1=150\text{N}$，$F_2=F=200\text{N}$，$F_3=300\text{N}$，力偶的臂等于 8cm。

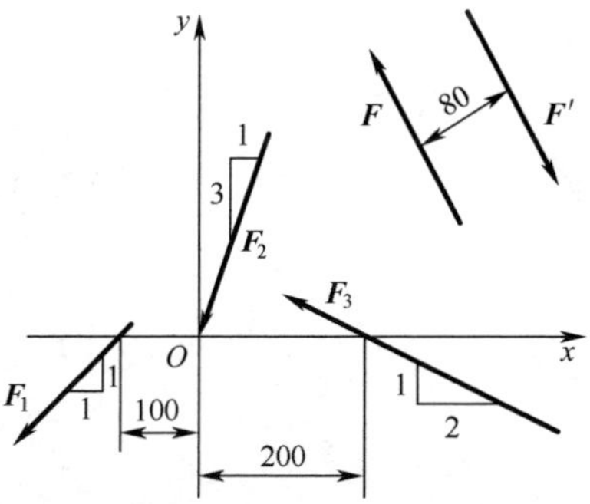

题 3-1 图

3-2　如题 3-2 图所示，当飞机稳定航行时，所有作用在它上面的力必须相互平衡。已知飞机的重量为$W = 30\ \text{kN}$，螺旋桨的牵引力$F = 4\ \text{kN}$。飞机的尺寸：$a = 0.2\ \text{m}$，$b = 0.1\ \text{m}$，$c = 0.05\ \text{m}$，$l = 5\ \text{m}$。求阻力F_x、机翼升力F_{y1}和尾部的升力F_{y2}。

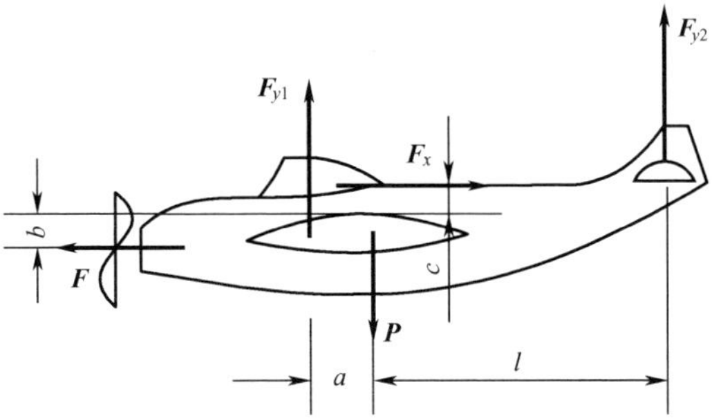

题 3-2 图

3-3　高炉上料小车如题 3-3 图所示。料斗车沿与水平成$\alpha = 70°$的倾斜轨道匀速上升。已知料斗车和炉料共重$P = 9.8\ \text{kN}$，重心在 C 点。图中尺寸为$a = 0.4\text{m}$，$b = 0.5\text{m}$，$e = 0.2\text{m}$，$d = 0.3\text{m}$。试求钢索拉力和 A、B 轮对轨道的压力。

3-4　题 3-4 图所示为一外伸梁，自重不计。已知：$q = 2\ \text{kN/m}$，$l = 2\text{m}$，$M = 60\ \text{kN·m}$，$\theta = 30°$。试求 A、B 支座的约束力。

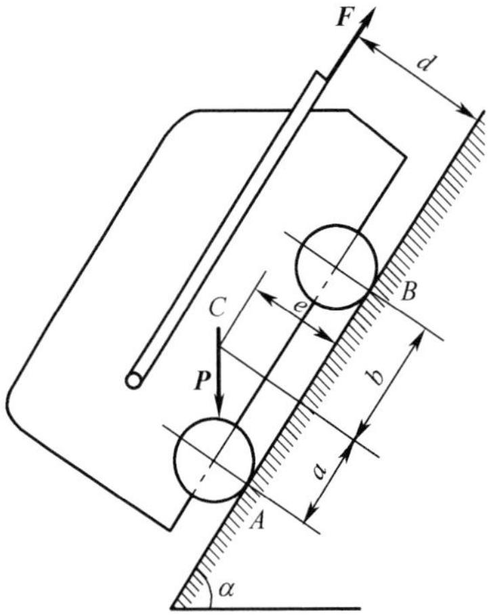

题 3-3 图

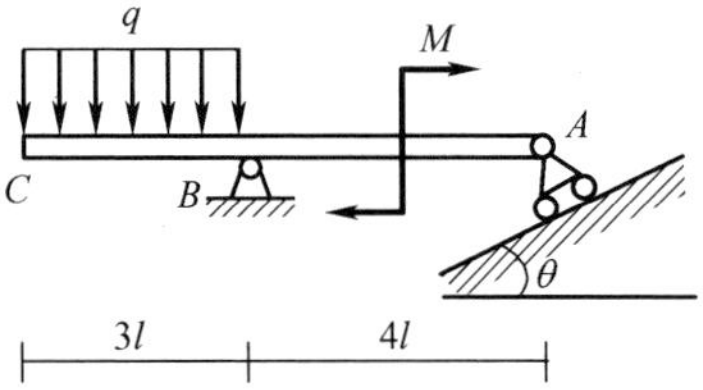

题 3-4 图

3-5　求题 3-5 图所示梁支座 A 和 B 处的约束力。

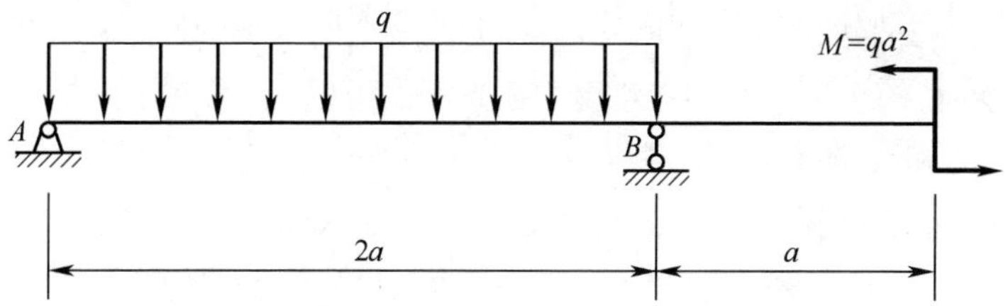

题 3-5 图

3-6　刚架的受力和尺寸如题 3-6 图所示，求支座 A 和 B 处的约束力。

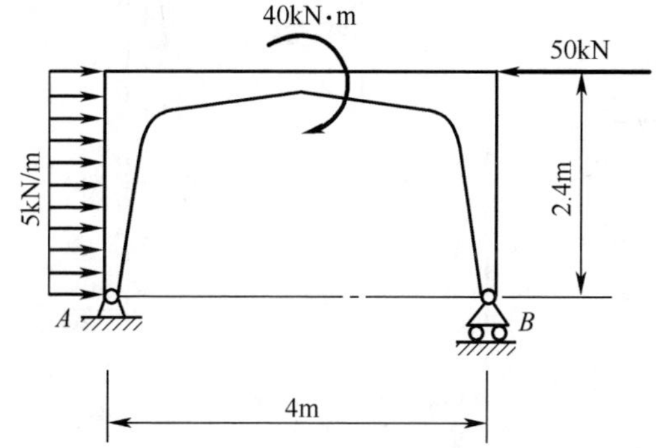

题 3-6 图

3-7　悬臂梁受到 $q=4\text{kN/m}$ 的均布载荷和集中力 $P=5\text{kN}$ 的作用，如题 3-7 图所示。设 $\alpha=30°$，梁的跨度 $l=4\text{m}$。求固定端支座 A 处的约束力。

3-8　旋转式起重机如题 3-8 图所示。起重机自重 $W=10\text{kN}$，其重心 C 至转轴的距离为 1m，起吊重物 $Q=40\text{kN}$。求止推轴承 A 和向心轴承 B 处的约束力。

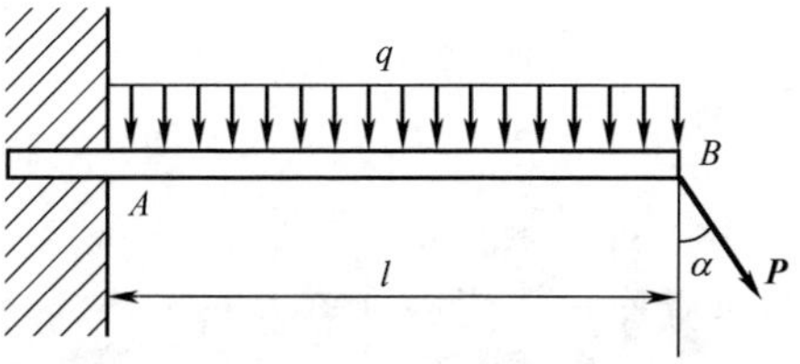

题 3-7 图

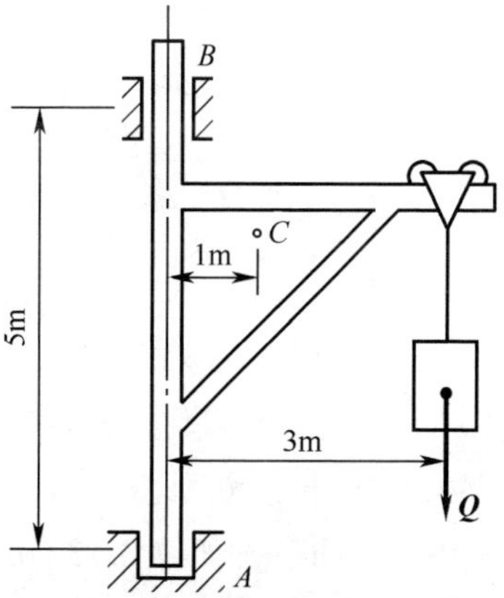

题 3-8 图

3-9　挂物支架如题 3-9 图所示，$\alpha = 60°$。三根等长的均质杆 AC、BC 和 CD 彼此固结，各杆的自重均为 W，B 端靠在光滑的墙壁上，D 端挂一重为 F 的物块。求 B 处的受力和铰链 A 处的约束力。

3-10　在题 3-10 图所示的刚架中，已知：$q = 3\text{kN/m}$，$F = 6\sqrt{2}\text{kN}$，$M = 5\text{kN}\cdot\text{m}$，$BC = 3\text{m}$，$AC = 4\text{m}$，刚架自重不计，试求固定端 A 处的约束力。

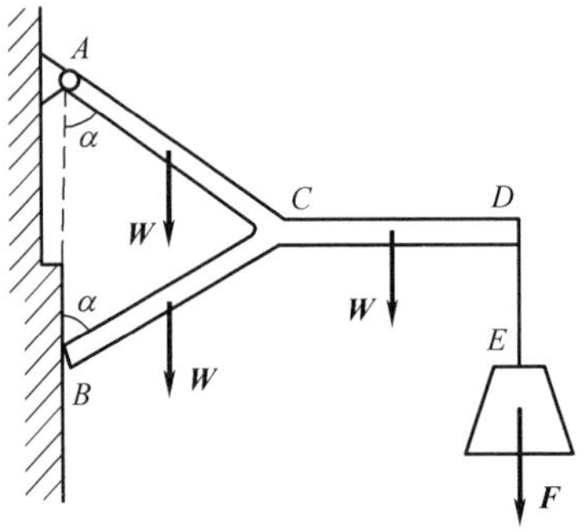

题 3-9 图

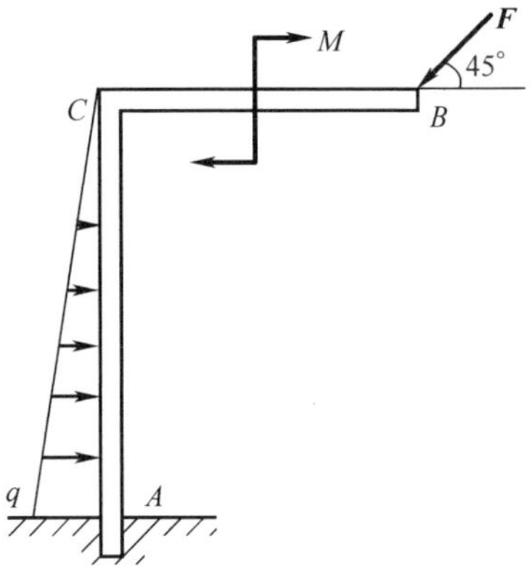

题 3-10 图

3-11　题 3-11 图所示的曲柄 OA 长 $R = 230\text{mm}$，当 $\alpha = 20°$，OA 垂直于 AB 时达到最大冲击压力 $P = 3150\text{kN}$。因转速较低，故可近似地按静平衡问题计算。如略去摩擦，求在最大冲击压力 P 的作用下，导轨给滑块的侧压力和曲柄上所加的转矩 M，并求这时铰支座 O 的反力。

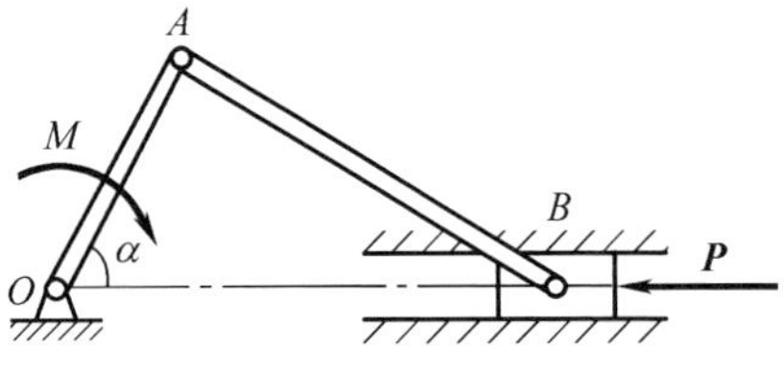

题 3-11 图

3-12　飞机起落架如题 3-12 图所示。A、B、C 均为铰链，杆 OA 垂直于 A、B 连线。当飞机匀速直线滑行时，地面作用于轮上的铅直正压力 $F_N = 30\text{ kN}$，水平摩擦力和各杆自重都比较小，可略去不计。求 A、B 两处的约束反力。

3-13　平面机构如题 3-13 图所示，CF 杆承受均布载荷 $q = 100\text{kN/m}$，各杆之间均为铰链连接，其中 AD 杆、EF 杆为二力杆，假设各杆的重量不计，试求支座 A、B、C 三处的约束力。

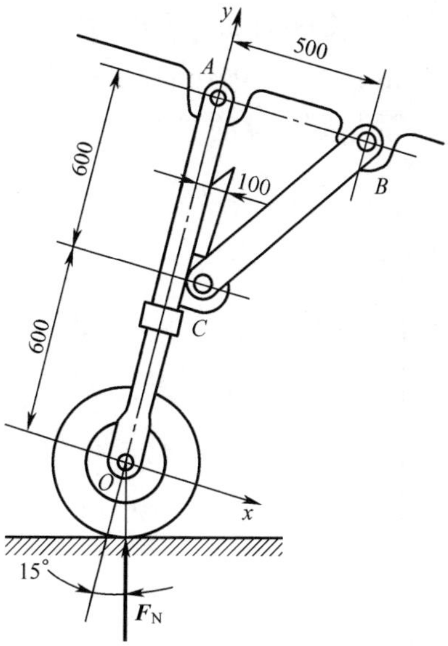

题 3-12 图

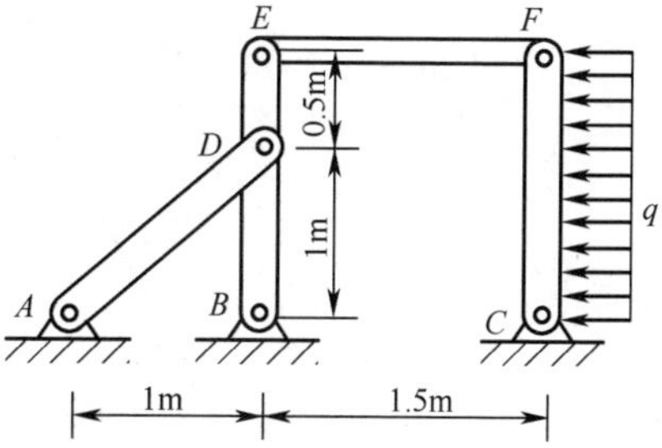

题 3-13 图

3-14　题 3-14 图所示的多跨梁由 AC 和 CB 铰接而成，自重不计。已知：$q=8\text{kN/m}$，$M=4.5\,\text{kN}\cdot\text{m}$，$l=3\,\text{m}$。试求固定端 A 处的约束力。

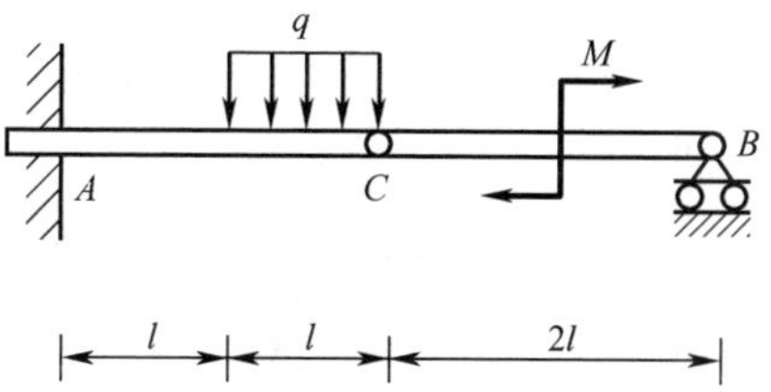

题 3-14 图

3-15　已知梁由 AC 和 CD 两部分铰接而成，载荷如题 3-15 图所示，求图中支座 A、B、D 的约束力。

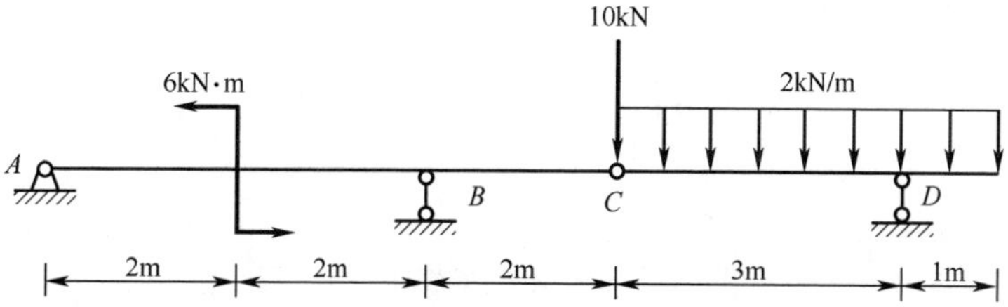

题 3-15 图

3-16 如题 3-16 图所示，轧碎机的活动颚板 AB 长 600 mm。设机构工作时石块施于板的垂直力 $F=1000\ \text{N}$， $BC=CD=600\ \text{mm}$ ， $OE=100\ \text{mm}$ 。略去各杆的重量，试根据平衡条件计算在图示位置时电机作用力偶矩 M 的大小。

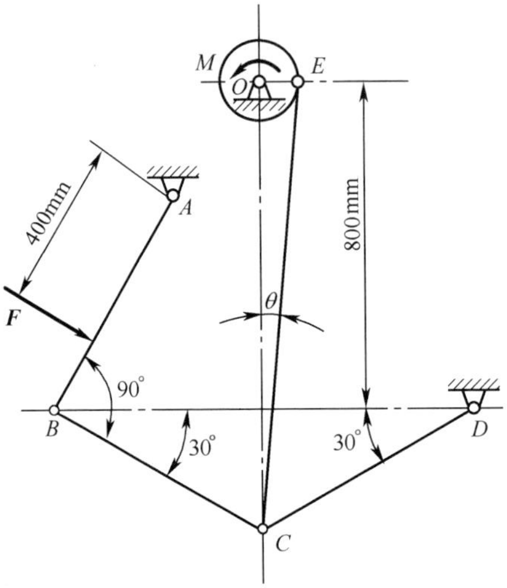

题 3-16 图

3-17 题 3-17 图所示为一种闸门启闭设备的传动系统。已知各齿轮的半径分别为r_1、r_2、r_3、r_4，鼓轮的半径为 r，闸门重 $\boldsymbol{P}$，齿轮的压力角为α ，不计各齿轮的自重，求最小的启门力偶矩 M 及轴 O_3 的约束反力。

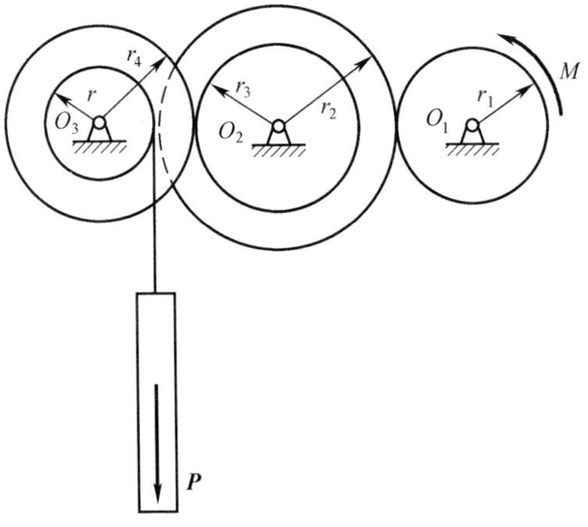

题 3-17 图

3-18 如题 3-18 图所示，用三根杆连接成一个构架，各连接点均为铰链，B

处的接触表面光滑，不计各杆的重量。图中尺寸单位为 m。求铰链 D 所受的力。

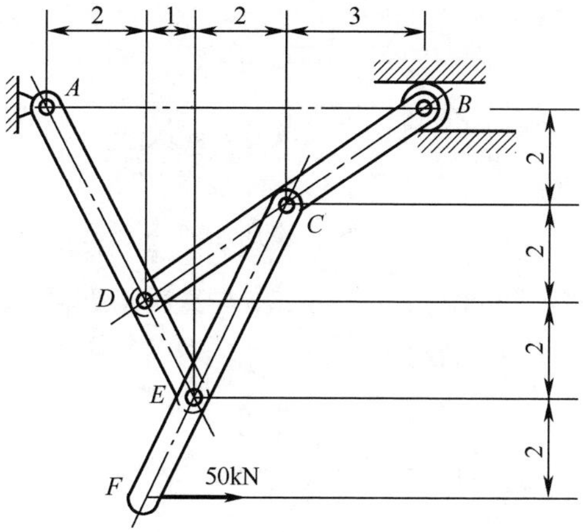

题 3-18 图

3-19　题 3-19 图所示为简单构架，杆 AB 和 CE 在中点以销钉 D 铰接。如物重 1000N， $AD = DB = 2\text{m}$ ， $CD = DE = 1.5\text{m}$ ，滑轮直径为 1m，不计各杆及滑轮重量，求杆 BC 所受的力和杆 AB 作用在销钉 D 的力（A 处为固定铰链支座）。

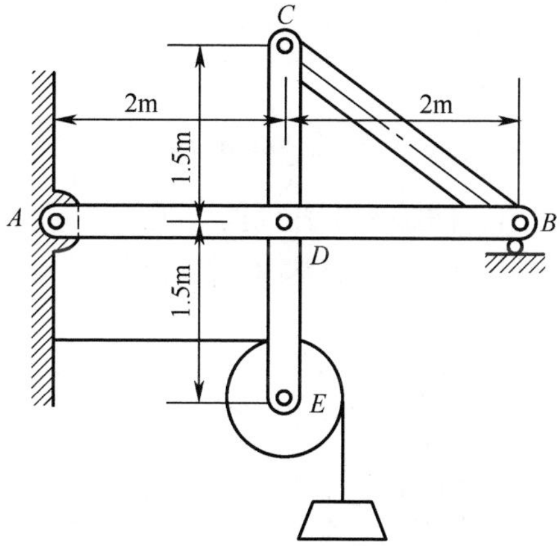

题 3-19 图

3-20　构架受力如题 3-20 图所示，销钉 E 固结在 DH 杆上，与 BC 槽杆为光滑接触。已知： $M = 200\text{N}\cdot\text{m}$ ， $AD = DC = BE = EC = 0.2\text{m}$ ，各杆重不计，试求 A、B、C 处的约束力。

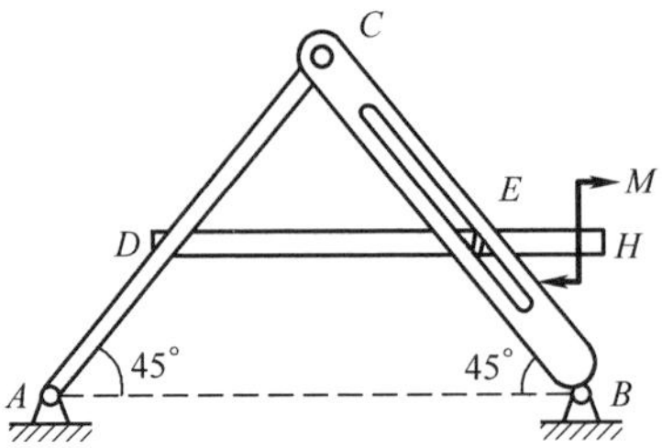

题 3-20 图

3-21 题 3-21 图所示的结构由曲梁 CD 与直梁 CA 和 DB 组成，自重不计，已知 q、M，试求固定端 AB 的约束力。

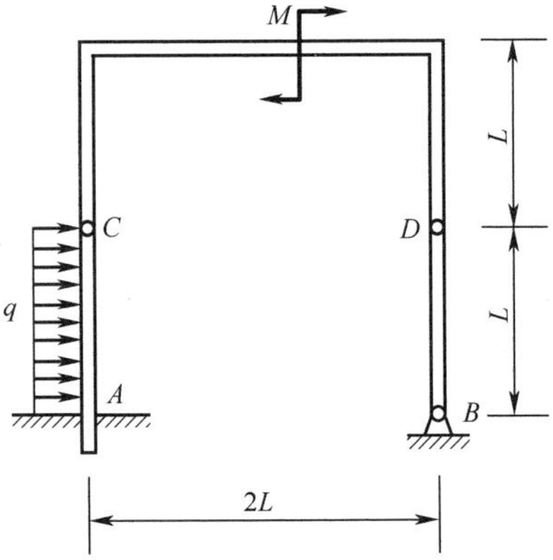

题 3-21 图

3-22 在题 3-22 图所示的结构中各杆的自重均不计。载荷 $P=10\text{kN}$ ，A 处为固定端，B、C、D 处为铰链。求固定端 A 处及铰链 B、C 处的约束力。

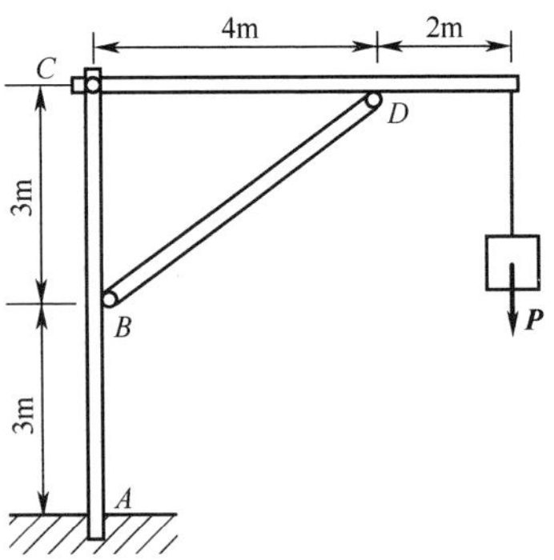

题 3-22 图

3-23　在题 3-23 图所示的挖掘机计算简图中，挖斗载荷 $P = 12.25$ kN，作用于 G 点，尺寸如图所示，图中尺寸单位为 m。不计各构件自重，求在图示位置平衡时杆 EF 和 AD 所受的力。

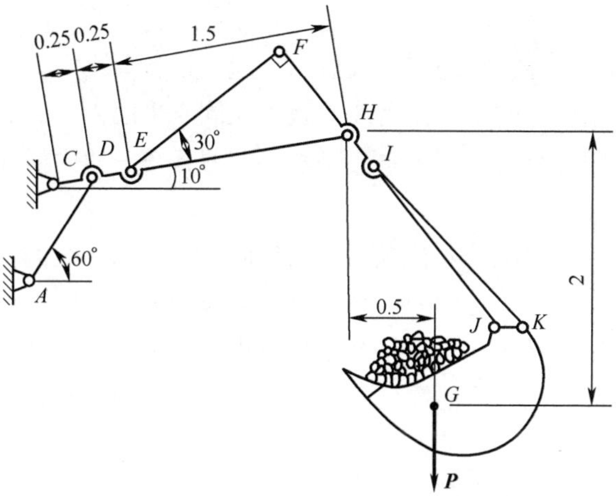

题 3-23 图

3-24　组合梁由 AC 和 DC 两段铰接构成，起重机放在梁上。已知起重机重 $P_1 = 50$ kN，重心在铅直线 EC 上，起重载荷 $P_2 = 10$ kN。如不计梁重，尺寸如题 3-24 图所示。求支座 A、B 和 D 三处的约束反力。

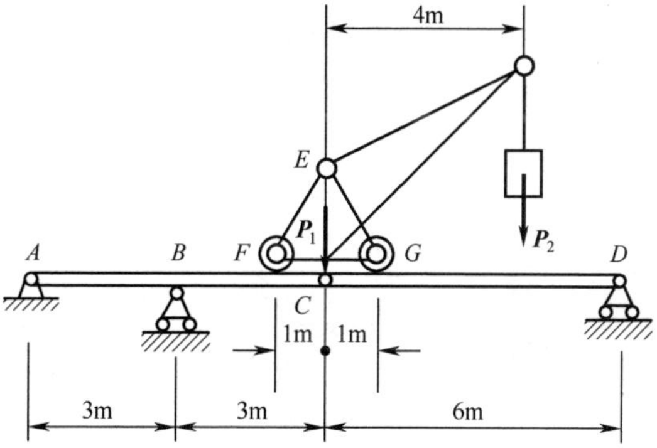

题 3-24 图

第4章　空间力系

在工程实际中，经常会遇到各类机床、起重设备、土木工程建筑物等空间结构，作用在这些结构上的各力作用线一般不在同一平面内，而是分布在空间中，这种力系称为空间力系。空间力系在自然界普遍存在。前面研究的平面力系是空间力系的特殊情况。

空间力系按其作用线分布情况可分为空间汇交力系、空间力偶系和空间任意力系等。空间汇交力系和空间力偶系是空间力系中最简单的情形，是研究空间力系简化和平衡问题的基础。本章将介绍力对点之矩和力对轴之矩的概念及关系，并在此基础上研究空间力系的简化和平衡条件，最后介绍物体重心的概念及重心位置的确定方法。

4.1　力在直角坐标轴上的投影

1. 一次投影法

如图 4-1 所示，若已知力 $\boldsymbol{F}$ 与三个坐标轴 x、y、z 的夹角分别为θ、β、γ，则力 $\boldsymbol{F}$ 在三个坐标轴上的投影分别为

$$\left.\begin{aligned} F_x &= F\cos\theta \\ F_y &= F\cos\beta \\ F_z &= F\cos\gamma \end{aligned}\right\} \tag{4-1}$$

相应地，若已知力 $\boldsymbol{F}$ 的三个投影，则可以求出力 $\boldsymbol{F}$ 的大小和方向，即大小为

$$F = \sqrt{F_x^2 + F_y^2 + F_z^2} \tag{4-2}$$

方向余弦为

$$\left.\begin{aligned} \cos\theta &= \frac{F_x}{F} \\ \cos\beta &= \frac{F_y}{F} \\ \cos\gamma &= \frac{F_z}{F} \end{aligned}\right\} \tag{4-3}$$

2. 二次投影法

如图 4-2 所示，若已知力 $\boldsymbol{F}$ 与 z 轴的夹角γ，力 $\boldsymbol{F}$ 在 xOy 平面上的投影 F_{xy}

与 x 轴间的夹角为 φ，则力 $\boldsymbol{F}$ 在三个坐标轴上的投影为

$$F_x = F\sin\gamma\cos\varphi,\ F_y = F\sin\gamma\sin\varphi,\ F_z = F\cos\gamma \qquad (4\text{-}4)$$

这种投影法先将力 $\boldsymbol{F}$ 投影到平面 xOy，得到力 $\boldsymbol{F}_{xy}$，然后再将力投影到坐标轴 x、y 上，因此称为二次投影法。注意，与力在轴上的投影是代数量不同，力在平面上的投影是矢量。二次投影法中所需的两个角度便于测量，因此较为常用。

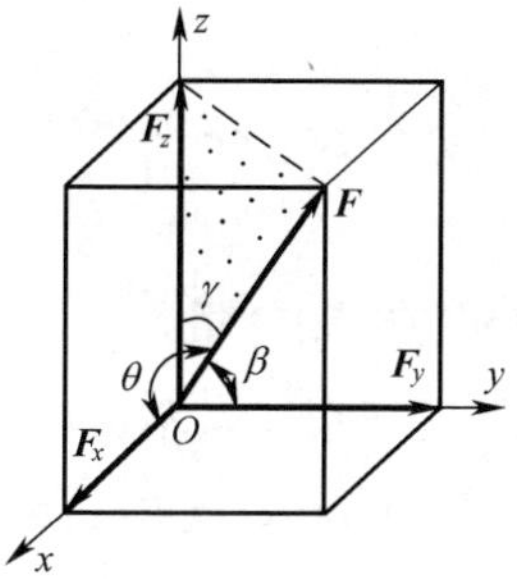

图 4-1

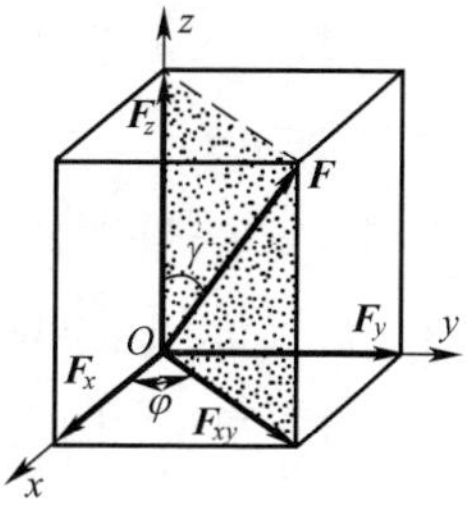

图 4-2

4.2　空间汇交力系

1. 空间汇交力系的合成

空间力系中，如果各力作用线交于一点，称为空间汇交力系。将平面汇交力系的合成结果推广至空间汇交力系，可得：空间汇交力系的合力等于各分力的矢量和，且合力的作用线通过汇交点，即

$$F_{\mathrm{R}} = F_1 + F_2 + \cdots + F_n = \sum F_i = \sum F_x i + \sum F_y j + \sum F_z k \qquad (4\text{-}5)$$

式中，$\sum F_x$、$\sum F_y$、$\sum F_z$ 是合力 $\boldsymbol{F}_{\mathrm{R}}$ 在 x、y、z 轴上的投影。

由此，可得到合力的大小和方向余弦为

$$\left.\begin{aligned} F_{\mathrm{R}} &= \sqrt{(\sum F_x)^2 + (\sum F_y)^2 + (\sum F_z)^2} \\ \cos(\boldsymbol{F}_{\mathrm{R}}, \boldsymbol{i}) &= \frac{\sum F_x}{F_{\mathrm{R}}} \\ \cos(\boldsymbol{F}_{\mathrm{R}}, \boldsymbol{j}) &= \frac{\sum F_y}{F_{\mathrm{R}}} \\ \cos(\boldsymbol{F}_{\mathrm{R}}, \boldsymbol{k}) &= \frac{\sum F_z}{F_{\mathrm{R}}} \end{aligned}\right\} \qquad (4\text{-}6)$$

2. 空间汇交力系的平衡条件

空间汇交力系合成为一个合力，因此空间汇交力系平衡的充分必要条件是：该力系的合力等于零，即

$$\boldsymbol{F}_{\mathrm{R}} = \boldsymbol{0} \tag{4-7}$$

根据式（4-7）推出必须满足

$$\sum F_x = 0, \quad \sum F_y = 0, \quad \sum F_z = 0 \tag{4-8}$$

因此空间汇交力系平衡的必要充分条件为：该力系中所有各力在三个坐标轴上的投影代数和分别等于零。

式（4-8）称为空间汇交力系的平衡方程，可求解三个未知量。

例 4-1 简易起吊架如图 4-3（a）所示。杆 AB 铰接于墙上，不计自重。绳索 AC 与 AD 在同一水平面内。已知起吊重物的重力 $P = 1000\text{N}$，$CE = DE = 12\text{cm}$，$AE = 24\text{cm}$，$\beta = 45°$，求绳索的拉力及杆 AB 所受的力。

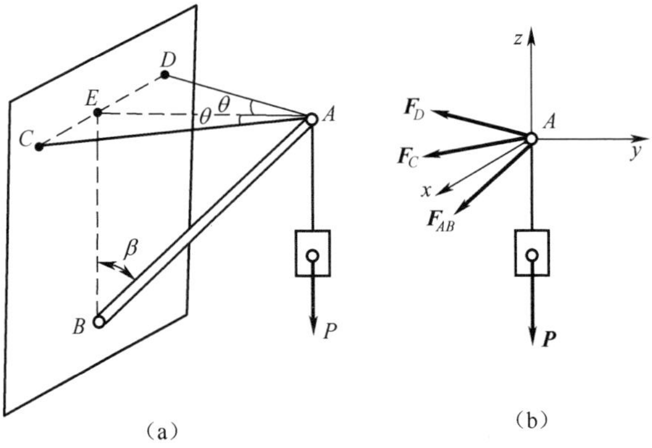

图 4-3

解：取铰链 A 和重物为研究对象，受力包括重力 $\boldsymbol{P}$、绳子的拉力 $\boldsymbol{F}_C$ 和 $\boldsymbol{F}_D$、杆 AB 对点 A 的作用力 $\boldsymbol{F}_{AB}$。杆 AB 为二力杆，所以 $\boldsymbol{F}_{AB}$ 的作用线沿杆 AB。以上四个力构成空间汇交力系，如图 4-3（b）所示，建立坐标系，列平衡方程

$$\sum F_x = 0, \quad F_C \sin\theta - F_D \sin\theta = 0$$

$$\sum F_y = 0, \quad -F_C \cos\theta - F_D \cos\theta - F_{AB} \sin\beta = 0$$

$$\sum F_z = 0, \quad -F_{AB} \cos\beta - P = 0$$

式中，$\theta = \arctan\dfrac{1}{2} = 26.57°$。解得 $F_{AB} = -1414$（N）（受压），$F_C = F_D = 559$（N）。

4.3 空间力对点之矩和空间力对轴之矩

1. 力对点之矩

对于平面力系，各力都在同一平面内，因此只需知道力矩大小及转向就足以概括力对点之矩的全部要素。也就是说，在平面力系中，力对点之矩用一代数量表示就已经足够了。但是，在空间力系中，各力作用线不在同一平面内，力对物体的转动效应就不能用代数量来度量，除了力矩的大小和转向，还必须考虑力矩作用面的方位。因此，空间力对点之矩的概念应包括三个要素：力矩的大小、力矩在平面内的转向、力矩作用平面的方位。这三个要素用一个矢量表示，即力矩矢 $\boldsymbol{M}_O(\boldsymbol{F})$ 。

力对点之矩的力矩矢表示如下：设在空间点 A 作用一力 $\boldsymbol{F}$，以矢量 $\overline{AB}$ 表示，如图 4-4 所示。取点 O 为矩心，矩心到力作用线的距离为 d。过矩心 O 作矢量 $\boldsymbol{M}_O(\boldsymbol{F})$ ，其长度表示力矩的大小，即 $|\boldsymbol{M}_O(\boldsymbol{F})| = Fd = 2A_{\triangle OAB}$ ；矢量方位与力矩作用面 OAB 的法线方位相同；矢量指向按右手螺旋法则确定，即以右手的四指表示力矩的转向，则大拇指的指向就是矢量 $\boldsymbol{M}_O(\boldsymbol{F})$ 的指向。

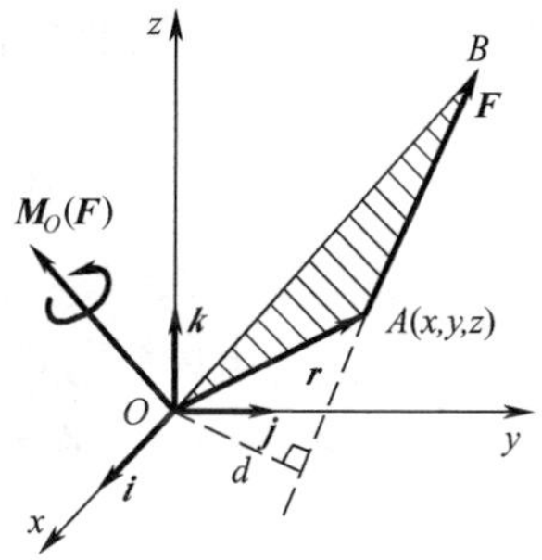

图 4-4

由图 4-4 易见，当矩心的位置改变时，力矩矢 $\boldsymbol{M}_O(\boldsymbol{F})$ 的大小和方向都随之改变，故力矩矢 $\boldsymbol{M}_O(\boldsymbol{F})$ 的矢端必须在矩心，不可以随意挪动。因此，这种矢量称为定位矢量。

另一方面，图 4-4 中用 $\boldsymbol{r}$ 表示力 $\boldsymbol{F}$ 的作用点 A 对 O 的矢径，则矢积 $\boldsymbol{r}\times\boldsymbol{F}$ 的模等于 $\triangle OAB$ 面积的两倍，方位与 $\boldsymbol{r}$ 和 $\boldsymbol{F}$ 所组成的平面垂直，指向按右手螺旋法则确定。因此可得

$$\boldsymbol{M}_O(\boldsymbol{F}) = \boldsymbol{r}\times\boldsymbol{F} \tag{4-9}$$

式（4-9）为力对点之矩即力矩矢的表达式，即：力对任一点之矩，等于矩心

到力的作用点的矢径与该力的矢量积。

以 O 为坐标原点作坐标系 $Oxyz$。设力 $\boldsymbol{F}$ 作用点 A 的坐标为 $A(x,y,z)$，力在三个坐标轴上的投影分别为 F_x、F_y、F_z，则有

$$\boldsymbol{M}_O(\boldsymbol{F})=\boldsymbol{r}\times\boldsymbol{F}=\begin{vmatrix}\boldsymbol{i} & \boldsymbol{j} & \boldsymbol{k}\\ x & y & z\\ F_x & F_y & F_z\end{vmatrix} \tag{4-10}$$
$$=(yF_z-zF_y)\boldsymbol{i}+(zF_x-xF_z)\boldsymbol{j}+(xF_y-yF_x)\boldsymbol{k}$$

式（4-10）中，单位矢量 $\boldsymbol{i}$、$\boldsymbol{j}$、$\boldsymbol{k}$ 前面的系数分别表示力矩矢 $\boldsymbol{M}_O(\boldsymbol{F})$ 在三个坐标轴上的投影，即

$$\left.\begin{aligned}[\boldsymbol{M}_O(\boldsymbol{F})]_x&=yF_z-zF_y\\ [\boldsymbol{M}_O(\boldsymbol{F})]_y&=zF_x-xF_z\\ [\boldsymbol{M}_O(\boldsymbol{F})]_z&=xF_y-yF_x\end{aligned}\right\} \tag{4-11}$$

力对点之矩的单位为 $\mathrm{N\cdot m}$ 或 $\mathrm{kN\cdot m}$。

2. 力对轴之矩

工程中，常遇到物体在力的作用下绕某固定轴转动的情形，为了度量力使物体绕固定轴转动的效应，需要了解力对轴之矩的概念。现以开门为例来说明。如图 4-5 所示，在门上的点 A 处作用一力 $\boldsymbol{F}$，使门绕门轴 z 转动。将 $\boldsymbol{F}$ 分解为平行于 z 轴的力 $\boldsymbol{F}_z$ 和垂直于 z 轴的力 $\boldsymbol{F}_{xy}$。由经验可知，分力 $\boldsymbol{F}_z$ 不能使门绕门轴转动，只有分力 $\boldsymbol{F}_{xy}$ 才可以使门绕 z 轴转动，因此分力 $\boldsymbol{F}_{xy}$ 对门轴有矩。现用符号 $M_z(\boldsymbol{F})$ 表示力 $\boldsymbol{F}$ 对 z 轴之矩，点 O 为平面 xOy 与 z 轴的交点，d 为点 O 到力 $\boldsymbol{F}_{xy}$ 作用线的距离。分力 $\boldsymbol{F}_{xy}$ 使门绕 z 轴的转动效应可用该分力对点 O 的矩来度量。因此，力对轴之矩的定义为：力对轴之矩的大小等于该力在垂直于该轴平面上的分力对该轴与这个平面的交点之矩，表示为

$$M_z(\boldsymbol{F})=M_O(\boldsymbol{F}_{xy})=\pm\boldsymbol{F}_{xy}d=\pm 2A_{\triangle OAB} \tag{4-12}$$

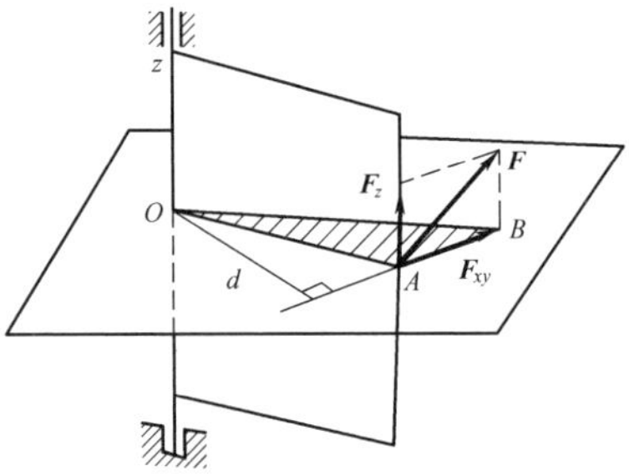

图 4-5

力对轴之矩是一个代数量，是力使刚体绕该轴转动效果的度量，正负号表示力 $\boldsymbol{F}$ 使物体绕 z 轴转动的方向，通常用右手螺旋法则确定，即以右手四指表示力 $\boldsymbol{F}$ 使物体绕 z 轴转动的方向，若大拇指的指向与 z 轴正向相同，则 $M_z(\boldsymbol{F})$ 取正号；反之为负号。力对轴之矩的单位为 $\mathrm{N \cdot m}$ 或 $\mathrm{kN \cdot m}$。

从力对轴之矩的定义可知：

（1）力与轴平行（$\boldsymbol{F}_{xy}=\boldsymbol{0}$）或相交时（$d=0$），也就是力与轴位于同一平面时，力对轴之矩为零。

（2）当力沿其作用线移动时，它对轴之矩不变（$\boldsymbol{F}_{xy}$ 和 d 都不变）。

式（4-12）是力对轴之矩的定义式，力对轴之矩也可用解析式来表示。设力 $\boldsymbol{F}$ 在三个坐标轴上的投影分别为 $\boldsymbol{F}_x$、$\boldsymbol{F}_y$ 和 $\boldsymbol{F}_z$，力作用点 A 的坐标为 $A(x,y,z)$，如图 4-6 所示，由合力矩定理可求得

$$M_z(\boldsymbol{F})=M_O(\boldsymbol{F}_{xy})=M_O(\boldsymbol{F}_x)+M_O(\boldsymbol{F}_y)=xF_y-yF_x$$

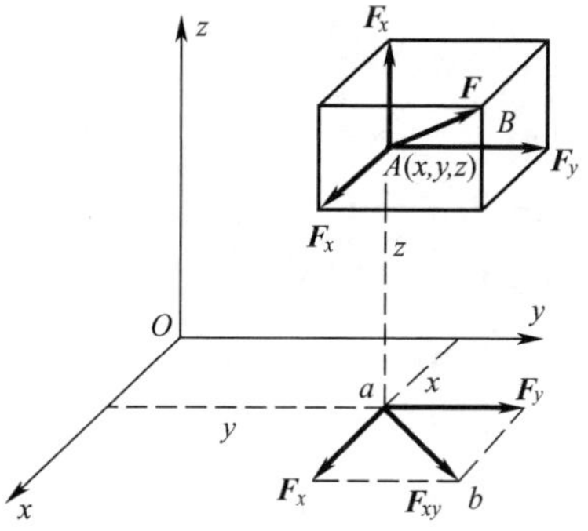

图 4-6

同理可得其余二式。将三式合写为

$$\left.\begin{aligned} M_x(\boldsymbol{F})&=yF_z-zF_y \\ M_y(\boldsymbol{F})&=zF_x-xF_z \\ M_z(\boldsymbol{F})&=xF_y-yF_x \end{aligned}\right\} \tag{4-13}$$

式（4-13）是计算力对轴之矩的解析式。

例 4-2　托架 OC 套在转轴 z 上，在点 C 处作用一力 $F=1000\mathrm{N}$，方向如图 4-7 所示。点 C 在 xOy 平面内。试分别求力 $\boldsymbol{F}$ 对三个坐标轴的矩及对点 O 的矩。

解：力 $\boldsymbol{F}$ 沿各坐标轴的投影为

$$F_x=-F\cos 45°\sin 60°=-612.35\ (\mathrm{N})$$

$$F_y=F\cos 45°\cos 60°=353.55\ (\mathrm{N})$$

$$F_z=F\sin 45°=707.1\ (\mathrm{N})$$

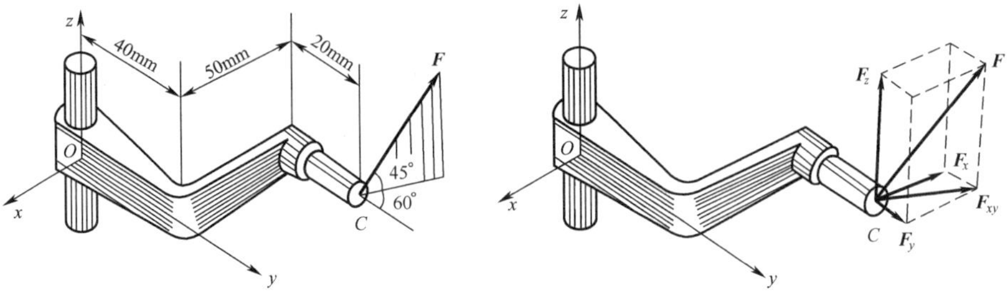

图 4-7

力 $\boldsymbol{F}$ 作用点的坐标为 $x=-50\text{mm}$，$y=60\text{mm}$，$z=0$，代入式（4-13），可得力 $\boldsymbol{F}$ 对三个坐标轴的矩

$$M_x(\boldsymbol{F})=yF_z-zF_y=0.06\text{m}\times707.1\text{N}=42.43\ (\text{N}\cdot\text{m})$$

$$M_y(\boldsymbol{F})=zF_x-xF_z=-(-0.05\text{m})\times707.1\text{N}=35.36\ (\text{N}\cdot\text{m})$$

$$M_z(F)=xF_y-yF_x=(-0.05\text{m})\times353.55\text{N}-0.06\text{m}\times(-612.35\text{N})=19.06\ (\text{N}\cdot\text{m})$$

因此，力 $\boldsymbol{F}$ 对点 O 之矩为

$$\boldsymbol{M}_O(F)=(42.43\boldsymbol{i}+35.36\boldsymbol{j}+19.06\boldsymbol{k})\ (\text{N}\cdot\text{m})$$

3. *力对点之矩与力对轴之矩的关系*

比较式（4-11）和式（4-13），可得

$$\left.\begin{aligned}[\boldsymbol{M}_O(\boldsymbol{F})]_x&=M_x(\boldsymbol{F})\\ [\boldsymbol{M}_O(\boldsymbol{F})]_y&=M_y(\boldsymbol{F})\\ [\boldsymbol{M}_O(\boldsymbol{F})]_z&=M_z(\boldsymbol{F})\end{aligned}\right\}\qquad(4\text{-}14)$$

式（4-14）说明，力对点之矩矢在通过该点的某轴上的投影，等于力对该轴的矩。

若力 $\boldsymbol{F}$ 对通过点 O 的直角坐标轴 x、y、z 的矩是已知的，则可求得该力对点 O 的矩矢 $\boldsymbol{M}_O(\boldsymbol{F})$ 的大小和方向余弦

$$\left.\begin{aligned}|\boldsymbol{M}_O(\boldsymbol{F})|&=\sqrt{[M_x(\boldsymbol{F})]^2+[M_y(\boldsymbol{F})]^2+[M_z(\boldsymbol{F})]^2}\\ \cos(\boldsymbol{M}_O,\boldsymbol{i})&=\frac{M_x(\boldsymbol{F})}{|\boldsymbol{M}_O(\boldsymbol{F})|}\\ \cos(\boldsymbol{M}_O,\boldsymbol{j})&=\frac{M_y(\boldsymbol{F})}{|\boldsymbol{M}_O(\boldsymbol{F})|}\\ \cos(\boldsymbol{M}_O,\boldsymbol{k})&=\frac{M_z(\boldsymbol{F})}{|\boldsymbol{M}_O(\boldsymbol{F})|}\end{aligned}\right\}\qquad(4\text{-}15)$$

4.4　空 间 力 偶

1. 以矢量表示力偶矩

平面力偶系中，各力偶在同一作用面内，对物体的效应只取决于力偶矩的大小和力偶在其作用面内的转向，因此力偶矩用一代数量表示。但是，在空间力偶系中，各力偶的作用面有不同的方位，力偶对物体的转动效应不仅与力偶矩的大小和力偶在其作用面内的转向有关，还与力偶作用面在空间的方位有关。也就是说，空间力偶对物体的作用效应取决于三个要素：力偶矩的大小、力偶在其作用面内的转向、力偶作用面的方位。因此，空间力偶需要用矢量表示，记为 $\boldsymbol{M}$：矢量的长度表示力偶矩的大小；矢量的方向表示力偶作用面的法线方位；矢量的指向按右手螺旋法则确定，如图 4-8（a）和（b）所示。力偶矩的单位为 N·m 或 kN·m 。

空间力偶对刚体的作用效果可用力偶中的两个力对空间某点之矩的矢量和来度量。设有力偶 $(\boldsymbol{F}, \boldsymbol{F}')$，力偶臂用 d 表示，其力偶矩矢为 $\boldsymbol{M}$，如图 4-8（c）所示。空间中任取一点 O 为矩心，$\boldsymbol{F}$ 和 $\boldsymbol{F}'$ 的作用点 A 和 B 对矩心 O 的矢径分别是 $\boldsymbol{r}_A$ 和 $\boldsymbol{r}_B$，点 A 相对于点 B 的矢径记作 $\boldsymbol{r}$，则有

$$\boldsymbol{M}=\boldsymbol{r}_A\times\boldsymbol{F}+\boldsymbol{r}_B\times\boldsymbol{F}'=\boldsymbol{r}_A\times\boldsymbol{F}+\boldsymbol{r}_B\times(-\boldsymbol{F})=(\boldsymbol{r}_A-\boldsymbol{r}_B)\times\boldsymbol{F}=\boldsymbol{r}\times\boldsymbol{F}$$

计算表明，力偶对空间任一点之矩矢恒等于力偶矩矢，且与矩心无关。即力偶对物体的作用效应只与力偶矩矢有关。

由于力偶矩矢不需要确定矢量的初端位置，因此称为自由矢量，如图 4-8（c）所示。

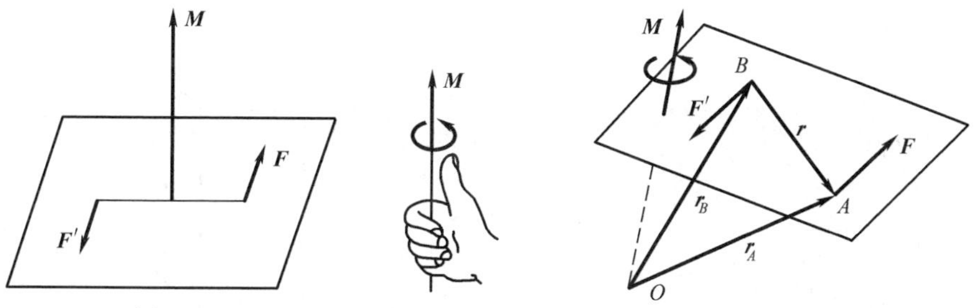

（a）　　（b）　　（c）

图 4-8

2. 空间力偶的等效条件

空间力偶对刚体的作用效果只取决于力偶矩矢。因此，作用在刚体上的两个

空间力偶，如果它们的力偶矩矢相等，则彼此等效。可得以下推论：

（1）只要保持力偶矩的大小和转向不变，力偶可平移到与其作用面平行的任意平面上而不改变力偶对刚体的作用效果。

（2）只要保持力偶矩的大小和转向不变，可以同时改变力与力偶臂的大小或将力偶在其作用面内任意移动，而不改变力偶对刚体的作用效果。

3. 空间力偶系的合成与平衡条件

任意个空间力偶可合成一个合力偶，合力偶矩矢等于各分力偶矩矢的矢量和，即

$$\boldsymbol{M}=\boldsymbol{M}_1+\boldsymbol{M}_2+\cdots+\boldsymbol{M}_n=\sum\boldsymbol{M}_i \tag{4-16}$$

将式（4-16）向 x、y、z 轴上投影，则

$$\left.\begin{aligned}M_x&=M_{1x}+M_{2x}+\cdots+M_{nx}=\sum M_{ix}\\M_y&=M_{1y}+M_{2y}+\cdots+M_{ny}=\sum M_{iy}\\M_z&=M_{1z}+M_{2z}+\cdots+M_{nz}=\sum M_{iz}\end{aligned}\right\} \tag{4-17}$$

例 4-3 工件四个面上钻有五个孔，如图 4-9（a）所示，每个孔所受的切削力偶矩均为 80N·m。求工件所受合力偶矩在 x、y、z 轴上的投影 M_x、M_y、M_z。

解： 将各力偶用力偶矩矢表示并平移到点 A，如图 4-9（b）所示，得

$$M_x=\sum M_x=-M_3-M_4\cos45°-M_5\cos45°=-193.1\ (\text{N}\cdot\text{m})$$

$$M_y=\sum M_y=-M_2=-80\ (\text{N}\cdot\text{m})$$

$$M_z=\sum M_z=-M_1-M_4\sin45°-M_5\sin45°=-193.1\ (\text{N}\cdot\text{m})$$

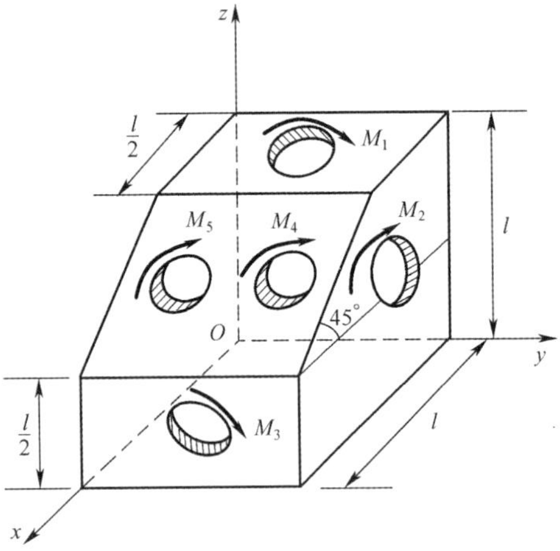

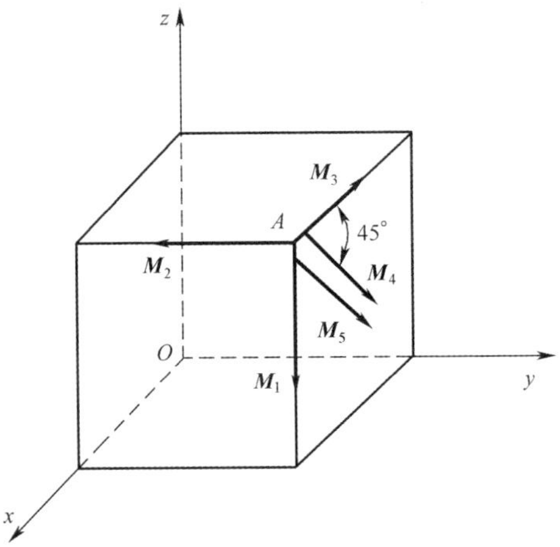

图 4-9

由空间力偶系的合成结果可以得出结论，空间力偶系平衡的必要充分条件是：合力偶矩矢等于零，即力偶系中各力偶矩矢的矢量和为零，即

$$\boldsymbol{M} = \sum \boldsymbol{M}_i = \boldsymbol{0} \tag{4-18}$$

欲使式（4-18）成立，必须同时满足

$$\sum M_x = 0,\ \sum M_y = 0,\ \sum M_z = 0 \tag{4-19}$$

式（4-19）为空间力偶系的平衡方程。空间力偶系平衡的充分必要条件为：该力偶系中所有各力偶矩矢在三个坐标轴上投影的代数和分别等于零。式（4-19）有三个独立的平衡方程，因此可求解三个未知量。

例 4-4　蜗轮蜗杆减速箱在 A、B 两处用螺栓固定于基座上，蜗杆 C 处输入一个大小为 $M_1 = 50\text{N}\cdot\text{m}$ 的力偶矩，转向如图 4-10（a）所示。蜗轮轴 D 处输出大小为 $M_2 = 100\text{N}\cdot\text{m}$ 的力偶矩。蜗杆和蜗轮做匀速转动。设 A 和 B 的距离为 200mm。试求 A、B 两处螺栓的约束力（不考虑螺栓安装时的预紧力）。

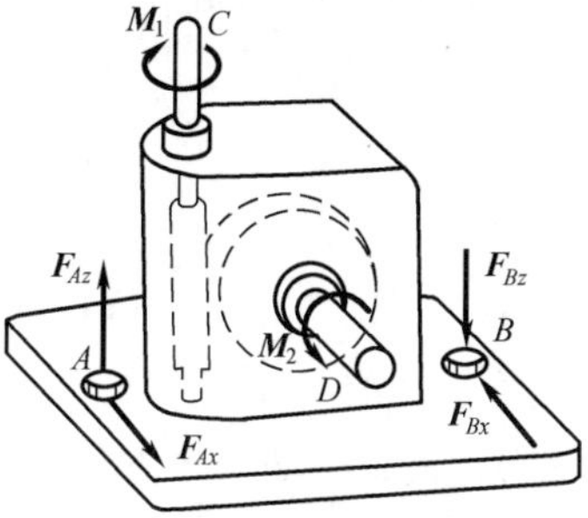

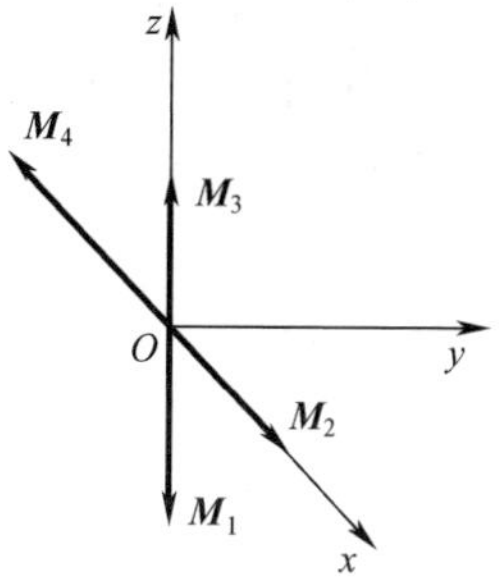

图 4-10

解：取减速箱为研究对象。在蜗杆轴上 C 处受到 $M_1 = 50\text{N}\cdot\text{m}$ 的力偶作用，在蜗杆轴 D 处受到 $M_2 = 100\text{N}\cdot\text{m}$ 的力偶作用，转向如图 4-10（a）所示，螺栓 A、B 两处的约束力中，侧向约束力 $\boldsymbol{F}_{Ax}$ 和 $\boldsymbol{F}_{Bx}$ 构成力偶，轴向约束力 $\boldsymbol{F}_{Az}$ 和 $\boldsymbol{F}_{Bz}$ 构成力偶，力偶矩分别表示为 $\boldsymbol{M}_3$ 和 $\boldsymbol{M}_4$，如图 4-10（b）所示。由空间力偶系的平衡条件可知

$$\sum M_x = 0,\quad M_2 - M_4 = 0,\quad 100 - F_{Az}\cdot 0.2 = 0$$

$$\sum M_z = 0,\quad M_3 - M_1 = 0,\quad F_{Ax}\cdot 0.2 - 50 = 0$$

解之，得

$$F_{Az} = F_{Bz} = 500\ （\text{N}）$$

$$F_{Ax} = F_{Bx} = 250\ （\text{N}）$$

4.5 空间任意力系向一点简化

空间力系中各力的作用线在空间任意分布，称为空间任意力系。

1. 空间任意力系向一点的简化

同平面任意力系的简化方法一样，由力的平移定理，空间任意力系可以向任一点简化，得到一个空间汇交力系和一个空间力偶系，然后再分别求两个力系的合成结果。

设刚体受空间任意力系的作用，如图 4-11（a）所示。

选择任意一点 O 为简化中心，由力的平移定理，将各力向点 O 平移并附加一个力偶。这样原来的空间任意力系就等效于一个空间汇交力系和一个空间力偶系，如图 4-11（b）所示，其中

$$\boldsymbol{F}_1' = \boldsymbol{F}_1,\quad \boldsymbol{F}_2' = \boldsymbol{F}_2,\quad \cdots,\quad \boldsymbol{F}_n' = \boldsymbol{F}_n$$

$$\boldsymbol{M}_1 = \boldsymbol{M}_O(\boldsymbol{F}_1),\ \boldsymbol{M}_2 = \boldsymbol{M}_O(\boldsymbol{F}_2),\ \cdots,\ \boldsymbol{M}_n = \boldsymbol{M}_O(\boldsymbol{F}_n)$$

$\boldsymbol{F}_1'$，$\boldsymbol{F}_2'$，…，$\boldsymbol{F}_n'$ 构成空间汇交力系，可合成为作用于简化中心的一个力 $\boldsymbol{F}_R'$，如图 4-11（c）所示，则矢量 $\boldsymbol{F}_R'$ 称为原力系的主矢，即

$$\boldsymbol{F}_R' = \sum \boldsymbol{F}_i' = \sum \boldsymbol{F}_i \tag{4-20}$$

由式（4-20）可知，主矢等于原力系中各力的矢量和。同样，空间力偶系可合成为一个力偶，如图 4-11（c）所示，这个力偶的力偶矩矢称为原力系对简化中心的主矩，记为 $\boldsymbol{M}_O$。它等于原力系中各力对简化中心之矩的矢量和，即

$$\boldsymbol{M}_O(\boldsymbol{F}) = \sum \boldsymbol{M}_O(\boldsymbol{F}_i) \tag{4-21}$$

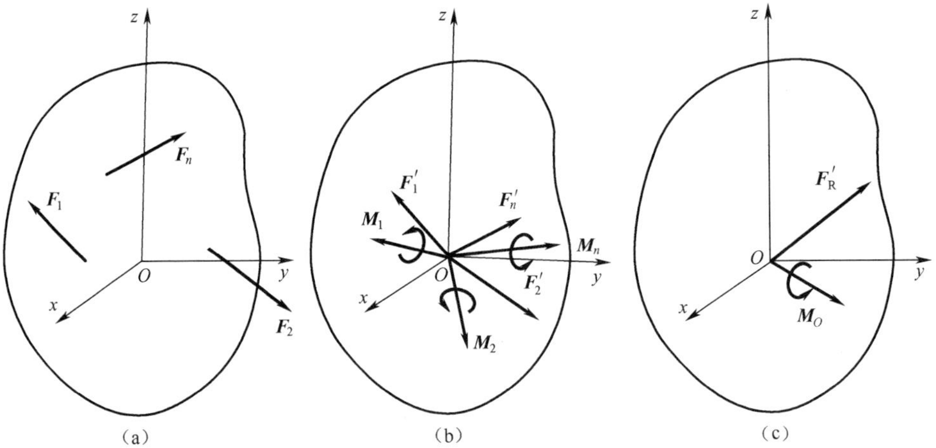

图 4-11

由此得出结论：空间力系向任一点 O 简化，可得一个力和一个力偶，这个力的大小和方向等于该力系的主矢，作用线通过简化中心 O，这个力偶的矩矢等于该力系对简化中心的主矩。主矢与简化中心的位置无关，主矩一般与简化中心的位置有关。

取简化中心 O 为坐标原点建立直角坐标系 $Oxyz$，则主矢有

$$F'_{Rx}=\sum F_{ix},\ F'_{Ry}=\sum F_{iy},\ F'_{Rz}=\sum F_{iz} \tag{4-22}$$

主矩为

$$M_{Ox}=\sum M_x(\boldsymbol{F}),\quad M_{Oy}=\sum M_y(\boldsymbol{F}),\quad M_{Oz}=\sum M_z(\boldsymbol{F}) \tag{4-23}$$

2. 空间任意力系的简化结果分析

空间任意力系向一点简化可能出现以下四种情况：

（1）当 $\boldsymbol{F}'_R=\boldsymbol{0}$，$\boldsymbol{M}_O\neq\boldsymbol{0}$ 时，空间任意力系简化为一合力偶，力偶矩为 $\boldsymbol{M}_O$。由于力偶矩矢与矩心位置无关，因此在这种情况下主矩与简化中心位置无关。

（2）当 $\boldsymbol{F}'_R\neq\boldsymbol{0}$，$\boldsymbol{M}_O=\boldsymbol{0}$ 时，空间任意力系简化为一合力，此合力与原力系等效，且合力的作用线通过简化中心，其大小和方向等于原力系的主矢。

（3）当 $\boldsymbol{F}'_R\neq\boldsymbol{0}$，$\boldsymbol{M}_O\neq\boldsymbol{0}$ 时，可分几种情况讨论：

1）若主矢与主矩正交，即 $\boldsymbol{F}'_R\perp\boldsymbol{M}_O$ 时［图 4-12（a)］，由于 $\boldsymbol{F}'_R$ 和 $\boldsymbol{M}_O$ 在同一平面内，可将力 $\boldsymbol{F}'_R$ 与力偶 $\boldsymbol{M}_O$ 进一步合成，得到作用于点 O' 的一个力 $\boldsymbol{F}_R$，如图 4-12（c）所示。此力即为原力系的合力，其大小和方向等于原力系的主矢，其作用线离简化中心 O 的距离为

$$d=\frac{|\boldsymbol{M}_O|}{F_R} \tag{4-24}$$

比较图 4-12（a）和（b)，由力的平移定理可知

$$\boldsymbol{M}_O=\boldsymbol{M}_O(\boldsymbol{F}_R)$$

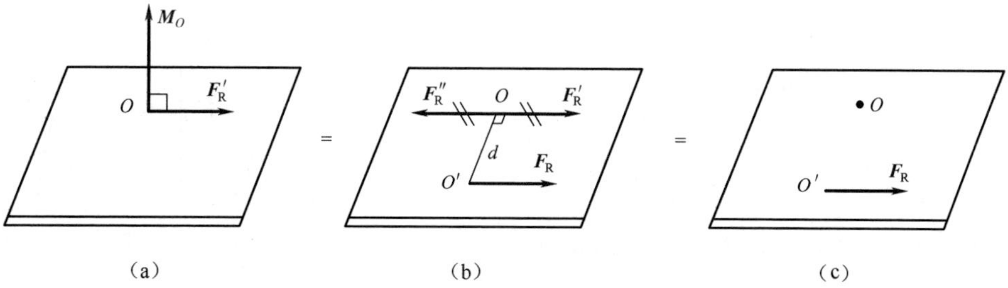

图 4-12

由式（4-21)，$\boldsymbol{M}_O=\sum \boldsymbol{M}_O(\boldsymbol{F}_i)$，比较上面两个公式，可以得到

$$\boldsymbol{M}_O(\boldsymbol{F}_R)=\sum \boldsymbol{M}_O(\boldsymbol{F}_i)$$

即如果空间任意力系合成为一个合力，则合力对任一点之矩等于原力系中各力对同一点之矩的矢量和。这就是空间力系的合力矩定理。

2）若主矢和主矩平行，即 $\boldsymbol{F}_R' // \boldsymbol{M}_O$ 时，原力系不能再简化。这种由一个力和一个力偶组成的力系，且力垂直于力偶作用面，称为力螺旋，与一个力、一个力偶一样，力螺旋也是力系研究的最基本要素或力系简化最简单的结果。比如，钻孔时的钻头对工件的作用及拧螺钉时螺丝刀对螺钉的作用都是力螺旋。

力螺旋是由静力学的两个基本要素力和力偶组成的最简单的力系，不能再进一步合成。力偶的转向和力的指向符合右手螺旋法则的称为右螺旋，如图 4-13（a）所示；符合左手螺旋法则的称为左螺旋，如图 4-13（b）所示。力螺旋的力作用线称为该力螺旋的中心轴。在上述情形下，中心轴通过简化中心。

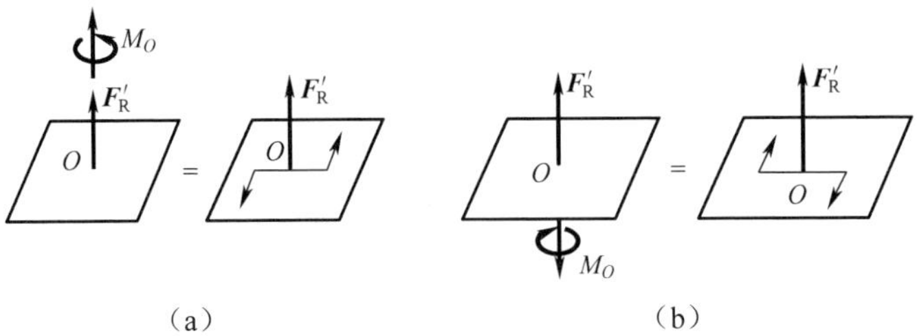

图 4-13

3）若主矢与主矩既不平行又不垂直，即 $\boldsymbol{F}_R'$ 和 $\boldsymbol{M}_O$ 夹角为任意时，如图 4-14（a）所示，将 $\boldsymbol{M}_O$ 分解为 $\boldsymbol{M}_O'$ 和 $\boldsymbol{M}_O''$，其中 $\boldsymbol{M}_O' // \boldsymbol{F}_R'$，$\boldsymbol{M}_O'' \perp \boldsymbol{F}_R'$，如图 4-14（b）所示。由力的平移定理可知 $\boldsymbol{M}_O''$ 和 $\boldsymbol{F}_R'$ 可合成为作用于点 O' 的力 $\boldsymbol{F}_R'$，由于力偶矩矢是自由矢量，因此可将 $\boldsymbol{M}_O'$ 平行移至点 O'，即与 $\boldsymbol{F}_R'$ 共线。因此，最终简化结果是一个力螺旋，但其中心轴不在点 O，而是通过另一点 O'，如图 4-14（c）所示。

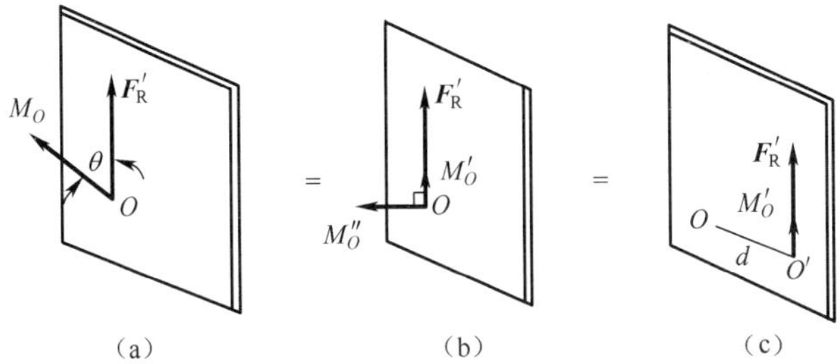

图 4-14

（4）当 $\boldsymbol{F}_R' = \boldsymbol{0}$，$\boldsymbol{M}_O = \boldsymbol{0}$ 时，是空间任意力系平衡的情形，下节中会具体讨论。

例 4-5 如图 4-15 所示，$F_1 = 100\text{N}$，$F_2 = 300\text{N}$，$F_3 = 200\text{N}$，各力作用线的位置如图，试求将力系向原点 O 简化的结果。

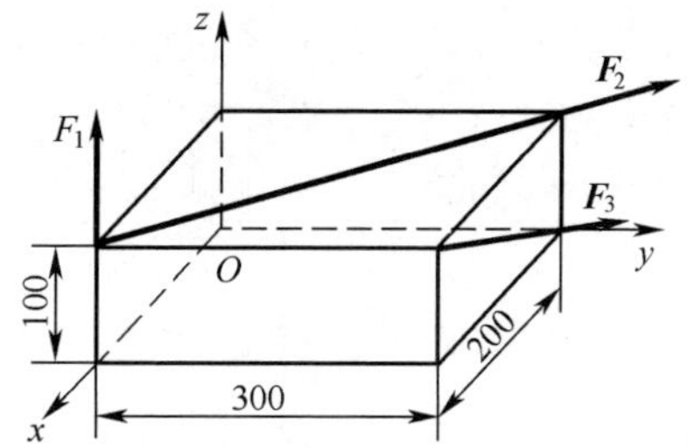

图 4-15

解：由式（4-22）得力系的主矢在三个轴上的投影为

$$F'_{Rx}=\sum F_x=-F_2\cdot\frac{2}{\sqrt{13}}-F_3\cdot\frac{2}{\sqrt{5}}=-345\ （\mathrm{N}）$$

$$F'_{Ry}=\sum F_y=F_2\cdot\frac{3}{\sqrt{13}}=250\ （\mathrm{N}）$$

$$F'_{Rz}=\sum F_z=F_1-F_3\cdot\frac{1}{\sqrt{5}}=10.6\ （\mathrm{N}）$$

由式（4-22）得力系的主矩在三个轴上的投影为

$$M_x=\sum M_x(\boldsymbol{F})=-F_2\cdot\frac{3}{\sqrt{13}}\cdot 0.1\mathrm{m}-F_3\cdot\frac{1}{\sqrt{5}}\cdot 0.3\mathrm{m}=-51.8\ （\mathrm{N\cdot m}）$$

$$M_y=\sum M_y(\boldsymbol{F})=-F_1\cdot 0.2\mathrm{m}-F_2\cdot\frac{2}{\sqrt{13}}\cdot 0.1\mathrm{m}=-36.6\ （\mathrm{N\cdot m}）$$

$$M_z=\sum M_z(\boldsymbol{F})=F_2\cdot\frac{3}{\sqrt{13}}\cdot 0.2\mathrm{m}+F_3\cdot\frac{2}{\sqrt{5}}\cdot 0.3\mathrm{m}=103.6\ （\mathrm{N\cdot m}）$$

$$\boldsymbol{F}'_{\mathrm{R}}=(-345\boldsymbol{i}+250\boldsymbol{j}+10.6\boldsymbol{k})\ （\mathrm{N}）$$

$$\boldsymbol{M}_O=(-51.8\boldsymbol{i}-36.6\boldsymbol{j}+103.6\boldsymbol{k})\ （\mathrm{N\cdot m}）$$

4.6　空间任意力系的平衡方程

由上节中的讨论可知，空间任意力系平衡的必要充分条件是：力系的主矢和对于任一点的主矩都等于零，即

$$\boldsymbol{F}'_{\mathrm{R}}=\boldsymbol{0}，\quad \boldsymbol{M}_O=\boldsymbol{0}$$

根据式（4-22）和式（4-23），可将上述条件写成空间任意力系的平衡方程：

$$\left.\begin{array}{r}\sum F_x=0,\ \sum F_y=0,\ \sum F_z=0\\ \sum M_x(\boldsymbol{F})=0,\ \sum M_y(\boldsymbol{F})=0,\ \sum M_z(\boldsymbol{F})=0\end{array}\right\}\qquad（4\text{-}25）$$

空间任意力系平衡的必要充分条件是：各力在三个坐标轴中每一个轴上的投影的代数和等于零，以及这些力对于每一个坐标轴的矩的代数和也等于零。在应用空间任意力系的平衡方程求解问题时，坐标轴不一定要相互垂直，只要它们不共面且不平行就可以。

从空间任意力系的普遍平衡规律中可以导出特殊情况的平衡规律，例如空间平行力系、空间汇交力系和平面任意力系等平衡方程。现以空间平行力系为例。如图4-16所示的空间平行力系，其 z 轴与这些力的作用线平行，则各力对 z 轴的矩等于零。又由于 x 和 y 轴都与这些力的作用线垂直，所以各力在这两轴上的投影也等于零。因而在平衡方程组（4-25）中，第一、第二和第六个方程成了恒等式。因此，空间平行力系只有三个平衡方程，即

$$\sum F_z = 0, \quad \sum M_x(\boldsymbol{F}) = 0, \quad \sum M_y(\boldsymbol{F}) = 0 \tag{4-26}$$

空间力系平衡问题的求法与平面力系相同。首先要确定研究对象，进行受力分析，作出受力图；然后选取适当的坐标系，列出平衡方程并求解未知量。应重点指出的是，在受力分析过程中，熟悉各种类型约束的性质，然后画出对应的约束反力是很关键的。

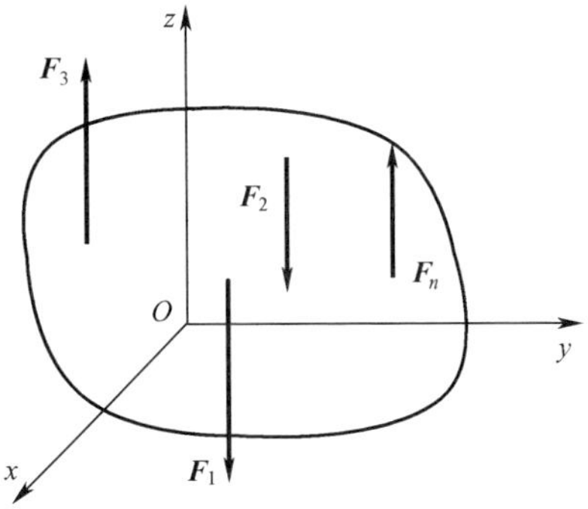

图 4-16

一般情况下，当刚体受空间任意力系作用时，在每个约束处，其约束力的未知量可能有一个到六个。决定每种约束的约束力未知量个数的基本方法是：观察被约束物体在空间可能的六种独立的位移中（沿轴的移动和绕轴的转动）有哪几种位移被约束所阻碍。阻碍移动的是约束力，阻碍转动的是约束力偶。现将几种常见的约束及其相应的约束力综合列表，见表 4-1。

表 4-1　空间约束的类型及其约束力举例

约束力未知量	约束类型举例
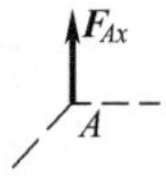	
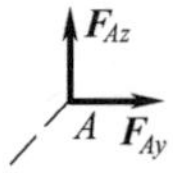	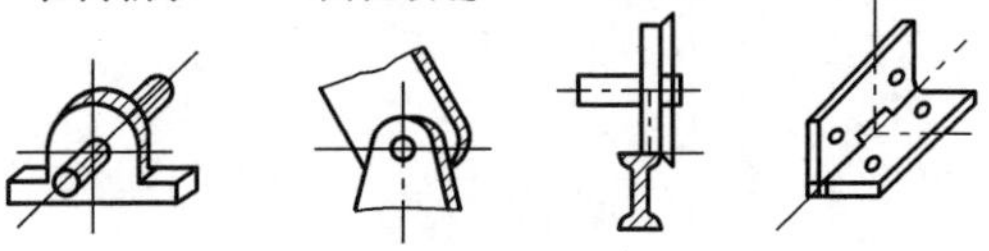
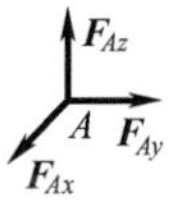	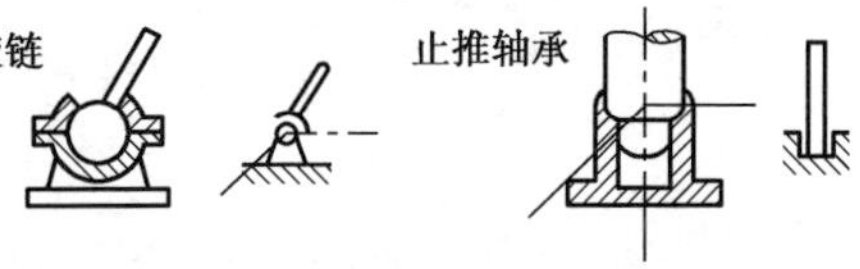
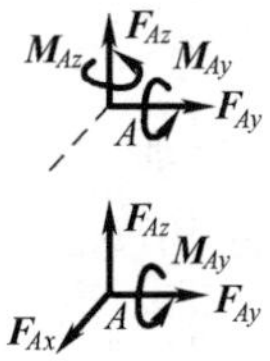	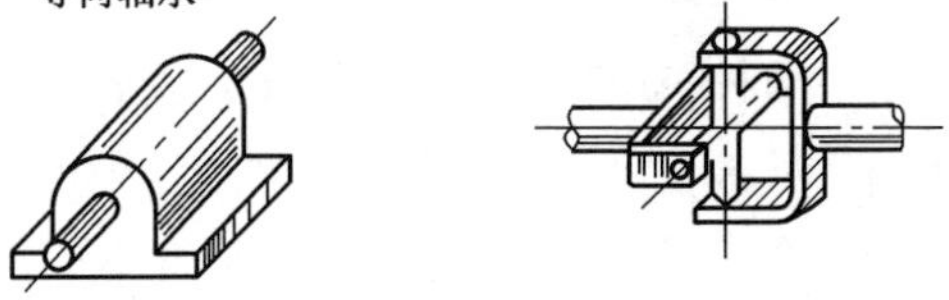
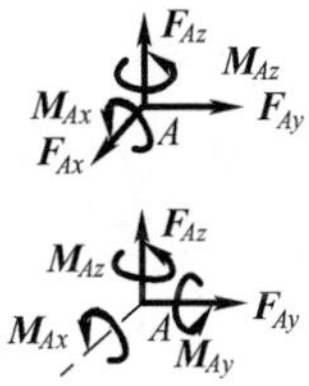	
	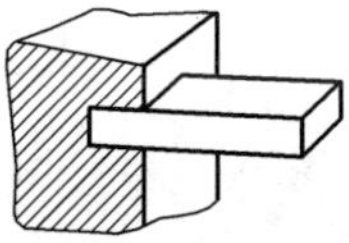

例 4-6　在三轮货车上放一重 $W=1000\text{kN}$ 的货物，重力 $\boldsymbol{W}$ 的作用线通过矩形底板上的点 M，如图 4-17（a）所示。已知 $O_1O_2=1\text{m}$，$O_3D=1.6\text{m}$，$O_1E=0.4\text{m}$，$EM=0.6\text{m}$，点 D 是线段 O_1O_2 的中点，$EM\perp O_1O_2$。试求 A、B、C 各处地面对车轮的约束力。

解：取货车为研究对象，其受力分析如图 4-17（b）所示。其中 $\boldsymbol{W}$ 是主动力，$\boldsymbol{F}_A$、$\boldsymbol{F}_B$ 和 $\boldsymbol{F}_C$ 为地面约束力，这四个力相互平行，构成空间平行力系。

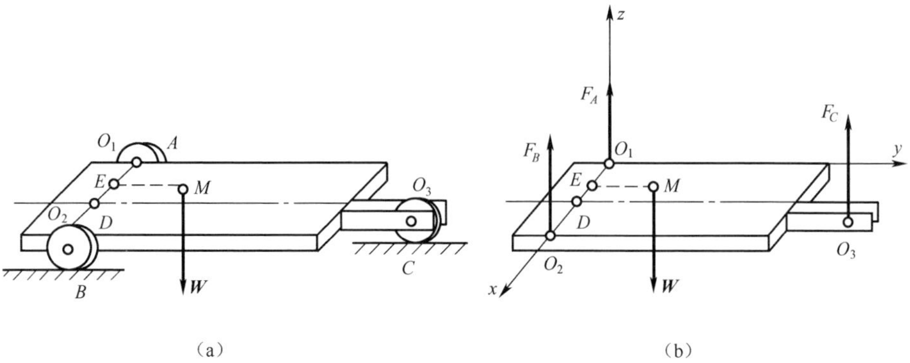

图 4-17

取 $Oxyz$ 为坐标系［图 4-17（b）］，列三个平衡方程：

$$\sum F_z = 0\ ,\ \ F_A + F_B + F_C - W = 0$$

$$\sum M_x = 0,\ \ F_C \cdot O_3D - W \cdot EM = 0$$

$$\sum M_y = 0,\ \ W \cdot O_1E - F_C \cdot O_1D - F_B \cdot O_1O_2 = 0$$

联立求解得 $F_C = 375\text{N}$，$F_B = 213\text{N}$，$F_A = 412\text{N}$。

例 4-7 曲杆 $ABCD$ 有两个直角，且平面 ABC 与平面 BCD 垂直，曲杆自重不计。D 端为球铰支座，A 端受轴承约束，如图 4-18 所示，在曲杆 AB、BC 和 CD 上作用三个力偶，力偶所在平面分别垂直于 AB、BC 和 CD。已知力偶矩 $\boldsymbol{M}_2$ 和 $\boldsymbol{M}_3$，求使曲杆处于平衡的力偶矩 $\boldsymbol{M}_1$ 和支座约束力。

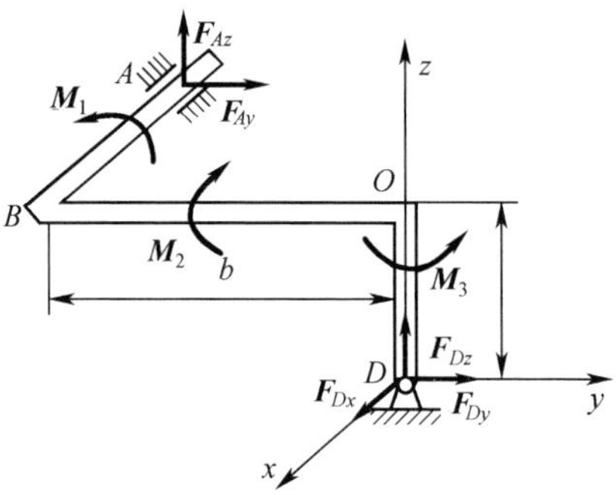

图 4-18

解：以曲杆为研究对象，其受力如图 4-18 所示。其中 $\boldsymbol{M}_2$ 和 $\boldsymbol{M}_3$ 为主动力，而 $\boldsymbol{M}_1$、$\boldsymbol{F}_{Ay}$、$\boldsymbol{F}_{Az}$、$\boldsymbol{F}_{Dx}$、$\boldsymbol{F}_{Dy}$ 和 $\boldsymbol{F}_{Dz}$ 为约束力，此力系构成空间任意力系。

取坐标系 $Dxyz$，如图 4-18 所示，列出六个平衡方程：

$$\sum F_x = 0,\ F_{Dx} = 0$$
$$\sum M_y(\boldsymbol{F}) = 0,\ F_{Az} \cdot a - M_2 = 0$$
$$\sum F_z = 0,\ F_{Az} + F_{Dz} = 0$$
$$\sum M_z(\boldsymbol{F}) = 0,\ M_3 - F_{Ay} \cdot a = 0$$
$$\sum F_y = 0,\ F_{Ay} + F_{Dy} = 0$$
$$\sum M_x(\boldsymbol{F}) = 0,\ M_1 - F_{Az} \cdot b - F_{Ay} \cdot c = 0$$

解得 $F_{Dx} = 0,\ F_{Az} = -F_{Dz} = \dfrac{M_2}{a},\ F_{Ay} = -F_{Dy} = \dfrac{M_3}{a},\ M_1 = \dfrac{M_2 b + M_3 c}{a}$。

思考：本题也可以认为是空间力偶系，应列几个平衡方程？如何列？

例 4-8　水平传动轴上装有两个皮带轮 C 和 D，半径分别是 $r_1 = 0.4\text{m}$，$r_2 = 0.2\text{m}$。套在 C 轮上的皮带是铅垂的，两边的拉力 $F_1 = 3400\text{N}$，$F_2 = 2000\text{N}$，套在 D 轮上的皮带与铅垂线成夹角 $\alpha = 30°$，其拉力 $F_3 = 2F_4$，如图 4-19（a）所示。求在传动轴匀速转动时，拉力 $\boldsymbol{F}_3$ 和 $\boldsymbol{F}_4$ 以及深沟球轴承处约束力的大小。

解：取整个系统为研究对象，建立坐标系 $Oxyz$［图 4-19（a）］，画出系统的受力图。为了分析皮带轮 C 和 D 的受力情况，作右视图，如图 4-19（b）所示。

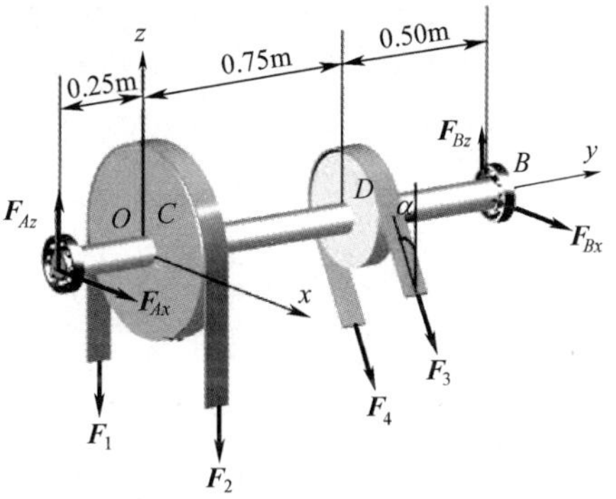

（a）

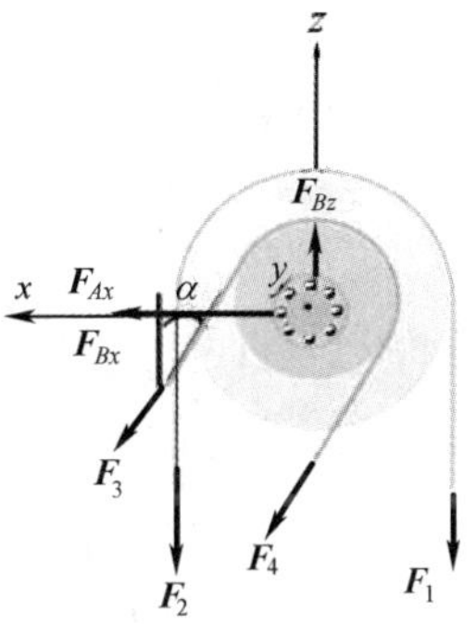

（b）

图 4-19

下面以对 x 轴之矩分析为例来说明力系中各力对轴之矩的求法。力 $\boldsymbol{F}_{Ax}$ 和 $\boldsymbol{F}_{Bx}$ 平行于 x 轴，力 $\boldsymbol{F}_1$ 和 $\boldsymbol{F}_2$ 与 x 轴相交，它们对 x 轴的矩均等于零。力 $\boldsymbol{F}_{Az}$ 和 $\boldsymbol{F}_{Bx}$ 对 x 轴的矩分别为 $-0.25\boldsymbol{F}_{Az}$ 和 $0.25\boldsymbol{F}_{Bz}$。力 $\boldsymbol{F}_3$ 和 $\boldsymbol{F}_4$ 可分解为沿 x 轴和沿 z 轴的两个分量，其中沿 x 轴的分量对 x 轴的矩为零。所以力 $\boldsymbol{F}_3$ 和 $\boldsymbol{F}_4$ 对 x 轴的矩等于 $-0.75(F_3 + F_4)\cos 30°$，系统受空间任意力系的作用，可写出五个平衡方程：

$$\sum F_x = 0,\ F_{Ax} + F_{Bx} + (F_3 + F_4)\sin 30° = 0$$
$$\sum F_z = 0,\ F_{Az} + F_{Bz} - (F_3 + F_4)\cos 30° - (F_1 + F_2) = 0$$

$$\sum M_x = 0，-0.25F_{Az} + 1.25F_{Bz} - 0.75(F_3 + F_4)\cos 30° = 0$$

$$\sum M_y = 0，0.4(-F_1 + F_2) + 0.2(F_3 - F_4) = 0$$

$$\sum M_z = 0，0.25F_{Ax} - 1.25F_{Bx} - 0.75(F_3 + F_4)\sin 30° = 0$$

又已知 $F_3 = 2F_4$，故利用以上方程可以解出所有未知量：$F_3 = 5600\text{N}$，$F_4 = 2800\text{N}$，$F_{Ax} = -2975\text{N}$，$F_{Az} = 10387.2\text{N}$，$F_{Bx} = -1225\text{N}$，$F_{Bz} = 2287.2\text{N}$。

4.7 重　心

1. 平行力系中心

设在刚体上作用有空间平行力系 $\boldsymbol{F}_1$，$\boldsymbol{F}_2$，…，$\boldsymbol{F}_n$（图 4-20），且各力同向。建立坐标系 $Oxyz$，使各力与 z 轴平行。显然力系的合力 $\boldsymbol{F}_\text{R}$ 必与 z 轴平行，且合力的大小等于各力的代数和，即 $F_R = \sum F_i$。设合力的作用线为 a，现保持各力的大小及作用点不变，将各力向同一方向转过一个角度 α，则合力作用线为 b。直线 a 与直线 b 相交于点 C，点 C 即称为平行力系中心。如果各力作用点的矢径为 $\boldsymbol{r}_i$，点 C 的矢径为 $\boldsymbol{r}_C$，由合力矩定理，对 x 轴取矩，有

$$-F_\text{R} y_C = -\sum F_i y_i$$

同理，对 y 轴取矩，有

$$F_\text{R} x_C = \sum F_i x_i$$

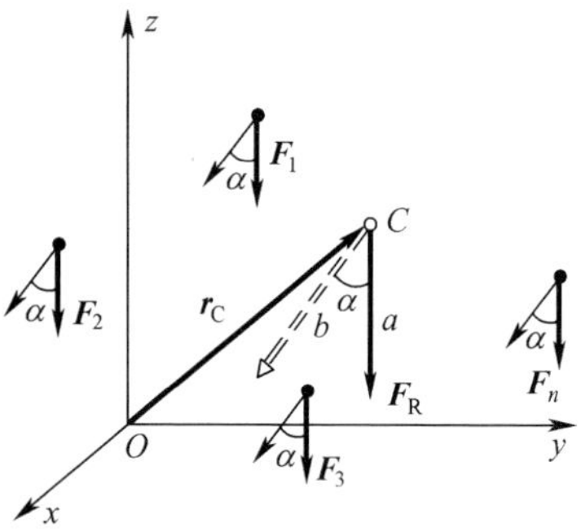

图 4-20

由于平行力系中心相对位置不变，可将各力连同坐标系一起绕 x 轴顺时针转 90°，使 y 轴向下，各力都与 y 轴平行。这时，再对 x 轴取矩，有

$$-F_\text{R} z_C = -\sum F_i z_i$$

由上述三式可得平行力系中心的坐标公式为

$$x_C=\frac{\sum F_i x_i}{\sum F_i},\ y_C=\frac{\sum F_i y_i}{\sum F_i},\ z_C=\frac{\sum F_i z_i}{\sum F_i} \tag{4-27}$$

2. 重心的基本概念

物体的重力就是地球对它的吸引力。如果把物体看成由许多质点组成，则物体的重力就是分布在这些质点上的一个力系。由于物体的尺寸相对地球半径而言非常小，因此可以足够准确地认为这个力系就是一个铅垂的平行力系。此平行力系的合力就是物体的重力。重力的作用点，即平行力系的中心，就称为物体的重心。若不考虑变形因素（如简化为刚体），不论物体如何放置，其重力的作用线总是通过它的重心。

设物体由若干部分组成，第 i 部分重为 P_i，重心为 (x_i, y_i, z_i)，物体总的重力 $P=\sum P_i$，根据式（4-27）可得物体的重心坐标为

$$x_C=\frac{\sum P_i x_i}{\sum P_i},\ y_C=\frac{\sum P_i y_i}{\sum P_i},\ z_C=\frac{\sum P_i z_i}{\sum P_i} \tag{4-28}$$

均匀重力场情况下，物体的重心坐标可表示为

$$x_C=\frac{\sum m_i x_i}{\sum m_i},\ y_C=\frac{\sum m_i y_i}{\sum m_i},\ z_C=\frac{\sum m_i z_i}{\sum m_i} \tag{4-29}$$

如果物体是均质的，其单位体积的重力 γ 为常数，任一微小部分的体积为 V_i，整个物体的体积为 V，则有 $P=\sum V_i\gamma=\gamma V=\gamma\sum V_i$。

代入式（4-28），得物体重心坐标为

$$x_C=\frac{\sum V_i x_i}{\sum V_i},\ y_C=\frac{\sum V_i y_i}{\sum V_i},\ z_C=\frac{\sum V_i z_i}{\sum V_i} \tag{4-30}$$

由式（4-30）可见，均质物体的重心位置完全取决于物体的几何形状，而与物体的重力无关。

由物体的几何形状所决定的物体几何中心，称为该物体的形心。均质物体的重心就是几何中心。确切地说，由式（4-28）所决定的点称为物体的重心，由式（4-30）所决定的点称为物体的形心。对于均质物体而言，其重心和形心是重合的；而对于非均质物体而言，其重心与形心一般不重合。

如果物体是均质等厚的薄壳，如薄壁容器等，其厚度与其表面积相比很小，采用上述方法可得薄壳的重心为

$$x_C=\frac{\sum A_i x_i}{\sum A_i},\ y_C=\frac{\sum A_i y_i}{\sum A_i},\ z_C=\frac{\sum A_i z_i}{\sum A_i} \tag{4-31}$$

如果物体是均质等厚的平面薄板，其厚度不计时，取薄板的平面为坐标平面 xOy，在式（4-31）中，$z_C=0$，而 x_C 和 y_C 仍按式（4-31）中的前两式计算。

重心在工程中具有极其重要的意义。例如旋转机械特别是高速转子，如果重心不在转动轴线上，将会引起剧烈振动，继而无法正常工作，严重时会伤害到工作人员；又如船舶和高速飞行物，如果重心位置偏离，就可能引起船的倾覆和飞行的不稳定性。因此，了解重心的概念并确定重心位置是很重要的。

3. 重心的确定

（1）规则形状均质物体的重心。如果均质物体具有对称面、对称轴或对称中心，不难证明，该物体的重心就在对称面、对称轴或对称中心上。例如圆环、圆面、球体（面）或平行四边形的重心都与它们的几何中心重合，圆柱体、正圆锥体的重心都在它们的中心轴线上。对于简单形状均质物体的重心，一般可用积分形式的重心坐标公式求解或查阅相关工程手册。表 4-2 列出了几种常见简单形状均质物体的重心位置。

表 4-2 简单形状均质物体的重心位置

图形	重心位置	图形	重心位置
三角形 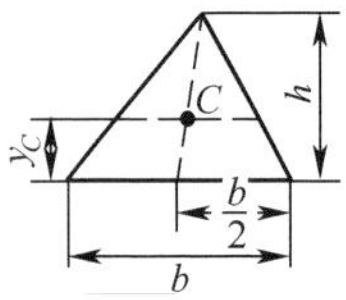	在中线的交点 $y_C=\frac{1}{3}h$	梯形 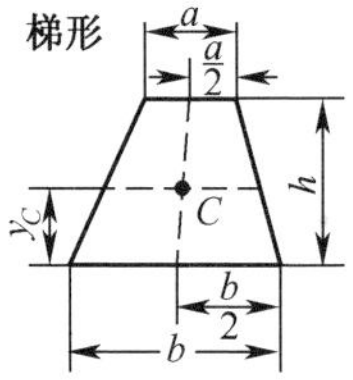	$y_C=\frac{h(2a+b)}{3(a+b)}$
圆弧 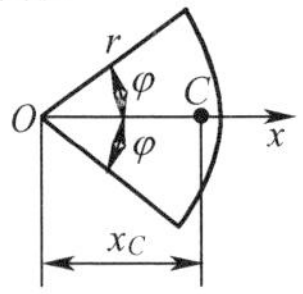	$x_C=\frac{r\sin\varphi}{\varphi}$ 对于半圆弧 $x_C=\frac{2r}{\pi}$	弓形 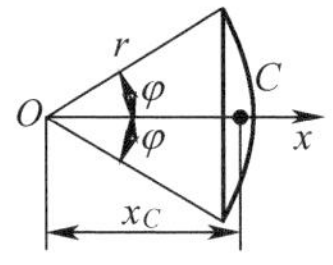	$x_C=\frac{2}{3}\cdot\frac{r^3\sin^3\varphi}{A}$ 面积 $A=\frac{r^2(2\varphi-\sin2\varphi)}{2}$
扇形 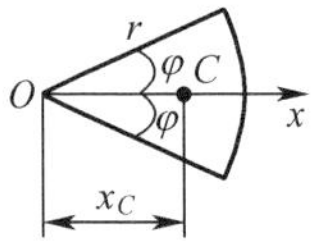	$x_C=\frac{2}{3}\cdot\frac{r\sin\varphi}{\varphi}$ 对于半圆 $x_C=\frac{4r}{3\pi}$	部分圆环 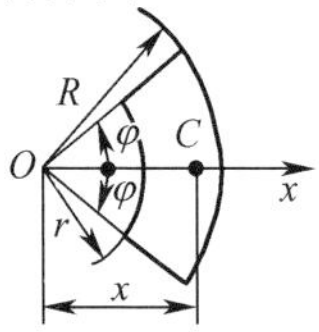	$x_C=\frac{2}{3}\cdot\frac{R^3-r^3}{R^2-r^2}\cdot\frac{\sin\varphi}{\varphi}$
二次抛物线面 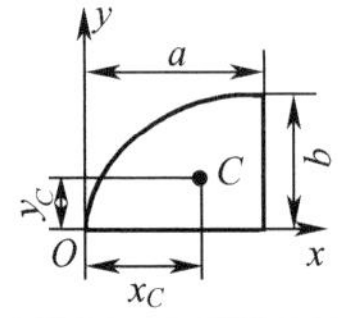	$x_C=\frac{5}{8}a$ $y_C=\frac{2}{5}b$	二次抛物线面 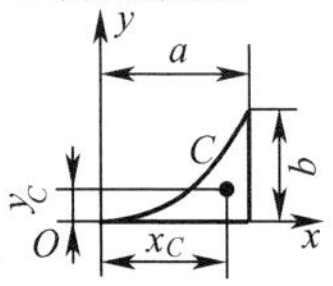	$x_C=\frac{3}{4}a$ $y_C=\frac{3}{10}b$

续表

图形	重心位置	图形	重心位置
正圆锥体 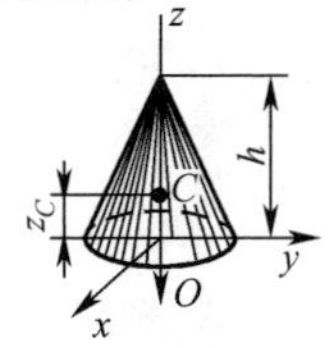	$z_C=\frac{1}{4}h$	正角锥体 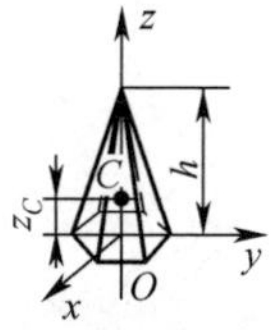	$z_C=\frac{1}{4}h$
半圆球 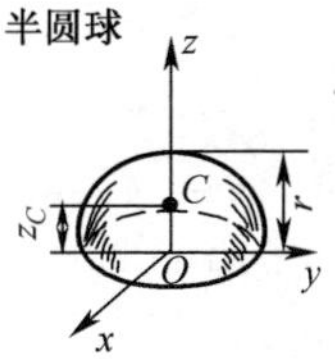	$z_C=\frac{3}{8}r$	锥形筒体 	$y_C=\frac{4R_1+4R_2-3t}{6(R_1+R_2-t)}L$

（2）分割法。工程上，有些物体由几个规则形状的物体组合而成。求这类物体重心时，可将其分割成几个简单形状的物体，则整个物体的重心可按式（4-30）或式（4-31）求出。这种求重心的方法称为分割法。

例 4-9　截面尺寸如图 4-21 所示，试求图形的形心位置。

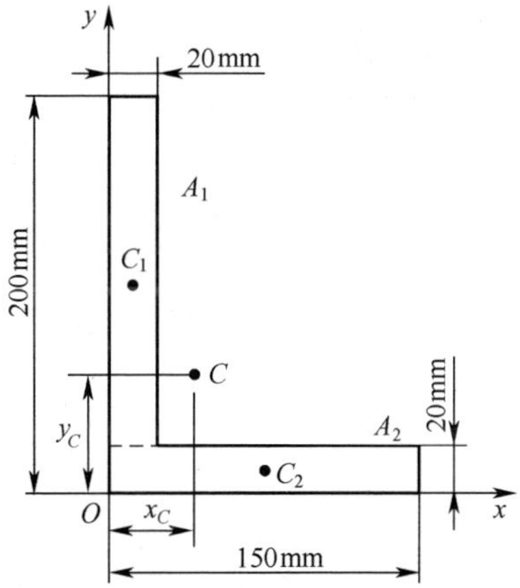

图 4-21

解：取坐标系如图 4-21 所示，用虚线将图形分割成两个简单图形——矩形，面积分别为 A_1、A_2，矩形重心分别为 C_1、C_2，(x_1, y_1)、(x_2, y_2)分别表示 C_1、C_2 的坐标，则有

$$A_1=(200-20)\times 20=3600\ (\mathrm{mm}^2)$$

$$x_1=10\text{mm}，y_1=20+\frac{200-20}{2}=110\ （\text{mm}）$$

$$A_2=150\times 20=3000\ （\text{mm}^2）$$

$$x_2=75\text{mm}，y_2=10\text{mm}$$

代入式（4-31），则图形形心坐标为

$$x_C=\frac{\sum A_i x_i}{\sum A_i}=\frac{x_1A_1+x_2A_2}{A_1+A_2}=39.5\ （\text{mm}）$$

$$y_C=\frac{\sum A_i y_i}{\sum A_i}=\frac{y_1A_1+y_2A_2}{A_1+A_2}=64.5\ （\text{mm}）$$

有些均质物体，可以认为是从简单形状物体中挖去另一个简单形状物体，对于这类物体的重心，仍可应用公式求其重心，只是需要把被挖的体积（或面积）取负值。这种方法称为负体积法（或负面积法）。

例 4-10 振动器偏心块形状如图 4-22 所示。已知 $R=100\text{mm}$，$r_1=30\text{mm}$，$r_2=13\text{mm}$。试求其形心坐标。

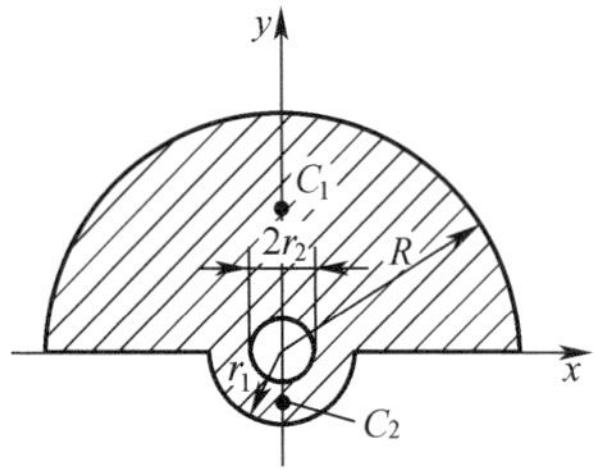

图 4-22

解：取如图 4-22 所示的坐标，因为图形具有对称性，形心 C 一定在对称轴 y 上，因此 $x_C=0$。将图形看成由半径为 R 的大半圆、半径为 r_1 的小半圆和半径为 r_2 的小圆组成。因为半径为 r_2 的小圆是被挖去的部分，因此面积取负值。查表 4-2 可知

$$A_1=\frac{\pi R^2}{2}=5000\pi\ （\text{mm}^2），\quad y_1=\frac{4R}{3\pi}=\frac{400}{3\pi}\ （\text{mm}）$$

$$A_2=\frac{\pi r_1^2}{2}=450\pi\ （\text{mm}^2），\quad y_2=-\frac{4r_1}{3\pi}=-\frac{40}{\pi}\ （\text{mm}）$$

$$A_3=-\pi r_2^2=-169\pi\ （\text{mm}^2），\quad y_3=0$$

由形心公式得

$$y_C=\frac{\sum A_i y_i}{\sum A_i}=\frac{y_1A_1+y_2A_2+y_3A_3}{A_1+A_2+A_3}=39.1\ （\text{mm}）$$

注意，A_3为负面积。

（3）实验法。对形状复杂或质量分布不均的物体，很难用计算方法求其重心坐标。此时，可用实验来测定重心位置。实验中最常用的方法有悬挂法和称重法，这两种方法都是依据物体的平衡条件来寻找重心位置。

1）悬挂法：适用于平板或薄片物件。如图 4-23 所示，先通过物体的任意点 A 将物体悬挂起来。物体在重力和绳索拉力作用下平衡，根据二力平衡公理，重心位置应在通过悬挂点 A 的直线上。再另选一点 B 将物体悬挂起来；同理，重心应在通过点 B 的直线上，画出两直线，其交点即为物体的重心。

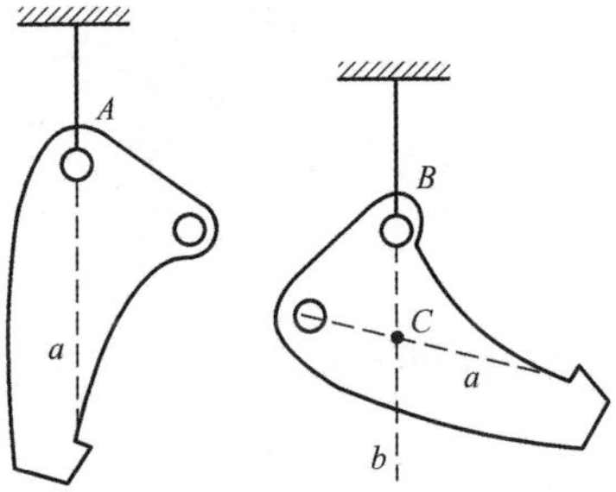

图 4-23

2）称重法：适用于体积较大的物体，以具有对称轴的连杆为例（图 4-24）。这种情况下，只需要测定重心在对称轴上的位置，首先称出连杆的重力 G，然后将杆的一端 A 放置在刀口上，另一端 B 放在台秤上，并使对称轴线处于水平位置。从台秤上读出支承力 $\boldsymbol{F}_B$ 的大小，量出 A、B 两点的水平距离 l，由平衡可知

$$\sum M_A = 0,\ F_B l - G x_C = 0$$

即

$$x_C = F_B l / G$$

这样，通过两次称重即可确定重心在轴线上的位置。

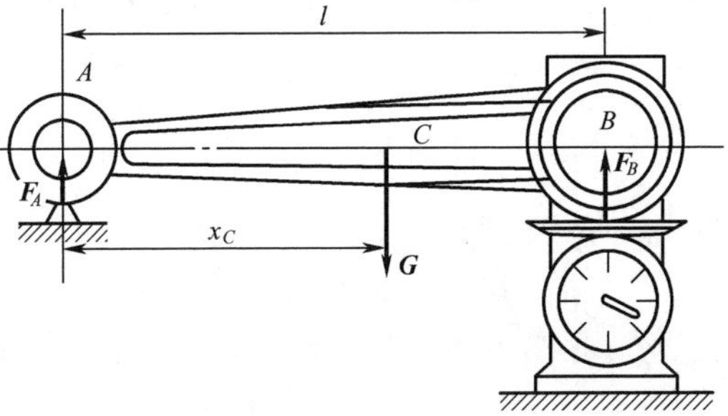

图 4-24

对于非对称的物体，可以在三个方向上重复上述做法，从而确定物体重心的位置。

习　题

4-1　空间构架由三根直杆组成（不考虑直杆自重），在 D 端用球铰链连接，A、B 和 C 端用球铰链固定在水平地板上，在 D 端挂一重为 $P=10\text{kN}$ 的重物，如题 4-1 图所示。求铰链 A、B 和 C 的约束力。

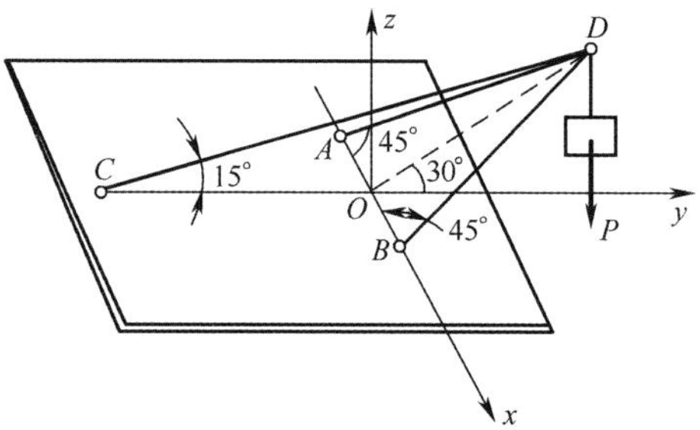

题 4-1 图

4-2　题 4-2 图所示空间桁架由六根杆构成。在节点 A 上作用力 $\boldsymbol{F}$，此力在矩形 $ABDC$ 面内，并与铅直线成 45° 角。$\triangle EAK=\triangle FBM$。等腰三角形 $\triangle EAK$、$\triangle FBM$ 和 $\triangle NDB$ 在顶点 A、B 和 D 处均为直角，又 $EC=CK=FD=DM$。若 $F=10\text{ kN}$，求各杆的内力。

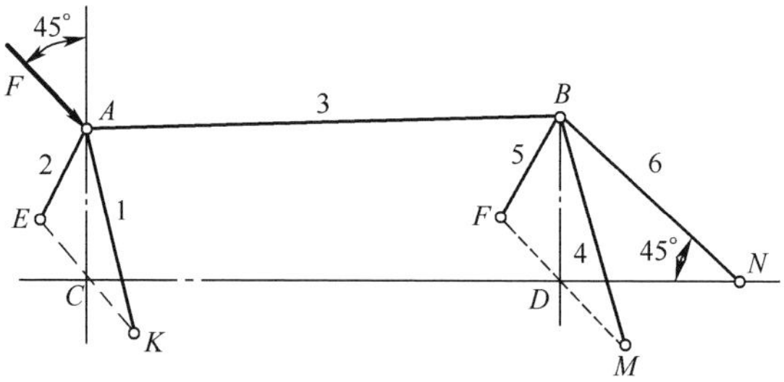

题 4-2 图

4-3　力 $\boldsymbol{F}$ 作用于曲柄的中点 A，如题 4-3 图所示。已知 $\alpha=30°$，$F=1\text{kN}$，$d=400\text{mm}$，$r=50\text{mm}$。求力 $\boldsymbol{F}$ 对 x 轴、y 轴和 z 轴的力矩。

4-4　物体受力如题 4-4 图所示。已知 $F_1=400\text{N}$，$F_2=300\text{N}$，$F_3=500\text{N}$。将力系向 O 点简化。

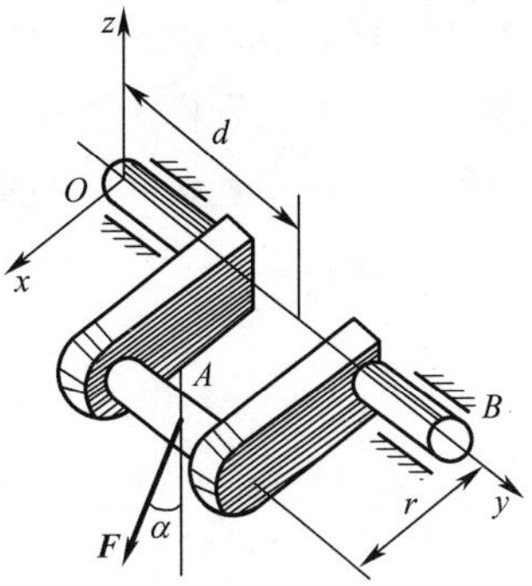

题 4-3 图

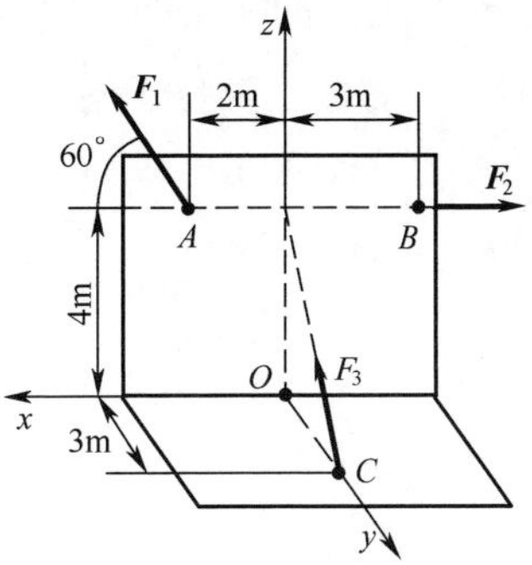

题 4-4 图

4-5　如题 4-5 图所示，长方体的顶角 A 和 B 处分别作用力 $\boldsymbol{F}_1$ 和 $\boldsymbol{F}_2$，已知 $F_1 = 500\text{N}$，$F_2 = 700\text{N}$。试求力 $\boldsymbol{F}_1$ 和 $\boldsymbol{F}_2$ 对 x 轴、y 轴和 z 轴的力矩。

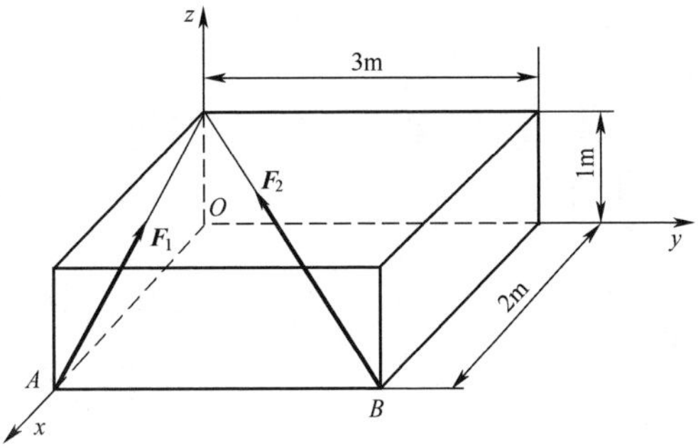

题 4-5 图

4-6　立方体的边长为 a，在顶点 A 受一力 $\boldsymbol{F}$ 作用，如题 4-6 图所示。试求：（1）力 $\boldsymbol{F}$ 对 x 轴、y 轴和 z 轴的力矩；（2）力 $\boldsymbol{F}$ 对点 O 的力矩。

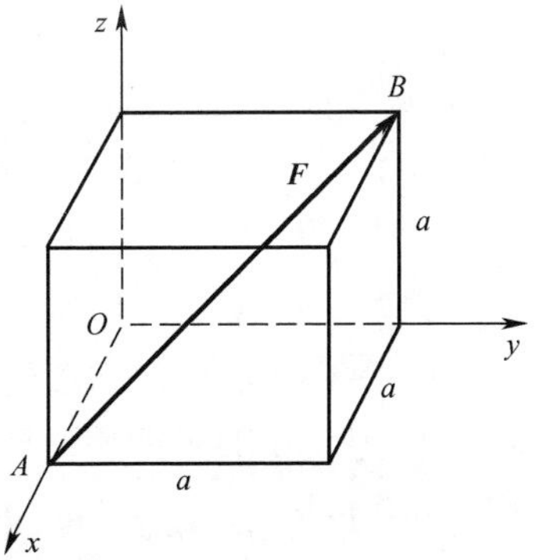

题 4-6 图

4-7　题4-7图所示的三圆盘A、B和C的半径分别为150mm、100mm和50mm。OA、OB和OC三轴位于同一平面，$\angle AOB$是直角。三盘上分别作用力偶，构成力偶的各力都作用在轮缘上，分别等于10N、20N和$\boldsymbol{F}$。若三圆盘所构成的物系是自由的，忽略本身重力，求结构保持平衡时F的大小和角θ。

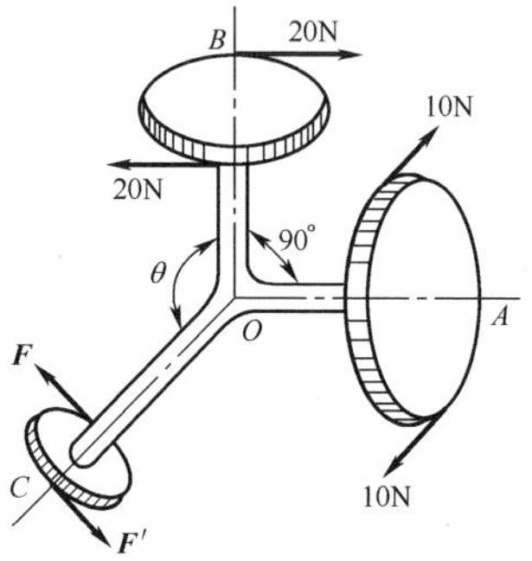

题4-7图

4-8　六根杆支撑一水平板，铅直力$\boldsymbol{F}$作用于板角处，如题4-8图所示。忽略板和杆的自重，求各杆的内力。

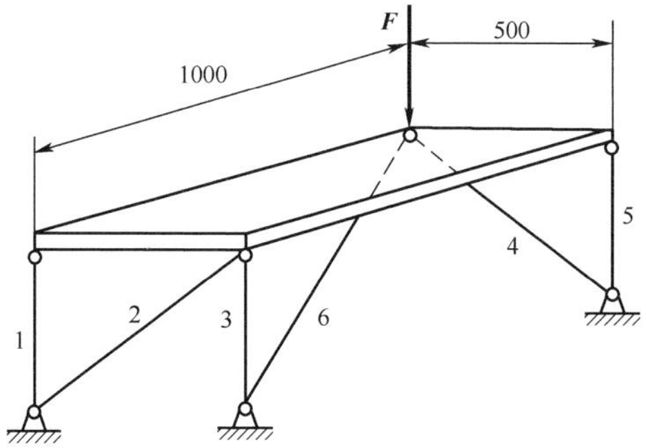

题4-8图

4-9　传动轴上有两个皮带轮，如题4-9图所示，半径分别为$r_1 = 200\text{mm}$，$r_2 = 250\text{mm}$，轮Ⅰ的皮带水平，且$F_1 = F_2 = 5\text{kN}$，轮Ⅱ的皮带与铅垂线夹角$\theta = 30°$，张力$F_3 = 2F_4$。求传动轴做匀速转动时A、B处的约束力。

4-10　涡轮连同轴和齿轮的总重$P = 12\text{kN}$，作用线沿轴Cz。如题4-10图所示，涡轮的转动力偶矩$M_z = 1200\text{N}\cdot\text{m}$。齿轮的平均半径$OB = 0.6\text{m}$，在齿轮$B$处受到的力分解为三个力：切向力$\boldsymbol{F}_\text{t}$、轴向力$\boldsymbol{F}_\text{a}$和径向力$\boldsymbol{F}_\text{r}$。其中$F_\text{t} : F_\text{a} : F_\text{r} = 1 : 0.32 : 0.17$。求轴承$A$和止推轴承$C$的约束力。

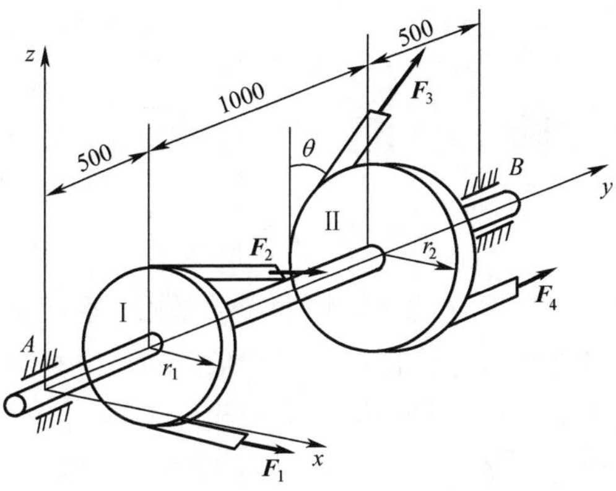

题 4-9 图

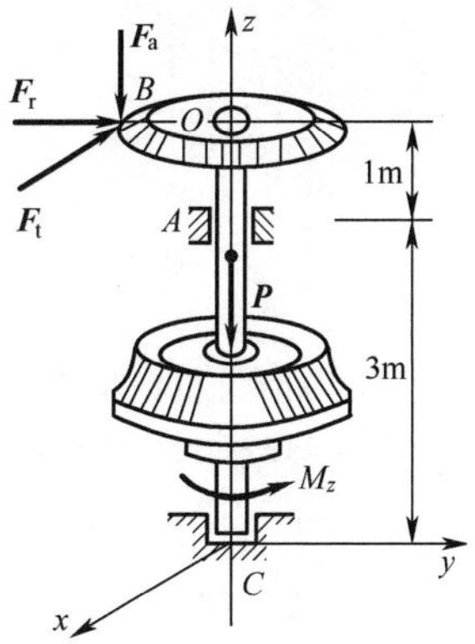

题 4-10 图

4-11　试求题 4-11 图中型材截面的形心位置（单位：mm）。

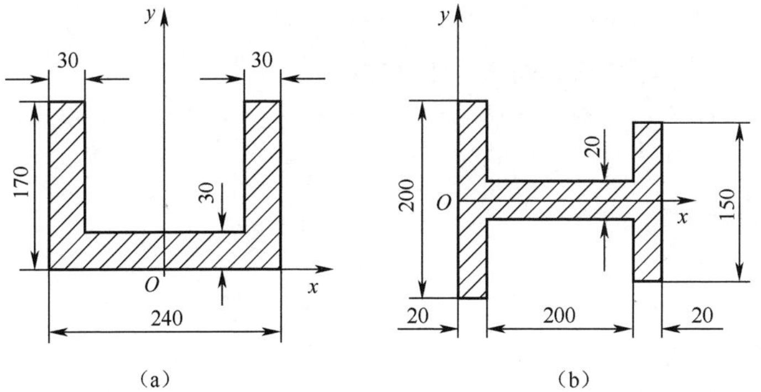

题 4-11 图

4-12　求题 4-12 图所示圆截面的形心位置。

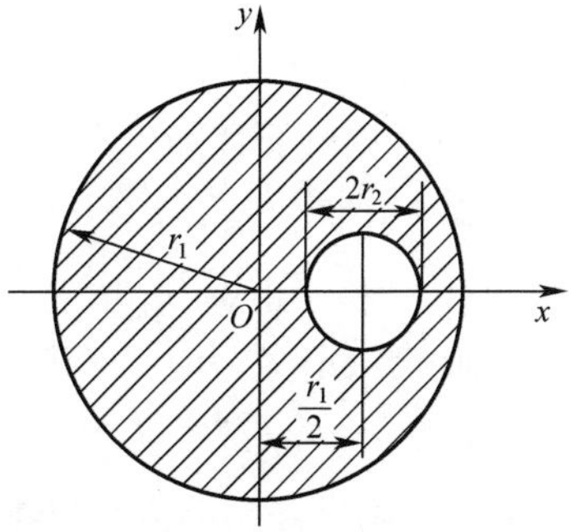

题 4-12 图

第5章 摩　擦

前面研究物体的平衡问题中，假定物体之间的接触均为光滑接触。而实际工程中，一般情况下两个相互接触的物体之间是不光滑的，当它们之间产生相对运动或具有相对运动趋势时，就会在接触处产生一种阻碍运动的相互作用，这种情况称为摩擦。摩擦现象在自然界是普遍存在的，对于人们的生活和生产实际而言摩擦具有双重意义，一方面利用摩擦为人们的生产生活服务，如人们的行走、车辆的行驶和机械的传动与制动等，都离不开摩擦的作用；另一方面摩擦又会带来不利作用，甚至是非常有害的作用，如消耗能量、磨损零件、缩短机器寿命、降低仪表的精度等。摩擦机理极其复杂，目前已有“摩擦学”对其进行研究。这里只介绍用于一般工程问题的经典摩擦理论。

按照接触物体之间相互运动的形态，摩擦可分为滑动摩擦和滚动摩擦；根据物体之间是否有良好的润滑剂，滑动摩擦又可分为干摩擦和湿摩擦。本章只研究物体的干摩擦问题。

5.1　滑动摩擦

两个相互接触的物体，如果有相对滑动或相对滑动趋势时，在接触面之间会产生彼此阻碍的力，这种阻力称为滑动摩擦力。滑动摩擦力作用于相互接触处，其方向与相对滑动或相对滑动趋势的方向相反，它的大小根据主动力的变化而变化。

在图 5-1（a）中，重为$\boldsymbol{G}$的物块A放在粗糙的水平面上，初始其只受到重力$\boldsymbol{G}$和法向约束力$\boldsymbol{F}_{\mathrm{N}}$的作用，物块与接触面之间没有相对滑动的趋势，这时不存在摩擦问题；当受到水平推力$\boldsymbol{F}$的作用时，摩擦问题产生。设推力大小可以变化，当推力由零逐渐增加，但不是很大时，物块仍保持静止，此时支撑面对物块除有法向约束力$\boldsymbol{F}_{\mathrm{N}}$外，还有一个阻碍物块沿水平面向右滑动的切向约束力，此力即静滑动摩擦力，简称静摩擦力，用$\boldsymbol{F}_{\mathrm{s}}$表示。物块$A$在推力、重力、法向约束力和静滑动摩擦力作用下平衡，于是静滑动摩擦力的大小可由平衡方程得到：

$$\sum F_x = 0\text{，}\quad F_{\mathrm{s}} = F$$

由该式可知，只要物块保持静止，静滑动摩擦力的大小随推力F的增加而增加，方向与物块的运动趋势相反。当推力为零时，静摩擦力也为零；当推力的大小达到一定的数值时，物块处于将要滑动而没有滑动的临界状态，静摩擦力也就达到了最大值，即最大静滑动摩擦力，简称最大静摩擦力，用 F_{max} 表示。此后，如果推力再增大一点或受到环境的任何扰动，物块将开始滑动。可见在推动物块由静止到滑动的过程中，静滑动摩擦力的大小随主动力的情况而改变，但介于零与最大值之间，即

$$0 \leqslant F_s \leqslant F_{max} \tag{5-1}$$

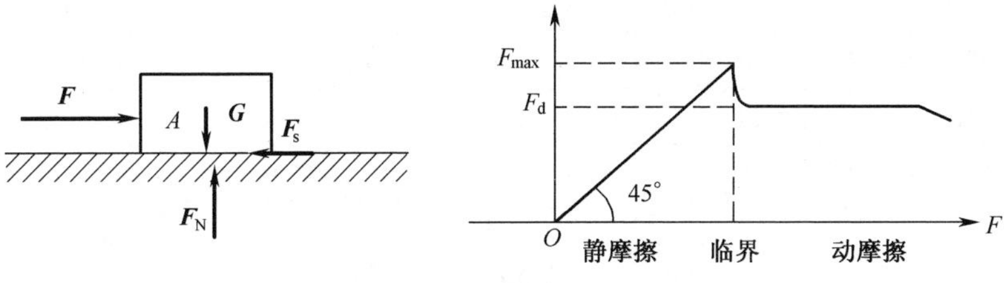

（a）　　　　（b）

图 5-1

实验结果证明：最大静摩擦力的大小与两个接触物体间的法向约束力 F_N 成正比，即

$$F_{max} = f_s F_N \tag{5-2}$$

式（5-2）称为静摩擦定律，也称库仑定律。式中 f_s 称为静滑动摩擦因数，简称静摩擦因数。它是量纲为 1 的数，大小与两接触面的材料及表面情况（粗糙度、干湿度、温度等）有关，通常与接触的面积大小无关。

达到临界状态后，若推力 F 超过最大静滑动摩擦力 F_{max}，物块就不能保持平衡，开始滑动，这时接触物体之间仍作用有阻碍相对滑动的力，称为动滑动摩擦力，简称动摩擦力，以 F_d 表示。

实验结果表明：动摩擦力的大小与两个接触面间的法向约束力 F_N 成正比，即

$$F_d = f_d F_N \tag{5-3}$$

式（5-3）称为动摩擦定律，也称库仑定律。式中 f_d 是动滑动摩擦因数，简称动摩擦因数。它的大小除了与接触物体的材料和接触面的表面情况有关之外，还与接触点的相对滑动速度大小有关，当相对速度不大时，可近似地认为是个常数。图 5-1（b）所示为干摩擦实验曲线，一般情况下，动摩擦因数略小于静摩擦因数。工程中常常忽略静、动摩擦因数之间的差别。表 5-1 列出了一部分常用材料的静、动摩擦因数。对于特殊问题的摩擦系数可由实验测定。

表 5-1 几种常用材料的滑动摩擦因数

材料	静摩擦因数		动摩擦因数	
	干	润滑	干	润滑
金属对金属	0.15～0.3	0.1～0.2	0.15～0.2	0.05～0.15
金属对木材	0.5～0.6	0.1～0.2	0.3～0.6	0.1～0.2
木材对木材	0.4～0.6	0.1	0.2～0.5	0.1～0.15
皮革对木材	0.4～0.6		0.3～0.5	
皮革对金属	0.3～0.5	0.15	0.6	0.15
橡皮对金属			0.8	0.5
麻绳对木材	0.5～0.8		0.5	
塑料对钢材		0.09～0.1		

5.2 摩擦角与自锁

研究物体间的静摩擦时，涉及摩擦角的概念。

如图 5-2（a）所示，物体 A 平衡时，$F_s = F$，把约束力 $\boldsymbol{F}_N$ 和 $\boldsymbol{F}_s$ 的合力称为全约束力 $\boldsymbol{F}_R$，即 $\boldsymbol{F}_R = \boldsymbol{F}_N + \boldsymbol{F}_s$。当 $F_s < F_{max}$ 时，$\boldsymbol{F}_R$ 作用于点 A，重力、推力和全约束力汇交于点 O，随着推力的增大，静摩擦力也随之增大，全约束力 $\boldsymbol{F}_R$ 与法线方向的夹角 φ 也增大，同时 $\boldsymbol{F}_R$ 的作用点 A 右移；当 $F_{max} = f_s F_N$ 时，A 移至 A_m，φ 达到最大值 φ_m。我们把全约束力与法向间的最大夹角 φ_m 称作摩擦角，显然有

$$\tan\varphi_m = \frac{F_{max}}{F_N} = \frac{f_s F_N}{F_N} = f_s \tag{5-4}$$

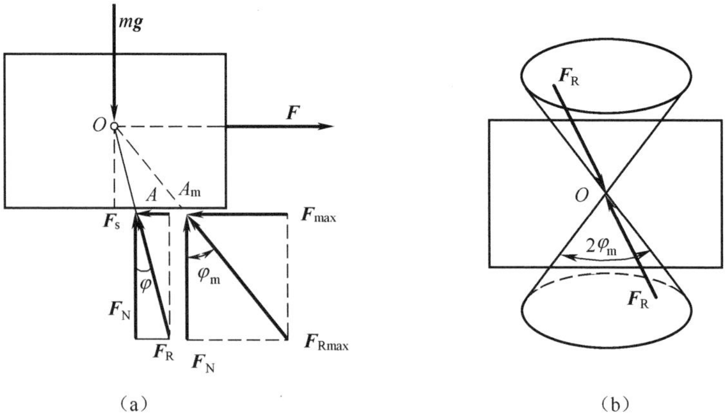

图 5-2 摩擦角和摩擦锥

可以设想，若连续改变作用线过点 O 的推力 $\boldsymbol{F}$ 在水平面内的方向，全约束力 $\boldsymbol{F}_R$ 的方向也将随之改变。设各方向摩擦因数相同，则在临界状态下，全约束力 $\boldsymbol{F}_R$ 的作用线在空间形成顶角为 $2\varphi_m$ 的正圆锥面，称为摩擦锥，如图 5-2（b）所示。

如果作用于物体的全部主动力合力的作用线在摩擦角之内，则无论这个力怎样大，物体必保持静止，这种现象称为自锁；反之则为非自锁。

下面以斜面上的物块为例来进一步说明自锁现象。要使物块在斜面上不下滑，作用在其上的主动力与斜面的全约束力必须满足二力平衡条件。因此，重力 $\boldsymbol{G}$ 的作用线与斜面法线之间的夹角 α 必小于等于摩擦角 φ_m。又由于夹角与斜面倾角相等，当斜面倾角满足 $\alpha \leqslant \varphi_m$ 或者说主动力合力的作用线在摩擦角 φ_m 之内时发生自锁，反之不自锁。即

当 $\alpha < \varphi_m$ 时，物块静止平衡、自锁。

当 $\alpha = \varphi_m$ 时，物块处于临界平衡状态，此时 $F = F_{max}$。

当 $\alpha > \varphi_m$ 时，物块滑动、不自锁。

所以斜面自锁的条件是 $\alpha \leqslant \varphi_m$，与物体重量无关，如图 5-3（b）所示。

利用摩擦角的概念，可用简单的试验方法测定静摩擦因数。如图 5-3（a）所示，把要测定的两种材料分别做成物块和斜面，将物块放在斜面上，逐渐增加斜面的倾角 α，当物块将要下滑而未下滑时的倾角就是所要求的摩擦角 φ_m，则 $f_s = \tan\varphi_m$。

自锁现象在工程中的应用较多，例如机器中常用 1:100 的斜键、锥度 1:50 的锥销，它们的倾角 α 远小于钢铁间的摩擦角（$\varphi_m \approx 10°$），因此斜键、锥销不会自行松脱，可保证机器的正常安全运转。千斤顶是螺纹自锁的极好应用[图 5-3（c）]。但有些情况也需要尽量避免自锁，如凸轮机构的从动杆、闸门的启闭、摇臂钻床的摇臂应能升降自如等。

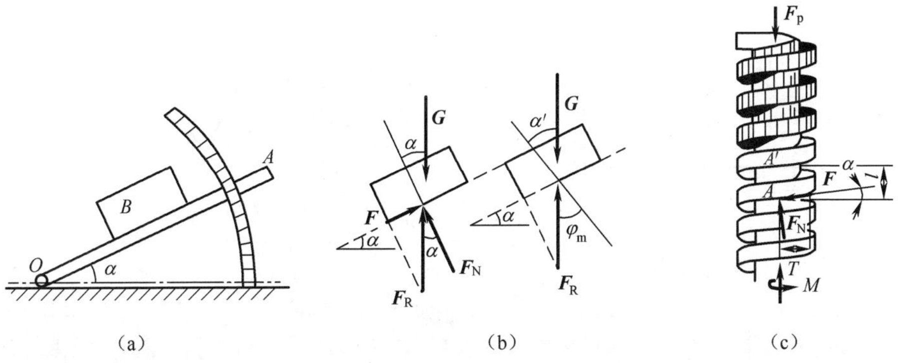

图 5-3

5.3 考虑摩擦时物体的平衡问题

考虑摩擦因素时物体平衡问题的求解与不考虑摩擦因素时平衡问题的求解有所不同，其差别就在于前者问题增加了摩擦力。考虑摩擦就意味着增加了一个未知力，但同时摩擦定律也提供了一个补充方程，因此并不影响问题的可解性。需要注意的是，由摩擦定律给出的补充方程往往是一个不等式，这就增加了解决问题的难度，而且求得的结果往往是一个范围，这是与不考虑摩擦因素时求解问题的主要差别。

考虑摩擦时求解物体的平衡问题仍然是先选取研究对象，画出其受力图，然后用平衡条件求解。但考虑摩擦时有以下特点：

（1）在分析物体受力情况时，必须考虑摩擦力，摩擦力的方向与物体相对滑动方向或滑动趋势方向相反。两个物体之间的摩擦力互为作用力与反作用力，动摩擦的方向与物体运动速度方向相反。

（2）求解有摩擦的平衡问题时，除列出平衡方程外，还要写出补充方程 $F_{\max}=f_s F_N$。

（3）由于物体平衡时静摩擦力有一定范围，即 $0\leqslant F_s\leqslant F_{\max}$，因此在考虑摩擦时，物体有一个平衡范围，解题时必须分析清楚。下面举例说明。

例 5-1 如图 5-4 所示，一物块重为 $\boldsymbol{P}$，放在倾角为 α 的斜面上，它与斜面间的摩擦系数为 f_s。当物体处于平衡时，试求水平力 $\boldsymbol{Q}$ 的大小。

解： 选物块为研究对象。由经验知，力 Q 太大，物块将上滑；力 Q 太小，物块将下滑，因此力 Q 的数值必在一定范围内。

先求 Q 的最大值。此时物块处于向上滑动的临界状态。摩擦力沿斜面向下，并达到极限值。物块在 $\boldsymbol{P}$、$\boldsymbol{F}_N$、$\boldsymbol{F}_{\max}$ 和 $\boldsymbol{Q}_{\max}$ 四个力作用下平衡，如图 5-4（a）所示。列平衡方程得

$$\sum F_x=0,\ \ Q_{\max}\cos\alpha-P\sin\alpha-F_{\max}=0$$
$$\sum F_y=0,\ \ F_N-Q_{\max}\sin\alpha-P\cos\alpha=0$$

另外还有一个补充方程

$$F_{\max}=f_s F_N$$

联立以上三式，可解得

$$Q_{\max}=P(\tan\alpha+f_s)/(1-f_s\tan\alpha)$$

再求 Q 的最小值。此时物块处于将要向下滑动的临界状态。摩擦力沿斜面向上，并达到极限值。物块受力如图 5-4（b）所示。列平衡方程得

$$\sum F_x = 0,\ Q_{\min}\cos\alpha - P\sin\alpha + F_{\max} = 0$$
$$\sum F_y = 0,\ F_N - Q_{\min}\sin\alpha - P\cos\alpha = 0$$

此外再列一个补充方程

$$F_{\max} = f_s F_N$$

联立以上三式可得

$$Q_{\min} = P(\tan\alpha - f_s)/(1 + f_s\tan\alpha)$$

综上所述结果可得物块平衡时 Q 力的大小范围为

$$P(\tan\alpha - f_s)/(1 + f_s\tan\alpha) \leqslant Q \leqslant P(\tan\alpha + f_s)/(1 - f_s\tan\alpha)$$

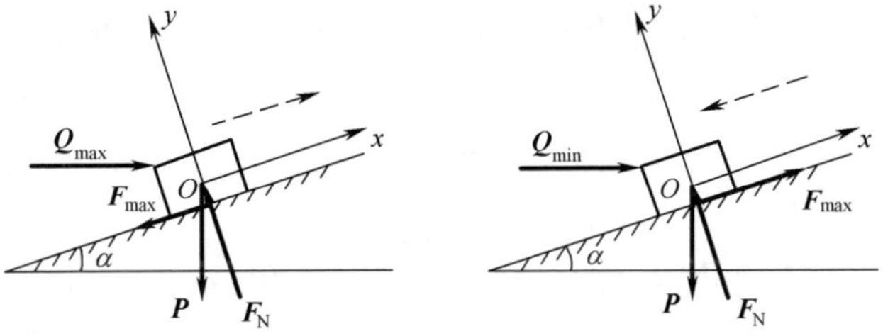

图 5-4

例 5-2　梯子 AB 长 $l = 4\text{m}$，重 $P_2 = 200\text{N}$，重心在其中点，搁置位置如图 5-5（a）所示，已知 $\tan\theta = \dfrac{4}{3}$。设梯子与墙面间的摩擦因数 $f_{sB} = \dfrac{1}{3}$。现有一重为 $P_1 = 600\text{N}$ 的人沿梯而上，问当梯子与地面间的摩擦因数 f_{sA} 为多大时人能安全到达梯子顶部？

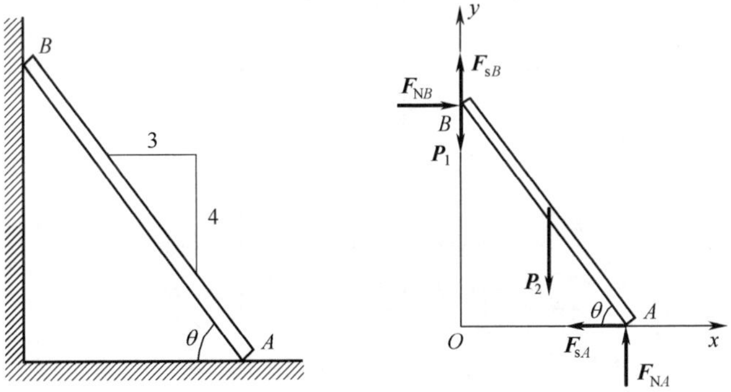

图 5-5

解：对于解有摩擦的平衡问题，有时可先求其临界值。此题，设人到达梯顶时梯子处于将动未动的临界状态，此时 A、B 处的摩擦力都达到临界值。

（1）取研究对象并画受力图。选梯子为研究对象，其受力如图 5-5（b）所示。梯子所受的力有主动力 $\boldsymbol{P}_1$、$\boldsymbol{P}_2$，法向约束力 $\boldsymbol{F}_{NA}$、$\boldsymbol{F}_{NB}$，摩擦力 $\boldsymbol{F}_{sA}$、$\boldsymbol{F}_{sB}$。由于梯子的 B 端有向下滑动的趋势，故摩擦力 $\boldsymbol{F}_{sB}$ 向上；梯子的 A 端有向右滑动的趋势，故摩擦力 $\boldsymbol{F}_{sA}$ 向左。

（2）列方程。

$$\sum F_x = 0，\quad F_{NB} - F_{sA} = 0$$

$$\sum F_y = 0,\ F_{NA} + F_{sB} - P_1 - P_2 = 0$$

$$\sum M_A(\boldsymbol{F}) = 0，\quad P_1 l\cos\theta + P_2 \frac{l}{2}\cos\theta - F_{NB} l\sin\theta - F_{sB} l\cos\theta = 0$$

以上只有三个方程，有五个未知量，还需列两个极限摩擦力的补充方程，即

$$F_{sA} = f_{sA} F_{NA}$$

$$F_{sB} = f_{sB} F_{NB}$$

（3）解方程。

$$F_{NA} = 660\text{N}，\quad F_{NB} = 420\text{N}，\quad F_{sA} = 420\text{N}，\quad f_{sA} = 0.64$$

（4）分析平衡范围。以上求得的是临界值，若要使人能安全到达梯顶，梯子与地面间的摩擦因数 $f_{sA} \geqslant 0.64$。

例 5-3 图 5-6 所示的均质木箱重 $P = 5\text{kN}$，它与地面间的静摩擦因数 $f_s = 0.4$。图中，$h = 2a = 2\text{m}$，$\alpha = 30^\circ$。试计算当 D 处的拉力 $F = 1\text{kN}$ 时，木箱是否平衡？

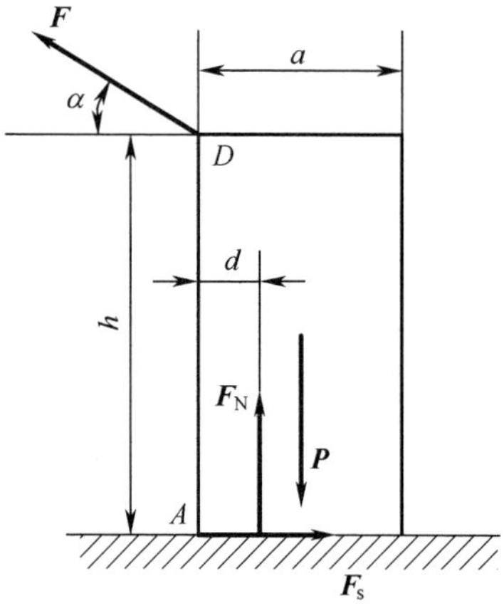

图 5-6

解： 木箱平衡，必须满足两个条件：一是不发生滑动，即要求静摩擦力不大于最大静摩擦力，即 $F_s \leqslant F_{max} = f_s F_N$；二是不绕点 A 翻倒，这时法向约束力 $\boldsymbol{F}_N$ 的作用线距点 A 的距离 d 必须大于零，即 $d > 0$。

取木箱为研究对象，其受力如图 5-6 所示，列平衡方程

$$\sum F_x = 0\text{，}\quad F_s - F\cos\alpha = 0$$

$$\sum F_y = 0\text{，}\quad F_N - P + F\sin\alpha = 0$$

$$\sum M_A(F) = 0\text{，}\quad hF\cos\alpha - P\frac{a}{2} + F_N d = 0$$

求解以上各方程，得

$$F_s = 866\text{N}\text{，}\quad F_N = 4500\text{N}\text{，}\quad d = 0.171\text{m}$$

此时木箱与地面间的最大摩擦力

$$F_{max} = f_s F_N = 1.8\ (\text{kN})$$

可见，$F_s < F_{s\max}$，木箱不滑动，又因为$d > 0$，木箱不会翻倒。因此，木箱保持平衡。

5.4 滚动摩阻

在实际工程中，常见大滚轮在推力作用下滚动的现象，例如压路机的碾子、运动着的汽车车轮等。由实践易知，滚动比滑动省力。当重为$\boldsymbol{G}$的圆轮受到力$\boldsymbol{F}$的作用处于平衡时，如果采用图 5-7 所示的刚性接触约束模型分析其受力，由平衡方程$\sum M_O = 0$可见，轮并不能平衡，这与上述事实相矛盾。显然刚体模型并不适合实际情况，需要考虑接触处的变形，重新分析滚轮所受的约束力。

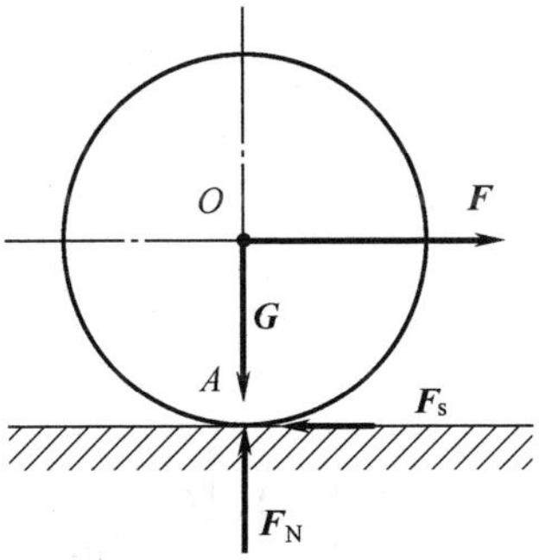

图 5-7

实验和观察结果证明：当圆轮受到水平推力$\boldsymbol{F}$作用时，与水平面接触处发生挤压变形，接触面受分布力系作用，如图 5-8（a）所示。由平衡方程$\sum M_O = 0$可知，该约束力系的合力$\boldsymbol{F}_R$过轮心O，如图 5-8（b）所示。将$\boldsymbol{F}_N$和$\boldsymbol{F}_s$向点A平移，如图 5-8(c)所示，略去$\boldsymbol{F}_s$平移时产生的高阶小附加力偶，得附加力偶矩$M_f = F_N a$，$\boldsymbol{M}_f$称为滚动摩阻力偶，简称滚阻力偶，其大小和方向完全由平衡条件确定。

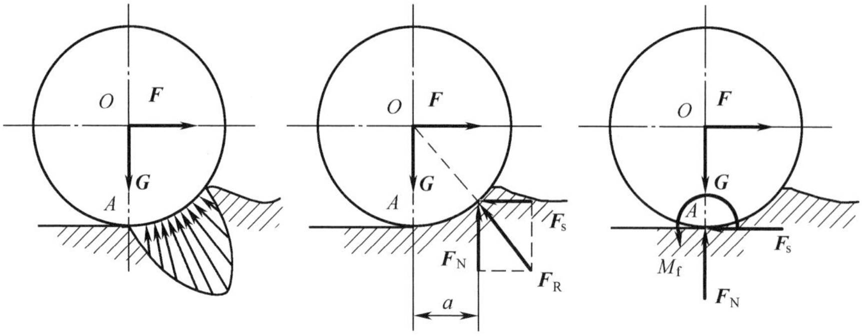

（a） （b） （c）

图 5-8

实验证明：滚动摩阻力偶也处于一定范围内，即 $0 \leqslant M_f \leqslant M_{max}$。$M_{max}$ 对应临界平衡状态，称为最大滚阻力偶，此时法向约束力 $\boldsymbol{F}_N$ 的前移量 a 达到最大值 δ，δ 称为滚动摩阻因数，简称滚阻因数，具有长度的量纲，常用单位为 mm，即

$$M_{max} = F_N\delta \tag{5-5}$$

式（5-5）称为滚动摩阻定律，是库仑于 18 世纪发现的。

滚动摩阻因数与滚子和支撑面材料的硬度和湿度等有关，表 5-2 列出了几种常用材料的滚动摩阻因数的值。

表 5-2 常用材料的滚动摩阻因数

材料名称	δ / mm	材料名称	δ / mm
铸铁与铸铁	0.5	软钢与钢	0.5
钢质车轮与钢轨	0.05	有滚珠轴承的料车与钢轨	0.09
木与钢	0.3～0.4	无滚珠轴承的料车与钢轨	0.21
木与木	0.5～0.8	钢质车轮与木面	1.5～2.5
软木与软木	1.5	轮胎与路面	2～10
淬火钢珠与钢	0.01		

滚动摩阻一般较小，在许多工程问题中常常忽略不计。

值得一提的是，轮子滚动时，滑动摩擦力非但没有害处，反而极为有利。如果滑动摩擦力太小，轮子就会在原地打滑，这时不仅难以前行而且还会引起磨损，因此汽车轮胎表面总是做成凹凸不平的花纹，从而增加摩擦力。

拓展阅读：达·芬奇简介

达·芬奇（1452—1519）思想深邃，学识渊博，擅长绘画、雕刻、发明、建筑，通晓数学、生物学、物理学、天文学、地质学等学科，是人类历史上少见的全才。现代学者称他为“文艺复兴时期最完美的代表”。其最大的成就是绘画，他的杰作《蒙娜丽莎》和《最后的晚餐》等作品体现了他精湛的艺术造诣。其艺术实践和科学探索精神对后代产生了重大而深远的影响。

达·芬奇强调力学和数学同样是自然科学的基础，并研究过许多力学问题。达·芬奇说：“力学是数学的乐园，因为我们在这里获得了数学的果实。”他根据实验和观测得出：重物沿它和地心相连的直线下落，下落的速度同时间成正比。在静力学方面，他严格确定了力矩概念：杆上物体的平衡“由它们的重量和距支点的距离决定”，由此总结出计算几何体重心的一般法则。他已知道力的平行四边形法则。在用这一法则研究重物沿斜面运动中，他正确地得到了摩擦力的定义。他在观察笔记中写到：物体“都不能自己运动……每个物体在其运动方向上都有一个重量”。物体运动时“对空气的压力等于空气作用于其上的力”。在流体力学方面，他总结出河水的流速同河道宽度成反比，并用这一结论说明血液在血管中的流动。他还运用力学和机械原理设计了许多机器和器械，参与了运河、水利和建筑工程的设计和施工。他通过对鸟翼运动的研究，于 1493 年首次设计出一个飞行器。

习　题

5-1　一般卡车的后轮是主动轮，前轮是从动轮。试分析作用在卡车前、后轮上摩擦力的方向。

5-2　已知一物块重 $P = 100\text{N}$，用水平力 $F = 500\text{N}$ 将其压在一铅直表面上，如题 5-2 图所示，其摩擦系数 $f_s = 0.3$，问此时物块所受的摩擦力等于多少？说明理由。

5-3　已知物 A 与水平面间的摩擦因数 $f_s = 0.866$，且 $F_1 = F_2 = F$。如题 5-3 图所示物 A 不被翻倒，试判断它是否自锁。

5-4　题 5-4 图所示砂石与皮带输送机皮带间的静摩擦系数 $f_s = 0.5$，问输送带的最大倾角 α 为多大？

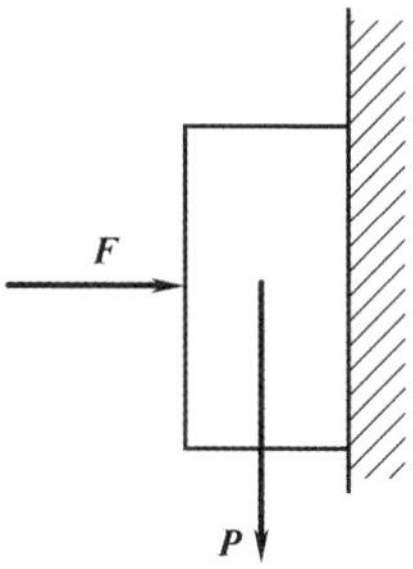

题 5-2 图

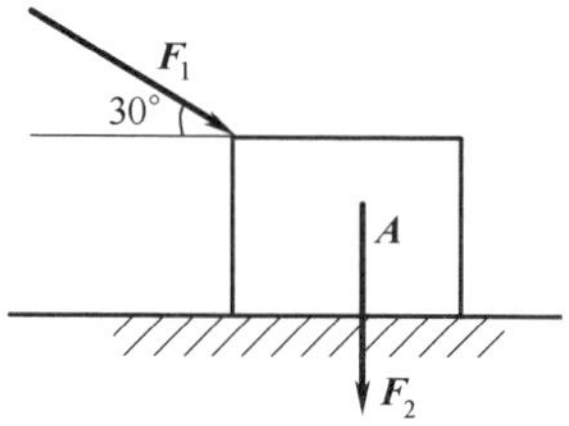

题 5-3 图

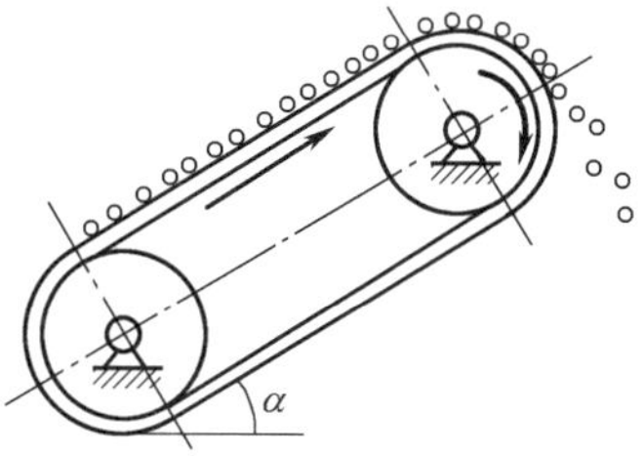

题 5-4 图

5-5 在题 5-5 图中，梯子 AB 靠在墙上，其重 $P=200\text{N}$，重心在其中点，梯长为 l，与水平面夹角 $\theta=60°$，接触面间的摩擦因数均为 0.25。现有一重为 $P_1=650\text{N}$ 的人沿梯子往上爬，求人能达到的最高点 C 到点 A 的距离 s。

5-6 简易升降混凝土吊桶装置如题 5-6 图所示，混凝土和吊桶共重 25kN，吊桶与滑道间的摩擦因数为 0.3，分别求出重物匀速上升和下降时绳子的张力。

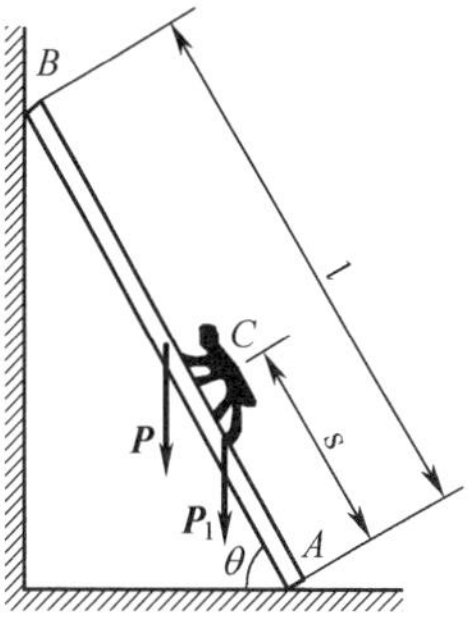

题 5-5 图

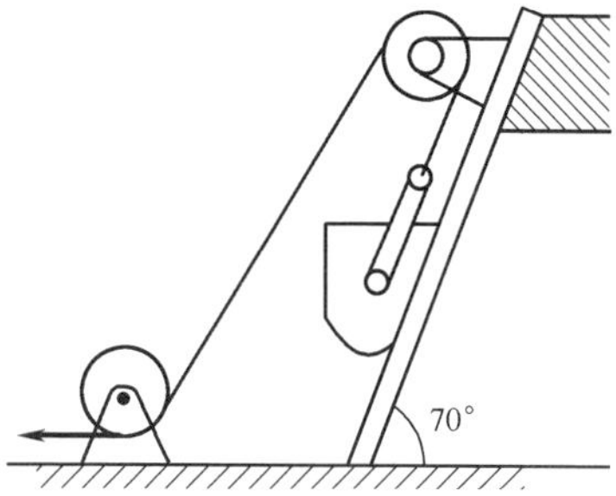

题 5-6 图

5-7 起重绞车的制动器由带制动块的手柄和制动轮组成。已知题 5-7 图所示的制动轮半径 $R=50\text{cm}$，鼓轮半径 $r=30\text{cm}$，制动轮和制动块间的摩擦因数 $f_s=0.4$，提升的重量 $G=1000\text{N}$，手柄长 $l=300\text{cm}$，$a=60\text{cm}$，$b=10\text{cm}$。不计手柄和制动轮的重量，求能制动所需力 $\boldsymbol{P}$ 的最小值。

5-8 修理电线工人攀登电线杆所用脚上套钩如题 5-8 图所示。已知电线杆直径 $d=30\text{cm}$，套钩尺寸 $b=10\text{cm}$，套钩与电线杆间的摩擦因数 $f_s=0.3$，其重量忽略。求脚踏处与电线杆轴线间的距离 a 为多大时能保证工人安全操作。

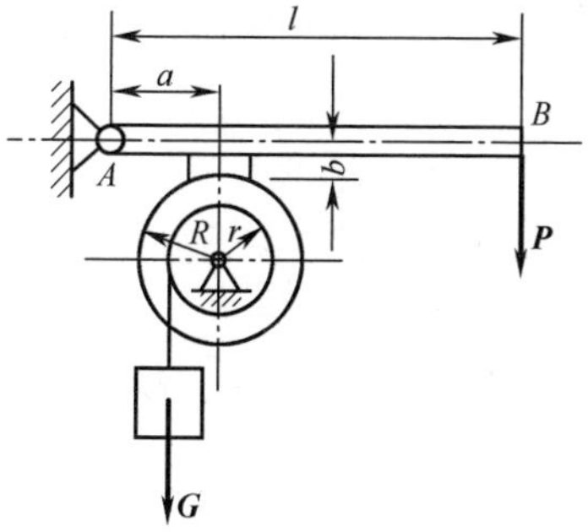

题 5-7 图

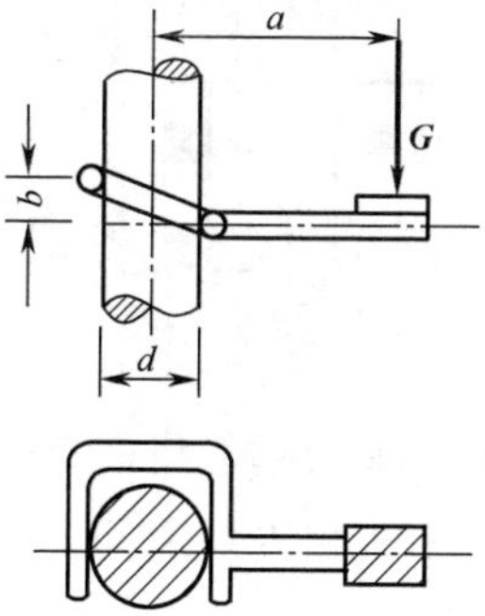

题 5-8 图

5-9 题 5-9 图所示为圆鼓和楔块，已知圆鼓重为 $\boldsymbol{G}$，半径为 r，楔块倾角为 θ，摩擦因数为 f_s，不计楔块重量及其与水平面间的摩擦，试求推动圆鼓的最小水平力 $\boldsymbol{F}$。

5-10 题 5-10 图所示为为凸轮机构。已知推杆与滑道间的摩擦因数为 f_s，滑道宽度为 b，设凸轮与推杆接触处的摩擦忽略不计。问 a 为多大时，推杆才不致被卡住。

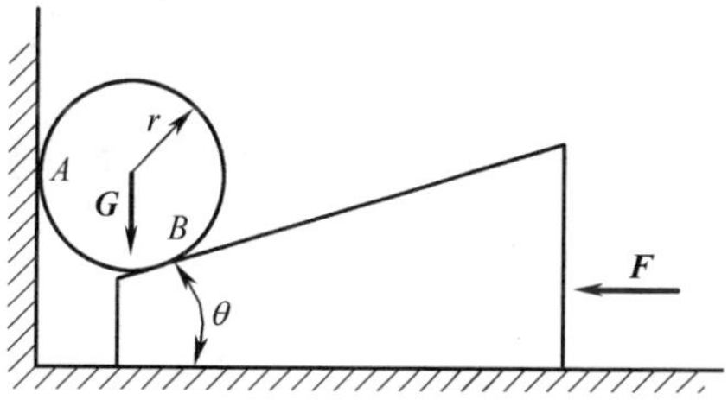

题 5-9 图

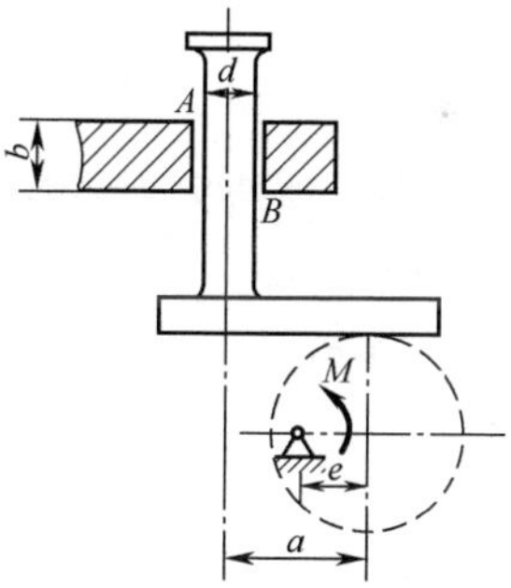

题 5-10 图

5-11 如题 5-11 图所示为某汽车中摩擦离合器简图。已知摩擦片 2 与两个小侧盘 1、3 间的摩擦因数 $f_s=0.25$，摩擦片 2 的平均直径 $D=0.4\text{m}$，若传递的扭矩 $M=100\text{N}\cdot\text{m}$，问摩擦片与两侧盘间的正压力 P 的最小值应为多大？

5-12 压延机由两轮构成，直径均为 $d=50\text{cm}$，两轮缘间隙为 $a=0.5\text{cm}$，按相反方向转动，如题 5-12 图所示。设已知烧红的铁板与铸铁轮间的摩擦因数 $f_s=0.1$，问能压延的铁板厚度 b 是多少？

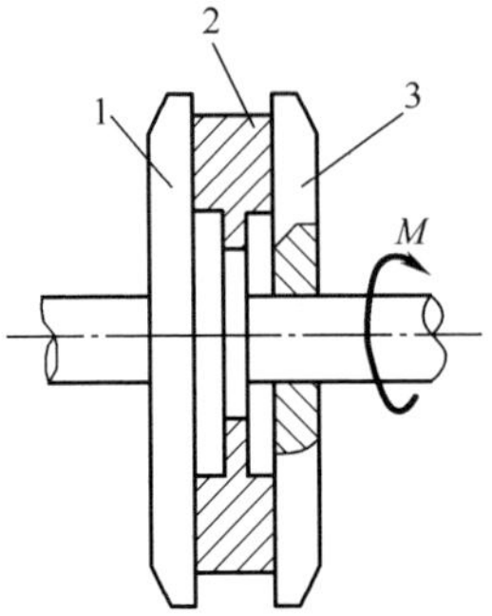

题 5-11 图

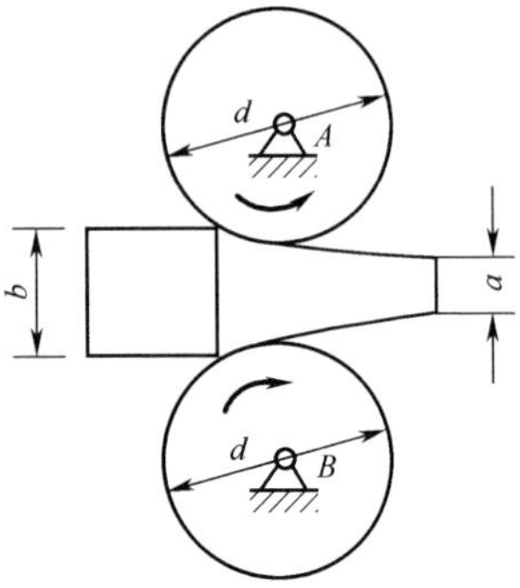

题 5-12 图

5-13　尖劈起重装置如题 5-13 图所示，尖劈 A 的顶角为 θ，在 B 块上受力 $\boldsymbol{F}_Q$ 的作用。A 块和 B 块之间的静摩擦因数为 f（有滚珠处摩擦不计）。若不计 A 块、B 块的重量，试求能保持平衡的力 $\boldsymbol{F}$ 的大小范围。

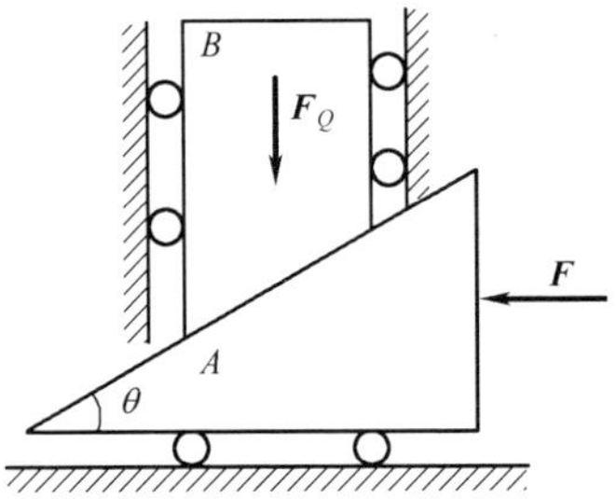

题 5-13 图

5-14　已知砖重 $P=120\text{N}$，砖夹与砖之间的摩擦因数 $f_s=0.5$，尺寸如题 5-14 图所示，计算能将砖提起的尺寸 b。

5-15　已知题 5-15 图所示均质箱体重 $P=200\text{kN}$，与斜面间的摩擦因数 $f_s=0.2$，尺寸 $b=1\text{m}$，$h=2\text{m}$，$a=1.8\text{m}$，$\alpha=20°$，计算箱体平衡时物 E 的重量 Q。

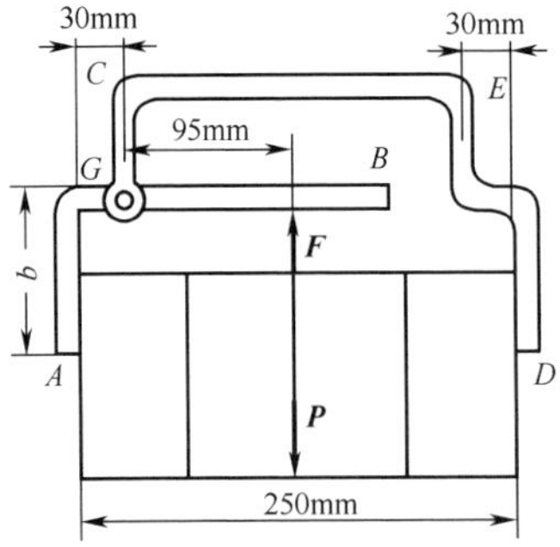

题 5-14 图

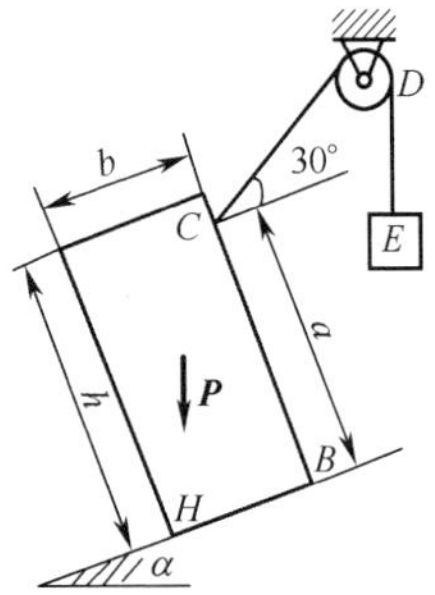

题 5-15 图

第 6 章　点的运动学

运动学是研究物体运动几何性质的科学，即仅从几何的角度研究物体的运动规律，不考虑影响物体运动的物理因素（如物体的质量及其所受的力等）。在运动学中研究的对象有两个，即将物体抽象为两种力学模型：一是几何点，它不考虑物体的大小和形状，也不考虑物体的质量；二是刚体，即由无数的点所组成的不变形体。研究物体的运动时，究竟是把其抽象为点还是刚体，要依据物体运动的性质而定。运动学的内容分为点的运动学和刚体的运动学两部分。

物体的运动是绝对的，但是对于运动的描述是相对的。研究物体的运动必须要有参考体相参照，对物体运动的描述一定要在对应的参考体中进行，如果选取的参考体不同，则物体的运动也不同。用来确定物体的位置和运动的另一物体，称为参考体；对物体运动进行定量描述需要坐标系，固结于参考体上的坐标系称为参考系。一般工程问题中，如不特殊说明，就以固结于地面的坐标系为参考系。

点的运动学是研究物体运动的基础，本章分别用三种方法，即矢量法、直角坐标法、自然法来研究点的运动规律，包括点的运动轨迹、运动方程、速度和加速度。

6.1　矢　量　法

1. *点的运动方程*

设动点 M 沿任一空间曲线运动，在参考体上选一固定点 O 作为参考点，由点 O 向动点 M 作矢径 $\boldsymbol{r}$，如图 6-1 所示，当动点 M 运动时，矢径 $\boldsymbol{r}$ 的大小和方向随时间的变化而变化，矢径 $\boldsymbol{r}$ 是时间的单值连续函数，即

$$\boldsymbol{r}=\boldsymbol{r}(t) \tag{6-1}$$

式（6-1）称为动点矢量形式的运动方程。

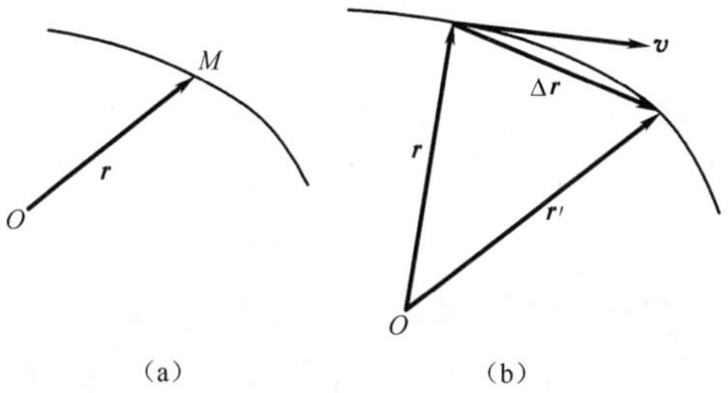

图 6-1

当动点 M 运动时，矢径 $\boldsymbol{r}$ 端点所描出的曲线称为动点的运动轨迹。

2. 点的速度

点的速度是描述点的运动快慢和方向的物理量，单位是米/秒（m/s）。

设 t 瞬时动点 M 位于点 A，矢径为 $\boldsymbol{r}$，经过时间间隔 Δt 后的瞬时 t' 动点 M 位于点 B，矢径为 $\boldsymbol{r}'$，矢径的变化为 $\Delta\boldsymbol{r}=\boldsymbol{r}'-\boldsymbol{r}$，称为动点 M 经过时间间隔 Δt 的位移，动点 M 经过时间间隔 Δt 的平均速度用 $\boldsymbol{v}^*$ 表示，即

$$\boldsymbol{v}^*=\frac{\Delta\boldsymbol{r}}{\Delta t}$$

平均速度 $\boldsymbol{v}^*$ 与 $\Delta\boldsymbol{r}$ 同向。

平均速度的极限为点在 t 瞬时的速度，即

$$\boldsymbol{v}=\lim_{\Delta t\to 0}\boldsymbol{v}^*=\frac{\mathrm{d}\boldsymbol{r}}{\mathrm{d}t} \tag{6-2}$$

点的速度等于动点的矢径 $\boldsymbol{r}$ 对时间的一阶导数。它是矢量，其大小表示动点运动的快慢，方向沿轨迹曲线的切线，并指向前进一侧，如图 6-2（b）所示。

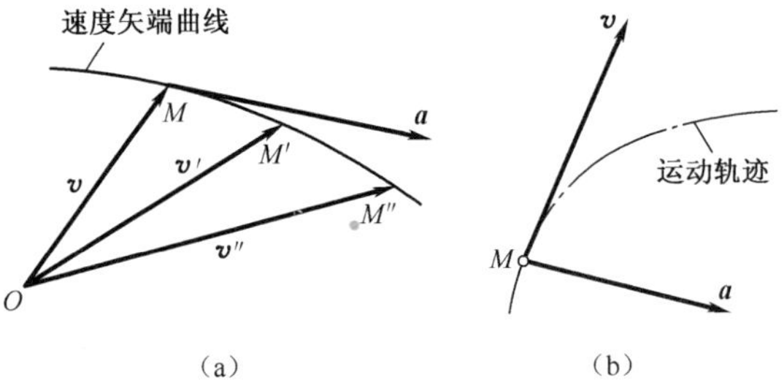

图 6-2

3. 点的加速度

与点的速度一样，点的加速度是描述点的速度大小和方向变化的物理量，即

$$\boldsymbol{a}=\lim_{\Delta t\to 0}\boldsymbol{a}^*=\frac{\mathrm{d}\boldsymbol{v}}{\mathrm{d}t}=\frac{\mathrm{d}^2\boldsymbol{r}}{\mathrm{d}t^2} \tag{6-3}$$

式（6-3）中的 $\boldsymbol{a}^*$ 为动点的平均加速度，$\boldsymbol{a}$ 为动点在 t 瞬时的加速度，单位为米/秒 ^{2}（$\mathrm{m/s^2}$）。

点的加速度等于动点的速度对时间的一阶导数，也等于动点的矢径对时间的二阶导数。它是矢量，其大小表示速度的变化快慢，其方向为沿速度矢端曲线的切线方向，如图 6-2（a）所示，恒指向轨迹曲线凹的一侧，如图 6-2（b）所示。

为了方便书写采用简写方法，即一阶导数用字母上方加“·”表示，二阶导数用字母上方加“··”表示，则式（6-2）和式（6-3）可分别表示为

$$\boldsymbol{v}=\dot{\boldsymbol{r}},\quad \boldsymbol{a}=\dot{\boldsymbol{v}}=\ddot{\boldsymbol{r}} \tag{6-4}$$

6.2　直角坐标法

1. 点的运动方程

在固定点 O 建立直角坐标系 $Oxyz$，则动点 M 的位置可用其直角坐标 x、y、z 表示，如图 6-3 所示。当动点 M 运动时坐标 x、y、z 是时间 t 的单值连续函数，即有

$$\left.\begin{aligned} x &= f_1(t) \\ y &= f_2(t) \\ z &= f_3(t) \end{aligned}\right\} \tag{6-5}$$

式（6-5）称为动点直角坐标形式的运动方程。

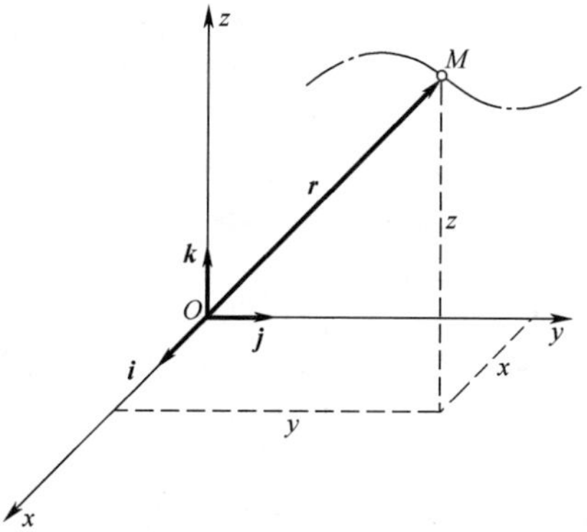

图 6-3

根据以上的运动方程可以求出任一瞬时点的坐标 x、y、z 的值，也就可以完全确定该瞬时动点的位置。只要给定时间 t 的不同数值，依次得出点的坐标 x、y、z 的相应数值，根据这些数值就可以描出动点的轨迹。

因为动点的轨迹与时间无关，如果需要求出点的轨迹方程，可将运动方程中的时间 t 消去。若动点在平面内运动，轨迹方程为 $f(x,y)=0$；若动点做直线运动，轨迹方程为运动方程 $x=f(t)$。

动点运动方程的矢量形式与直角坐标形式之间的关系是

$$\boldsymbol{r}(t)=x(t)\boldsymbol{i}+y(t)\boldsymbol{j}+z(t)\boldsymbol{k} \tag{6-6}$$

2. 点的速度

由式（6-2）得到动点的速度，$\boldsymbol{i}$、$\boldsymbol{j}$、$\boldsymbol{k}$ 是直角坐标轴的单位常矢量，则有

$$\boldsymbol{v}=\dot{x}(t)\boldsymbol{i}+\dot{y}(t)\boldsymbol{j}+\dot{z}(t)\boldsymbol{k} \tag{6-7}$$

速度的解析形式为

$$\boldsymbol{v} = v_x \boldsymbol{i} + v_y \boldsymbol{j} + v_z \boldsymbol{k} \tag{6-8}$$

比较式（6-7）和式（6-8）得速度在直角坐标轴上的投影为

$$v_x = \frac{\mathrm{d}x}{\mathrm{d}t} = \dot{x}(t),\quad v_y = \frac{\mathrm{d}y}{\mathrm{d}t} = \dot{y}(t),\quad v_z = \frac{\mathrm{d}z}{\mathrm{d}t} = \dot{z}(t) \tag{6-9}$$

因此，速度在直角坐标轴上的投影等于动点所对应的坐标对时间的一阶导数。

若已知速度投影，则速度的大小和方向为

$$v = \sqrt{v_x^2 + v_y^2 + v_z^2}$$

$$\cos(\boldsymbol{v},\boldsymbol{i}) = \frac{v_x}{v},\quad \cos(\boldsymbol{v},\boldsymbol{j}) = \frac{v_y}{v},\quad \cos(\boldsymbol{v},\boldsymbol{k}) = \frac{v_z}{v} \tag{6-10}$$

3. 点的加速度

同理，由式（6-3）得动点的加速度为

$$\boldsymbol{a} = \frac{\mathrm{d}\boldsymbol{v}}{\mathrm{d}t} = \dot{v}_x \boldsymbol{i} + \dot{v}_y \boldsymbol{j} + \dot{v}_z \boldsymbol{k} \tag{6-11}$$

加速度的解析形式为

$$\boldsymbol{a} = a_x \boldsymbol{i} + a_y \boldsymbol{j} + a_z \boldsymbol{k} \tag{6-12}$$

则加速度在直角坐标轴上的投影为

$$a_x = \frac{\mathrm{d}v_x}{\mathrm{d}t} = \dot{v}_x = \ddot{x}(t),\quad a_y = \frac{\mathrm{d}v_y}{\mathrm{d}t} = \dot{v}_y = \ddot{y}(t),\quad a_z = \frac{\mathrm{d}v_z}{\mathrm{d}t} = \dot{v}_z = \ddot{z}(t) \tag{6-13}$$

加速度在直角坐标轴上的投影等于速度在同一坐标轴上的投影对时间的一阶导数，也等于动点所对应的坐标对时间的二阶导数。

若已知加速度投影，则加速度的大小和方向为

$$a = \sqrt{a_x^2 + a_y^2 + a_z^2}$$

$$\cos(\boldsymbol{a},\boldsymbol{i}) = \frac{a_x}{a},\quad \cos(\boldsymbol{a},\boldsymbol{j}) = \frac{a_y}{a},\quad \cos(\boldsymbol{a},\boldsymbol{k}) = \frac{a_z}{a} \tag{6-14}$$

上面是从动点做空间曲线运动来研究的，若点做平面曲线运动，则令坐标 $z=0$；若点做直线运动，则令坐标 $y=0$，$z=0$。

求解点的运动学问题大体可分为两类：第一类是已知动点的运动，求动点的速度和加速度，它是求导的过程；第二类是已知动点的速度或加速度，求动点的运动，它是求解微分方程的过程。

例 6-1 曲柄连杆机构如图 6-4 所示，设曲柄 OA 长为 r，绕 O 轴匀速转动，曲柄与 x 轴的夹角 $\varphi = \omega t$，t 为时间，单位为秒（s），连杆 AB 长为 l，滑块 B 在水平的滑道上运动，试求滑块 B 的运动方程、速度和加速度。

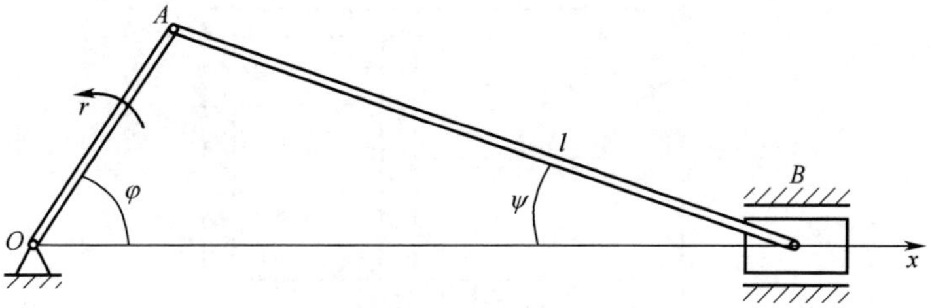

图 6-4

解：建立直角坐标系，滑块 B 的运动方程为

$$x = r\cos\varphi + l\cos\psi \qquad ①$$

其中由几何关系得

$$r\sin\varphi = l\sin\psi$$

则有

$$\cos\psi = \sqrt{1-\sin^2\psi} = \sqrt{1-\left(\frac{r}{l}\sin\varphi\right)^2} \qquad ②$$

将式②代入式①得滑块 B 的运动方程

$$x = r\cos\varphi + l\sqrt{1-\left(\frac{r}{l}\sin\varphi\right)^2} \qquad ③$$

对式②求导得滑块 B 的速度和加速度，即

$$v = \dot{x} = -r\omega\sin\omega t - \frac{r^2\omega\sin 2\omega t}{2l\sqrt{1-\left(\frac{r}{l}\sin\omega t\right)^2}}$$

$$a = \dot{v} = -r\omega^2\cos\omega t - \frac{r^2\omega^2\left\{4\cos 2\omega t\left[1-\left(\frac{r}{l}\sin\omega t\right)^2\right]+\frac{r^2}{l^2}\sin^2 2\omega t\right\}}{4l\left[1-\left(\frac{r}{l}\sin\omega t\right)^2\right]^{\frac{3}{2}}}$$

例 6-2　如图 6-5 所示为液压减振器简图，当液压减振器工作时，其活塞 M 在套筒内做直线往复运动，设活塞 M 的加速度 $\boldsymbol{a} = -k\boldsymbol{v}$，$\boldsymbol{v}$ 为活塞 M 的速度，k 为常数，初速度为 $\boldsymbol{v}_0$，试求活塞 M 的速度和运动方程。

解：因活塞 M 做直线往复运动，因此建立 x 轴表示活塞 M 的运动规律，如图 6-5 所示。活塞 M 的速度、加速度与 x 坐标的关系为

$$a = \dot{v} = \ddot{x}(t)$$

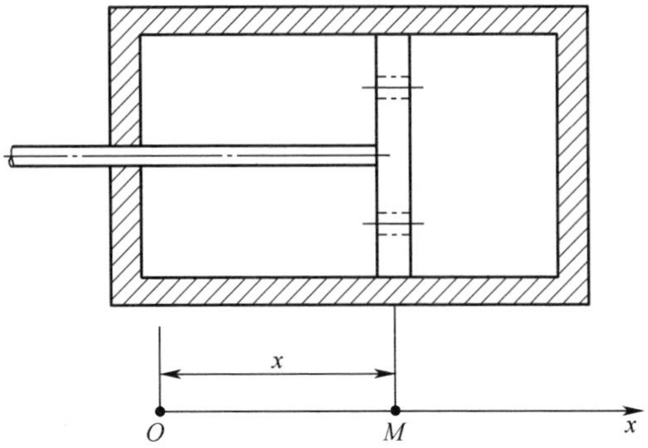

图 6-5

代入已知条件，则有

$$-kv = \frac{dv}{dt} \qquad ①$$

将式①进行变量分离并积分

$$-k\int_0^t dt = \int_{v_0}^{v} \frac{dv}{v}$$

得

$$-kt = \ln\frac{v}{v_0}$$

则活塞 M 的速度为

$$v = v_0 e^{-kt} \qquad ②$$

再对式②进行变量分离

$$dx = v_0 e^{-kt} dt$$

积分

$$\int_{x_0}^{x} dx = v_0 \int_0^t e^{-kt} dt$$

得活塞 M 的运动方程为

$$x = x_0 + \frac{v_0}{k}(1 - e^{-kt}) \qquad ③$$

6.3 自 然 法

1. 点的运动方程

实际工程中，物体的运动轨迹是已知的，例如运行的列车在轨道上行驶等。为了方便研究问题，就选用已知轨迹来确定动点的位置，这种以点的轨迹作为一条曲线形式的坐标轴来确定动点位置的方法通常称为自然法。设动点 M 沿已知轨迹做曲线运动（图 6-6），为唯一地确定动点的位置，就在已知的轨迹曲线上选择一个点 O 作为参考点，从点 O 开始，轨迹一端设定为运动的正方向，另一端设定为运动的负方向，动点在某一瞬时的位置可由参考点到动点的轨迹长度即弧长 $\overset{\frown}{OM}$ 表示，弧长 s 称为弧坐标。当动点运动时，弧坐标 s 随时间而发生变化，即弧坐标 s 是时间 t 的单值连续函数

$$s = f(t) \tag{6-15}$$

式（6-15）称为弧坐标形式的运动方程。

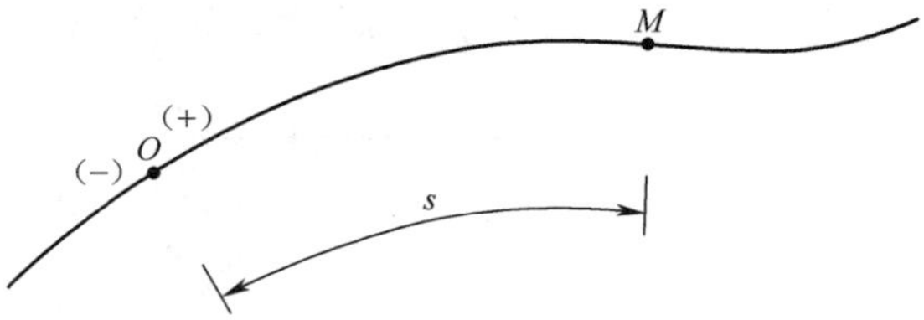

图 6-6

2. 自然轴系

为了学习速度和加速度，先来学习随动点运动的动坐标系——自然轴系，如图 6-7 所示。

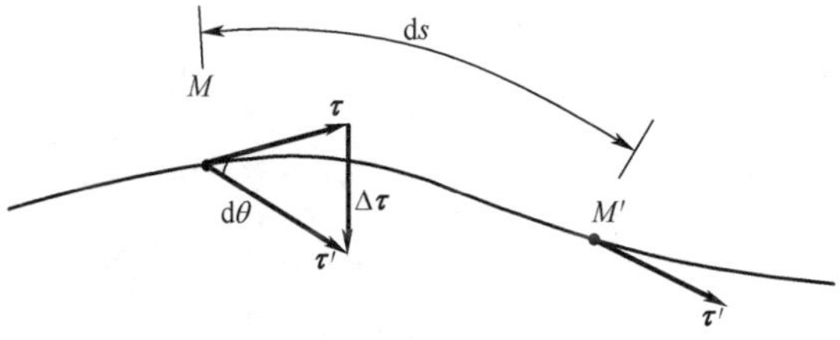

图 6-7

设在瞬时 t 动点在轨迹曲线上的 M 点，并在 M 点作其切线，沿其前进的方向给出单位矢量 $\boldsymbol{\tau}$，下一个瞬时 t' 动点在 M' 点处，并沿其前进的方向给出单位矢量 $\boldsymbol{\tau}'$，为描述曲线 M 处的弯曲程度，引入曲率的概念，即单位矢量 $\boldsymbol{\tau}$ 与 $\boldsymbol{\tau}'$ 夹角 θ 对弧长 s 的变化率，用 k 表示

$$k = \left|\frac{\mathrm{d}\theta}{\mathrm{d}s}\right|$$

M 处的曲率半径为

$$\rho = \frac{1}{k} \tag{6-16}$$

如图 6-8 所示，在 M 点处作单位矢量 $\boldsymbol{\tau}'$ 的平行线 MA，单位矢量 $\boldsymbol{\tau}$ 与 MA 构成一个平面 P，当时间间隔 Δt 趋于零时，MA 靠近单位矢量 $\boldsymbol{\tau}$，M' 趋于 M 点，平面 P 趋于极限平面 P_0，此平面称为密切平面，过 M 点作密切平面的垂直平面 N，N 称为 M 点的法平面。在密切平面与法平面的交线取其单位矢量 $\boldsymbol{n}$，并恒指向轨迹曲线的曲率中心一侧，$\boldsymbol{n}$ 称为 M 点的主法线。按右手系生成 M 点处的次法线 $\boldsymbol{b}$，使得 $\boldsymbol{b}=\boldsymbol{\tau}\times\boldsymbol{n}$，从而得到由 $\boldsymbol{b}$、$\boldsymbol{\tau}$、$\boldsymbol{n}$ 构成的自然轴系。由于动点在运动，$\boldsymbol{b}$、$\boldsymbol{\tau}$、$\boldsymbol{n}$ 的方向随动点的运动而变化，故 $\boldsymbol{b}$、$\boldsymbol{\tau}$、$\boldsymbol{n}$ 为动坐标系。

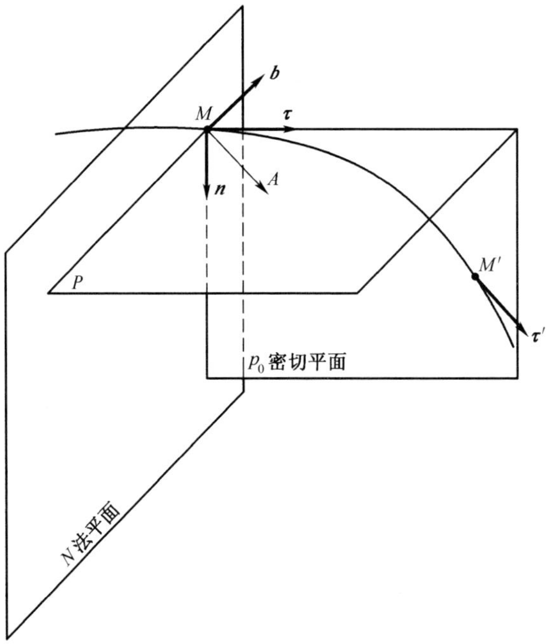

图 6-8

3. 点的速度

由矢量法知动点的速度大小为

$$|\boldsymbol{v}|=\left|\frac{\mathrm{d}\boldsymbol{r}}{\mathrm{d}t}\right|=\lim_{\Delta t\to 0}\left|\frac{\Delta\boldsymbol{r}}{\Delta t}\right|=\lim_{\Delta t\to 0}\left|\frac{\Delta\boldsymbol{r}}{\Delta s}\cdot\frac{\Delta s}{\Delta t}\right|=\lim_{\Delta s\to 0}\left|\frac{\Delta\boldsymbol{r}}{\Delta s}\right|\lim_{\Delta t\to 0}\left|\frac{\Delta s}{\Delta t}\right|=|v| \tag{6-17}$$

其中 $\lim\limits_{\Delta s\to 0}\left|\dfrac{\Delta\boldsymbol{r}}{\Delta s}\right|=1$，$\lim\limits_{\Delta t\to 0}\dfrac{\Delta s}{\Delta t}=v$，$v$ 定义为速度代数量，当动点沿轨迹曲线的正向运动时，即 $\Delta s>0$、$v>0$，反之 $\Delta s<0$、$v<0$。

动点速度方向沿轨迹曲线切线并指向前进一侧，即点的速度的矢量表示为

$$\boldsymbol{v}=v\boldsymbol{\tau}=\frac{\mathrm{d}s}{\mathrm{d}t}\boldsymbol{\tau} \tag{6-18}$$

$\boldsymbol{\tau}$ 为沿轨迹曲线切线的单位矢量，恒指向 $\Delta s>0$ 的方向。

4. 点的加速度

由矢量法知动点的加速度为

$$\boldsymbol{a}=\frac{\mathrm{d}\boldsymbol{v}}{\mathrm{d}t}=\frac{\mathrm{d}}{\mathrm{d}t}(v\boldsymbol{\tau})=\frac{\mathrm{d}v}{\mathrm{d}t}\boldsymbol{\tau}+v\frac{\mathrm{d}\boldsymbol{\tau}}{\mathrm{d}t} \tag{6-19}$$

由式（6-19）可知加速度应分为两项：一项表示速度大小对时间的变化率，用 a_τ 表示，称为切向加速度，其方向沿轨迹曲线切线，当 a_τ 与 $\boldsymbol{v}$ 同号时动点做加速运动，反之做减速运动；另一项表示速度方向对时间的变化率，用 a_n 表示，称为法向加速度。

（1）$\dfrac{\mathrm{d}\boldsymbol{\tau}}{\mathrm{d}t}$ 的大小。

$$\left|\frac{\mathrm{d}\boldsymbol{\tau}}{\mathrm{d}t}\right|=\lim_{\Delta t\to 0}\left|\frac{\Delta\boldsymbol{\tau}}{\Delta t}\right|=\lim_{\Delta t\to 0}\frac{2\cdot 1\cdot\sin\dfrac{\Delta\theta}{2}}{\Delta t}=\lim_{\Delta\theta\to 0}\frac{\sin\dfrac{\Delta\theta}{2}}{\dfrac{\Delta\theta}{2}}\lim_{\Delta s\to 0}\frac{\Delta\theta}{\Delta s}\lim_{\Delta t\to 0}\frac{\Delta s}{\Delta t}=\frac{v}{\rho}$$

（2）$\dfrac{\mathrm{d}\boldsymbol{\tau}}{\mathrm{d}t}$ 的方向。$\dfrac{\mathrm{d}\boldsymbol{\tau}}{\mathrm{d}t}$ 的方向如图 6-9 所示，沿轨迹曲线的主法线，恒指向曲率中心一侧。

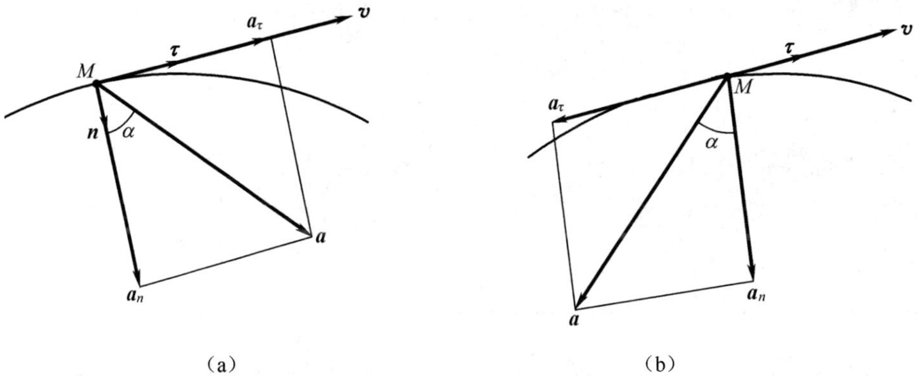

图 6-9

式（6-19）可表示为

$$\boldsymbol{a}=\boldsymbol{a}_\tau+\boldsymbol{a}_n=a_\tau\boldsymbol{\tau}+a_n\boldsymbol{n} \tag{6-20}$$

式中，$a_\tau=\dfrac{\mathrm{d}v}{\mathrm{d}t}=\dfrac{\mathrm{d}^2s}{\mathrm{d}t^2}$（或 $=\dot{v}=\ddot{s}$），$a_n=\dfrac{v^2}{\rho}$。

若将动点的全加速度 $\boldsymbol{a}$ 向自然坐标系 $\boldsymbol{b}$、$\boldsymbol{\tau}$、$\boldsymbol{n}$ 上投影，则有

$$\left.\begin{aligned} a_\tau &= \frac{\mathrm{d}v}{\mathrm{d}t} = \frac{\mathrm{d}^2 s}{\mathrm{d}t^2} \\ a_n &= \frac{v^2}{\rho} \\ a_b &= 0 \end{aligned}\right\} \tag{6-21}$$

其中 a_b 为副法向加速度。

若已知动点的切向加速度 a_τ 和法向速度 a_n，则动点的全加速度大小为

$$a = \sqrt{a_\tau^2 + a_n^2} \tag{6-22}$$

全加速度与法线间的夹角为

$$\tan\alpha = \frac{|a_\tau|}{a_n} \tag{6-23}$$

5. 几种常见的运动

几种常见运动的切向加速度和法向加速度见表 6-1。

表 6-1　几种常见运动的切向加速度和法向加速度

匀变速曲线运动	匀速曲线运动	直线运动
切向加速度：$a_\tau = \frac{\mathrm{d}v}{\mathrm{d}t} = \frac{\mathrm{d}^2 s}{\mathrm{d}t^2}$ = 恒量　① 积分：$v = v_0 + a_\tau t$　② 再积分：$s = s_0 + v_0 t + \frac{1}{2} a_\tau t^2$　③ 式②、式③消去时间 t 得 $v^2 = v_0^2 + 2a_\tau (s - s_0)$　④ 法向加速度：$a_n = \frac{v^2}{\rho}$	速度：v = 恒量　⑤ 切向加速度：$a_\tau = 0$ 积分： $s = s_0 + v_0 t$　⑥ 全加速度：$a = a_n = \frac{v^2}{\rho}$	曲率半径：$\rho \to \infty$ 法向加速度：$a_n = 0$ 全加速度：$a = a_\tau$

例 6-3　飞轮边缘上的点按 $s = 4\sin\frac{\pi}{4}t$（t 按秒计，s 按米计）的规律运动，飞轮的半径 $r = 20\mathrm{cm}$。试求时间 $t = 8\mathrm{s}$ 时该点的速度和加速度。

解： 飞轮转动时，边缘的点做圆周运动，轨迹为已知，所以此题适合用自然法求解。当时间 $t = 8\mathrm{s}$ 时，飞轮边缘上点的速度为

$$v = \frac{\mathrm{d}s}{\mathrm{d}t} = \pi\cos\frac{\pi}{4}t = 3.14 \quad (\mathrm{m/s})$$

方向沿轨迹曲线的切线。

飞轮边缘上点的切向加速度为

$$a_\tau = \frac{\mathrm{d}v}{\mathrm{d}t} = -\frac{\pi^2}{4}\sin\frac{\pi}{4}t = 0$$

法向加速度为

$$a_n = \frac{v^2}{\rho} = \frac{3.14^2}{0.2} = 49.3 \text{（m/s}^2\text{）}$$

飞轮边缘上点的全加速度大小和方向为

$$a = \sqrt{a_\tau^2 + a_n^2} = 49.3 \text{（m/s}^2\text{）}$$

$$\tan\alpha = \frac{|a_\tau|}{a_n} = 0$$

全加速度与法线间的夹角 $\alpha = 0°$ 。

例 6-4　已知动点的运动方程为

$$x = 20t\text{，}\quad y = 5t^2 - 10$$

式中 x、y 以 m 计，t 以 s 计，试求 $t = 0$ 时动点的曲率半径 ρ 。

解： 题目已给出点的运动方程，显然用直角坐标法求解是合适的。

动点的速度和加速度在直角坐标 x、y、z 上的投影为

$$v_x = \dot{x} = 20 \text{（m/s}^2\text{）}$$

$$v_y = \dot{y} = 10t \text{（m/s}^2\text{）}$$

$$a_x = \dot{v}_x = 0$$

$$a_y = \dot{v}_y = 10 \text{（m/s}^2\text{）}$$

动点的速度和全加速度的大小为

$$v = \sqrt{v_x^2 + v_y^2} = \sqrt{400 + 100t^2} = 10\sqrt{4 + t^2}$$

$$a = \sqrt{a_x^2 + a_y^2} = 10 \text{（m/s}^2\text{）}$$

在 $t = 0$ 时，动点的切向加速度为

$$a_\tau = \dot{v} = \frac{10t}{\sqrt{4 + t^2}} = 0$$

法向加速度为

$$a_n = \frac{v^2}{\rho} = \frac{400}{\rho}$$

全加速度的大小为

$$a = \sqrt{a_x^2 + a_y^2} = \sqrt{a_\tau^2 + a_n^2} = a_n$$

$t = 0$ 时动点的曲率半径为

$$\rho = \frac{400}{a} = \frac{400}{10} = 40 \text{（m）}$$

例 6-5 列车沿半径为 $R=400\text{m}$ 的圆弧轨道做匀加速运动，设初速度 $v_0=10\text{m/s}$，经过 $t=60\text{s}$ 后，其速度达到 $v=20\text{m/s}$，试求列车在 $t=0$、$t=60\text{s}$ 时的加速度。

解： 列车作为运动的点，轨迹为已知，因此用自然法求解是合适的。

由于列车做匀加速运动，切向加速度 $a_\tau=$ 常数，有

$$v=v_0+a_\tau t$$

切向加速度为

$$a_\tau=\frac{v-v_0}{t}=\frac{20-10}{60}=0.17\ (\text{m/s}^2)$$

（1）$t=0$ 时的法向加速度为

$$a_n=\frac{v_0^2}{\rho}=\frac{100}{400}=0.25\ (\text{m/s}^2)$$

全加速度为

$$a=\sqrt{a_\tau^2+a_n^2}=\sqrt{0.17^2+0.25^2}=0.3\ (\text{m/s}^2)$$

全加速度与法线间的夹角为

$$\tan\alpha=\frac{|a_\tau|}{a_n}=0.68$$

即 $\alpha=34.2°$。

（2）$t=60\text{s}$ 时的法向加速度为

$$a_n=\frac{v^2}{\rho}=\frac{400}{400}=1\ (\text{m/s}^2)$$

全加速度为

$$a=\sqrt{a_\tau^2+a_n^2}=\sqrt{0.17^2+1^2}=1.014\ (\text{m/s}^2)$$

全加速度与法线间的夹角为

$$\tan\alpha=\frac{|a_\tau|}{a_n}=\frac{0.17}{1.014}=0.1677$$

即 $\alpha=9.52°$。

例 6-6 半径为 r 的轮子沿直线轨道无滑动地滚动，如图 6-10 所示，已知轮心 C 的速度为 v_C，试求轮缘上的点 M 的速度、加速度、沿轨迹曲线的运动方程及轨迹的曲率半径 ρ。

解： 沿轮子滚动的方向建立直角坐标系 xOy，初始时设轮缘上的点 M 位于 y 轴上。在图示瞬时，点 M 和轮心 C 的连线与 CH 的夹角为

$$\varphi=\frac{\overset{\frown}{MH}}{r}=\frac{v_C t}{r}$$

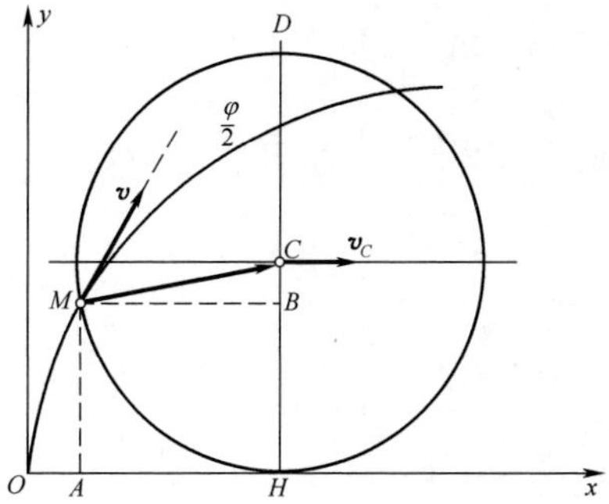

图 6-10

点 M 的运动方程为

$$\left.\begin{aligned} x &= HO - AO = v_C t - r\sin\varphi = v_C t - r\sin\frac{v_C t}{r} \\ y &= CH - CB = r - r\cos\varphi = r - r\cos\frac{v_C t}{r} \end{aligned}\right\} \quad ①$$

点 M 的速度在坐标轴上的投影为

$$\left.\begin{aligned} v_x &= \dot{x} = v_C - v_C\cos\frac{v_C t}{r} = v_C\left(1-\cos\frac{v_C t}{r}\right) = 2v_C\sin^2\frac{v_C t}{2r} \\ v_y &= \dot{y} = v_C\sin\frac{v_C t}{r} = 2v_C\sin\frac{v_C t}{2r}\cos\frac{v_C t}{2r} \end{aligned}\right\} \quad ②$$

点 M 的速度大小为

$$v = \sqrt{v_x^2 + v_y^2} = 2v_C\sin\frac{v_C t}{2r} \quad ③$$

点 M 速度方向的余弦为

$$\cos(\boldsymbol{v},\boldsymbol{i}) = \frac{v_x}{v} = \sin\frac{v_C t}{2r} = \cos\left(\frac{\pi}{2}-\frac{\varphi}{2}\right)$$

$$\cos(\boldsymbol{v},\boldsymbol{j}) = \frac{v_y}{v} = \cos\frac{v_C t}{2r} = \cos\frac{\varphi}{2}$$

轮缘上的点 M 沿轨迹曲线的运动方程，由式③积分得

$$s = \int_0^t v\mathrm{d}t = \int_0^t 2v_C\sin\frac{v_C t}{2r}\mathrm{d}t = 4r\left(1-\cos\frac{v_C t}{2r}\right) \quad ④$$

点 M 的加速度在坐标轴上的投影，由式②得

$$\left.\begin{aligned} a_x &= \dot{v}_x = \frac{v_C^2}{r}\sin\frac{v_C t}{r} \\ a_y &= \dot{v}_y = \frac{v_C^2}{r}\cos\frac{v_C t}{r} \end{aligned}\right\}$$

点 M 的加速度大小和方向余弦为

$$a=\sqrt{a_x^2+a_y^2}=\frac{v_C^2}{r} \tag{5}$$

$$\cos(\boldsymbol{a},\boldsymbol{i})=\frac{a_x}{a}=\sin\frac{v_C t}{r}=\cos\left(\frac{\pi}{2}-\varphi\right)$$

$$\cos(\boldsymbol{a},\boldsymbol{j})=\frac{a_y}{a}=\cos\frac{v_C t}{r}=\cos\varphi$$

点 M 的切向加速度和法向加速度为

$$a_\tau=\dot{v}=\frac{v_C^2}{r}\cos\frac{v_C t}{2r},\quad a_n=\sqrt{a^2-a_\tau^2}=\frac{v_C^2}{r}\sin\frac{v_C t}{2r}$$

轨迹的曲率半径为

$$\rho=\frac{v^2}{a_n}=4r\sin\frac{v_C t}{2r} \tag{6}$$

讨论：

（1）点 M 与地面接触时，$\varphi=0$，点 M 的速度 $v=0$，即轮子沿直线轨道无滑动地滚动时与地面接触点的速度为零。

（2）点 M 与地面接触时，点 M 的加速度 $a=\frac{v_C^2}{r}$，方向为铅直向上。

拓展阅读：中国北斗卫星导航系统

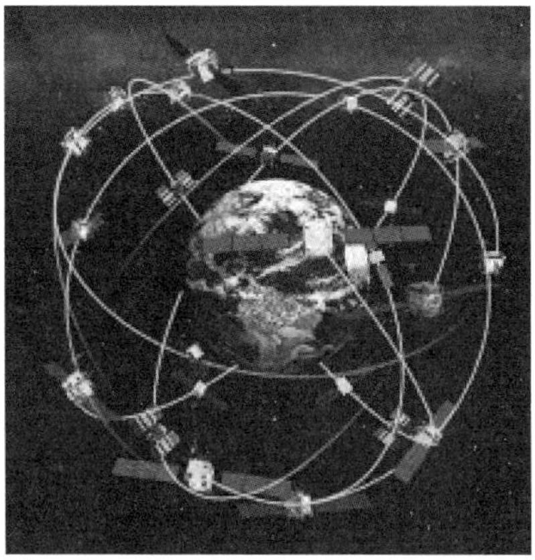

北斗卫星导航系统示意图

北斗卫星导航系统（BeiDou Navigation Satellite System，BDS）是中国着眼于国家安全和经济社会发展需要，自主建设、独立运行的卫星导航系统，也是继 GPS、

GLONASS 之后的第三个成熟的卫星导航系统。北斗卫星导航系统（BDS）和美国 GPS、俄罗斯 GLONASS、欧盟 GALILEO 是联合国卫星导航委员会已认定的供应商。

北斗卫星导航系统由空间段、地面段和用户段三部分组成，可在全球范围内全天候、全天时为各类用户提供高精度、高可靠定位、导航和授时服务，并且具备短报文通信能力，已经初步具备区域导航、定位和授时能力，定位精度为分米、厘米级别，测速精度为 0.2m/s，授时精度为 10ns。随着北斗卫星导航系统建设和服务能力的发展，相关产品已广泛应用于交通运输、海洋渔业、水文监测、气象预报、测绘地理信息、森林防火、通信时统、电力调度、救灾减灾和应急搜救等领域，逐步渗透到社会生产和生活的方方面面，为全球经济和社会发展注入新的活力。2020 年年初，新冠肺炎疫情爆发。在危难时刻，北斗卫星导航系统火线驰援武汉市“火神山”医院和“雷神山”医院建设。通过利用北斗高精度技术，多数测量工作一次性完成，为医院建设节省了大量时间，保障抗击疫情“主阵地”迅速完成建设，为抗击疫情贡献北斗智慧与力量。

拓展阅读：伽利略简介

伽利略·伽利雷（1564－1642）是意大利天文学家、物理学家和工程师，是欧洲近代自然科学的创始人，被称为“观测天文学之父”“现代物理学之父”“科学方法之父”“现代科学之父”。

伽利略是第一个把实验引进力学的科学家。他利用实验和数学相结合的方法确定了一些重要的力学定律。1582 年前后，他经过长久的实验观察和数学推算，得到了摆的等时性定律，不久又写了论文《论重力》，第一次揭示了重力和重心的实质并给出准确的数学表达式。在历史上，伽利略是最早对动力学作了定量研究的人，他对运动学的基本概念，包括重心、速度、加速度等都作了详尽研究并给出了严格的数学表达式。尤其是加速度概念的提出，在力学史上是一个里程碑。伽利略还提出过合力矩定理、抛射体运动规律。

伽利略在力学方面的贡献是多方面的。这在他晚年写出的力学著作《关于力学和位置运动的两门新科学的对话》中有详细的描述。在这本不朽的著作中，除动力学外，还有不少关于材料力学的内容。例如，他阐述了关于梁的弯曲试验和理论分析，正确地断定梁的抗弯能力和几何尺寸的力学相似关系。

习　题

6-1　说明点在以下情况下做何种运动：

（1）$a_\tau = 0$，$a_n = 0$。

（2）$a_\tau \neq 0$，$a_n = 0$。

（3）$a_\tau = 0$，$a_n \neq 0$。

（4）$a_\tau \neq 0$，$a_n \neq 0$。

6-2　$\dfrac{\mathrm{d}\boldsymbol{v}}{\mathrm{d}t}$与$\dfrac{\mathrm{d}v}{\mathrm{d}t}$的区别是什么？

6-3　当点做曲线运动时点的加速度是恒矢量，问点是做匀速曲线运动吗？为什么？

6-4　若点沿已知的轨迹曲线运动时其运动方程为$s = 2 + 4t^2$，t为时间，则点做怎样的运动？

6-5　题 6-5 图所示的杆 O_1B 以匀角速 ω 绕 O_1 轴转动，通过套筒 A 带动杆 O_2A 绕 O_2 轴转动，若 $O_1O_2 = O_2A = l$，$\alpha = \omega t$，求用直角坐标表示（以 O_1 为原点，顺时针转向为正向）的套筒 A 的轨迹方程。

6-6　在如题 6-6 图所示的平面机构中，曲柄 OC 以角速度 ω 绕 O 轴转动，图示瞬时与水平线夹角 $\varphi = \omega t$，A、B 滑块分别在水平滑道和竖直滑道内运动，试求 AB 中点 M 的运动轨迹、速度和加速度。

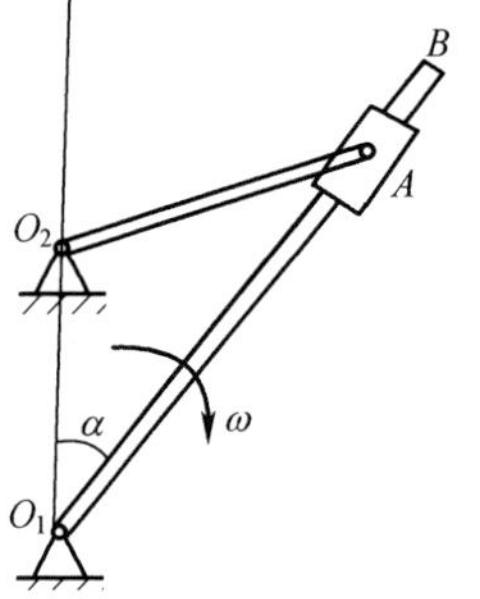

题 6-5 图

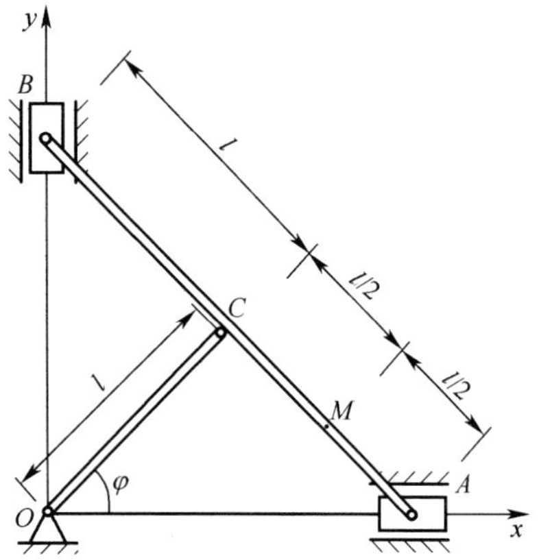

题 6-6 图

6-7　如题 6-7 图所示的杆 AB 长为 l，以角速度 ω 绕点 B 转动，其转动方程为 $\varphi = \omega t$。与杆相连的滑块 B 按规律 $s = a + b\sin\omega t$ 沿水平线做往复运动，其中 ω、a、b 均为常数，试求点 A 的轨迹。

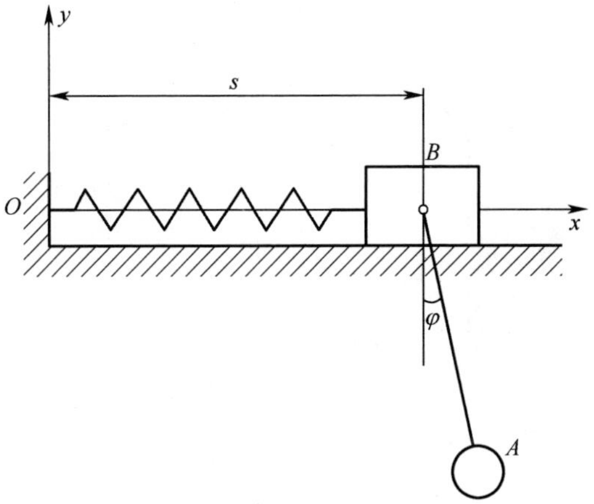

题 6-7 图

6-8　如题 6-8 图所示，跨过滑轮 C 的绳子一端挂有重物 B，另一端 A 被人拉着沿水平方向运动，其速度 $v_0 = 1\text{m/s}$，而点 A 到地面的距离保持常量 $h = 1\text{m}$。如滑轮离地面的高度 $H = 9\text{m}$，滑轮的半径忽略不计，当运动开始时，重物在地面上的 D 处，绳子 AC 段在铅直位置 EC 处，试求重物 B 上升的运动方程和速度，以及重物 B 到达滑轮处所需的时间。

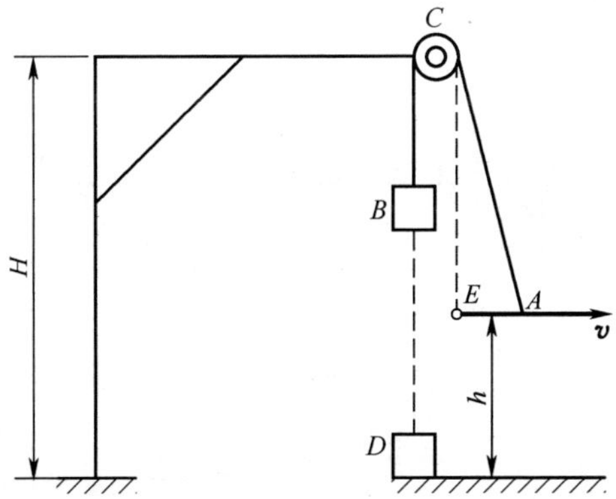

题 6-8 图

6-9　如题 6-9 图所示的杆 AB 以等角速度 ω 绕点 A 转动，并带动套在水平杆 OC 上的小环 M 运动，当运动开始时，杆 AB 在铅直位置，设 $OA=h$，试求：

（1）小环 M 沿杆 OC 滑动的速度。

（2）小环 M 相对于杆 AB 运动的速度。

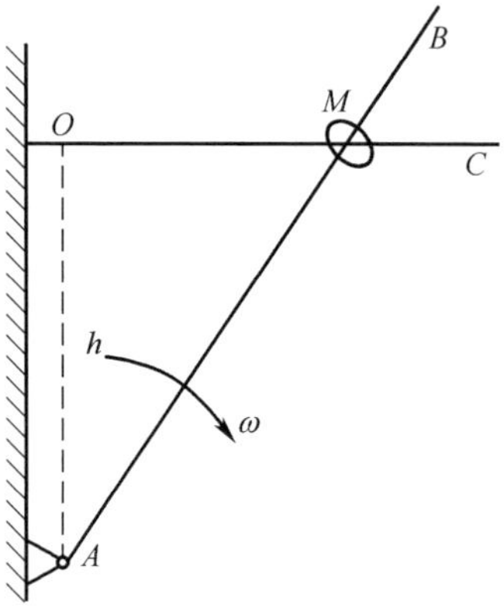

题 6-9 图

6-10　如题 6-10 图所示，摇杆机构的滑杆 AB 以等速度 v 向上运动，摇杆 OC 的长为 a，$OD=l$，初始时摇杆 OC 位于水平位置，试建立摇杆 OC 上点 C 的运动方程，并求当 $\theta=\dfrac{\pi}{4}$ 时点 C 的速度。

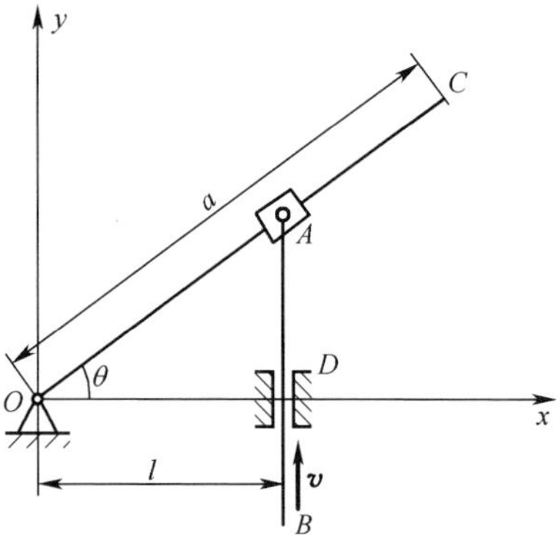

题 6-10 图

6-11　已知点的运动方程，试求动点直角坐标法和自然法的运动方程。

（1）$x=4\cos^2 t$， $y=3\sin^2 t$。

（2）$x=t^2$， $y=2t$。

6-12　列车在半径为 $r = 800\text{m}$ 的圆弧轨道上做匀减速行驶，设初速度 $v_0 = 54\text{km/h}$，末速度 $v = 18\text{km/h}$，走过的路程 $s = 800\text{m}$，试求列车在这段路程的起点和终点时的加速度，以及列车在这段路程中所经历的时间。

6-13　动点 M 沿 OA 和 OB 两段圆弧运动，其圆弧的半径分别为 $R_1 = 18\text{m}$ 和 $R_2 = 24\text{m}$，以两段圆弧的连接点为弧坐标的坐标原点 O，如题 6-13 图所示。已知动点的运动方程为 $s = 3 + 4t - t^2$，s 以米（m）计，t 以秒（s）计，试求：

（1）动点 M 由 $t = 0$ 运动到 $t = 5\text{s}$ 所走的路程。

（2）$t = 5\text{s}$ 时的加速度。

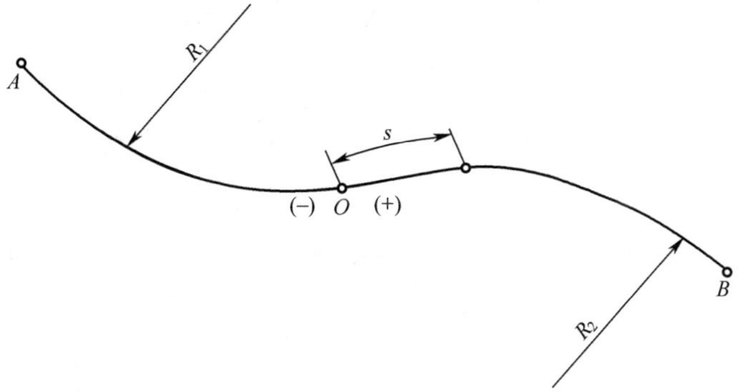

题 6-13 图

6-14　在如题 6-14 图所示的摇杆滑道机构中，动点 M 同时在固定的圆弧 BC 和摇杆 OA 的滑道中滑动。设圆弧 BC 的半径为 R，摇杆 OA 的轴 O 在圆弧 BC 的圆周上，同时摇杆 OA 绕轴 O 以等角速度 ω 转动，初始时摇杆 OA 位于水平位置。试分别用直角坐标法和自然法建立动点 M 的运动方程，并求出其速度和加速度。

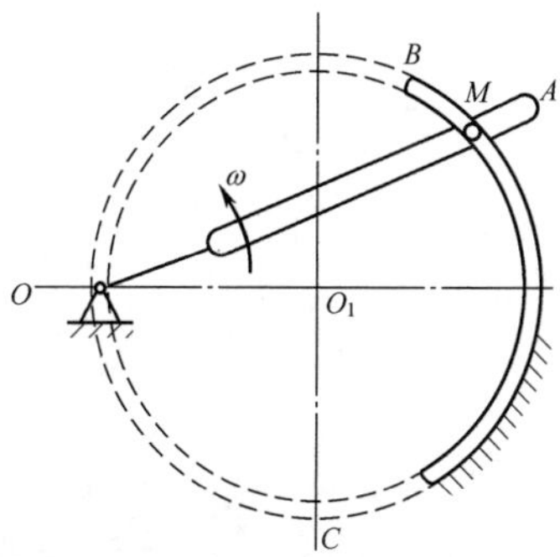

题 6-14 图

6-15　曲柄连杆机构如题 6-15 图所示，设 $OA = AB = 60\text{cm}$，$MB = 20\text{cm}$，$\varphi = 4\pi t$，t 以秒（s）计，试求连杆上点 M 的轨迹方程，并求初始时点 M 的速度和加速度，以及轨迹的曲率半径 ρ。

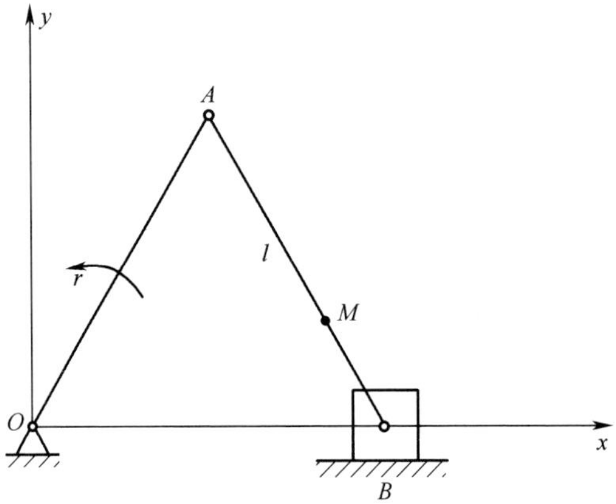

题 6-15 图

第 7 章　刚体的简单运动

刚体的运动有多种形式，平行移动和绕固定轴转动是刚体的基本运动，也称为刚体的简单运动。本章首先分析刚体的整体运动规律，然后在此基础上进一步研究刚体上任一点的运动规律。

7.1　刚体的平行移动

工程实际中刚体平行移动的例子有很多。例如，沿直线轨道行驶的火车车厢的运动［图 7-1（a)］、振动筛筛体的运动［图 7-1（b)］等。可以观察到，以上刚体在运动时，其上任意直线总是平行于其初始位置，将刚体做的这种运动称为平行移动，也可以称为平移或平动。刚体平移时，其上各点的运动轨迹若为直线，则称为直线平移；若为曲线，则称为曲线平移。上述例子中，火车车厢做直线平移，振动筛筛体做曲线平移。

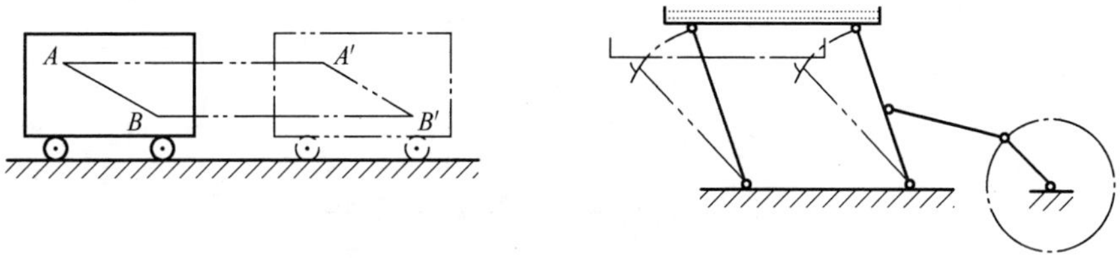

（a）　　　　（b）

图 7-1

以图 7-2 为例来说明做平行移动时刚体的运动特点。设在平移的刚体上任选两点 A 和 B，在坐标系中两点的矢径分别为 $\boldsymbol{r}_A$ 和 $\boldsymbol{r}_B$，并作矢量 $\overline{BA}$，如图 7-2 所示。由图可知

$$\boldsymbol{r}_A = \boldsymbol{r}_B + \overline{BA}$$

由于刚体做平移运行，因此线段 BA 的长度和方向都不变，即 $\overline{BA}$ 为常矢量。由此可知，在运动过程中，A、B 两点的运动轨迹形状完全相同。

将上式两边对时间 t 求导，$\overline{BA}$ 为常矢量对 t 的导数，为零，可求得

$$\boldsymbol{v}_A = \boldsymbol{v}_B \tag{7-1}$$

$$\boldsymbol{a}_A = \boldsymbol{a}_B \tag{7-2}$$

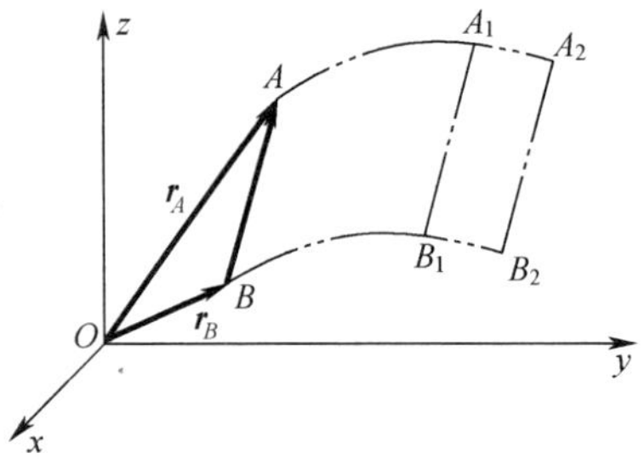

图 7-2

以上两式表明，在任一瞬时，平移刚体上的 A、B 两点速度相同，加速度相同。又由于 A、B 两点是刚体上任选的两点，可知：刚体做平移运动时，其上各点的运动轨迹形状相同，在每一瞬时，各点的速度和加速度相同。因此刚体的平行移动可以归结为刚体上任意一点（通常是质心）的运动问题来处理，即可完全采用上一章所研究的点的运动学结论。

例 7-1 荡木用两根等长的绳索平行吊起，如图 7-3 所示。已知 $O_1O_2 = AB$，绳索长 $O_1A = O_2B = l$，摆动规律为 $\varphi = \varphi_0 \sin(\pi t/4)$。试求当 $t = 0$ 和 $t = 2\,\mathrm{s}$ 时荡木中点 M 的速度和加速度。

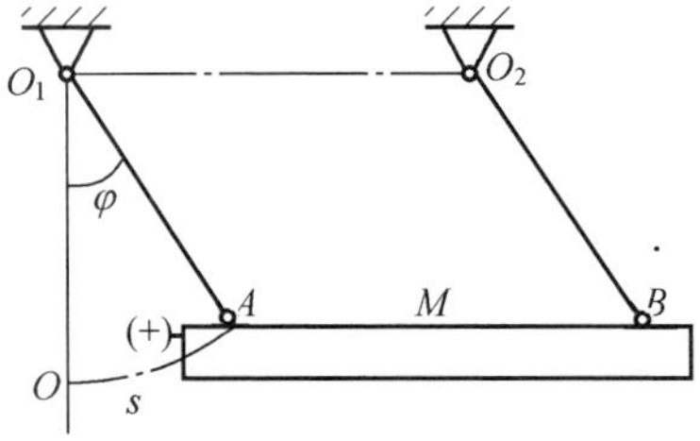

图 7-3

解：由题意知，O_1ABO_2 为一平行四边形，运动中荡木 AB 始终平行于固定不动的连线 O_1O_2，可以判断荡木做平行移动。由平移刚体的性质可知：同一瞬时荡木上各点的速度、加速度相等，即 $\boldsymbol{v}_M = \boldsymbol{v}_A$，$\boldsymbol{a}_M = \boldsymbol{a}_A$，因此求点 M 的速度和加速度只需求出点 A 的速度和加速度即可。

点 A 不仅是荡木上的一点，也是单摆 O_1A 上的端点。点 A 沿圆心为 O_1，半径为 l 的圆弧运动。规定弧坐标 s 向右为正，则点 A 的运动方程为

$$s = l\varphi = l\varphi_0 \sin\frac{\pi}{4}t$$

则任一瞬时 t，点 A 的速度和加速度分别为

$$v=\frac{\mathrm{d}s}{\mathrm{d}t}=\frac{\pi l\varphi_0}{4}\cos\frac{\pi}{4}t$$

$$a_\tau=\frac{\mathrm{d}v}{\mathrm{d}t}=-\frac{\pi^2 l\varphi_0}{16}\sin\frac{\pi}{4}t$$

$$a_n=\frac{v^2}{\rho}=\frac{v^2}{l}=\frac{\pi^2 l\varphi_0^2}{16}\cos^2\frac{\pi}{4}t$$

当 $t=0$ 时，$\varphi=0$，单摆 O_1A 位于铅垂位置，此时

$$v_M=v_A=\frac{\pi l\varphi_0}{4}$$

$$a_\tau=0$$

$$a_n=\frac{v^2}{\rho}=\frac{v^2}{l}=\frac{\pi^2 l\varphi_0^2}{16}$$

$$a_M=a_A=\sqrt{a_\tau^2+a_n^2}=\frac{\pi^2 l\varphi_0^2}{16}$$

加速度的方向与 a_n 相同，即铅垂向上。

当 $t=2\,\mathrm{s}$ 时，$\varphi=\varphi_0$，此时

$$v_M=0$$

$$a_\tau=-\frac{\pi^2 l\varphi_0}{16}$$

$$a_n=0$$

$$a_M=\sqrt{a_\tau^2+a_n^2}=\frac{\pi^2 l\varphi_0}{16}$$

加速度的方向与 a_τ 相同，即沿轨迹的切线方向，指向弧坐标的负向。

7.2　刚体绕定轴转动

刚体运动时，若刚体内或其扩展部分有一直线，其上各点始终保持不动，则称此种运动为刚体绕定轴转动，简称刚体转动。该固定不动的直线称为转轴或简称为轴。刚体转动是工程中较为常见的一种运动形式。例如电动机的转子、机床的主轴变速箱中的齿轮、绕固定铰链开关的门窗等，都是刚体绕定轴转动的实例。

下面先讨论转动刚体整体的运动情况，再讨论其上各点的运动。

1. 定轴转动刚体整体运动的描述

（1）转动方程。在刚体转动时，为确定转动刚体的位置，取其转轴为 z 轴，正向如图 7-4 所示。过 z 轴作 A、B 两个平面。其中 A 为固定平面，B 是与刚体固连并随同刚体一起绕 z 轴转动的平面。在某一时刻 t，两平面间的夹角用 φ 表示，

它确定了刚体转动的位置，称为刚体的转角。转角 φ 的符号规定如下：由 z 轴的正向往负向看，自固定面 A 沿逆时针转向计算角 φ 为正值，反之为负值。

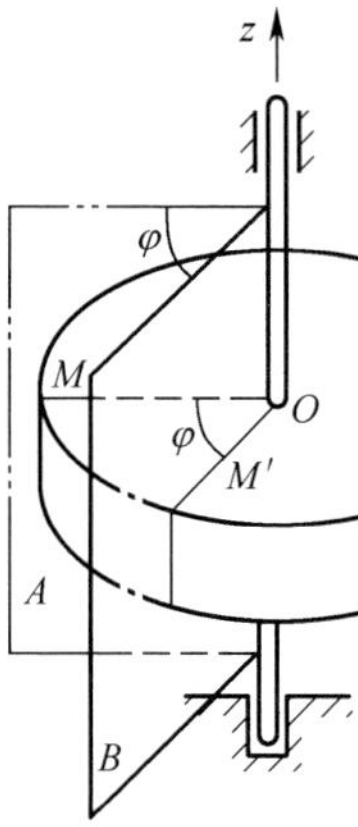

图 7-4

定轴转动刚体有一个自由度，取转角 φ 为广义坐标。当刚体转动时，φ 随时间 t 变化，是时间 t 的单值连续函数，即

$$\varphi = f(t) \tag{7-3}$$

该方程为刚体定轴转动的转动方程，简称为刚体的转动方程。

（2）角速度和角加速度。角速度表征刚体转动的快慢及转向，用 ω 表示，它等于转角 φ 对时间的一阶导数，即

$$\omega = \frac{\mathrm{d}\varphi}{\mathrm{d}t} \tag{7-4}$$

单位为弧度/秒（rad/s）。由于 φ 是代数量，故角速度 ω 也是代数量。ω 的大小表示转动快慢，其正负号表示转动的方向：若 $\omega > 0$，刚体逆时针转动；若 $\omega < 0$，则相反。

角加速度表征刚体角速度变化的快慢，用 α 表示，它等于角速度 ω 对时间的一阶导数或等于转角 φ 对时间的二阶导数，即

$$\alpha = \frac{\mathrm{d}\omega}{\mathrm{d}t} = \frac{\mathrm{d}^2\varphi}{\mathrm{d}t^2} \tag{7-5}$$

单位为弧度/秒^2（rad/s^2）。角加速度 α 也是代数量，α 的大小表示角速度变化的快慢，其正负号表示变化的方向：若 $\alpha > 0$，表示 α 为逆时针；若 $\alpha < 0$，则相反。

（3）刚体的匀速转动和匀变速转动。刚体转动时，若 α 为常量，则刚体做匀变速转动。刚体做匀变速转动时的计算公式为

$$\left.\begin{aligned}\omega &= \omega_0 + \alpha t\\ \varphi &= \varphi_0 + \omega_0 t + \frac{1}{2}\alpha t^2\\ \omega^2 &= \omega_0^2 + 2\alpha(\varphi - \varphi_0)\end{aligned}\right\} \tag{7-6}$$

式中，φ_0、ω_0 分别为 $t=0$ 时刚体的转角和角速度。

注意：式（7-6）只有当 α 为常量（匀变速转动）时才能使用。

若 $\alpha=0$，则 ω 为常量，称刚体做匀速转动。在此情况下有

$$\varphi = \varphi_0 + \omega t \tag{7-7}$$

机器中的转动部件或零件一般都在匀速转动情况下工作。转动快慢通常用每分钟的转数 n 表示，单位为转/分（r/min），称为转速。角速度 ω 与转速 n 的关系为

$$\omega = \frac{2\pi n}{60} = \frac{\pi n}{30} \tag{7-8}$$

例 7-2　刚体绕定轴转动，其转动方程为 $\varphi = 16t - 27t^3$（t 以 s 计，φ 以 rad 计）。试问刚体何时改变转向？分别求出当 $t=0$、$t=0.1\,\text{s}$、$t=1\,\text{s}$ 时的角速度和角加速度，并判断在各瞬时刚体做加速转动还是做减速转动。

解：求出任意瞬时的角速度 ω 和角加速度 α：

$$\omega = \frac{\mathrm{d}\varphi}{\mathrm{d}t} = 16 - 81t^2 \ (\text{rad/s})$$

$$\alpha = -162t \ (\text{rad/s}^2)$$

令 $\omega=0$，即 $16-81t^2=0$，得 $t=\dfrac{4}{9}\,\text{s}$。

这表明当 $t=\dfrac{4}{9}\,\text{s}$ 时，$\omega=0$，刚体改变转向。容易算得：在此之前 $\omega>0$，刚体逆时针转动；在此之后 $\omega<0$，刚体顺时针转动。

当 $t=0$ 时，$\omega_0=16\,\text{rad/s}$，$\alpha_0=0$。此瞬时刚体做匀速转动。

当 $t=0.1\,\text{s}$ 时，$\omega_1 = 16-81\times0.1^2 = 15.19$（rad/s），$\alpha_1 = -162\times0.1 = -16.2$（rad/s^2）。$\alpha_1$ 与 ω_1 异号，刚体做减速转动。

当 $t=1\,\text{s}$ 时，$\omega_2 = (16-81\times1^2) = -65$（rad/s），$\alpha_2 = -162\times1 = -162$（rad/s^2）。$\alpha_1$ 与 ω_1 同号，刚体做加速转动。

2. 定轴转动刚体上点的速度和加速度

刚体绕定轴转动时，刚体内任一点都做圆周运动，圆心在轴线上，圆周所在的平面与轴线垂直，圆周的半径 R 等于该点到轴线的垂直距离。下面用自然法来研究转动刚体上任一点的运动量（速度、加速度）与转动刚体本身的运动量（角

速度、角加速度）之间的关系。

（1）点的运动方程。设转动刚体如图 7-5 所示，刚体绕定轴 O 转动。M 为刚体上的任意一点，$OM = R$；在某瞬时 t，点 M 由初始位置 M_0 运动到如图位置，对应的转角为 φ。以 M_0 为弧坐标 s 的原点，按 φ 角的正向规定弧坐标的正向，于是

$$s = R\varphi$$

（2）点的速度。任一瞬时，点 M 的速度 $\boldsymbol{v}$ 的值为

$$v = \frac{\mathrm{d}s}{\mathrm{d}t} = R\frac{\mathrm{d}\varphi}{\mathrm{d}t} = R\omega \tag{7-9}$$

即转动刚体内任一点的速度，其大小等于该点的转动半径（即该点到转轴的垂直距离）与刚体角速度的乘积，方向沿轨迹的切线（与该点的转动半径 OM 垂直），指向为刚体转动的方向或与 ω 的转动方向一致。速度的分布规律如图 7-6 所示。

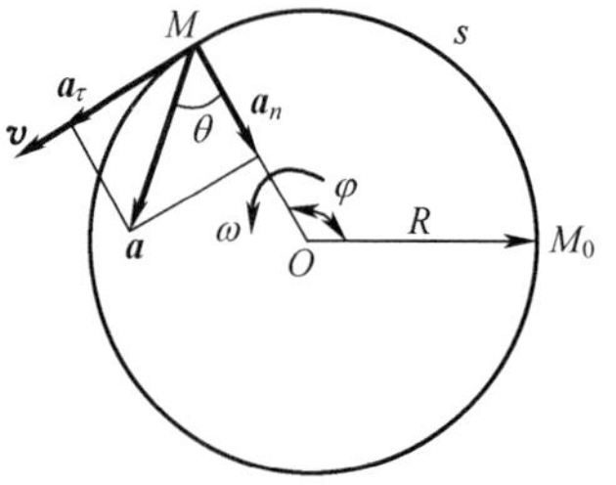

图 7-5

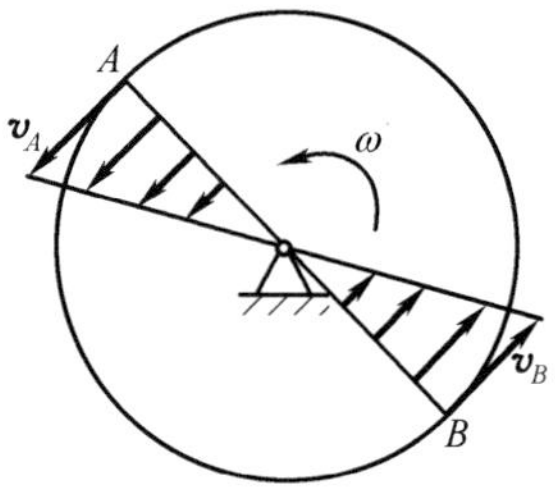

图 7-6

（3）点的加速度。任一瞬时，点 M 的切向加速度 $\boldsymbol{a}_\tau$ 的值为

$$a_\tau = \frac{\mathrm{d}v}{\mathrm{d}t} = R\frac{\mathrm{d}\omega}{\mathrm{d}t} = R\alpha \tag{7-10}$$

即转动刚体内任一点的切向加速度的大小等于该点的转动半径与刚体角加速度的乘积，方向沿轨迹的切线，指向与 α 的转向一致，如图 7-7 所示。

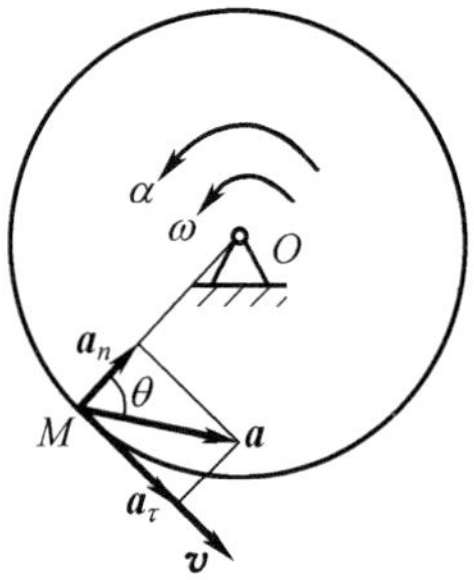

图 7-7

点 M 的法向加速度

$$a_n = \frac{v^2}{\rho} = \frac{(R\omega)^2}{R} = R\omega^2 \tag{7-11}$$

即转动刚体内任一点的法向加速度的大小等于该点的转动半径与刚体角速度平方的乘积，方向沿转动半径并指向转轴，如图 7-7 所示。

点 M 的全加速度 $\boldsymbol{a}$ 等于其切向加速度 $\boldsymbol{a}_\tau$ 与法向加速度 $\boldsymbol{a}_n$ 的矢量和，如图 7-7 所示。其大小为

$$a = \sqrt{a_\tau^2 + a_n^2} = \sqrt{(R\alpha)^2 + (R\omega^2)^2} = R\sqrt{\alpha^2 + \omega^4} \tag{7-12}$$

设全加速度 a 与转动半径 OM（即 a_n）间的夹角为 θ，则

$$\tan\theta = \frac{|a_\tau|}{a_n} = \frac{|R\alpha|}{R\omega^2} = \frac{|\alpha|}{\omega^2} \tag{7-13}$$

式（7-13）表明：在同一瞬时，转动刚体上各点的全加速度 a 与转动半径之间的夹角 θ 都相同，全加速度的大小与各点到转轴的距离 R 成正比，如图 7-8 所示。

例 7-3　半径为 $R = 0.5\,\mathrm{m}$ 的定滑轮上绕有细绳，绳端系一重物 A，如图 7-9 所示。已知重物的运动方程为 $x = 5t^2$，其中 t 以 s 计。试求定滑轮的角速度和角加速度，并求轮缘上一点 M 的全加速度大小。

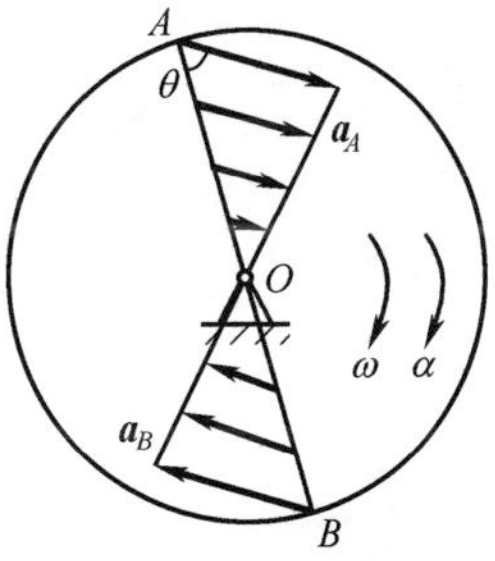

图 7-8

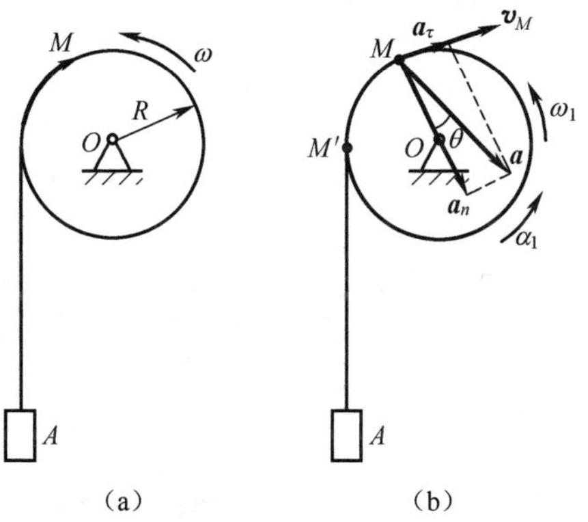

图 7-9

解：设绳段与轮缘上的 M' 点相切，绳段 AM' 做平移，轮缘上任一点 M 的速度、加速度与点 M' 的相同。

点 M 的速度为

$$v_M = v_{M'} = v_A = \frac{\mathrm{d}x}{\mathrm{d}t} = 10t \quad (\mathrm{m/s})$$

点 M 的加速度为

$$a_M^{\tau} = a_{M'}^{\tau} = a_A = \frac{\mathrm{d}^2 x}{\mathrm{d}t^2} = 10 \quad (\mathrm{m/s^2})$$

$$a_M^n = \frac{v_M^2}{R} = 200t^2 \quad (\mathrm{m/s^2})$$

$$a_M = \sqrt{(a_M^{\tau})^2 + (a_M^n)^2} = 10\sqrt{1+400t^4} \quad (\mathrm{m/s^2})$$

定滑轮的角速度和角加速度分别为

$$\omega = \frac{v_M}{R} = 20t \quad (\mathrm{rad/s})$$

$$\alpha = \frac{\mathrm{d}\omega}{\mathrm{d}t} = 20 \quad (\mathrm{rad/s^2})$$

3. 定轴轮系的传动比

工程中，常用轮系传动提高或降低机械的转速，常见的有齿轮传动和带轮传动。例如机床中的变速器用齿轮系降低转速，带式输送机中既有齿轮传动又有带轮传动。

以齿轮传动为例进行说明。设两个齿轮各绕固定轴 O_1 和 O_2 转动，如图 7-10 所示。已知齿轮节圆的半径分别为 R_1 和 R_2，角速度分别为 ω_1 和 ω_2。设 A、B 分别为轮 I 和轮 II 节圆上的接触点，由于两圆间没有相对滑动，因此两点的速度相等，即

$$v_B = v_A$$

$$R_1\omega_1 = R_2\omega_2$$

或

$$\frac{\omega_1}{\omega_2} = \frac{R_2}{R_1} \tag{7-14}$$

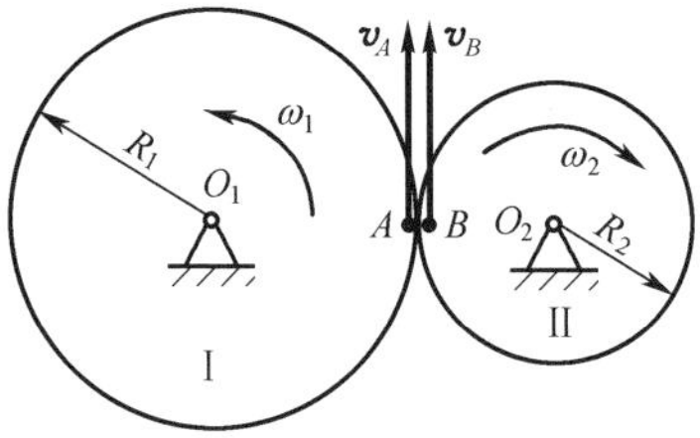

图 7-10

设轮 I 是主动轮，轮 II 是从动轮。工程中，通常将主动轮的角速度与从动轮的角速度之比称为传动比，用 i_{12} 表示，于是传动比的计算公式为

$$i_{12}=\frac{\omega_1}{\omega_2}=\frac{R_2}{R_1}$$

上式中定义的传动比是两轮角速度大小之比，与转动方向无关，它适用于圆柱齿轮、圆锥齿轮、摩擦轮、带轮、链轮传动。

在齿轮传动中，若轮Ⅰ和轮Ⅱ的齿数分别为 z_1 和 z_2，由于齿数与半径成正比，故

$$i_{12}=\frac{\omega_1}{\omega_2}=\frac{R_2}{R_1}=\frac{z_2}{z_1} \tag{7-15}$$

例 7-4　如图 7-11 所示的带式输送机，已知：主动轮Ⅰ的转速 $n_1=1200\ \text{r/min}$，齿数 $z_1=24$，齿轮Ⅱ的齿数 $z_2=96$，轮Ⅲ和轮Ⅳ用链条传动，齿数各为 $z_3=15$ 和 $z_4=45$，轮Ⅴ的直径 $D=460\ \text{mm}$。试求输送带的速度。

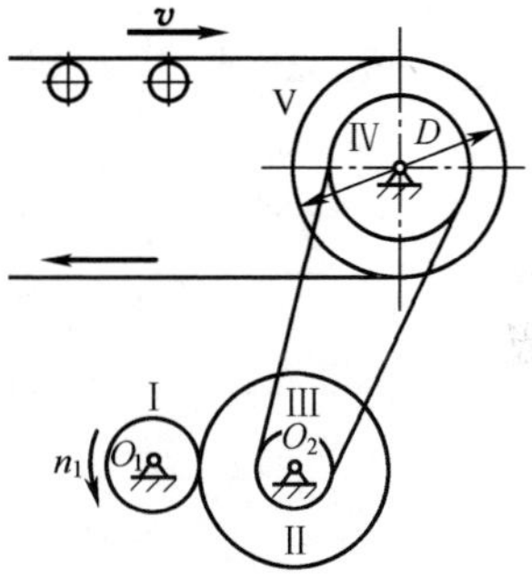

图 7-11

解：（1）计算轮Ⅰ的角速度和轮系的传动比。

$$\omega_1=\frac{\pi n_1}{30}=\frac{\pi\times1200}{30}=40\pi\ \ (\text{rad/s})$$

$$i_{12}=\frac{\omega_1}{\omega_2}=\frac{z_2}{z_1}$$

$$i_{34}=\frac{\omega_3}{\omega_4}=\frac{z_4}{z_3}$$

机构的总传动比为

$$i_{14}=\frac{\omega_1}{\omega_4}=\frac{\omega_1}{\omega_2}\cdot\frac{\omega_2}{\omega_4}$$

因 $\omega_2=\omega_3$，故

$$i_{14}=\frac{\omega_1}{\omega_4}=\frac{\omega_1}{\omega_2}\cdot\frac{\omega_2}{\omega_4}=\frac{\omega_1}{\omega_2}\cdot\frac{\omega_3}{\omega_4}=i_{12}i_{34}=\frac{z_2z_4}{z_1z_3}$$

由此可见，机构的总传动比等于各级齿轮传动比的乘积。

（2）计算轮Ⅳ的角速度。

$$\omega_4=\frac{\omega_1}{i_{14}}=\frac{z_1z_3}{z_2z_4}\omega_1=\frac{24\times15}{96\times45}\times40\times3.14=10.47\ \ (\text{rad/s})$$

（3）计算输送带的速度。

由图 7-11 可见，轮Ⅳ、轮Ⅴ是整体，角速度相同，且输送带与轮Ⅴ之间不打滑，即输送带与轮Ⅴ的边缘上各点的速度大小相同，则输送带的速度为

$$v=\frac{D}{2}\omega_4=\frac{460}{2\times1000}\times10.47=2.41\ \ (\text{m/s})$$

习　题

7-1　杆 O_1A 与 O_2B 长度相等且相互平行，在其上铰接一三角形板 ABC，尺寸如题 7-1 图所示。图示瞬时，曲柄 O_1A 的角速度 $\omega = 5$ rad/s，角加速度 $\alpha = 2$ rad/s^2。试求三角板上点 C 和点 D 在该瞬时的速度和加速度。

7-2　曲柄滑杆机构中，滑杆上有一圆弧形滑道，其半径 $R = 100$ mm，圆心 O_1 在导杆 BC 上，如题 7-2 图所示。曲柄长 $OA = 100$ mm，以等角速度 $\omega = 4$rad/s 绕 O 轴转动。求导杆 BC 的运动规律，以及当曲柄与水平线间的交角 φ 为30° 时导杆 BC 的速度和加速度。

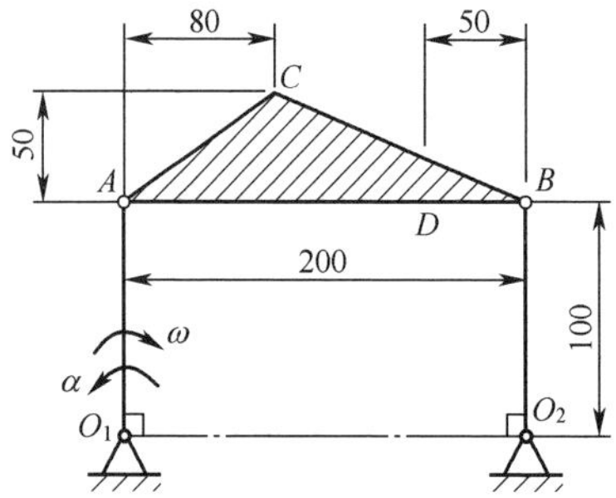

题 7-1 图

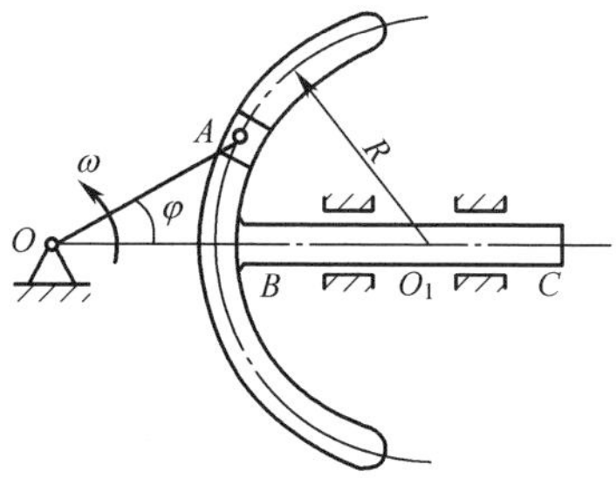

题 7-2 图

7-3　题 7-3 图所示机构的尺寸如下：$O_1A = O_2B = AM = r = 0.2$m，$O_1O_2 = AB$。轮 O_1 按 $\varphi = 15\pi t$（t 以 s 计，φ 以 rad 计）的规律转动。试求当 $t = 0.5$s 时杆 AB 的位置及杆上点 M 的速度和加速度。

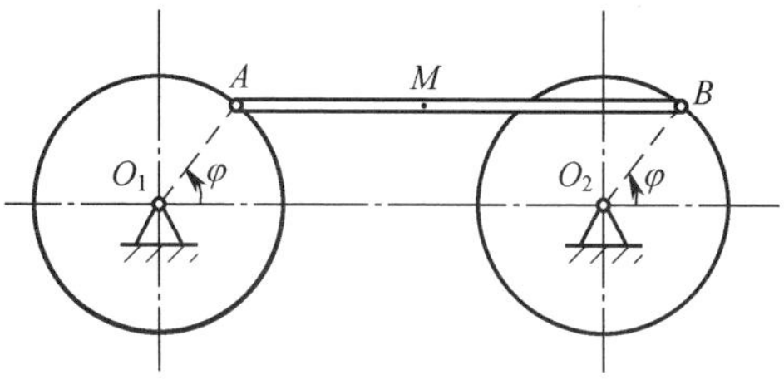

题 7-3 图

7-4　汽车上的雨刷 CD 固连在横杆 AB 上，由曲柄 O_1A 驱动，如题 7-4 图所示。$O_1A = O_2B = r = 300$ mm，$O_1O_2 = AB$，曲柄 O_1A 往复摆动的规律为 $\varphi = \dfrac{\pi}{4}\sin(2\pi t)$，

其中 t 以 s 计，φ 以 rad 计。试求在 $t=0$、$t=0.125$ s、$t=0.25$ s 各瞬时雨刷端点 C 的速度和加速度。

7-5　某主机采用一台电动机带动，启动时电动机转速在 5s 内由 0 匀加速升到 $n=500$ r/min，此后由此转速做匀速转动，如题 7-5 图所示。试求：（1）电动机启动阶段内的加速度；（2）10s 内电动机转过的转数。

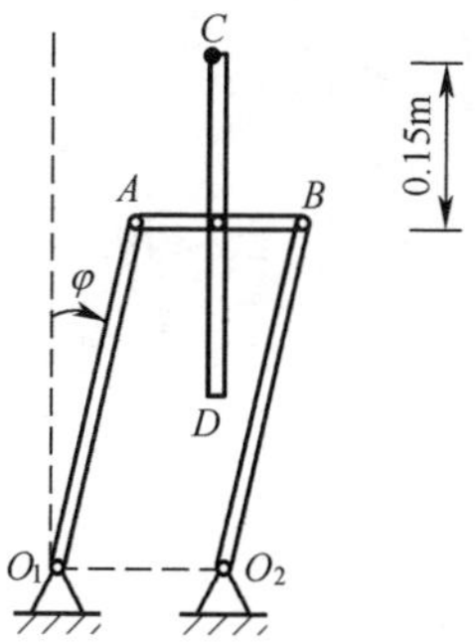

题 7-4 图

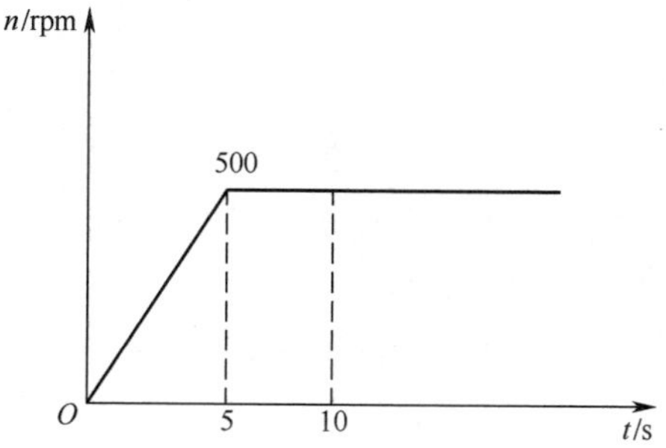

题 7-5 图

7-6　已知题 7-6 图所示物块的高度 h 和运动速度 $\boldsymbol{v}_0$，求 OA 杆的转动方程、角速度和角加速度。

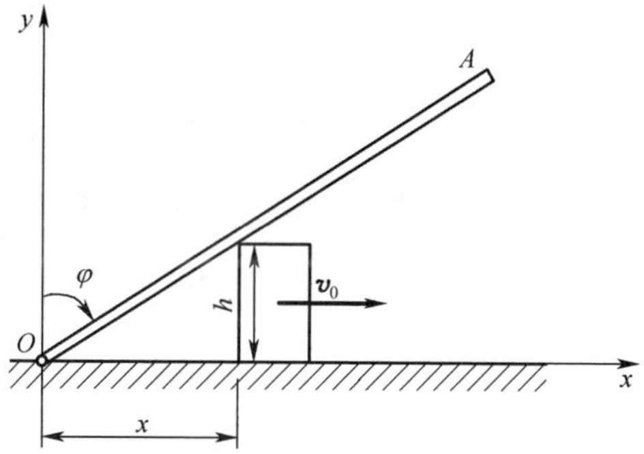

题 7-6 图

7-7　盒式录音带的主动轮以匀角速度 ω_1 绕 O_1 转动，如题 7-7 图所示。在某一瞬时，主动轮 A 和从动轮 B 上磁带盘的半径分别为 r_1 和 r_2，磁带的厚度为 b。求从动轮的角加速度。

7-8　一半径 $R=0.2$m 的圆轮绕定轴 O 的转动方程为 $\varphi=-t^2+4t$（单位为 rad)，如题 7-8 图所示。求 $t=1$s 时轮缘上一点 M 的速度和加速度。如果在此轮缘上绕一柔软不可伸长的绳子并在绳端悬一物体 A，求当 $t=1$s 时物体 A 的速度和加速度。

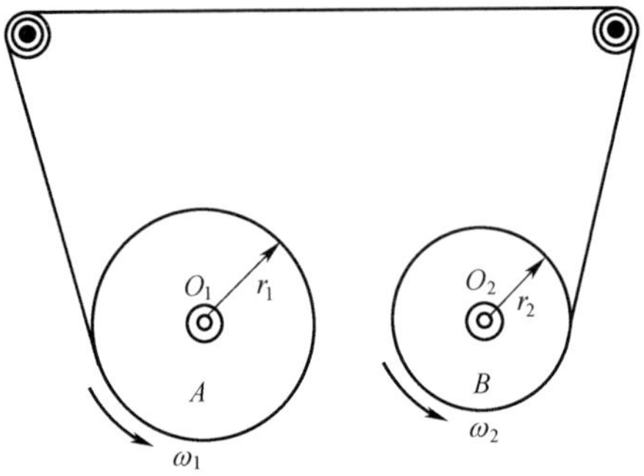

题 7-7 图

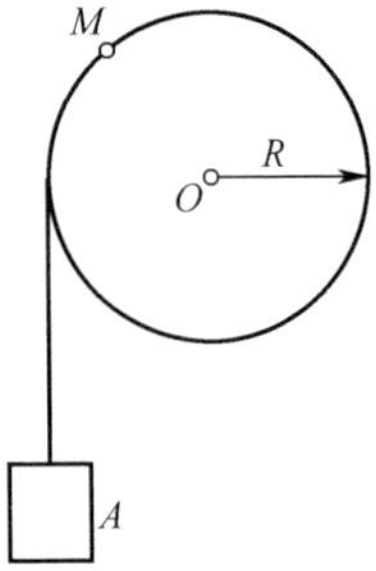

题 7-8 图

7-9 如题 7-9 图所示的减速箱，轴 I 为主动轴，与电动机相连。已知电动机转速 $n=1450\,\mathrm{r/min}$，各齿轮的齿数 $z_1=14$， $z_2=42$， $z_3=20$， $z_4=36$ 。求减速箱的传动比 i_{14} 及轴III的转速。

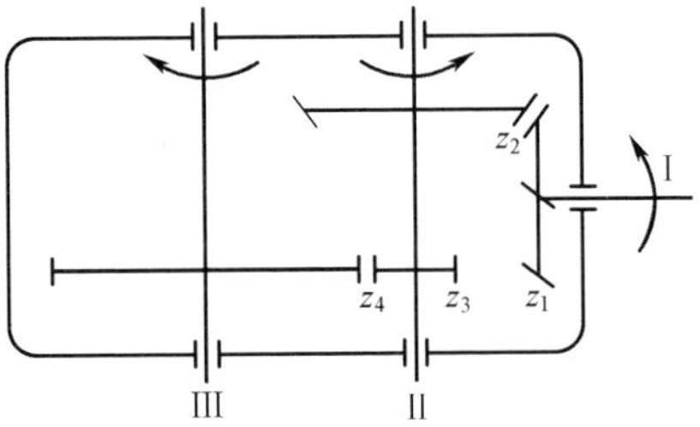

题 7-9 图

7-10 题 7-10 图所示的搅拌机驱动轮 O_1 转速 $n=950\,\mathrm{r/min}$，齿数 $z_1=20$，从动轮齿数 $z_2=z_3=50$，且 $O_2B=O_3A=0.25\,\mathrm{m}$， $O_2B\,//\,O_3A$，求搅拌棒 C 端的速度。

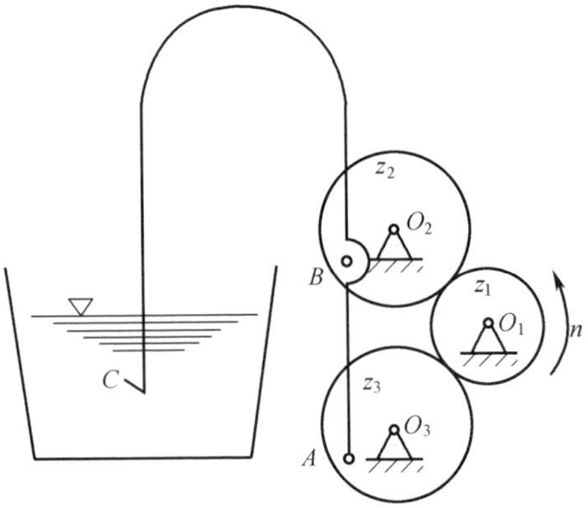

题 7-10 图

7-11　题 7-11 图所示的电动绞车由皮带轮Ⅰ和Ⅱ及鼓轮Ⅲ组成，鼓轮Ⅲ和皮带轮Ⅱ刚性地固定在同一轴上。各轮的半径分别为 $r_1 = 0.3\ \text{m}$，$r_2 = 0.75\ \text{m}$，$r_3 = 0.4\ \text{m}$，轮Ⅰ的转速 $n_1 = 100\ \text{r/min}$。设皮带轮和皮带之间无滑动，求重物 P 上升的速度和皮带各段上点的加速度。

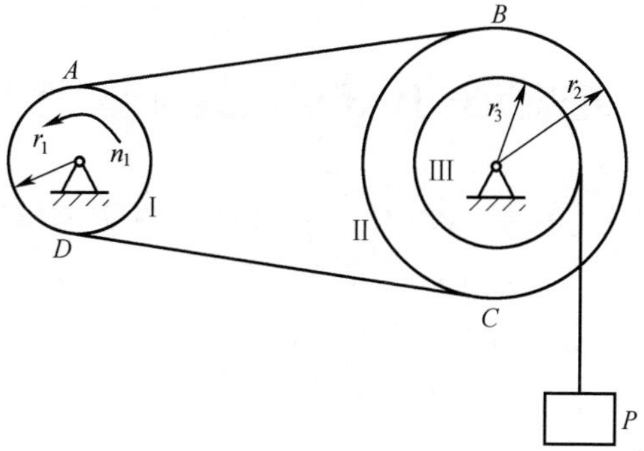

题 7-11 图

第 8 章　点的合成运动

8.1　绝对运动、相对运动和牵连运动

物体的运动相对于不同的参考体所表现出的结果是不同的。例如，在天下雨且无风时，站在地面上的人观察雨滴是铅垂下落的，但坐在行驶的汽车车厢里的人来看雨滴却是倾斜向后下落的。又如，沿直线前进的汽车后轮，其轮缘上点 M 的运动（图 8-1），对于地面上的观察者来说，该点的轨迹为旋轮线，但是对于车上的观察者来说，点的轨迹则是一个圆。显然，动点 M 相对于两个参考体的速度和加速度也不同。

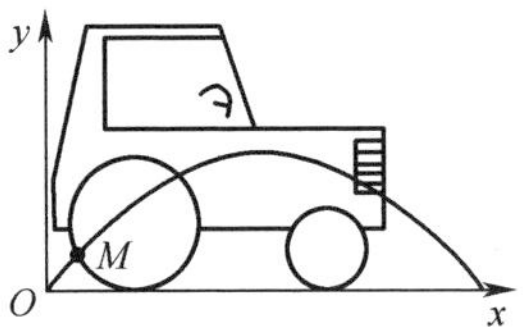

图 8-1

在不同的参考系中观察同一个物体上的运动，它们之间有什么联系呢？在上例中，车轮上点 M 是旋轮线运动，但是如果以车厢作为参考体，则点 M 相对于车厢的运动是简单的圆周运动，车厢相对于地面的运动是简单的平移。这样，轮缘上一点的运动就可以看成是两个简单运动的合成，即点 M 相对于车厢做圆周运动，同时车厢相对于地面做平移运动。于是，相对于某一参考体的运动可由相对于其他参考体的几个运动组合而成，称这种运动为合成运动。既然点的运动可以合成，当然也可以分解。这就得到了研究点的运动的一种重要方法，即运动的分解与合成。

为了方便研究问题，将所研究的物体称为动点，把固结在地面（或静止的机架）的坐标系称为定参考系（简称定系），以 $Oxyz$ 表示，而把固结在其他相对于地面运动的物体上的坐标系称为动参考系（简称动系），以 $O'x'y'z'$ 表示。在此基础上，对运动的描述为：动点相对于定参考系的运动，称为动点的绝对运动；动点相对于动参考系的运动，称为动点的相对运动；动参考系相对于定参考系的运

动，称为牵连运动。

以上面所举的例子加以说明，将雨滴作为动点，定坐标系固结于地面，动坐标系固结于车厢，在地面上看到的雨滴的铅垂运动是动点的绝对运动，在车厢中看到的雨滴的倾斜运动是动点的相对运动，而车厢相对于地面的运动是牵连运动。

必须指出，动点的绝对运动和相对运动都是指点的运动，它可能是点的直线运动，也可能是点的曲线运动，牵连运动则是指参考系（即参考物体）的运动，是指刚体的运动，它可能是刚体的平移，也可能是刚体的转动或其他复杂运动。

动点在绝对运动中的轨迹，称为动点的绝对轨迹。动点相对于定参考系的运动速度和加速度，称为动点的绝对速度和绝对加速度，通常以符号 $\boldsymbol{v}_a$ 和 $\boldsymbol{a}_a$ 来表示。

动点在相对运动中的轨迹，称为动点的相对轨迹。动点相对于动参考系的运动速度和加速度，称为动点的相对速度和相对加速度，通常以符号 $\boldsymbol{v}_r$ 和 $\boldsymbol{a}_r$ 来表示。

动点在某瞬时与动坐标系中相重合的那一点（相对于定坐标系）的速度和加速度，称为牵连速度和加速度，通常以符号 $\boldsymbol{v}_e$ 和 $\boldsymbol{a}_e$ 来表示。将动坐标系中与动点相重合的那一点称为牵连点，因此牵连速度和牵连加速度就是某瞬时牵连点的速度与加速度。由于牵连运动是刚体的运动，除了刚体做平移运动以外，一般情况下，刚体各点的运动并不相同，而牵连点的位置也在不断变化。所以要分析动点的牵连速度与加速度，必须要弄清楚这个瞬时牵连点的位置及在该瞬时的运动轨迹。

8.2　速度合成定理

设动点 M 按给定规律沿相对运动轨迹 AB 运动，而轨迹曲线 AB 又相对于定参考系运动，如图 8-2 所示。把动参考系固结于曲线 AB 上。为便于理解，可设想 AB 为一中空曲管，动点 M 则可看成沿曲管运动的小球。

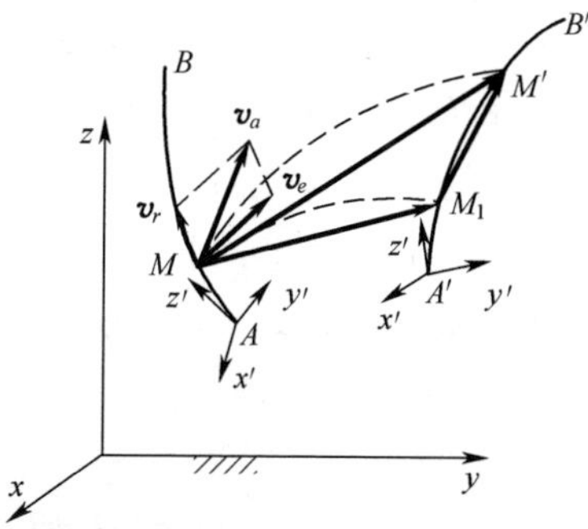

图 8-2

设在某瞬时 t，曲线在定参考系中的 AB 位置，动点在曲线 AB 上的 M 点。在 $t+\Delta t$ 瞬时，曲线运动到 $A'B'$ 位置，动点在曲线 $A'B'$ 上的 M' 点。显然，$\overset{\frown}{MM'}$ 是动点的绝对轨迹，$\overset{\frown}{M_1M'}$ 是动点的相对轨迹，$\overset{\frown}{MM_1}$ 则是瞬时 t 的牵连点在 Δt 时间间隔中的运动轨迹。矢量 $\overline{MM'}$、$\overline{M_1'M'}$、$\overline{MM_1}$ 分别为在 Δt 时间间隔中动点的绝对位移、相对位移及瞬时 t 的牵连点的位移。由矢量合成关系可得

$$\overline{MM'}=\overline{M_1M'}+\overline{MM_1} \tag{8-1}$$

式（8-1）两端分别除以 Δt，并令 $\Delta t\to 0$ 取极限，有

$$\lim_{\Delta t\to 0}\frac{\overline{MM'}}{\Delta t}=\lim_{\Delta t\to 0}\frac{\overline{MM_1}}{\Delta t}+\lim_{\Delta t\to 0}\frac{\overline{M_1M'}}{\Delta t} \tag{8-2}$$

根据矢量法求速度的定义，可知矢量 $\lim\limits_{\Delta t\to 0}(\overline{MM'}/\Delta t)$ 就是动点 M 在瞬时 t 的绝对速度 $\boldsymbol{v}_a$，其方向沿 $\overset{\frown}{MM'}$ 上 M 点的切线方向；矢量 $\lim\limits_{\Delta t\to 0}(\overline{MM_1}/\Delta t)$ 就是瞬时 t 的牵连点的速度，即动点 M 在瞬时 t 的牵连速度 $\boldsymbol{v}_e$，其方向沿 $\overset{\frown}{MM_1}$ 上 M 点的切线方向；矢量 $\lim\limits_{\Delta t\to 0}(\overline{M_1M'}/\Delta t)$ 就是动点 M 在瞬时 t 的相对速度 $\boldsymbol{v}_r$，其方向沿曲线 $\overset{\frown}{AB}$ 上 M 点的切线方向（因为当 $\Delta t\to 0$ 时，曲线 $\overset{\frown}{A'B'}\to\overset{\frown}{AB}$）。于是由式（8-2）便得到

$$\boldsymbol{v}_a=\boldsymbol{v}_e+\boldsymbol{v}_r \tag{8-3}$$

这表明：动点在某瞬时的绝对速度等于它在该瞬时的牵连速度与相对速度的矢量和。这就是点的速度合成定理，即动点的绝对速度矢量可以由它的牵连速度矢量与相对速度矢量所构成的平行四边形的对角线来确定。这个平行四边形就称为速度平行四边形。

必须指出，在上述推导速度合成定理的过程中并未限制动参考系（即与之相固结的刚体）做什么样的运动，因此这个定理适用于牵连运动为任意运动的情况。

例 8-1 牛头刨床的急回机构如图 8-3 所示。曲柄 OA 的一端与滑块 A 用铰链连接，当曲柄 OA 以匀角速度 ω 绕固定轴 O 转动时，滑块 A 套在摇杆 O_1B 上滑动，并带动摇杆 O_1B 绕 O_1 轴摆动。设曲柄长 $OA=r$，两定轴间的距离 $OO_1=l$。试求当曲柄 OA 在水平位置时摆杆 O_1B 的角速度 ω_1。

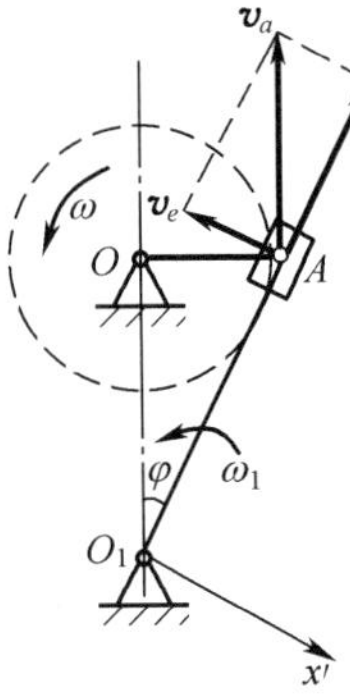

图 8-3

解：（1）确定动点和动系：当 OA 绕 O 轴转动时，通过滑块 A 带动摇杆 O_1B 绕 O_1 轴摆动。选滑块 A 为动点，动系 $x'O_1y'$ 固连在摇杆 O_1B 上，定系固结在地面上。

（2）分析三种运动：

绝对运动：是以 O 为圆心，以 $OA=r$ 为半径的圆周运动。

相对运动：沿摇杆 O_1B 的滑道做直线运动。

牵连运动：摇杆 O_1B 绕定轴 O_1 的转动。

（3）速度分析计算：根据速度合成定理有

$$\boldsymbol{v}_a = \boldsymbol{v}_e + \boldsymbol{v}_r$$

式中，绝对速度：大小为 $v_a = r\omega$，方向垂直于 OA，指向如图 8-3 所示；相对速度：$\boldsymbol{v}_r$，大小未知，方位沿 O_1B，指向待定；牵连速度：摇杆 O_1B 上该瞬时与滑块 A 相重合的点 A_0 点的速度，大小未知，方位垂直于 O_1B，指向待定。

根据已知条件作出速度平行四边形（图 8-3），令 $\angle OO_1A = \varphi$，则

$$v_e = v_a \sin\varphi = r\omega \sin\varphi \text{，} \quad \sin\varphi = \frac{OA}{O_1A} = \frac{r}{\sqrt{r^2 + l^2}}$$

得 $$v_e = \frac{r^2\omega}{\sqrt{l^2 + r^2}} \quad \text{（方向如图 8-3 所示）}$$

$$v_e = O_1A \cdot \omega_1 = \sqrt{l^2 + r^2} \cdot \omega_1$$

得 $$\omega_1 = \frac{r^2\omega}{l^2 + r^2} \quad \text{（转向为逆时针方向）}$$

例 8-2　图 8-4 所示的凸轮机构中，顶杆 AB 沿铅垂导向套筒 D 运动，其端点 A 由弹簧压在凸轮表面上，当凸轮绕 O 轴转动时，推动顶杆上下运动，已知凸轮的角速度为 ω，$OA = b$，该瞬时凸轮轮廓曲线在 A 点的法线 AN 同 AO 的夹角为 θ，求此瞬时顶杆的速度。

解：（1）确定动点和动系：传动是通过顶杆端点 A 来实现的，故取顶杆上的点 A 为动点。动系固连在凸轮上，定系固连在机架上。

（2）分析三种运动：

绝对运动：动点 A 做上下直线运动。

相对运动：动点 A 沿凸轮轮廓线的滑动。

牵连运动：凸轮绕 O 轴的转动。

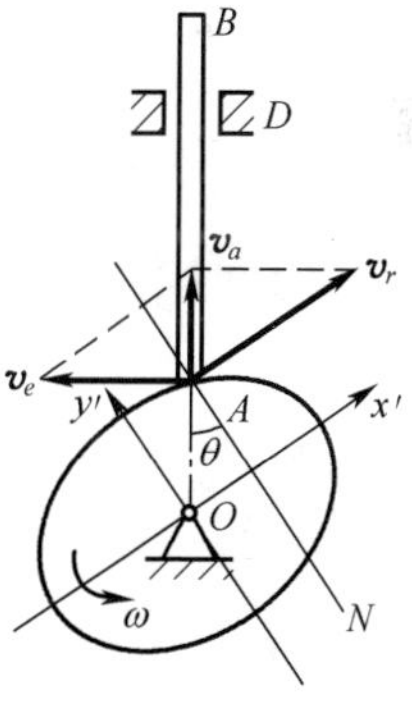

图 8-4

（3）速度分析计算：根据速度合成定理有

$$\boldsymbol{v}_a = \boldsymbol{v}_e + \boldsymbol{v}_r$$

式中，绝对速度 $\boldsymbol{v}_a = \boldsymbol{v}_A$，大小未知，方向沿铅垂线 AB；
相对速度 $\boldsymbol{v}_r$，大小未知，方向沿凸轮轮廓线在 A 点的切线；牵连速度 $\boldsymbol{v}_e$ 是凸轮上该瞬时与 A 相重合的点（即牵连点）的速度，大小 $v_e = b\omega$，方向垂直于 OA。

作出速度平行四边形（图 8-4）。由直角三角形可得：

$$v_a = v_e \tan\theta = b\omega\tan\theta$$

$$v_r = \frac{v_e}{\cos\theta} = \frac{b\omega}{\cos\theta}$$

因为顶杆做平移，故端点 A 的运动速度即为顶杆的运动速度。

在应用速度合成定理求解具体问题时应该注意：①动点和动系的恰当选取，原则是，必须保证动点对动系有相对运动，且相对运动应便于进行分析；②对三种运动的正确分析，注意牵连运动是指刚体的运动；③牵连点的确定和对三种速度的分析；④正确画出速度平行四边形，必须确保绝对速度矢量是对角线。

8.3 牵连运动为平移时的加速度合成定理

如图 8-5 所示，设动系 $O'x'y'z'$ 相对于定系 $Oxyz$ 做平移，而动点 M 相对于动系做曲线运动。

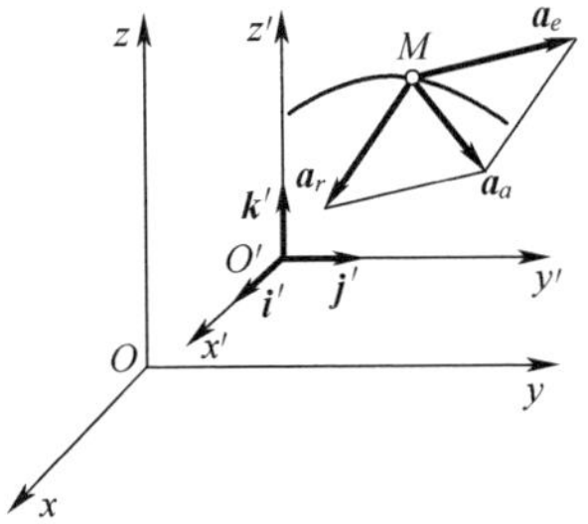

图 8-5

由于动参考系做平移，因此在同一瞬时动系上所有各点的速度完全相同。即在任一瞬时，动系上牵连点的速度都与动参考系坐标原点 O' 的速度相同，有

$$v_e = v_{O'}$$

而相对速度可表示为

$$\boldsymbol{v}_r = v_{rx'}\boldsymbol{i}' + v_{ry'}\boldsymbol{j}' + v_{rz'}\boldsymbol{k}'$$

式中，$\boldsymbol{i}'$ 、$\boldsymbol{j}'$ 、$\boldsymbol{k}'$ 为动参考系中沿各轴正向的单位矢量。于是，由点的速度合成定理可得

$$\boldsymbol{v}_a = \boldsymbol{v}_{O'} + (v_{rx'}\boldsymbol{i}' + v_{ry'}\boldsymbol{j}' + v_{rz'}\boldsymbol{k}')$$

由于动参考系做平移，因此动系中各坐标轴单位矢量的大小和方向均不随时间变化，即 $\boldsymbol{i}'$ 、$\boldsymbol{j}'$ 、$\boldsymbol{k}'$ 均为常矢量。于是，由动点绝对加速度的定义有

$$\boldsymbol{a}_a = \frac{\mathrm{d}\boldsymbol{v}_a}{\mathrm{d}t} = \frac{\mathrm{d}\boldsymbol{v}_{O'}}{\mathrm{d}t} + \left(\frac{\mathrm{d}v_{rx'}}{\mathrm{d}t}\boldsymbol{i}' + \frac{\mathrm{d}v_{ry'}}{\mathrm{d}t}\boldsymbol{j}' + \frac{\mathrm{d}v_{rz'}}{\mathrm{d}t}\boldsymbol{k}'\right) \tag{8-4}$$

由于动系平移时动系上所有各点在同一瞬时的加速度都相同，即有

$$\frac{\mathrm{d}v_{O'}}{\mathrm{d}t} = a_{O'} = a_e$$

是动点的牵连加速度，而

$$\frac{\mathrm{d}v_{rx'}}{\mathrm{d}t}\boldsymbol{i}' + \frac{\mathrm{d}v_{ry'}}{\mathrm{d}t}\boldsymbol{j}' + \frac{\mathrm{d}v_{rz'}}{\mathrm{d}t}\boldsymbol{k}' = \boldsymbol{a}_r$$

是动点的相对加速度。因此，由式（8-4）可得

$$\boldsymbol{a}_a = \boldsymbol{a}_e + \boldsymbol{a}_r \tag{8-5}$$

即当牵连运动为平移时，动点的绝对加速度等于牵连加速度与相对加速度的矢量和。这就是牵连运动为平移时点的加速度合成定理。

例 8-3　如图 8-6 所示，半径为 R 的半圆形凸轮，当 $O'A$ 与铅垂线成 φ 角时，凸轮以速度 v_0、加速度 a_0 向右运动，并推动从动杆 AB 沿铅垂方向上升，求此瞬时 AB 杆的速度和加速度。

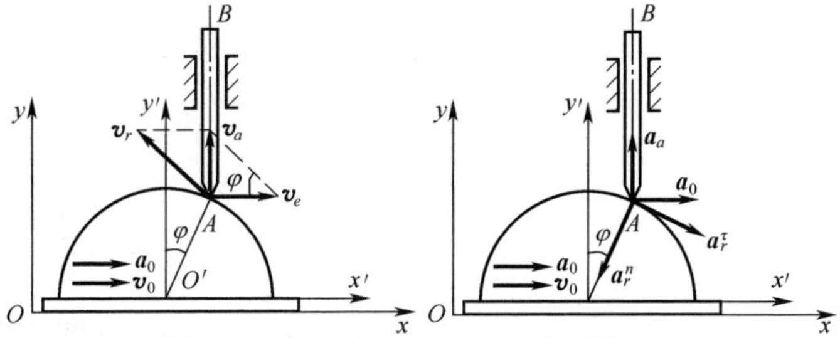

图 8-6

解：（1）确定动点和动系：因为从动杆的端点 A 和凸轮做相对运动，故取杆的端点 A 为动点，动系 $O'x'y'$ 固连在凸轮上。

（2）分析三种运动：

绝对运动：沿铅垂线。

相对运动：沿凸轮表面的圆弧。

牵连运动：凸轮的平动。

（3）速度分析及计算：根据速度合成定理有

$$\boldsymbol{v}_a = \boldsymbol{v}_e + \boldsymbol{v}_r$$

式中，$\boldsymbol{v}_a$ 的大小未知，方向沿铅垂线向上；$\boldsymbol{v}_r$ 的大小未知，方向沿凸轮圆周上 A 点的切线，指向待定；$\boldsymbol{v}_e$ 的大小为 $v_e = v_0$，方向沿水平直线向右。

作出速度平行四边形，由图中几何关系求得

$$v_A = v_a = v_e \tan\varphi = v_0 \tan\varphi$$

$$v_r = \frac{v_e}{\cos\varphi} = \frac{v_0}{\cos\varphi}$$

（4）加速度分析及计算：根据牵连运动为平移的加速度合成定理有

$$\boldsymbol{a}_a = \boldsymbol{a}_e + \boldsymbol{a}_r$$

式中，绝对加速度$a_a = a_A$，大小未知，方位铅直，指向假设向上。相对加速度a_r，由于相对运动轨迹为圆弧，故相对加速度分为两项，即a_r^τ、a_r^n，其中a_r^τ大小未知，方位切于凸轮在 A 点的圆弧，指向如图；a_r^n 的大小为$a_r^n = \dfrac{v_r^2}{R} = \dfrac{v_0^2}{R\cos^2\varphi}$，方向过 A 点指向凸轮半圆中心O'。牵连加速度的大小$a_e = a_0$，方向水平直线向右。故动点 A 的绝对加速度又可写为

$$\boldsymbol{a}_a = \boldsymbol{a}_e + \boldsymbol{a}_r^\tau + \boldsymbol{a}_r^n$$

如图 8-6（b）所示作出各加速度的矢量，取$O'A$为投影轴，将上式向$O'A$轴上投影得

$$a_a \cos\varphi = a_0 \sin\varphi - a_r^n$$

$$a_a = \frac{a_0 \sin\varphi - a_r^n}{\cos\varphi} = a_0 \tan\varphi - \frac{\dfrac{v_0^2}{R\cos^2\varphi}}{\cos\varphi} = a_0 \tan\varphi - \frac{v_0^2}{R\cos^3\varphi} = -\left(\frac{v_0^2}{R\cos^3\varphi} - a_0 \tan\varphi\right)$$

负号表示a_a的指向与假设相反，应指向下。因为从动杆 AB 做平移，v_a和a_a即为该瞬时 AB 杆的速度和加速度。

8.4 牵连运动为转动时的加速度合成定理

当牵连运动为转动时，动点的加速度合成定理应是什么关系？前面导出的式（8-5）是否仍然适用？如图 8-7 所示，动系$O'x'y'z'$以角速度ω_e绕定系 $Oxyz$ 的定轴 z 转动，动点 M 又相对于动系做相对运动，对动系$O'x'y'z'$的相对矢径为$\boldsymbol{r}'$，坐标为(x', y', z')。动点相对于动系的相对速度和相对加速度分别为

$$\boldsymbol{v}_{r'} = \frac{\mathrm{d}x'}{\mathrm{d}t}\boldsymbol{i}' + \frac{\mathrm{d}y'}{\mathrm{d}t}\boldsymbol{j}' + \frac{\mathrm{d}z'}{\mathrm{d}t}\boldsymbol{k}' \qquad ①$$

$$\boldsymbol{v}_{r'} = \frac{\mathrm{d}x'}{\mathrm{d}t}\boldsymbol{i}' + \frac{\mathrm{d}y'}{\mathrm{d}t}\boldsymbol{j}' + \frac{\mathrm{d}z'}{\mathrm{d}t}\boldsymbol{k}' \qquad ②$$

式中，$\boldsymbol{i}'$、$\boldsymbol{j}'$、$\boldsymbol{k}'$为动系中各轴正向的单位矢量。

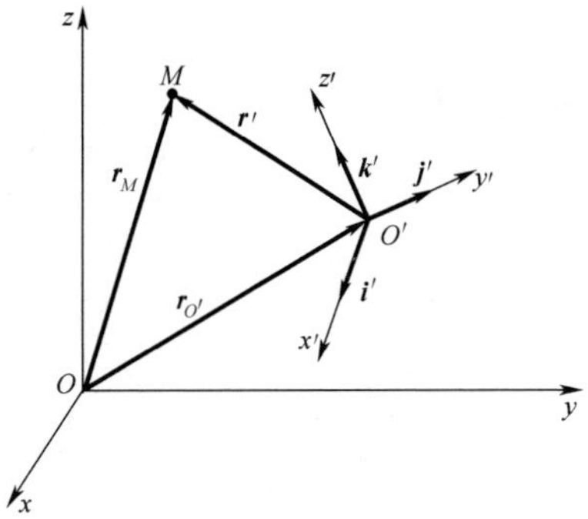

图 8-7

动点 M 对定系 $Oxyz$ 的绝对矢径为 $\boldsymbol{r}_M$。在任意瞬时，绝对矢径 $\boldsymbol{r}_M$、相对矢径 $\boldsymbol{r}'$ 与动系原点 O' 对定系的矢径 $\boldsymbol{r}_{O'}$ 之间存在以下关系

$$\boldsymbol{r}_M = \boldsymbol{r}_{O'} + \boldsymbol{r}' = \boldsymbol{r}_{O'} + x'\boldsymbol{i}' + y'\boldsymbol{j}' + z'\boldsymbol{k}' \tag{③}$$

将式③两端分别对时间求一阶和二阶导数，将分别得到绝对速度和绝对加速度。注意动系的单位矢量 $\boldsymbol{i}'$、$\boldsymbol{j}'$、$\boldsymbol{k}'$ 均随动系一起绕定轴 z 转动，它们的大小虽然不变，但方向却随时间在不断变化，其时间导数不为零，故

$$\begin{aligned}\boldsymbol{a}_a = \frac{\mathrm{d}^2\boldsymbol{r}_M}{\mathrm{d}t^2} &= \left(\frac{\mathrm{d}^2\boldsymbol{r}_{O'}}{\mathrm{d}t^2} + x'\frac{\mathrm{d}^2\boldsymbol{i}'}{\mathrm{d}t^2} + y'\frac{\mathrm{d}^2\boldsymbol{j}'}{\mathrm{d}t^2} + z'\frac{\mathrm{d}^2\boldsymbol{k}'}{\mathrm{d}t^2}\right)\\ &+\left(\frac{\mathrm{d}^2x'}{\mathrm{d}t^2}\boldsymbol{i}' + \frac{\mathrm{d}^2y'}{\mathrm{d}t^2}\boldsymbol{j}' + \frac{\mathrm{d}^2z'}{\mathrm{d}t^2}\boldsymbol{k}'\right) + 2\left(\frac{\mathrm{d}x'}{\mathrm{d}t}\cdot\frac{\mathrm{d}\boldsymbol{i}'}{\mathrm{d}t} + \frac{\mathrm{d}y'}{\mathrm{d}t}\cdot\frac{\mathrm{d}\boldsymbol{j}'}{\mathrm{d}t} + \frac{\mathrm{d}z'}{\mathrm{d}t}\cdot\frac{\mathrm{d}\boldsymbol{k}'}{\mathrm{d}t}\right)\end{aligned} \tag{④}$$

由式②知，式④右端第二个括号内的项即表示动点的相对加速度 $\boldsymbol{a}_r$。下面对第一个括号内的项进行分析。

由于牵连点是动系上与动点相重合的点，则它对定系的矢径应与动点对定系的矢径完全相同，即矢径仍由式③确定。但因为牵连点是动系上的点，某个牵连点对固结在自身坐标系的坐标 x'、y'、z' 的导数恒为零。动系是转动的，故 $\boldsymbol{i}'$、$\boldsymbol{j}'$、$\boldsymbol{k}'$ 对时间的导数不为零，所以牵连速度和牵连加速度分别为

$$\boldsymbol{v}_e = \frac{\mathrm{d}\boldsymbol{r}_{O'}}{\mathrm{d}t} + x'\frac{\mathrm{d}\boldsymbol{i}'}{\mathrm{d}t} + y'\frac{\mathrm{d}\boldsymbol{j}'}{\mathrm{d}t} + z'\frac{\mathrm{d}\boldsymbol{k}'}{\mathrm{d}t} \tag{⑤}$$

$$\boldsymbol{a}_e = \frac{\mathrm{d}^2\boldsymbol{r}_{O'}}{\mathrm{d}t^2} + x'\frac{\mathrm{d}^2\boldsymbol{i}'}{\mathrm{d}t^2} + y'\frac{\mathrm{d}^2\boldsymbol{j}'}{\mathrm{d}t^2} + z'\frac{\mathrm{d}^2\boldsymbol{k}'}{\mathrm{d}t^2} \tag{⑥}$$

这就说明了式④中第一个括号内的项表示动点的牵连加速度 $\boldsymbol{a}_e$。

为了计算式④右端第三个括号内的项，需要先计算 $\mathrm{d}\boldsymbol{i}'/\mathrm{d}t$、$\mathrm{d}\boldsymbol{j}'/\mathrm{d}t$、$\mathrm{d}\boldsymbol{k}'/\mathrm{d}t$，以 $\mathrm{d}\boldsymbol{k}'/\mathrm{d}t$ 为例进行分析。设 $\boldsymbol{k}'$ 的矢端为 A 点，它对定系的矢径由图 8-8 可见

$$r_A = r_{O'} + k' \tag{⑦}$$

对式⑦求导，得到

$$\boldsymbol{v}_A = \boldsymbol{v}_{O'} + \frac{\mathrm{d}\boldsymbol{k}'}{\mathrm{d}t} \tag{⑧}$$

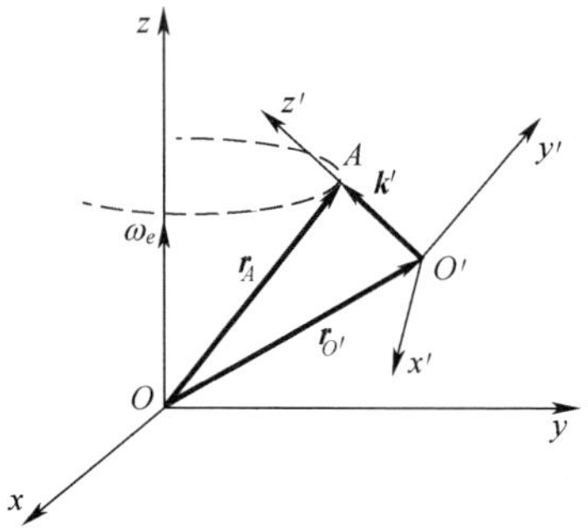

图 8-8

由于动系的运动是绕定轴 z 的转动，转动角速度矢量记为 $\boldsymbol{\omega}_e$。利用计算定轴转动刚体上点的速度公式，并利用式⑦，得到

$$\boldsymbol{v}_A - \boldsymbol{v}_{O'} = \boldsymbol{\omega}_e \times \boldsymbol{r}_A - \boldsymbol{\omega}_e \times \boldsymbol{r}_{O'} = \boldsymbol{\omega}_e \times \boldsymbol{k}' \tag{⑨}$$

由式⑧和式⑨导出

$$\frac{\mathrm{d}\boldsymbol{k}'}{\mathrm{d}t} = \boldsymbol{\omega}_e \times \boldsymbol{k}'$$

同理

$$\frac{\mathrm{d}\boldsymbol{i}'}{\mathrm{d}t} = \boldsymbol{\omega}_e \times \boldsymbol{i}', \quad \frac{\mathrm{d}\boldsymbol{j}'}{\mathrm{d}t} = \boldsymbol{\omega}_e \times \boldsymbol{j}'$$

由以上两式，并注意到式①，导出

$$\begin{aligned}\frac{\mathrm{d}x'}{\mathrm{d}t}\cdot\frac{\mathrm{d}\boldsymbol{i}'}{\mathrm{d}t} + \frac{\mathrm{d}y'}{\mathrm{d}t}\cdot\frac{\mathrm{d}\boldsymbol{j}'}{\mathrm{d}t} + \frac{\mathrm{d}z'}{\mathrm{d}t}\cdot\frac{\mathrm{d}\boldsymbol{k}'}{\mathrm{d}t} &= \frac{\mathrm{d}x'}{\mathrm{d}t}(\boldsymbol{\omega}_e \times \boldsymbol{i}') + \frac{\mathrm{d}y'}{\mathrm{d}t}(\boldsymbol{\omega}_e \times \boldsymbol{j}') + \frac{\mathrm{d}z'}{\mathrm{d}t}(\boldsymbol{\omega}_e \times \boldsymbol{k}') \\ &= \boldsymbol{\omega}_e \times \left(\frac{\mathrm{d}x'}{\mathrm{d}t}\boldsymbol{i}' + \frac{\mathrm{d}y'}{\mathrm{d}t}\boldsymbol{j}' + \frac{\mathrm{d}z'}{\mathrm{d}t}\boldsymbol{k}'\right) = \boldsymbol{\omega}_e \times \boldsymbol{v}_r\end{aligned}$$

式④右端第三个括号内的项称为科氏加速度，通常用符号 $\boldsymbol{a}_c$ 表示，即

$$\boldsymbol{a}_c = 2\boldsymbol{\omega}_e \times \boldsymbol{v}_r \tag{8-6}$$

由式④可得动点的绝对加速度为

$$\boldsymbol{a}_a = \boldsymbol{a}_e + \boldsymbol{a}_r + \boldsymbol{a}_c \tag{8-7}$$

式（8-7）为当牵连运动为转动时点的加速度合成定理：当牵连运动为转动时，动点的绝对加速度等于该瞬时动点的牵连加速度、相对加速度与科氏加速度的矢量和。可以证明，当牵连运动为刚体的其他更复杂的运动时，动点的加速度合成关系仍适用。

科氏加速度的出现，是牵连运动与相对运动相互影响的结果。根据矢积的定义，由式（8-6）可知，科氏加速度的大小为

$$\boldsymbol{a}_c = 2\omega_e v_r \sin\theta$$

式中，θ为 $\boldsymbol{\omega}_e$ 和 $\boldsymbol{v}_r$ 两矢量间的最小夹角。科氏加速度的方位与 $\boldsymbol{\omega}_e$ 和 $\boldsymbol{v}_r$ 所构成的平面相垂直，指向按右手螺旋法则确定，如图 8-9 所示。显然，当 $\theta = 0°$ 或 $180°$时，$\boldsymbol{v}_r // \boldsymbol{\omega}_e$，即当动点沿平行于动系的转轴做相对运动时，$a_c = 0$。由于地球本身绕地轴自转，因而在地球表面相对地球运动的物体，只要其速度方向不与地轴平行，则一定有科氏加速度。例如，在北半球，沿经线流动的河流的右岸易被冲刷，而在南半球则相反。这种现象可用科氏加速度来解释。如河流沿经线在北半球往北流，则河水的科氏加速度 a_c 指向左侧，如图 8-10 所示。由牛顿第二定律知，这是由于河的右岸对河水作用有向左的力。根据作用与反作用定律，河水对右岸必有反作用力，这个力称为科氏惯性力。由于这个力长年累月地作用在右岸，就使右岸出现了被冲刷的痕迹。

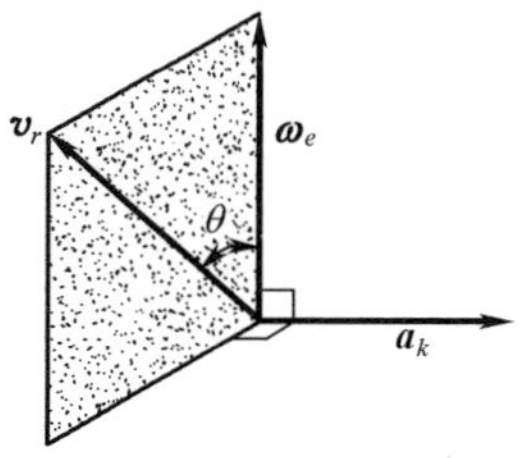

图 8-9

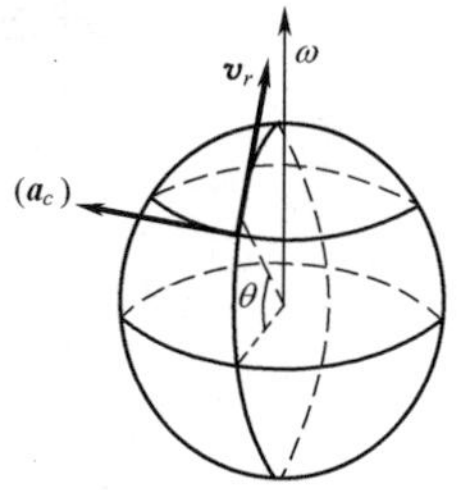

图 8-10

例 8-4　半径为 r 的转子相对于支承框架以匀角速度ω_1 绕水平轴 Ⅰ-Ⅰ 转动，此轴连同框架又以匀角速度ω_2 相对于固定铅垂轴Ⅱ-Ⅱ转动，如图 8-11（a）所示。试求转子边缘上 A、B、C、D 四点在图示位置时的科氏加速度。

解：分别取 A、B、C、D 各点为动点，动系固结在框架上，则各点的相对运动都是匀速圆周运动，绝对运动为空间曲线运动，牵连运动为框架的定轴转动。由已知条件，牵连角速度大小$\omega_e = \omega_2$，指向沿铅垂轴Ⅱ-Ⅱ向上；各点相对速度的大小相等，均为$\boldsymbol{v}_r = r\omega_1$，方向如图 8-11（b）所示。利用式（8-6）可计算各点的科氏加速度。A 点，因 $\omega_2 \perp v_{r1}$，故科氏加速度的大小为

$$a_{c1} = 2\omega_2 v_{r1} = 2r\omega_1\omega_2$$

方向由右手螺旋法则确定，垂直于转子盘面向右。B 点，因 $\omega_2 \perp v_{r2}$，故科氏加速度的大小为

$$a_{c2} = 2\omega_2 v_{r2} = 2r\omega_1\omega_2$$

方向垂直于转子盘面向左。C 点，因 $\boldsymbol{\omega}_2 // \boldsymbol{v}_{r3}$，故科氏加速度 $a_{c3}=0$。D 点，由图可见，$\boldsymbol{\omega}_2$ 与 $\boldsymbol{v}_{r4}$ 间的夹角等于30°，科氏加速度的大小为

$$a_{c4}=2\omega_2 v_{r4}\sin 30^{\circ}=r\omega_1\omega_2$$

方向由右手螺旋法则确定，具体指向应垂直于转子盘面向右。于是，可得各点科氏加速度的指向如图 8-11（b）所示。

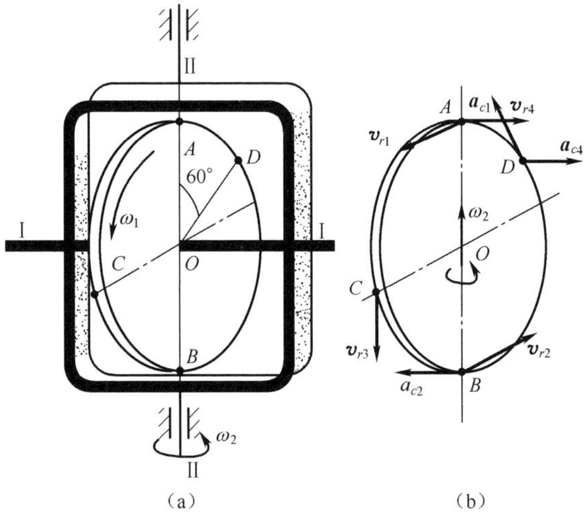

图 8-11

例 8-5 圆盘以匀角速度 $\omega=4\text{rad/s}$ 绕定轴 O 转动，滑块 M 按 $x'=2t^2$（x' 单位为 cm）的规律沿圆盘上径向滑槽 OA 滑动，如图 8-12 所示。求当 $t=1\text{s}$ 时滑块 M 的绝对加速度。

解：以滑块 M 为动点，动系固结在圆盘上，则动点的相对运动为沿 OA 的直线运动，绝对运动为平面螺线运动，牵连运动为圆盘的定轴转动。已知 M 点的相对运动方程为 $x'=2t^2$，故动点在 $t=1\text{s}$ 时位于 OA 上的 $OM=x'=2\text{cm}$ 处；相对速度的大小为 $v_r=\mathrm{d}x'/\mathrm{d}t=4t$，在 $t=1\text{s}$ 时，$v_r=4\text{cm/s}$，由于 v_r 为正值，故 v_r 的方向沿 OM 向外；相对加速度的大小为 $a_r=\mathrm{d}^2x'/\mathrm{d}t^2=4\text{cm/s}^2$，$a_r$ 为正值，故方向亦沿 OM 向外；绝对加速度的大小、方向均待求。牵连点为圆盘上的 M 点，因此牵连加速度 $\boldsymbol{a}_e=\boldsymbol{a}_e^{\tau}+\boldsymbol{a}_e^{n}$，由于圆盘匀速转动，故 $\boldsymbol{a}_e^{\tau}=\boldsymbol{0}$，$\boldsymbol{a}_e=\boldsymbol{a}_e^{n}$，其大小 $\boldsymbol{a}_e=\boldsymbol{a}_e^{n}=OM\omega^2=x'\omega^2=2t^2\omega^2$，在 $t=1\text{s}$ 时，$a_e=32\text{cm/s}^2$，方向由 M 点指向轴心 O 点。$\boldsymbol{\omega}_e=\boldsymbol{\omega}$ 垂直于盘面向外，科氏加速度的大小 $a_c=2\omega v_r$，在 $t=1\text{s}$ 时，$a_c=32\text{cm/s}^2$，方向垂直于 OA 指向左方。根据式（8-7），由图示加速度矢量的几何关系可求得滑块 M 在 $t=1\text{s}$ 时的绝对加速度大小为

$$a_a=\sqrt{(a_e-a_r)^2+a_c^2}=\sqrt{(32-4)^2+32^2}=42.5\ (\mathrm{cm/s^2})$$

它与半径 OA 方向的夹角为

$$\beta=\arctan\frac{a_c}{a_e-a_r}=\arctan\frac{8}{7}=48^\circ 49'$$

方向如图 8-12 所示。

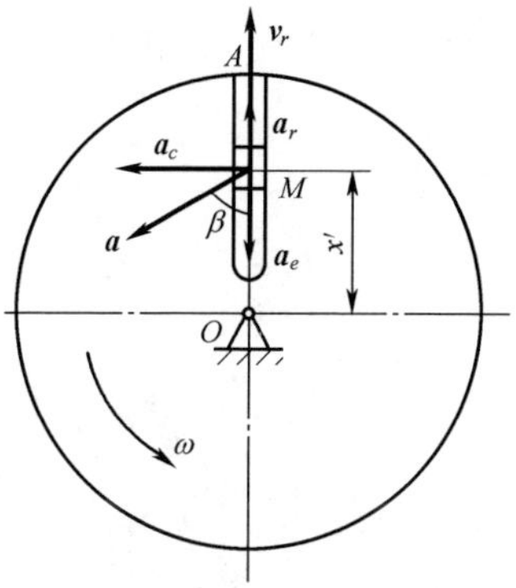

图 8-12

例 8-6　求例 8-1 中当曲柄 OA 在水平位置时摇杆 O_1B 的角加速度α_1。

解： 仍取 OA 杆 A 点为动点，动系固结在 O_1B 杆上。三种运动和三种速度的分析同例 8-1。

牵连运动为转动。动点的绝对运动是以 O 点为圆心的匀速圆周运动，故 $\boldsymbol{a}_a^\tau=\boldsymbol{0}$，$\boldsymbol{a}_a=\boldsymbol{a}_a^n$，大小为$\boldsymbol{a}_a=\boldsymbol{a}_a^n=r\omega^2$，方向由 A 点指向 O 点。相对运动是沿 O_1B 的直线运动，由例 8-1 的速度平行四边形可求得当$\varphi=90^\circ$时，$v_r=rl\omega/\sqrt{l^2+r^2}$，方向沿 O_1B 指向上方，相对加速度$\boldsymbol{a}_r$的大小未知，方向沿 O_1B 直线。由于牵连点做以 O_1 点为圆心的圆周运动，故牵连加速度 $\boldsymbol{a}_e=\boldsymbol{a}_e^\tau+\boldsymbol{a}_e^n$，其中 $\boldsymbol{a}_e^\tau$ 的大小 $a_e^\tau=O_1A_1\alpha_1$，方向垂直于 O_1B，$\boldsymbol{a}_e^n$ 的大小 $a_e^n=O_1A\omega_1^{\,2}$，方向由 A 点指向 O_1 点。由例 8-1 可求得当$\varphi=90^\circ$时，$\omega_1=r^2\omega/(l^2+r^2)$，$\omega_1$矢量垂直于纸面朝外。科氏加速度的大小为

$$a_c=2\omega_1 v_r\sin 90^\circ=2\omega_1 v_r=2\frac{r^2\omega}{l^2+r^2}\frac{rl\omega}{\sqrt{l^2+r^2}}=2\frac{lr^3\omega^2}{(l^2+r^2)^{3/2}}$$

方向垂直于 O_1B 指向左方。

若设$\boldsymbol{a}_r$与$\boldsymbol{a}_e^\tau$的指向如图 8-13 所示，则可画出加速度矢量图如图 8-13 所示。为求α_1，应求$\boldsymbol{a}_e^\tau$。为此，将$\boldsymbol{a}_a=\boldsymbol{a}_e^\tau+\boldsymbol{a}_e^n+\boldsymbol{a}_r+\boldsymbol{a}_c$向垂直于 O_1B 的方向投影，得

$$a_a\cos\beta=-a_e^\tau+a_c$$

即

$$r\omega^2 \frac{l}{\sqrt{l^2+r^2}} = -\sqrt{l^2+r^2}\alpha_1 + \frac{2lr^3\omega^2}{(l^2+r^2)^{3/2}}$$

解得

$$\alpha_1 = \frac{lr(r^2-l^2)}{(l^2+r^2)^2}\omega^2$$

由于$(r^2-l^2)<0$，故α_1为负值，说明α_1的真实转向应与图中由$\boldsymbol{a}_e^\tau$所确定的转向相反，即为逆时针转向。

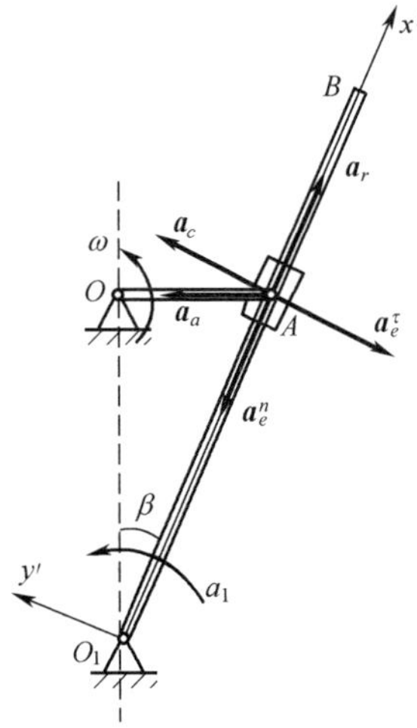

图 8-13

习　　题

8-1　在题 8-1 图所示的平面铰接四边形机构中，$O_1A = O_2B = 10\text{cm}$，$O_1O_2 = AB$，杆$O_1A$以$\omega = 2\text{rad/s}$绕$O_1$轴做匀速转动。$AB$杆上有一套筒$C$，此套筒与$CD$杆相铰接。求当$\varphi = 60°$时$CD$杆的速度。

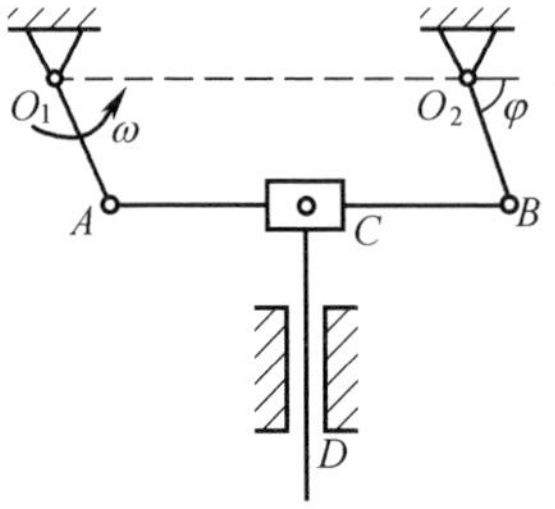

题 8-1 图

8-2　题 8-2 图所示的摇杆 OC 绕 O 轴摆动，通过固定在齿条 AB 上的销子 K 带动齿条平动，而齿条又带动半径为 10cm 的齿轮 D 绕固定轴转动。如 $l=40\text{cm}$，摇杆的角速度 $\omega=0.5\text{rad/s}$，求 $\varphi=30°$ 时齿轮的角速度 ω_1。

8-3　杆 OA 长 l，由推杆推动而在题 8-3 图所示的平面内绕点 O 转动。假定推杆的速度为 $\boldsymbol{v}$，其弯头高为 a。试求杆端的速度大小（表示为由推杆至点 O 的距离 x 的函数）。

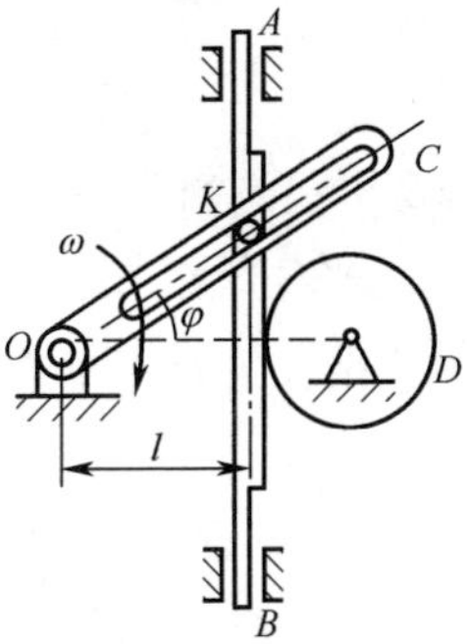

题 8-2 图

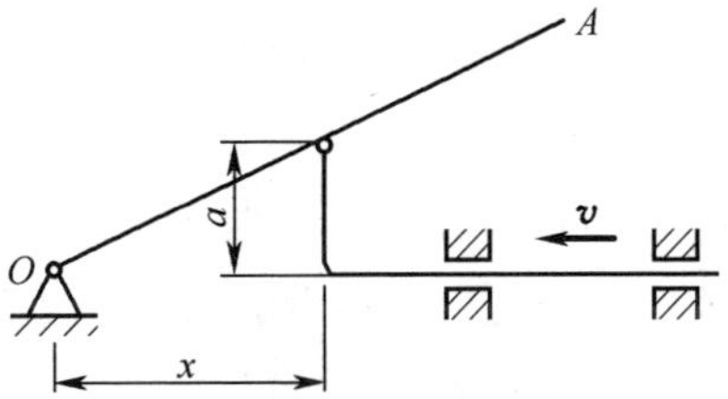

题 8-3 图

8-4　在题 8-4 图所示的两种机构中，已知 $O_1O_2=a=200\text{ mm}$，$\omega_1=3\text{ rad/s}$。求图示位置时杆 O_2A 的角速度。

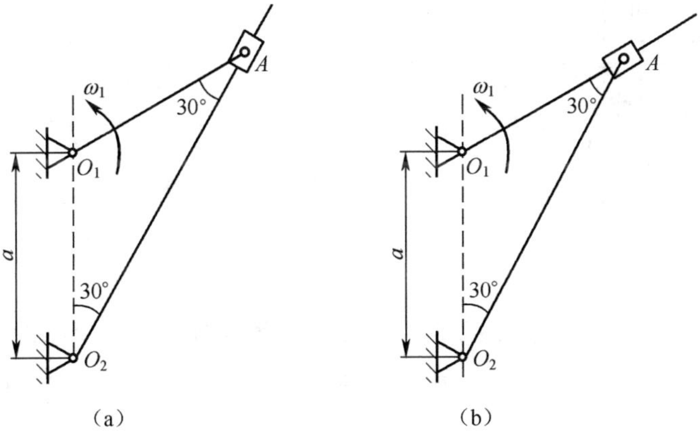

题 8-4 图

8-5　在题 8-5 图所示的曲柄滑道机构中，曲柄长 $OA=r$，并以等角速度 ω 绕 O 轴转动。装在水平杆上的滑槽 DE 与水平线成 60° 角。求当曲柄与水平线的交角 $\varphi=0°$、30°、60° 时杆 BC 的速度。

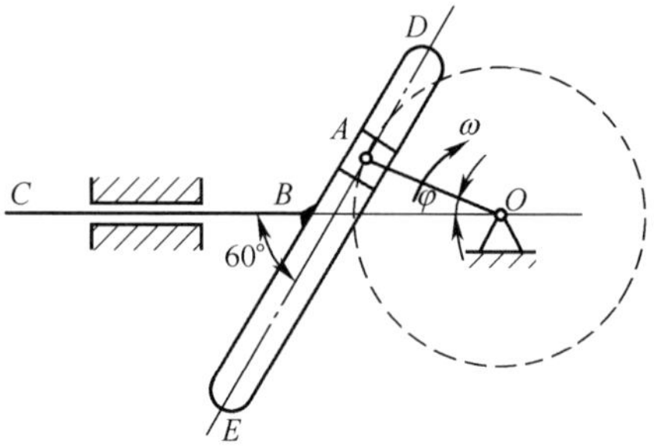

题 8-5 图

8-6 平底顶杆凸轮机构如题 8-6 图所示，顶杆 AB 可沿导轨上下移动，偏心圆盘绕 O 轴转动，轴 O 位于顶杆轴线上。工作时顶杆的平底始终接触凸轮表面。该凸轮半径为 R，偏心距 $OC=e$，凸轮绕 O 轴转动的角速度为 ω，OC 与水平线成夹角 φ。求当 $\varphi=0°$ 时顶杆的速度。

8-7 题 8-7 图所示的半圆凸轮以速度 $\boldsymbol{v}$ 做匀速平动，杆 OA 长 l，凸轮半径 $r=l$，杆 OA 上 A 点始终与凸轮表面接触。当 $\varphi=30°$ 时求 OA 杆的角速度与角加速度。

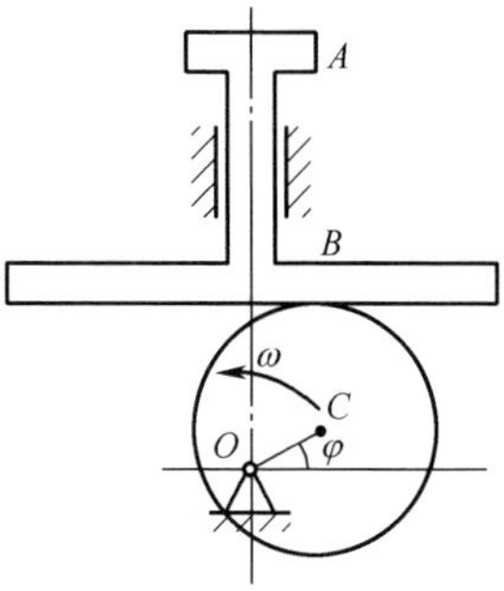

题 8-6 图

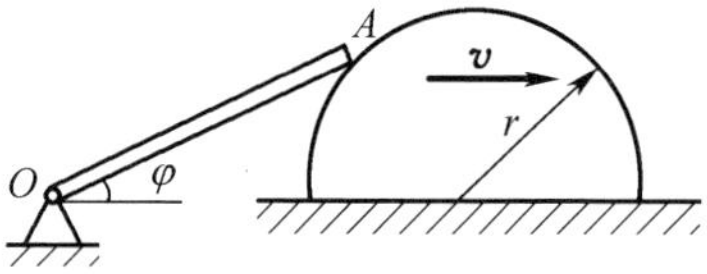

题 8-7 图

8-8 四连杆机构由杆 O_1A、O_2B 及半圆形平板 ADB 组成，各构件均在题 8-8 图所示的平面内运动。动点 M 沿圆弧运动，起点为 B。已知 $O_1A=O_2B=18\text{cm}$，半圆形平板半径 $R=18\text{cm}$，$\varphi=\dfrac{\pi}{18}t$，$s=\widehat{BM}=\pi t^2\text{cm}$。求 $t=3\text{s}$ 时 M 点的绝对速度和绝对加速度。

8-9 题 8-9 图所示的小环 M 套在半径 $OC=r=12\text{cm}$ 的固定半圆环和做平动的直杆 AB 上，当 $OB=BC=6\text{cm}$ 的瞬时，AB 杆以速度 3cm/s 和加速度 3cm/s^2 向右加速运动。试求小环 M 的相对速度和相对加速度。

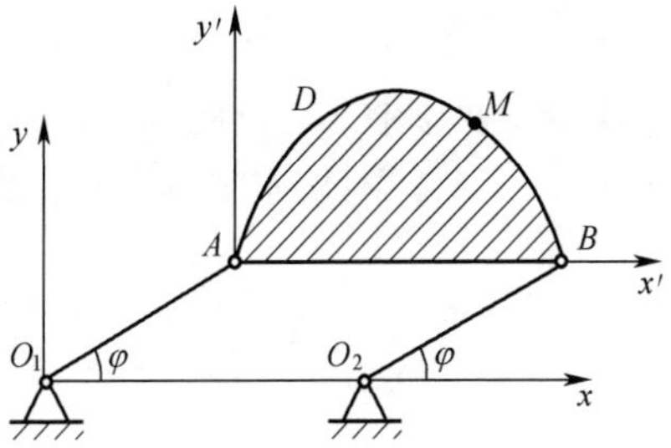

题 8-8 图

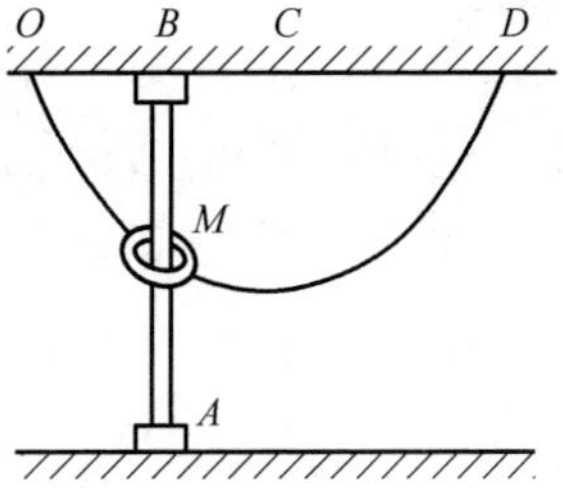

题 8-9 图

8-10　在题 8-10 图所示的滑道摇杆机构中，当曲柄 OC 以等角速度 ω 绕 O 轴转动时，套筒 A 在曲柄 OC 上移动并带动铅直杆 AB 在导板 K 中运动，距离 $OK = l$ 。求曲柄 OC 与水平夹角为 φ 时杆 AB 的速度和加速度。

8-11　圆盘按方程 $\varphi = 1.5t^2$ 绕垂直于圆盘平面的 O 轴转动，其上一点 M 沿圆盘半径按方程 $S = OM = 1 + t^2$ 运动，式中 φ 以 rad 计，t 以 s 计，S 以 cm 计，如题 8-11 图所示。求当 $t = 1\text{s}$ 时点 M 的绝对加速度。

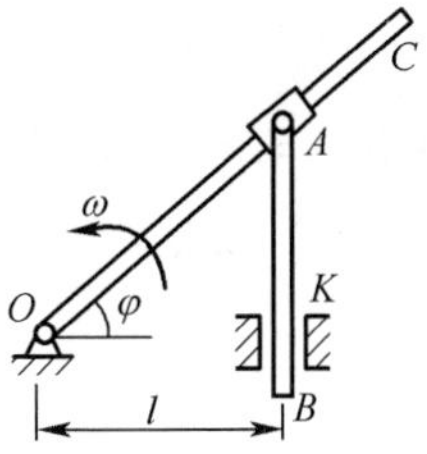

题 8-10 图

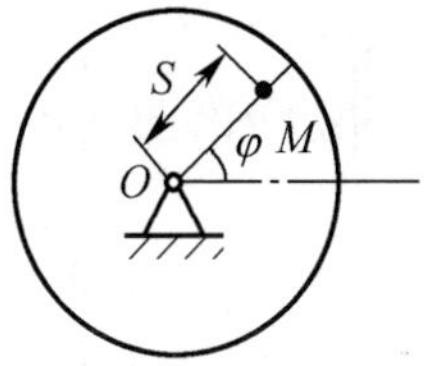

题 8-11 图

8-12　题 8-12 图所示的圆盘以角速度 $\omega = 2t$ rad/s 绕 AB 轴转动，点 M 由盘心 O 沿半径向盘边运动，其运动规律为 $OM = 40t^2$ ，其中长度以 mm 计，时间以 s 计。求 $t = 1\text{s}$ 时点 M 的绝对加速度。

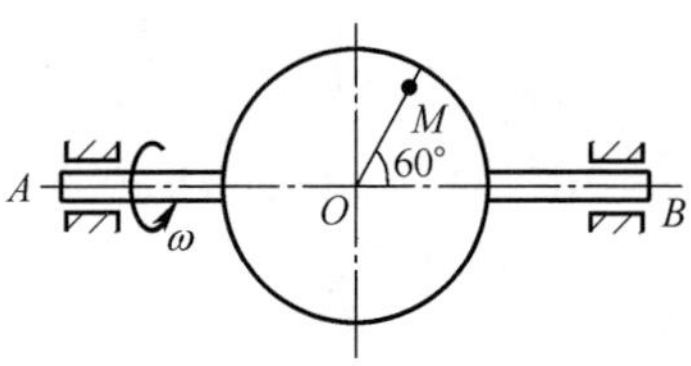

题 8-12 图

8-13　题 8-13 图所示半径为 r 的空心圆环固结于 AB 轴上，并与轴线在同一平面内，圆环内充满液体，液体按箭头方向以相对速度 $\boldsymbol{v}$ 在环内做匀速运动。如从点 B 顺轴向点 A 看去，AB 轴做逆时针方向转动，且转动的角速度 ω 保持不变。

求在 1、2 点处液体的绝对加速度。

8-14 题 8-14 图所示的曲杆 OBC 绕 O 轴转动，使套在其上的小环 M 沿固定直杆 OA 滑动。已知：$OB = 10\text{cm}$，OB 与 BC 垂直，曲杆的角速度 $\omega = 0.5\text{rad/s}$。求当 $\varphi = 60°$ 时小环 M 的速度和加速度。

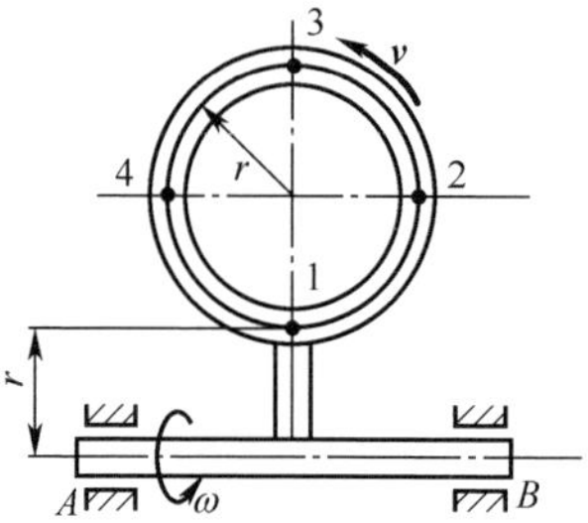

题 8-13 图

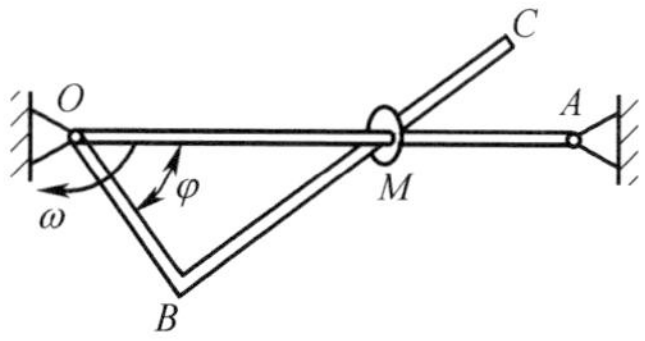

题 8-14 图

8-15 如题 8-15 图所示，曲柄长 $OA = 400\text{ mm}$，以等角速度 $\omega = 0.5\text{ rad/s}$ 绕 O 轴逆时针转动。曲柄的 A 端推动水平板 B 使滑杆 C 沿铅直方向上升。当曲柄与水平线间的夹角 $\theta = 30°$ 时，试求滑杆 C 的速度和加速度。

8-16 题 8-16 图所示半径为 R 的半圆形凸轮 D 以等速 $\boldsymbol{v}_0$ 沿水平线向右运动，带动从动杆 AB 沿铅直方向上升。求 $\varphi = 30°$ 时 AB 杆的速度和加速度。

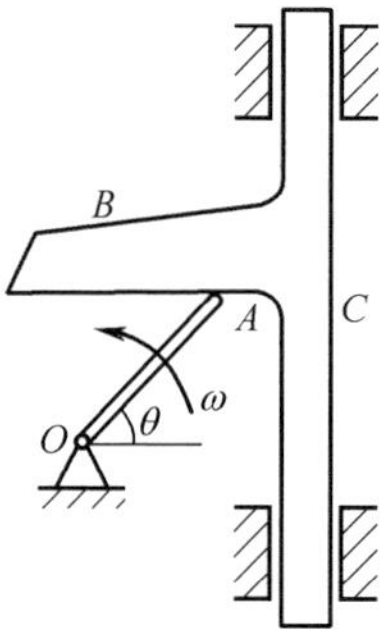

题 8-15 图

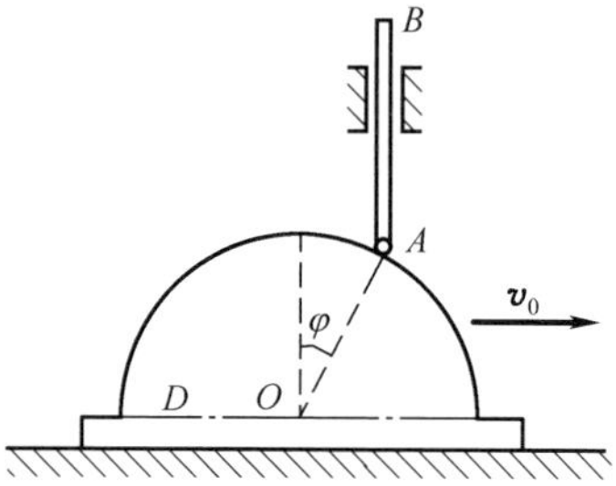

题 8-16 图

第9章　刚体的平面运动

在前面章节中讨论了刚体的两种基本运动，但工程实际中刚体的运动还有其他更为复杂的形式，本章将以刚体的两种基本运动为基础，运用运动合成与分解的方法，研究刚体的一种较为复杂的运动——平面运动。首先研究刚体平面运动的整体运动描述和性质，然后以此为基础研究其上一点的运动情况。

9.1　刚体平面运动的概述和运动分解

1. 刚体平面运动的概念

平移与定轴转动是工程中最常见、最简单的刚体运动，但工程机械中有很多零件的运动既不是平移，也不是定轴转动，例如曲柄连杆机构中连杆 AB 的运动（图 9-1）、行星齿轮机构中齿轮 A 的运动（图 9-2）、沿直线行驶时车轮的运动（图 9-3）、擦黑板时黑板擦在黑板面内的运动等。观察这些刚体的运动可以发现，刚体内任意一条直线的方向不能始终与它的最初位置平行，而且也找不到一条始终不动的直线，可见这些刚体的运动既不是平移，也不是定轴转动，但这些刚体的运动有一个共同的特点，即在刚体运动过程中，其上任意一点与某一固定平面始终保持相等的距离，这种运动称为刚体的平面运动。显然，做平面运动的刚体上的任意一点都在与某一固定平面平行的平面内运动。

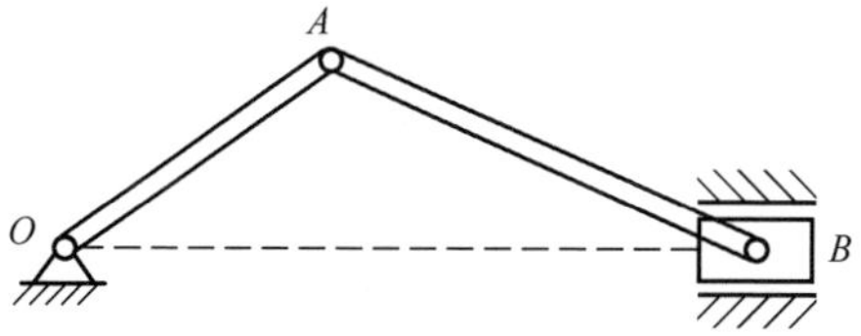

图 9-1

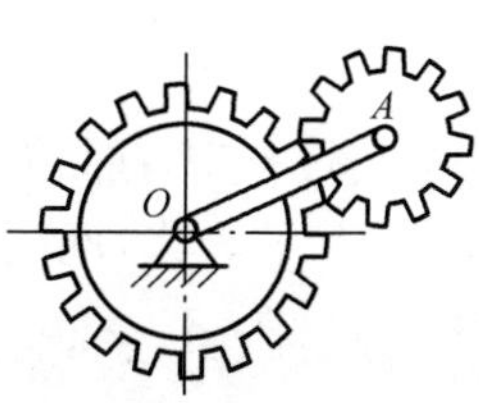

图 9-2

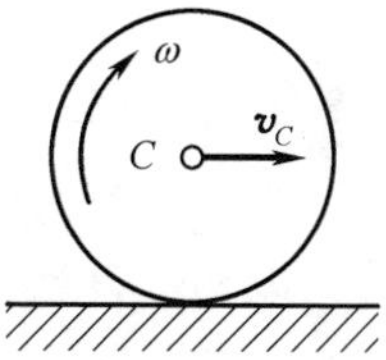

图 9-3

2. 刚体平面运动力学模型的简化

为了使问题简化，又能得到正确结果，需要将做平面运动的一般刚体模型做进一步的简化。

图 9-4 所示为做平面运动的一般刚体，刚体上任意一点到固定平面 S_1 的距离保持不变，过刚体上任意点 A 作平面 S_2 平行于 S_1，与刚体相交得截面 S，该截面称为平面运动刚体的平面图形。刚体运动时，平面图形 S 始终在平面 S_2 内运动，且刚体上过点 A 并垂直于平面 S_1 和 S_2 的直线做平移，因此直线上 A_1、A_2、A_3、…各点的运动与点 A 的运动完全相同，所以点 A 的运动可以代表此直线上所有点的运动。这样，平面图形 S 的运动就能完全代表该刚体的运动。于是，做平面运动的一般刚体模型便简化为平面图形 S 在它自身平面内的运动。

3. 刚体平面运动的分解

平面图形 S 在其平面上的位置完全可由图形内任意直线 $O'M$ 的位置来确定（图 9-5），而要确定此直线在平面内的位置，就要确定点 O' 的位置 $(x_{O'}, y_{O'})$ 及直线 $O'M$ 在该平面的方位（直线与水平线夹角 φ）。

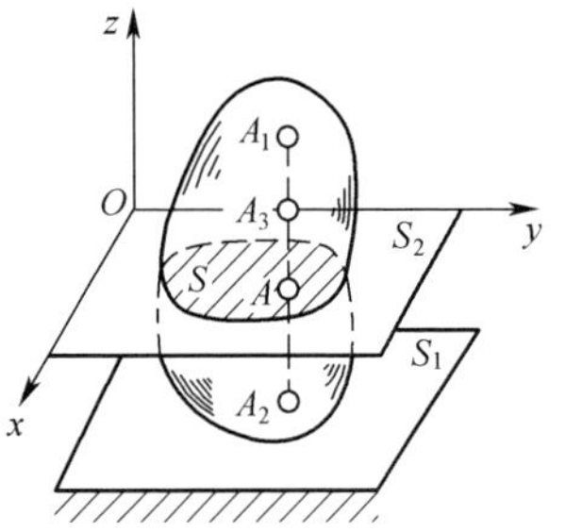

图 9-4

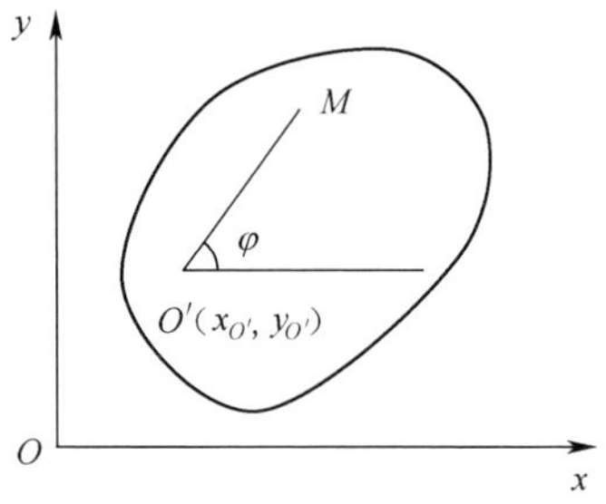

图 9-5

点 O' 的坐标 $(x_{O'}, y_{O'})$ 和角度 φ 都是时间 t 的单值连续函数，即

$$\left.\begin{aligned} x_{O'} &= f_1(t) \\ y_{O'} &= f_2(t) \\ \varphi &= f_3(t) \end{aligned}\right\} \tag{9-1}$$

式（9-1）表示了平面图形运动过程中随时间变化的位置，也就是平面运动刚体的运动方程。

由图 9-5 和式（9-1）可以看出，平面图形 S 在运动的过程中，若角度 φ 保持不变，只是 O' 点的坐标 $x_{O'}$、$y_{O'}$ 随时间变化，则图形 S 上任一直线 $O'M$ 在运动过程中始终与其最初位置平行，即图形按点 O' 的运动方程 $x_{O'} = f_1(t)$、$y_{O'} = f_2(t)$ 做平移；若 O' 点的坐标 $x_{O'}$、$y_{O'}$ 保持不变，只是角度 φ 随时间变化，则图形 S 绕点 O'

按转角 $\varphi = f_3(t)$ 转动。由此可见，刚体平面运动可看作是平移和转动的合成运动，或者说刚体平面运动可分解为平移和转动，故可用上一章合成运动的观点来研究刚体的平面运动。

我们以沿直线行驶的车轮（图 9-6）为例来研究刚体平面运动的分解。以地面为定系 xOy，车轮的绝对运动是平面运动。取车厢为动参考体，在轮心上固结动参考系 $x'O'y'$，则车厢的平移是牵连运动，车轮绕平移参考系原点即轮心 O' 的转动是相对运动。因此，车轮的平面运动可看作是跟随动系的平移与相对于动系的转动的合成。

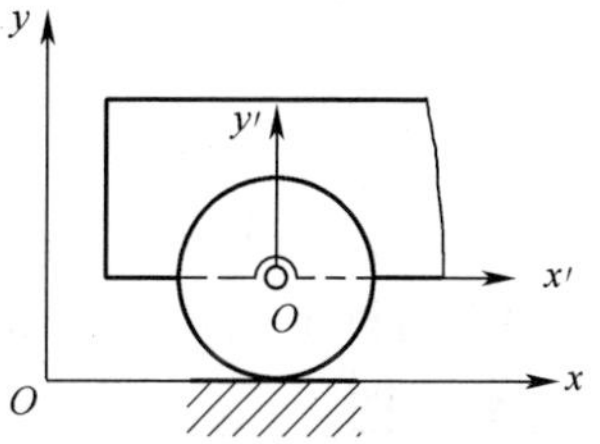

图 9-6

为了实现平面运动的分解，可在平面图形上任取一点 O'，称为基点，在基点上假想地安上一个平移的动参考系 $x'O'y'$，当平面图形运动时，动系 $x'O'y'$ 随同基点 O' 一起平移。于是，平面图形的平面运动（绝对运动）可看成为随同基点的平移（牵连运动）和绕基点的转动（相对运动）这两部分运动的合成。

设有平面图形 S 在定系 xOy 平面中运动，如图 9-7 所示。平面图形 S 从 t 时刻的位置Ⅰ运动到 $t+\Delta t$ 时刻的位置Ⅱ，图中两条曲线分别是点 A、B 的运动轨迹。分别以 A 为基点建立平移参考系 $x'Ay'$，以 B 为基点建立平移参考系 $x''By''$。分析平面图形 S 从位置Ⅰ到位置Ⅱ的运动过程，可以得出以下结论：

（1）平面图形运动（绝对运动）可以分解为跟随在任选基点上建立的平移系的平移（牵连运动）和相对此平移系的转动（相对运动）。从图 9-7 可以看出，S 上的直线 AB 从位置Ⅰ运动到位置Ⅱ的 $A'B'$，可以先跟随平移参考系 $x'Ay'$ 平移到 $A'B''$（$AB /\!/ A'B''$），然后再相对 A' 转过角度 $\Delta\varphi_1$；或者，直线 AB 先跟随平移参考系 $x''By''$ 平移到 $A''B'$（$AB /\!/ A''B'$），然后再相对 B' 转过角度 $\Delta\varphi_2$。

（2）将平面图形运动分解为平移和转动时，平移规律与基点的选择有关，转动规律却与基点的选择无关。在图 9-7 中，当选择点 A 和点 B 为基点时，由于点 A 与点 B 是平面运动图形上的两点，它们的轨迹、速度和加速度均不相同，牵连运动不同，随基点平移的规律自然不同，例如图 9-1 所示连杆上的点 B 做直线运动，点 A 做圆周运动。但因为 $A''B' \parallel A'B''$，所以相对不同基点转过的角度大小、方向都是相同的，即

$$\Delta\varphi_1 = \Delta\varphi_2 = \Delta\varphi$$

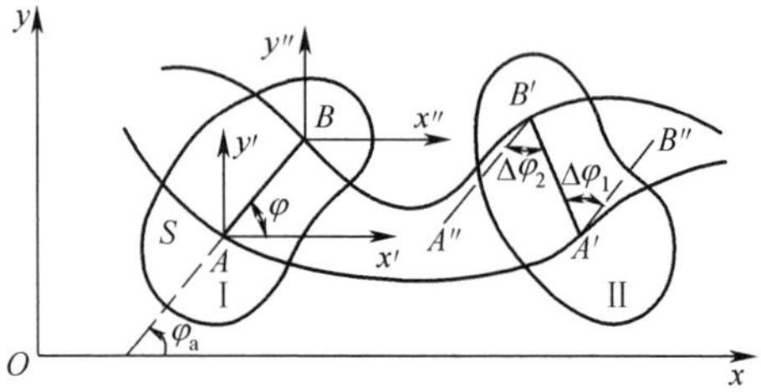

图 9-7

（3）平面图形相对在任选基点上所建立的平移系转过的角度对时间的变化率称为平面图形的角速度，角速度对时间的变化率称为平面图形的角加速度，有

$$\omega_1 = \lim_{\Delta t \to 0} \frac{\Delta\varphi_1}{\Delta t} = \lim_{\Delta t \to 0} \frac{\Delta\varphi}{\Delta t} = \frac{\mathrm{d}\varphi}{\mathrm{d}t}, \quad \omega_2 = \lim_{\Delta t \to 0} \frac{\Delta\varphi_2}{\Delta t} = \lim_{\Delta t \to 0} \frac{\Delta\varphi}{\Delta t} = \frac{\mathrm{d}\varphi}{\mathrm{d}t}$$

即
$$\omega_1 = \omega_2$$

因为
$$\alpha_1 = \dot{\omega}_1, \quad \alpha_2 = \dot{\omega}_2$$

得
$$\alpha_1 = \alpha_2$$

于是可得结论：平面图形的角速度和角加速度与基点的选择无关，无论选择哪一点作为基点，平面图形绕基点转动的角速度和角加速度都相同。因此，以后凡是讲到平面图形相对于某平移系的角速度和角加速度时，无须标明绕哪一点转动或选哪一点为基点，而直接称为平面图形的角速度和角加速度。

（4）由于平移系相对定参考系无方位变化，所以平面图形相对平移系的角速度和角加速度就是它的绝对角速度和绝对角加速度。即在 t 瞬时有如下关系：

$$\varphi(t) = \varphi_a(t), \quad \omega(t) = \omega_a(t), \quad \alpha(t) = \alpha_a(t)$$

综上所述，平面运动可分解为随基点的平移和绕基点的转动，其中随基点平移的速度和加速度与基点的选择有关，而绕基点转动的角速度和角加速度与基点的选择无关。

9.2 平面图形上各点的速度分析和瞬时速度中心的概念

1. 基点法

依据运动合成的概念，假如将一坐标系固定在基点上，则刚体的平面运动可

分解为随基点的平移（牵连运动）和绕基点的转动（相对运动）。于是，所研究的平面图形内任意一点的运动也可用点的合成运动的概念分析，继而利用速度合成定理求出平面图形上任意一点的速度。

在做平面运动的刚体上任选一基点，固定于基点的动参考系始终做平移运动，在此基础上先分解刚体的运动，再分析刚体上点的运动的方法称为基点法。

如图 9-8 所示的平面图形 S 做平面运动，假设某瞬时平面图形 S 上点 A 的速度为 $\boldsymbol{v}_A$，平面图形的角速度为 ω，欲求平面图形 S 上任意一点 B 在该瞬时的速度。

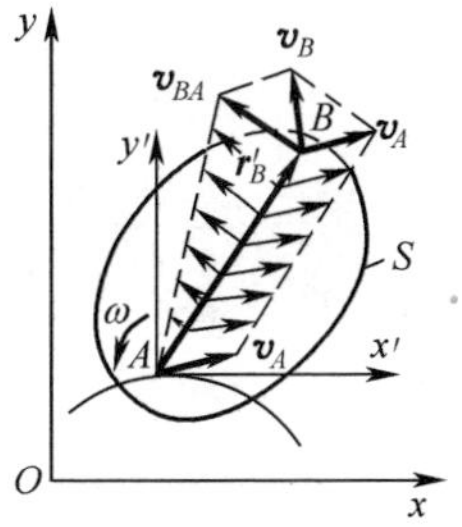

图 9-8

选取 A 为基点，建立平移动参考系 $x'Ay'$，将平面图形 S 的运动分解为随基点 A 的平移和绕基点 A 的转动。于是，点 B 的绝对运动（平面曲线运动）也就被分解成牵连运动为随基点的平移和相对运动为以基点 A 为圆心的圆周运动。因为牵连运动为平移，所以点 B 的牵连速度等于基点 A 的速度，即 $\boldsymbol{v}_e=\boldsymbol{v}_A$；又因为相对运动是以基点 A 为圆心的圆周运动，所以 $\boldsymbol{v}_r=\boldsymbol{v}_{BA}$。对平面图形 S 上的任意一点 B，由点的速度合成定理，有

$$\boldsymbol{v}_B=\boldsymbol{v}_A+\boldsymbol{v}_{BA} \tag{9-2}$$

式中，$\boldsymbol{v}_{BA}$ 表示点 B 相对于点 A 的相对速度，其大小为

$$v_{BA}=AB\cdot\omega$$

它的方向垂直于 AB，且朝向图形转动的一方。

式（9-2）表明，平面图形内任意一点的速度等于基点的速度与该点绕基点转动速度的矢量和。

图 9-8 中，还画出了平面图形 S 上任一线段 AB 上各点的牵连速度与相对速度的分布。AB 上各点的牵连速度均相同，呈均匀分布，而相对速度依该点到基点 A 的距离呈线性分布。

式（9-2）中包含三个速度矢量：$\boldsymbol{v}_A$、$\boldsymbol{v}_B$ 和 $\boldsymbol{v}_{BA}$，大小和方向共计六个要素，要使问题可解一般需要已知其中的四个要素。由于相对速度 $\boldsymbol{v}_{BA}$ 的方向总是已知的，它垂直于 AB 连线。因此，只需再知道任意其他三个要素，便可作出速度平行四边形，求解剩余的两个要素。总之，用基点法求平面图形上点的速度只是速度合成定理的具体应用而已。

例 9-1　椭圆规尺的 A 端以速度 $\boldsymbol{v}_A$ 沿 x 轴的负向运动，如图 9-9 所示，$AB=l$。求 B 端的速度及尺 AB 的角速度。

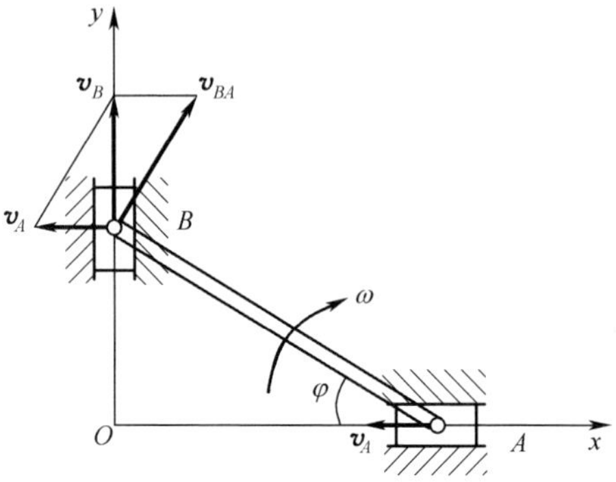

图 9-9

解：尺 AB 做平面运动，已知 $\boldsymbol{v}_A$ 的大小和方向以及 $\boldsymbol{v}_B$ 的方向，若选点 A 为基点，则 $\boldsymbol{v}_{BA}$ 的方向垂直于 AB，共有四个要素是已知的，所以可用基点法求解，作速度平行四边形时应使 $\boldsymbol{v}_B$ 位于平行四边形的对角线上。

$$\boldsymbol{v}_B = \boldsymbol{v}_A + \boldsymbol{v}_{BA}$$

由图中几何关系可得

$$v_B = v_A \cot\varphi$$

$$v_{BA} = \frac{v_A}{\sin\varphi}$$

由于 $v_{BA} = AB \cdot \omega$，可得

$$\omega = \frac{v_{BA}}{AB} = \frac{v_{BA}}{l} = \frac{v_A}{l\sin\varphi}$$

比较用基点法求 AB 杆上任一点速度与用点的运动中直角坐标法求 AB 杆上任一点速度的区别。

例 9-2 四连杆机构如图 9-10 所示。设曲柄长 $OA = 0.5\text{m}$，连杆长 $AB = 1\text{m}$，曲柄以匀角速度 $\omega = 4\ \text{rad/s}$ 做顺时针转动。试求图示瞬时点 B 的速度、连杆 AB 及摇杆 BC 的角速度。

解：连杆 AB 做平面运动，曲柄 OA 及摇杆 BC 做定轴转动。

以点 A 为基点，点 B 的速度为

$$\boldsymbol{v}_B = \boldsymbol{v}_A + \boldsymbol{v}_{BA}$$

式中，$v_A = OA \cdot \omega = 2\ \text{m/s}$，方向垂直于 OA，指向如图所示；$\boldsymbol{v}_B$ 大小未知，方向垂直于摇杆 BC；$\boldsymbol{v}_{BA}$ 方向垂直于连杆 AB，大小未知。上式中四个要素是已知的，可以作出其速度平行四边形，应使 $\boldsymbol{v}_B$ 位于平行四边形的对角线上。由几何关系可得此瞬时点 B 的速度为

$$v_B = v_A \cos 30° = 1.732\ （\text{m/s}）$$

方向如图所示。

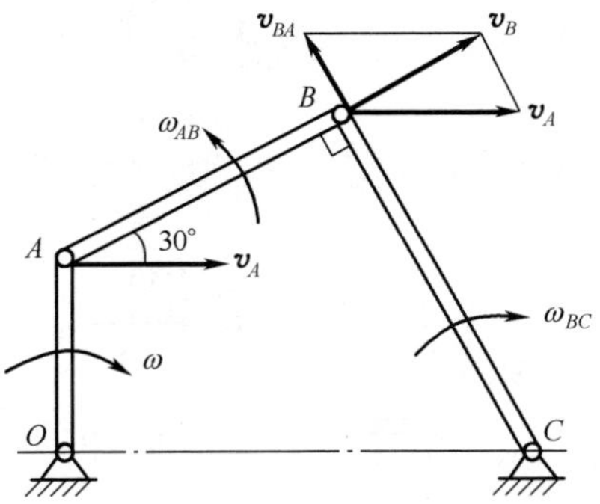

图 9-10

此瞬时 BC 杆的角速度为

$$\omega_{BC}=\frac{v_B}{BC}=1.5\ \text{（rad/s）}$$

为顺时针转向，如图所示。

B 点相对基点 A 的速度

$$v_{BA}=v_A\sin 30°=1\ \text{（m/s）}$$

所以 AB 杆在此瞬时的角速度为

$$\omega_{AB}=\frac{v_{BA}}{AB}=1\ \text{（rad/s）}$$

为逆时针转向，如图所示。

2. 速度投影定理法

将式（9-2）两边各速度矢量分别向 AB 连线上投影，注意到 $\boldsymbol{v}_{BA}$ 的方向总是垂直于 AB 连线，如图 9-11 所示，则有

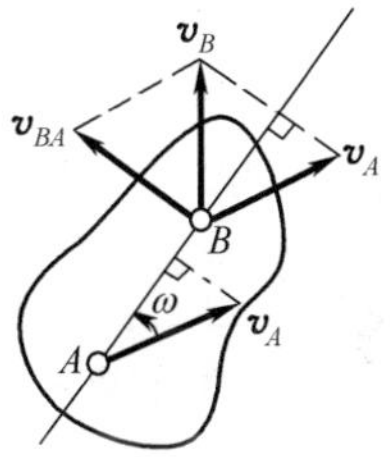

图 9-11

$$(\boldsymbol{v}_B)_{AB}=(\boldsymbol{v}_A)_{AB} \tag{9-3}$$

式中，$(\boldsymbol{v}_B)_{AB}$、$(\boldsymbol{v}_A)_{AB}$ 分别表示 $\boldsymbol{v}_B$、$\boldsymbol{v}_A$ 在 AB 连线上的投影。

式（9-3）表明，同一平面图形上任意两点的速度在这两点连线上的投影相等，这称为速度投影定理。利用速度投影定理求平面图形上任一点速度的方法称为速度投影定理法。

此定理也可按如下理由说明：平面图形是从刚体上截取的，A、B 两点间的距离应保持不变，所以这两点的速度在 AB 方向的分量必须相同，否则线段 AB 不是伸长就是缩短。因此，速度投影定理不仅适用于刚体做平面运动，也适用于刚体做其他任意的运动，它反映了刚体的基本特性。运用速度投影定理法求解平面图形上点的速度有时是很方便的。但由于其中没有涉及相对速度 $\boldsymbol{v}_{BA}$ ，故此定理不能求解平面图形的角速度。

例 9-3 曲柄连杆机构如图 9-12 所示， $OA=r$ ， $AB=\sqrt{3}r$ 。如曲柄 OA 以匀角速度 ω 转动，求当 $\varphi=60°$、 0°、 90° 时点 B 的速度。

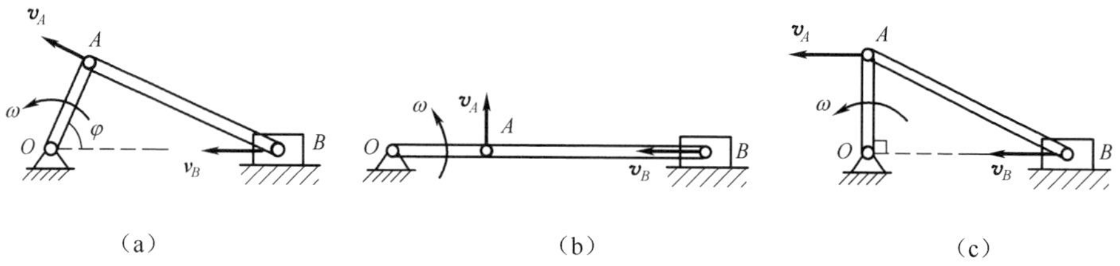

图 9-12

解：连杆 AB 做平面运动，已知 A 点速度的大小和方向以及 B 点速度的方向，可用速度投影定理法求解。

由速度投影定理有

$$(\boldsymbol{v}_B)_{AB}=(\boldsymbol{v}_A)_{AB}$$

当 $\varphi=60°$ 时，由于 $AB=\sqrt{3}OA$ ， OA 恰与 AB 垂直，则

$$v_B\cos 30°=v_A$$

解得

$$v_B=\frac{v_A}{\cos 30°}=\frac{2\sqrt{3}}{3}\omega r$$

如图 9-12（a）所示。

当 $\varphi=0°$ 时， $\boldsymbol{v}_A$ 垂直于 AB，则 $v_B=0$ ，如图 9-12（b）所示。

当 $\varphi=90°$ 时， $\boldsymbol{v}_A$ 与 $\boldsymbol{v}_B$ 方向一致，显然有 $v_B=v_A=\omega r$ ，如图 9-12（c）所示。

3. 瞬时速度中心法

（1）瞬时速度中心的概念。一般情况下，在每一瞬时平面运动图形上都唯一存在一个速度为零的点。该点称为瞬时速度中心，简称速度瞬心。

证：如图 9-13 所示，设有一平面图形 S，已知某瞬时点 A 的速度为 $\boldsymbol{v}_A$，平面图形 S 的角速度为 ω 。选 A 为基点，由基点法可得图形上任一点 M 的速度为

$$\boldsymbol{v}_M=\boldsymbol{v}_A+\boldsymbol{v}_{MA}$$

若点 M 位于 $\boldsymbol{v}_A$ 的垂线 AN 上，由图可以看出， $\boldsymbol{v}_{MA}$ 与 $\boldsymbol{v}_A$ 共线反向，故有

$$v_M=v_A-\omega\cdot AM$$

又因为各点的相对速度呈线性分布，牵连速度均匀分布，所以随着点 M 在垂线 AN 上的位置不同 $\boldsymbol{v}_M$ 的大小也不同，只要角速度不等于零，必唯一存在一

点 C，使

$$v_C = v_A - \omega \cdot AC = 0$$

于是定理得证。

C 点的位置可由下式求出，即

$$AC = \frac{v_A}{\omega}$$

速度瞬心既可能位于图形之内，也可能位于图形之外的延拓部分上。

（2）瞬时速度中心的意义和平面图形内各点的速度及其分布。若已知平面图形在某瞬时的速度瞬心 C，以速度瞬心 C 为基点，则图 9-14 中 A、B、D 各点的速度为

$$\boldsymbol{v}_A = \boldsymbol{v}_C + \boldsymbol{v}_{AC} = \boldsymbol{v}_{AC}$$

$$\boldsymbol{v}_B = \boldsymbol{v}_C + \boldsymbol{v}_{BC} = \boldsymbol{v}_{BC}$$

$$\boldsymbol{v}_D = \boldsymbol{v}_C + \boldsymbol{v}_{DC} = \boldsymbol{v}_{DC}$$

由上式可知，平面图形内任一点的速度等于该点随图形绕瞬时速度中心转动的速度。

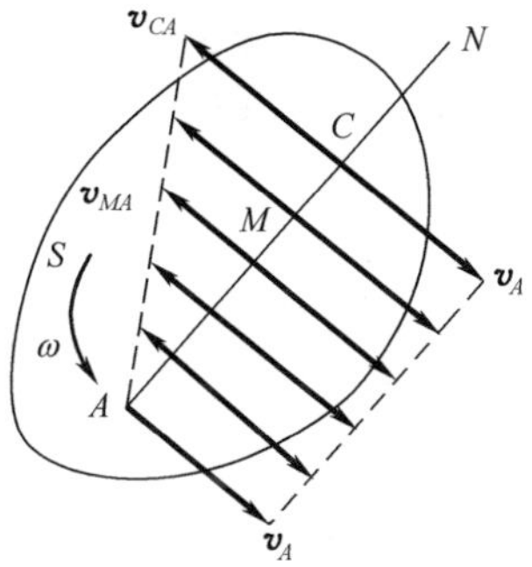

图 9-13

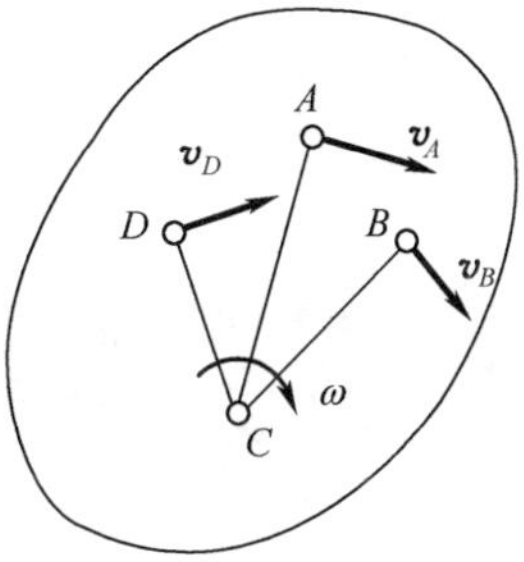

图 9-14

若平面图形的角速度为 ω，则各点速度的大小为

$$v_A = v_{AC} = \omega \cdot AC\text{，}\quad v_B = v_{BC} = \omega \cdot BC\text{，}\quad v_D = v_{DC} = \omega \cdot DC$$

由此可见，平面图形内各点速度的大小与各点到速度瞬心的距离成正比，速度的方向垂直于该点到速度瞬心的连线，且指向图形转动的一方。这一规律与图形绕定轴转动时其上各点的速度分布情况相同。因此，平面图形的运动可看成为绕速度瞬心的瞬时转动，只要在平面图形上找到速度瞬心，就可以按照求定轴转动刚体上任意一点速度的方法求出平面运动刚体上任意一点的速度。

需要注意的是，由于速度瞬心的位置是随时间的变化而变化的，在不同瞬时，速度瞬心在图形内的位置是不同的，因此平面图形相对速度瞬心的转动具有瞬时性。

（3）瞬时速度中心的确定。利用速度瞬心求解平面图形上任意一点的速度的关键是确定速度瞬心的位置，下面介绍几种确定速度瞬心位置的方法。

1）平面图形沿一固定表面做无滑动的滚动（即纯滚动）。

平面图形与固定面的接触点 C 就是图形的速度瞬心，如图 9-15 所示。因为在该瞬时，点 C 相对于固定面的速度为零，故其绝对速度等于零。车轮在纯滚动过程中，轮缘上各点相继与固定表面接触而成为车轮在不同瞬时的速度瞬心。

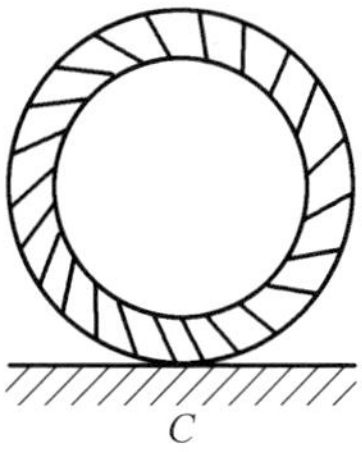

图 9-15

2）某一瞬时，已知平面图形上 A、B 两点的速度 $\boldsymbol{v}_A$、$\boldsymbol{v}_B$ 的方向，且 $\boldsymbol{v}_A$ 和 $\boldsymbol{v}_B$ 互不平行。

由于速度瞬心必在任意一点速度的垂线上，因此分别过 A、B 两点作 $\boldsymbol{v}_A$、$\boldsymbol{v}_B$ 的垂线，其交点即为平面图形在该瞬时的速度瞬心 C，如图 9-16 所示。

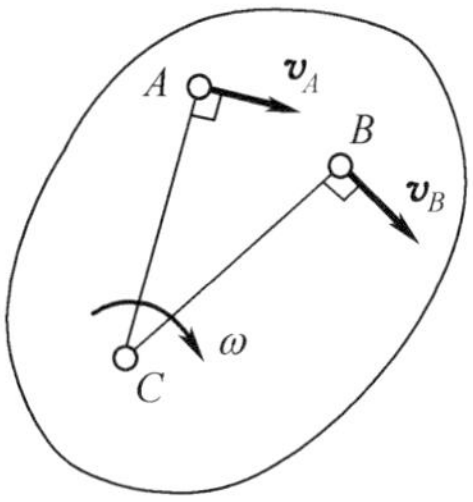

图 9-16

3）某一瞬时，已知平面图形上 A、B 两点的速度 $\boldsymbol{v}_A$、$\boldsymbol{v}_B$ 的大小和方向，且 $\boldsymbol{v}_A$ 和 $\boldsymbol{v}_B$ 相互平行，均垂直于 A、B 两点的连线。

由于速度瞬心必在任意一点速度的垂线上，且平面图形上各点速度的大小与该点到速度瞬心的距离成正比，所以速度 $\boldsymbol{v}_A$、$\boldsymbol{v}_B$ 矢端的连线与 A、B 两点连线的交点即为平面图形在该瞬时的速度瞬心 C。当 $\boldsymbol{v}_A$ 和 $\boldsymbol{v}_B$ 同向时，平面图形的速度瞬心在 AB 的延长线上，如图 9-17（a）所示；当 $\boldsymbol{v}_A$ 和 $\boldsymbol{v}_B$ 反向时，平面图形的速度瞬心在 A、B 两点之间，如图 9-17（b）所示。

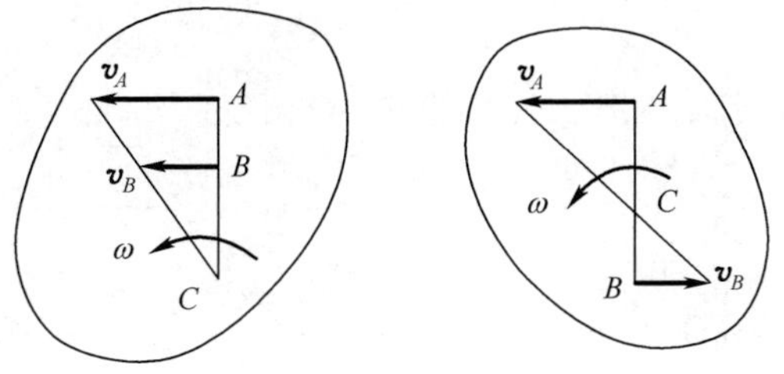

（a）　　（b）

图 9-17

4）某一瞬时，已知平面图形上 A、B 两点的速度 $\boldsymbol{v}_A$、$\boldsymbol{v}_B$ 的方向相互平行，但不垂直于 A、B 两点的连线，如图 9-18（a）所示；或 $\boldsymbol{v}_A$ 与 $\boldsymbol{v}_B$ 大小方向均相同，且垂直于 A、B 两点的连线，如图 9-18（b）所示。

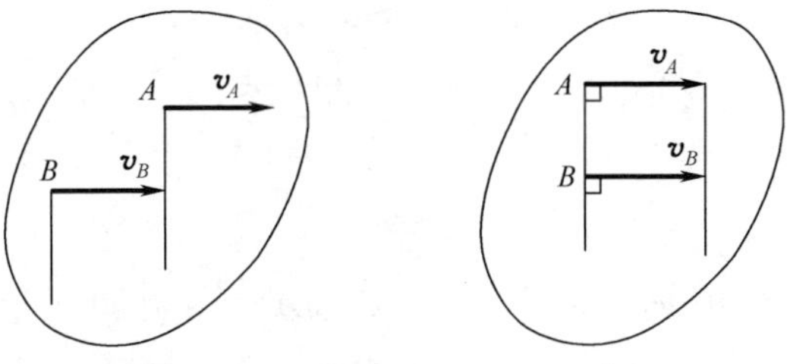

（a）　　（b）

图 9-18

此瞬时平面图形的速度瞬心均在无限远处，平面图形的角速度为零，平面图形上各点速度均相同，其速度分布如同平面图形做平移的情况一样，称为瞬时平移。注意，此瞬时各点的速度虽然相同，但加速度不同。

必须指出，瞬时平移属于平面运动，它与平移是两个完全不同的概念。瞬时平移时，平面图形仅在该瞬时各点的速度相等、角速度为零，而在其他瞬时，各点的速度不再相等，其角速度也不为零。另外，瞬时平移时，其上各点的加速度一般也不相等。而刚体做平移时，其上各点的速度和加速度均相等。

例 9-4　一车轮沿直线轨道纯滚动，如图 9-19 所示。已知车轮中心 O 的速度为 v_O。如半径 R 和 r 都是已知的，求轮上 A_1、A_2、A_3、A_4 各点的速度，其中 A_2、O、A_4 三点在同一水平线上，A_1、O、A_3 三点在同一铅垂直线上。

解：车轮做平面运动，车轮与轨道的接触点 C 就是车轮的速度瞬心。车轮的角速度

$$\omega=\frac{v_O}{r}$$

转向为顺时针。

由瞬心法很容易求出轮缘上各点的速度大小为

$$v_1 = A_1C \cdot \omega = \frac{R-r}{r}v_O, \quad v_2 = A_2C \cdot \omega = \frac{\sqrt{R^2+r^2}}{r}v_O$$

$$v_3 = A_3C \cdot \omega = \frac{R+r}{r}v_O, \quad v_4 = A_4C \cdot \omega = \frac{\sqrt{R^2+r^2}}{r}v_O$$

各点速度方向如图 9-19 所示。

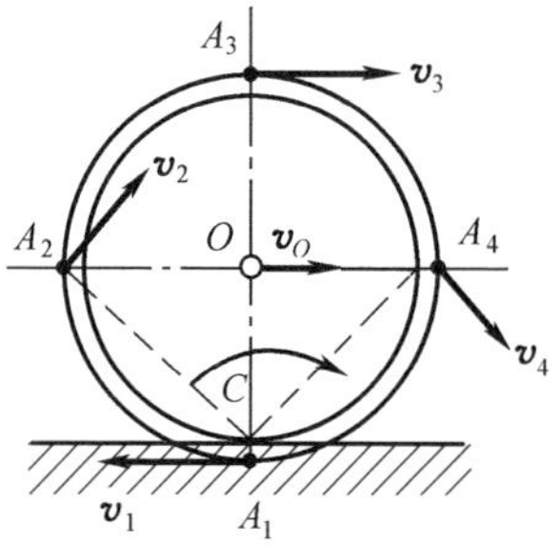

图 9-19

例 9-5 如图 9-20 所示，长为 l 的杆 AB，A 端始终靠在铅垂的墙壁上，B 端铰接在半径为 R 的圆盘中心，圆盘沿水平地面纯滚动。若在图示位置杆 A 端的速度为 $\boldsymbol{v}_A$，试求该瞬时杆 AB 的角速度、端点 B 和中点 D 的速度以及圆盘的角速度。

解： 杆 AB 及圆盘均做平面运动。分别作 A 和 B 两点速度的垂线，两条直线的交点 C_1 就是杆 AB 的速度瞬心，圆盘与水平地面的接触点 C_2 就是圆盘的速度瞬心，于是杆 AB 的角速度为

$$\omega_{AB} = \frac{v_A}{AC_1} = \frac{v_A}{l\sin\varphi}$$

端点 B 的速度为

$$v_B = BC_1 \cdot \omega_{AB} = v_A \cot\varphi$$

中点 D 的速度为

$$v_D = DC_1 \cdot \omega_{AB} = \frac{l}{2} \cdot \frac{v_A}{l\sin\varphi} = \frac{v_A}{2\sin\varphi}$$

圆盘的角速度为

$$\omega_B = \frac{v_B}{R} = \frac{v_A}{R}\cot\varphi$$

各速度及角速度的方向如图 9-20 所示。

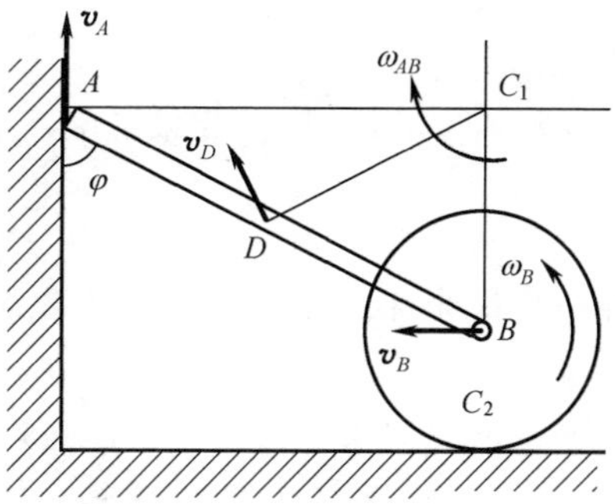

图 9-20

例 9-6　曲柄滑块机构如图 9-21 所示。已知曲柄长 $OA=r$，以匀角速度 ω 转动，连杆长 $AB=l$，$\varphi=45°$，$\beta=30°$。试求图示瞬时滑块 B 的速度及连杆 AB 的角速度。

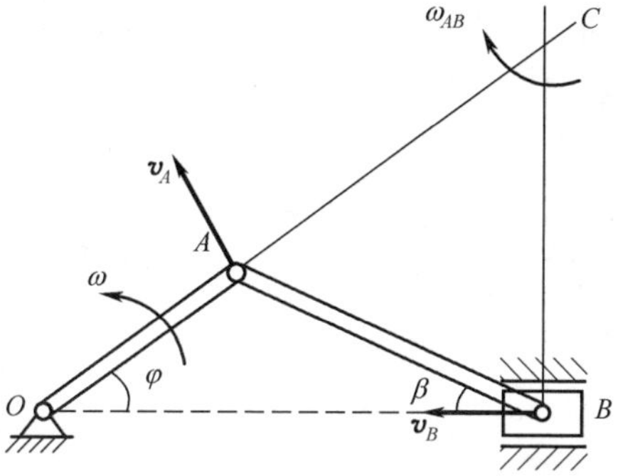

图 9-21

解： 连杆 AB 做平面运动。

分别作 A 和 B 两点速度的垂线，两条垂线的交点 C 就是连杆 AB 的速度瞬心，由图中几何关系可知

$$AC=\frac{\sqrt{6}}{2}l，\quad BC=\frac{1+\sqrt{3}}{2}l$$

因为 OA 做定轴转动，所以 A 点的速度为

$$v_A=OA\omega=r\omega$$

于是，AB 杆的角速度为

$$\omega_{AB}=\frac{v_A}{AC}=\frac{r\omega}{\dfrac{\sqrt{6}l}{2}}=\frac{0.82r\omega}{l}$$

滑块 B 的速度为

$$v_B = BC \cdot \omega_{AB} = \frac{1+\sqrt{3}}{2} l \cdot \frac{0.82 r\omega}{l} = 1.12 r\omega$$

由上述各例可见，在运用速度瞬心法解题时，一般应首先根据已知条件确定平面图形的速度瞬心，然后求出平面图形的角速度，最后再计算平面图形上各点的速度。如果需要研究由几个平面图形组成的机构，则可依次对每一平面图形按上述步骤进行，直到求出所需的全部未知量为止。应该注意，每一个平面图形有它自己的速度瞬心和角速度，因此，每求出一个瞬心和角速度，应明确标出它是哪一个平面图形的瞬心和角速度，要加以区分，切不可混淆。

9.3 平面图形上各点的加速度分析

下面只介绍用基点法求平面图形上点的加速度。

如前所述，平面图形的运动可以看成是随基点的平移（牵连运动）与绕基点的转动（相对运动）的合成，因此可以运用牵连运动为平移时点的加速度合成定理来分析平面图形上点的加速度。

如图 9-22 所示，已知某瞬时平面图形上点 A 的加速度为 $\boldsymbol{a}_A$，平面图形的角速度为 ω，角加速度为 α。选点 A 为基点，由于牵连运动为平移，所以点 B 的牵连加速度 $\boldsymbol{a}_e$ 等于基点 A 的加速度 $\boldsymbol{a}_A$，点 B 的相对加速度 $\boldsymbol{a}_r$ 为点 B 绕基点 A 转动的加速度 $\boldsymbol{a}_{BA}$，可分解为绕基点 A 转动的切向加速度 $\boldsymbol{a}_{BA}^{\tau}$ 和法向加速度 $\boldsymbol{a}_{BA}^{n}$。于是，根据牵连运动为平移时点的加速度合成定理得平面图形上任意一点 B 的加速度为

$$\boldsymbol{a}_B = \boldsymbol{a}_A + \boldsymbol{a}_{BA}^{\tau} + \boldsymbol{a}_{BA}^{n} \tag{9-4}$$

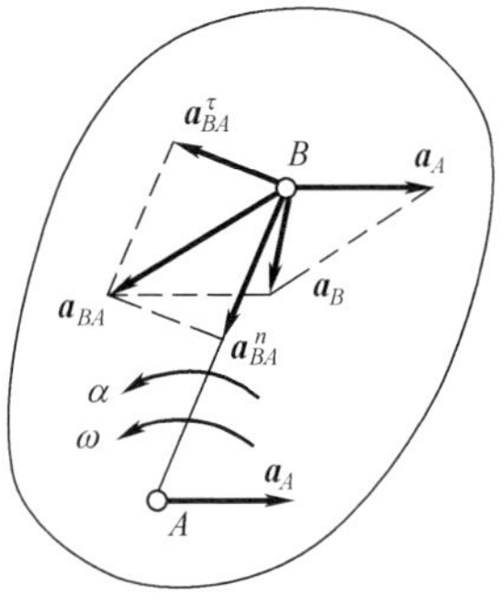

图 9-22

式（9-4）表明，平面图形内任意一点的加速度等于基点的加速度与该点绕基点转动的切向加速度和法向加速度的矢量和。

式中，$\boldsymbol{a}_{BA}^{\tau}$ 为点 B 绕基点 A 转动的切向加速度，方向与 AB 垂直，大小为

$$a_{BA}^{\tau} = AB \cdot \alpha$$

α 为平面图形的角加速度。

$\boldsymbol{a}_{BA}^{n}$ 为点 B 绕基点 A 转动的法向加速度，指向基点 A，大小为

$$a_{BA}^{n} = AB \cdot \omega^2$$

ω 为平面图形的角速度。

式（9-4）为平面内的矢量等式，包含了四个加速度矢量，大小和方向共计八个要素。要使问题可解，一般需要已知其中的六个要素。由于 $\boldsymbol{a}_{BA}^{\tau}$ 与 $\boldsymbol{a}_{BA}^{n}$ 的方向总是已知的，故只需再知道其他四个要素即可解得剩余的两个要素。在运用式（9-4）求解未知量时，通常采用其投影形式，向两个相交的坐标轴投影，得到两个代数方程，用以求解两个未知量。

例 9-7　求例 9-2 机构在图示瞬时 B 点的切向加速度、法向加速度、连杆 AB 及摇杆 BC 的角加速度。

解： 连杆 AB 做平面运动，由例 9-2 的速度分析已经求得了连杆 AB 的角速度 ω_{AB}、摇杆 BC 的角速度 ω_{BC} 和 B 点的速度 v_B。

选 A 点为基点，其加速度大小为

$$a_A^n = OA \cdot \omega^2 = 8 \text{（m/s}^2\text{）}$$

方向为沿 OA 指向 O 点。

由基点法解得 B 点的加速度为

$$\boldsymbol{a}_B^n + \boldsymbol{a}_B^{\tau} = \boldsymbol{a}_A^n + \boldsymbol{a}_{BA}^n + \boldsymbol{a}_{BA}^{\tau}$$

式中，$\boldsymbol{a}_B^n$、$\boldsymbol{a}_A^n$、$\boldsymbol{a}_{BA}^n$ 的大小和方向都是已知的。因为点 B 做圆周运动，$\boldsymbol{a}_B^{\tau}$ 垂直于 CB，$\boldsymbol{a}_{BA}^{\tau}$ 垂直于 AB，其方向暂设如图 9-23 所示。

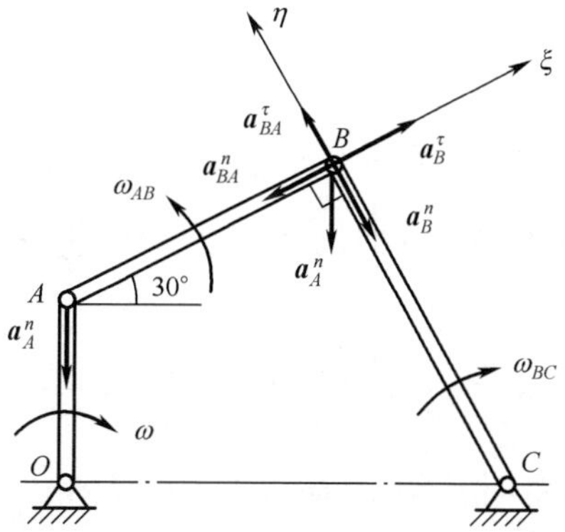

图 9-23

$\boldsymbol{a}_B^n$ 沿 BC 指向 C，它的大小为

$$a_B^n = BC \cdot \omega_{BC}^2 = 2.6 \text{ (m/s}^2\text{)}$$

$\boldsymbol{a}_{BA}^n$ 沿 AB 指向 A，它的大小为

$$a_{BA}^n = AB \cdot \omega_{AB}^2 = 1 \text{ (m/s}^2\text{)}$$

现在求两个未知量 $\boldsymbol{a}_B^\tau$ 和 $\boldsymbol{a}_{BA}^\tau$ 的大小。取 ξ 轴沿 AB，取 η 轴沿 BC，方向如图 9-23 所示。将上述矢量合成式分别在 ξ 轴和 η 轴上投影，得

$$a_B^\tau = -a_A^n \cos 60° - a_{BA}^n$$

$$-a_B^n = -a_A^n \sin 60° + a_{BA}^\tau$$

代入数值，解得

$$a_B^\tau = -a_A^n \cos 60° - a_{BA}^n = -5 \text{ (m/s}^2\text{)}$$

$$a_{BA}^\tau = a_A^n \sin 60° - a_B^n = 4.33 \text{ (m/s}^2\text{)}$$

于是有

$$\alpha_{AB} = \frac{a_{BA}^\tau}{AB} = \frac{4.33}{1} = 4.33 \text{ (m/s}^2\text{)}$$

$$\alpha_{BC} = \frac{a_B^\tau}{BC} = \frac{-5}{1.15} = -4.35 \text{ (m/s}^2\text{)}$$

上式中负号说明 $\boldsymbol{a}_B^\tau$ 与图中假设方向相反，BC 杆的角加速度 α_{BC} 及 AB 杆的角加速度 α_{AB} 均为逆时针。

例 9-8 车轮沿直线轨道做滚动，如图 9-24（a）所示。已知车轮半径为 R，中心 O 的速度为 $\boldsymbol{v}_O$，加速度为 $\boldsymbol{a}_O$。求车轮上速度瞬心的加速度。

解： 车轮做平面运动，车轮与地面的接触点 C 即为速度瞬心，则车轮的角速度为

$$\omega = \frac{v_O}{R}$$

因为轮心 O 做直线运动，故有

$$a_O = \frac{\mathrm{d}v_O}{\mathrm{d}t}$$

车轮的角加速度等于角速度对时间的一阶导数。这一关系对任何瞬时均成立，故有

$$\alpha = \frac{\mathrm{d}\omega}{\mathrm{d}t} = \frac{\mathrm{d}}{\mathrm{d}t}\left(\frac{v_O}{R}\right) = \frac{1}{R} \cdot \frac{\mathrm{d}v_O}{\mathrm{d}t} = \frac{a_O}{R}$$

取轮心 O 为基点，由基点法得速度瞬心 C 的加速度为

$$\boldsymbol{a}_C = \boldsymbol{a}_O + \boldsymbol{a}_{CO}^\tau + \boldsymbol{a}_{CO}^n$$

式中，$a_{CO}^{\tau} = R\alpha = a_O$，方向水平向左；$a_{CO}^{n} = R\omega^2 = \dfrac{v_O^2}{R}$，方向由速度瞬心 C 指向轮心 O，如图 9-24（b）所示。

由于 $\boldsymbol{a}_O$ 与 $\boldsymbol{a}_{CO}^{\tau}$ 等值共线反向，于是有

$$a_C = a_{CO}^{n}$$

由此可见，速度瞬心 C 的加速度不等于零。当车轮在地面上只滚不滑时，速度瞬心 C 的加速度指向轮心 O，如图 9-24（c）所示。

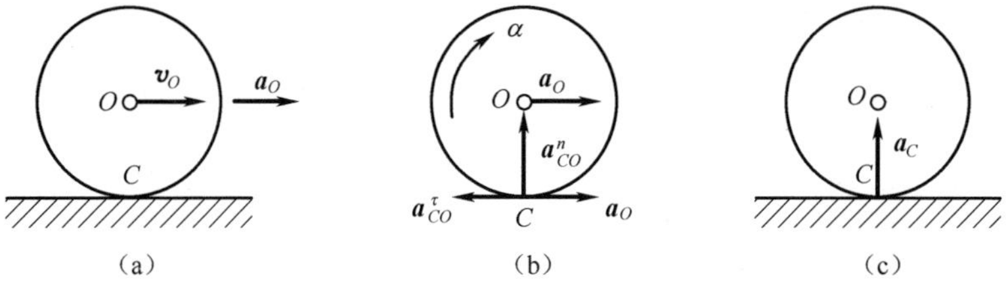

图 9-24

习　题

9-1　在题 9-1 图所示的四杆机构 $OABO_1$ 中，$OA = O_1B = \dfrac{1}{2}AB$，曲柄 OA 的角速度 $\omega = 3\text{rad/s}$。求当曲柄 O_1B 重合于 OO_1 的延长线上时杆 AB 和曲柄 O_1B 的角速度。

9-2　如题 9-2 图所示，在筛动机构中，筛子的摆动是由曲柄连杆机构所带动的。已知曲柄 OA 的转速 $n_{OA} = 40\text{r/min}$，$OA = 0.3\text{m}$。当筛子 BC 运动到与点 O 在同一水平线上时，$\angle BAO = 90°$。求此瞬时筛子 BC 的速度。

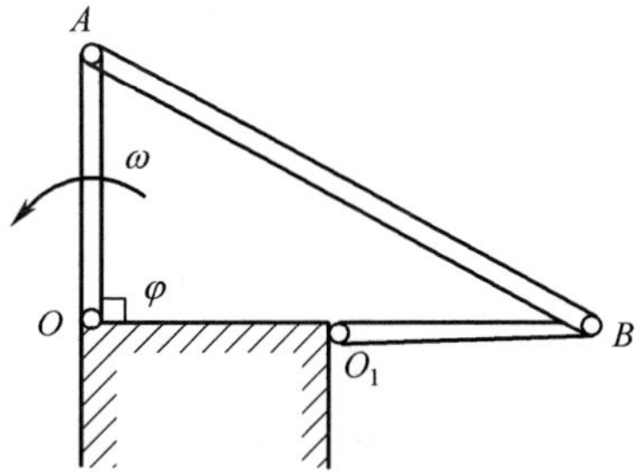

题 9-1 图

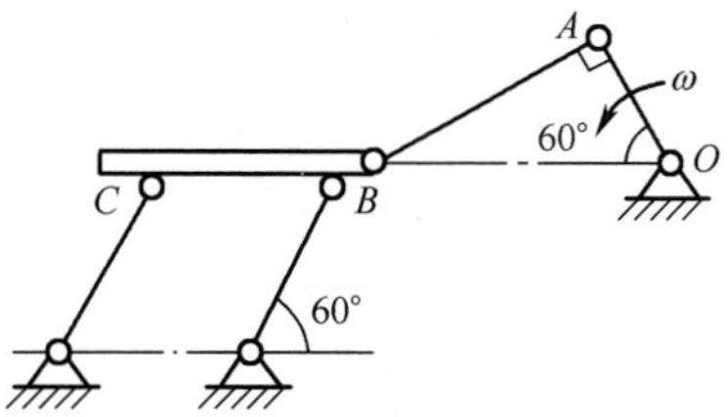

题 9-2 图

9-3　行星轮机构如题 9-3 图所示。已知：曲柄 OA 以匀角速度 $\omega = 2.5\text{rad/s}$ 绕 O 轴转动，行星轮 I 在固定的齿轮 II 上做纯滚动，两轮的半径分别为 $r_1 = 5\text{cm}$、

$r_2=15\text{cm}$。试求行星轮 I 上 B、C、D、E（$CE\perp BD$）各点的速度。

9-4 直杆 AB 长 $l=200\text{mm}$，在铅垂面内运动，杆的两端分别沿铅直墙及水平面滑动，如题 9-4 图所示。已知在某瞬时，$\alpha=60°$，$v_B=20\text{mm/s}$。试求此瞬时杆 AB 的角速度及 A 端的速度。

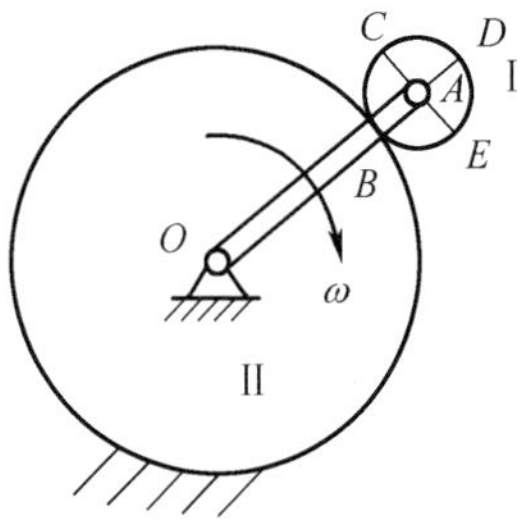

题 9-3 图

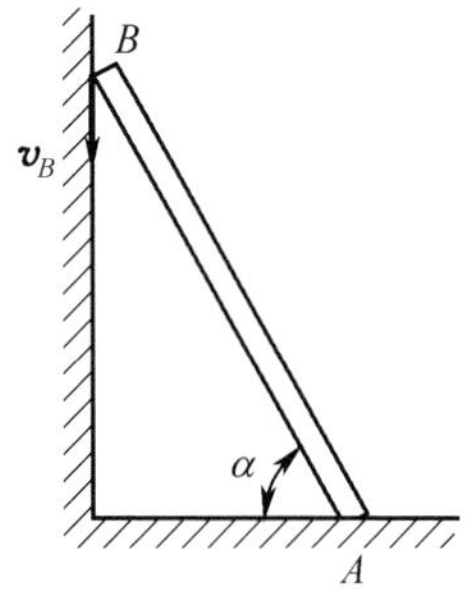

题 9-4 图

9-5 在题 9-5 图所示的配汽机构中，曲柄 OA 以匀角速度 $\omega=20\text{rad/s}$ 绕 O 轴转动。已知 $OA=0.4\text{m}$，$AC=BC=0.2\sqrt{37}\ \text{m}$。求当曲柄 OA 在两铅垂直线位置和两水平位置时配汽机构中气阀推杆 DE 的速度。

9-6 在题 9-6 图所示的平面机构中，曲柄 OA 以角速度 $\omega=3\text{rad/s}$ 绕 O 轴转动，$AC=3\text{m}$，$R=1\text{m}$，轮沿水平直线轨道做纯滚动。在图示瞬时 OC 为铅垂位置，且有 $CA\perp OA$，$OC=2\sqrt{3}\text{m}$，$\varphi=60°$。试求该瞬时轮缘上点 B 的速度和轮子的角速度。

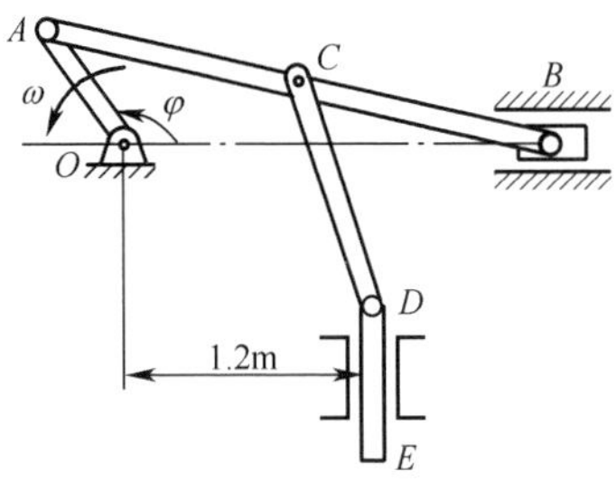

题 9-5 图

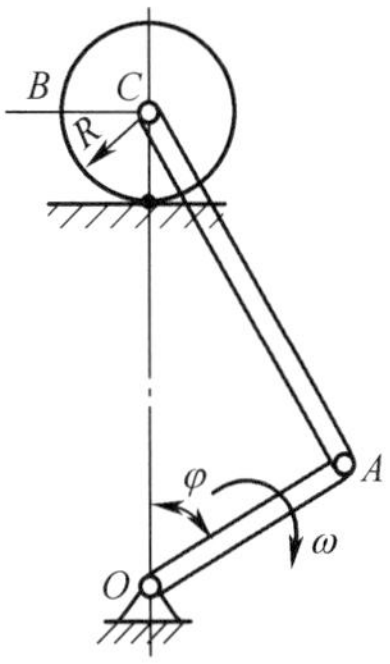

题 9-6 图

9-7 题 9-7 图所示的曲柄连杆机构在其连杆 AB 的中点 C 以铰链与 CD 杆相联结，而 CD 杆又与 DE 杆相联结，DE 杆可绕 E 轴转动。已知点 B 和点 E 在同一铅垂线上，OAB 成一水平线，曲柄 OA 的角速度 $\omega=8\text{rad/s}$，$OA=25\text{cm}$，$DE=100\text{cm}$，

$\angle CDE=90^\circ, \angle ACD=30^\circ$，求曲柄连杆机构在图示位置时 DE 杆的角速度。

9-8　在题 9-8 图所示的平面机构中，$AB=BD=DE=300\text{mm}$。在图示位置时，$BD//AE$，杆 AB 的角速度 $\omega=5\text{rad/s}$。求此瞬时杆 DE 的角速度和杆 BD 中点 C 的速度。

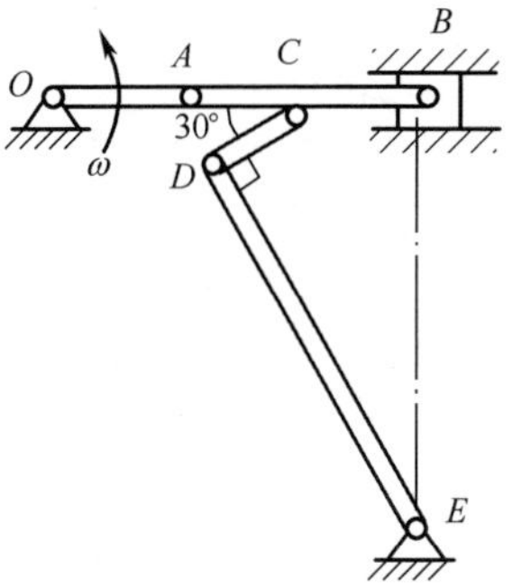

题 9-7 图

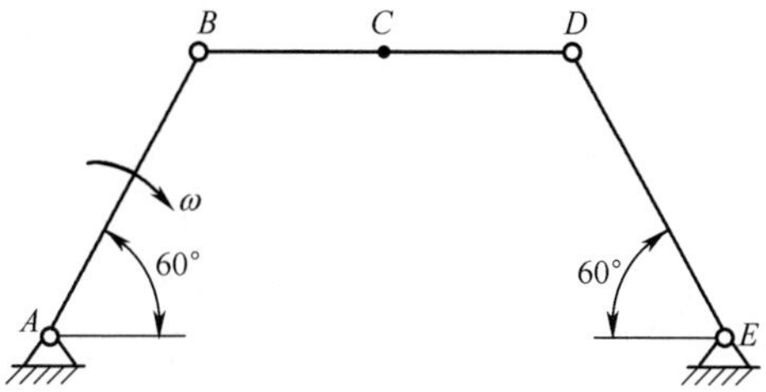

题 9-8 图

9-9　在题 9-9 图所示的平面机构中，已知曲柄 OA 以等角速度 ω 转动，$OA=r$，$AB=2r$。试求图示瞬时摇杆 BC 的角速度。

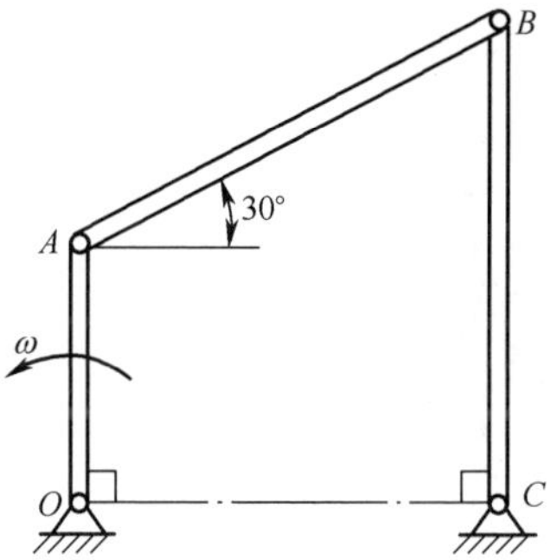

题 9-9 图

9-10　机构如题 9-10 图所示。已知：曲柄 O_1A 长为 r，角速度为 ω，杆 AB、O_2B 及 BC 长均为 l。当 $O_1A\perp O_1B$ 时，$\theta=\varphi$。试求此瞬时滑块 C 的速度。

9-11　在题 9-11 图所示的机构中，曲柄 OA 以匀角速度 ω_0 绕 O 轴转动，并通过连杆 AB 带动半径为 r 的滚轮沿水平固定面做纯滚动。已知 $OA=r$，$AB=2r$。试求当曲柄 OA 在图示竖直位置时滚轮的角速度和角加速度。

9-12　在题 9-12 图所示的椭圆规机构中，曲柄 OC 以匀角速度 ω_0 绕 O 轴转动，$OC=AC=BC=l$。求当 $\varphi=45^\circ$ 时滑块 B 的速度和加速度。

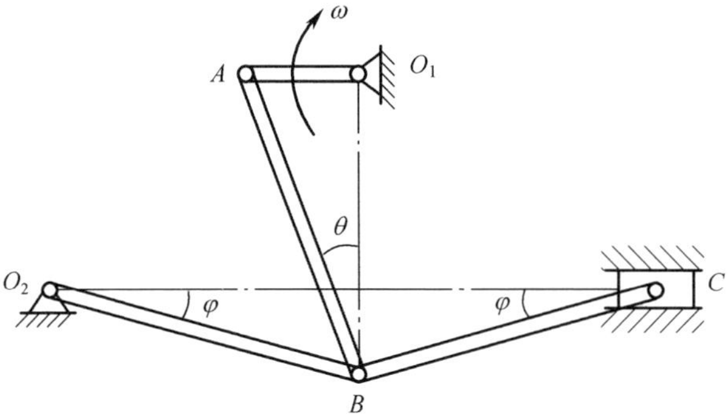

题 9-10 图

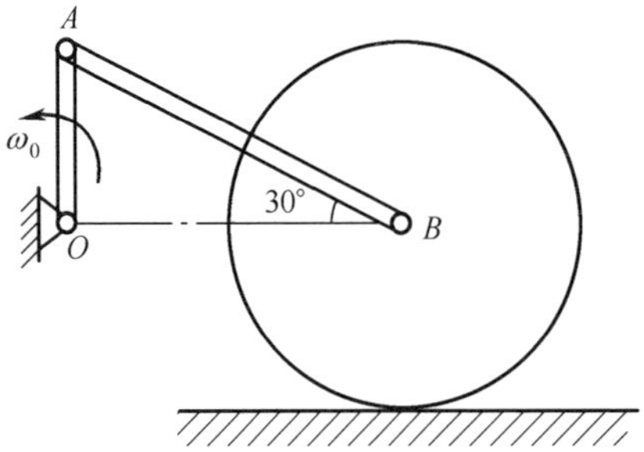

题 9-11 图

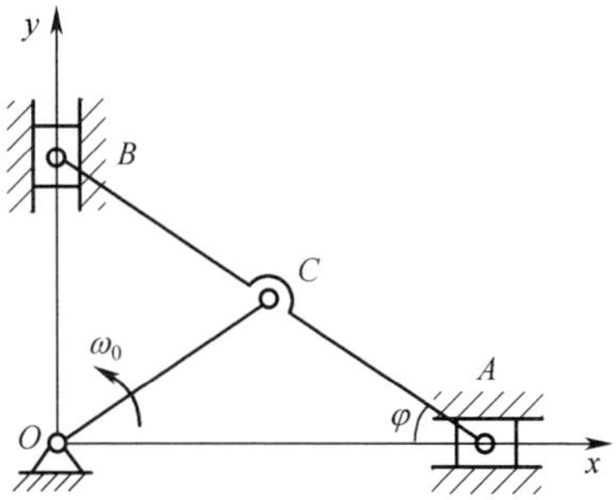

题 9-12 图

9-13　已知 $BC=5\text{cm}$，$AB=10\text{cm}$，杆 AB 的端点 A 以匀速 $v_A=10\text{cm/s}$ 沿水平路面向右运动。在题 9-13 图所示瞬时，$\theta=30°$，杆 BC 处于铅垂位置。试求该瞬时点 B 的加速度和杆 AB 的角加速度。

9-14　已知曲柄 OA 长 10cm，以转速 $n=30\text{r/min}$ 绕 O 轴匀速转动；滚轮半径 $R=10\text{cm}$，沿水平面只滚不滑，连杆 AB 长 17.3cm，O、B 在同一水平线上。试求在题 9-14 图所示位置时滚轮的角速度和角加速度。

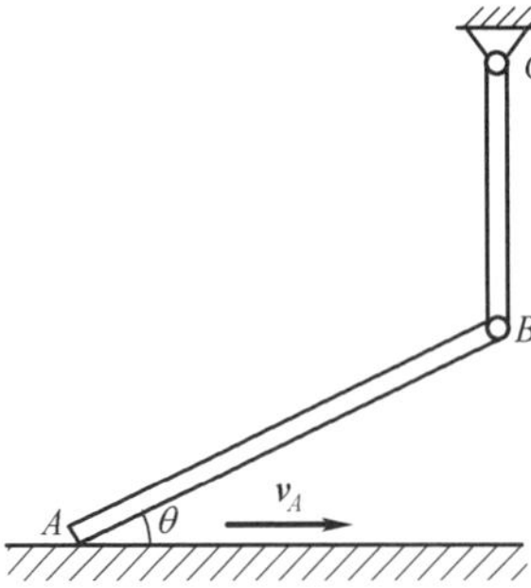

题 9-13 图

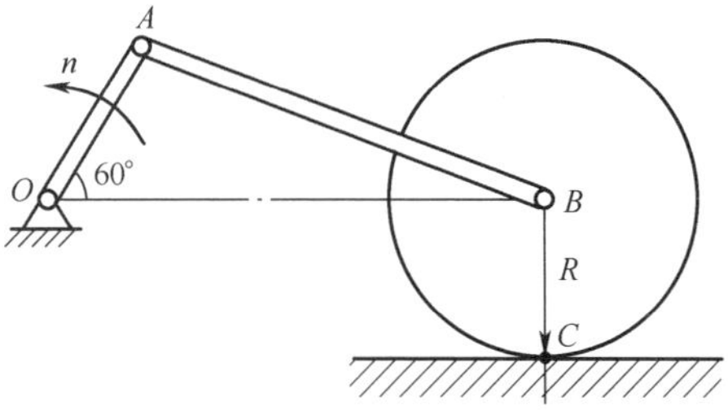

题 9-14 图

9-15　在题 9-15 图所示的曲柄连杆机构中，曲柄 OA 绕 O 轴转动，角速度为 ω_0，角加速度为 α_0。在某瞬时曲柄与水平线间成 60° 角，而连杆 AB 与曲柄 OA 垂直。滑块 B 在圆形槽内滑动，此时半径 O_1B 与连杆 AB 间成 30° 角。如 $OA=r$，$AB=2\sqrt{3}\,r$，$O_1B=2r$。求在该瞬时滑块 B 的切向加速度和法向加速度。

9-16　在题 9-16 图所示的机构中，曲柄 OA 长为 r，绕 O 轴以等角速度 ω_0 转动，$AB=6r$，$BC=3\sqrt{3}\,r$。求图示位置时滑块 C 的速度和加速度。

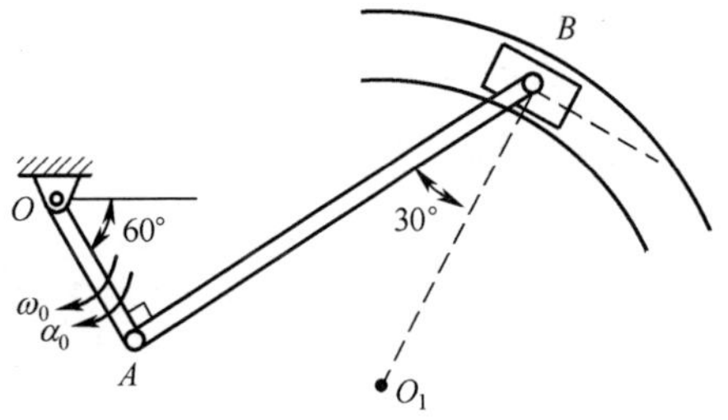

题 9-15 图

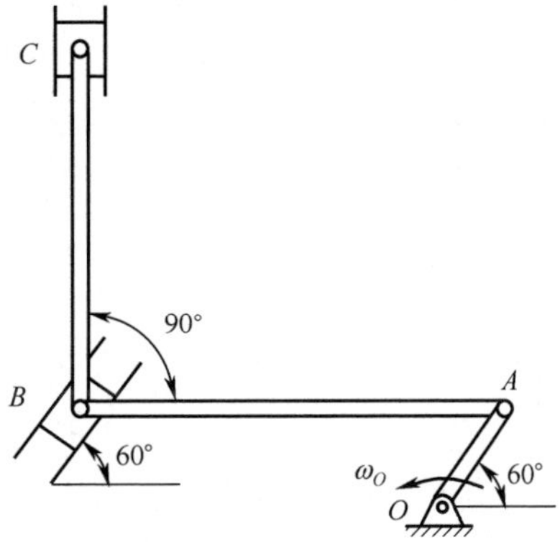

题 9-16 图

9-17　在题 9-17 图所示的平面机构中，OA 杆的角速度 $\omega_0=10\text{rad/s}$，角加速度 $\alpha_0=5\text{rad/s}^2$，$OA=0.2\text{m}$，$O_1B=1\text{m}$，$AB=1.2\text{m}$。在图示瞬时，杆 OA 与杆 O_1B 均处于铅直位置，求此时杆 AB 的角速度、点 B 的速度和加速度。

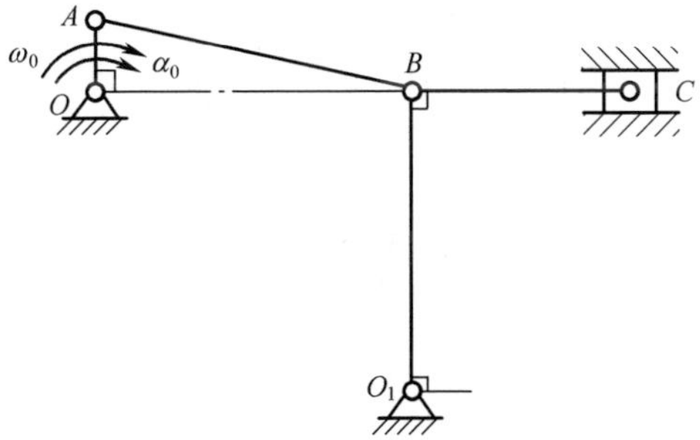

题 9-17 图

第10章　质点动力学的基本方程

在静力学中，研究了作用于物体上力系的简化和力系作用下的平衡问题，但没有讨论物体的运动。在运动学中，从几何角度分析了物体的运动，而不涉及物体上的作用力。从本章开始，将这两方面的知识联系起来，研究作用在物体上的力与物体的机械运动之间的关系，建立物体机械运动的普遍规律，这就是动力学问题。

随着科学技术的发展，在工程实际问题中涉及的动力学问题越来越多。例如高层结构受风载的影响、机器人的动态特性、宇宙飞行技术等，都与动力学的知识有关。并且，动力学的研究已经渗入到其他学科领域，形成了新的边缘学科，例如生物力学、爆炸力学等。同时，动力学也是高等动力学、结构动力学、机械动力学等新兴学科领域的理论基础。因此，掌握动力学的基本理论对于解决工程实际问题具有十分重要的意义。

动力学问题的研究对象（即由物体简化而来的力学模型）有两种，即质点和质点系。质点是具有一定的质量，几何形状和尺寸大小可以忽略不计的物体。例如刚体平移时，刚体内各点的运动情况完全相同，可以不考虑刚体的大小和形状，而将它抽象为一个质点来研究。但是，如果物体的大小和形状在所研究的问题中不可忽略，则物体应抽象为质点系。质点系是由几个或无限个相互联系的质点组成的系统。例如固体、流体或由几个物体组成的机构等都视为质点系，刚体为质点系的一种特殊情形，由于两质点之间的距离保持不变，因此称为不变质点系。

动力学可分为质点动力学和质点系动力学，质点动力学是质点系动力学的基础。

10.1　动力学基本定律

1. 牛顿三定律

动力学基本定律是在对机械运动进行大量的观察及实验的基础上建立起来的。这些基本定律是牛顿（1643—1727）在总结前人，特别是伽利略研究的基础上概括和归纳出来的，通常称为牛顿运动定律。它们描述了动力学最基本的规律，是古典力学体系的核心。

第一定律（惯性定律）

不受力作用的质点，将保持静止或匀速直线运动。

这一定律说明：任何质点都有保持静止或匀速直线运动状态的属性，这种属性称为惯性。

在生活和生产实践中，经常遇到物体惯性的表现。例如，汽车刚开动时，车上的乘客会突然往后仰，急刹车时又会朝前扑；手锤柄松动时，人们常常握住手柄在地面上冲几下就可以套紧。

第一定律还说明，质点的运动状态如果发生变化，则质点必然受到外力的作用，即力是改变质点运动状态的原因。

第二定律（力与加速度之间的关系定律）

质点的质量与加速度的乘积，等于作用于质点的力的大小，加速度的方向与力的方向相同。即

$$m\boldsymbol{a} = \boldsymbol{F} \tag{10-1}$$

式中，m 为质点的质量，$\boldsymbol{a}$ 为质点的加速度，$\boldsymbol{F}$ 为质点所受到的力。式（10-1）是第二定律的数学表达式，它是质点动力学的基本方程，建立了质点的加速度、质量与作用力之间的定量关系。当质点上受 n 个力作用时，式（10-1）中的 $\boldsymbol{F}$ 应为这 n 个力的合力，即

$$m\boldsymbol{a} = \sum_{i=1}^{n} \boldsymbol{F}_i \tag{10-2}$$

由第二定律可知：质点在力的作用下必有确定的加速度，使质点的运动状态发生改变。并且在相同力的作用下，质点的质量越大加速度越小，或者说质点的质量越大，其保持惯性运动的能力越强。因此，质量是质点惯性的度量。

在地球表面，任何物体都受重力 $\boldsymbol{P}$ 的作用。在重力作用下的加速度称为重力加速度，用 $\boldsymbol{g}$ 表示。根据第二定律有

$$\boldsymbol{P} = m\boldsymbol{g} \text{ 或 } m = \frac{P}{g}$$

注意质量和重量是两个不同的概念。质量是物体惯性的度量，重量是地球对物体作用的重力的大小。由于地球是一个非均匀球体，所以地球表面各点的重力加速度的数值会有微小的差别，我国一般取 $g = 9.80\ \text{m/s}^2$ 。

第三定律（作用与反作用定律）

两个物体间的作用力与反作用力总是大小相等，方向相反，沿着同一直线，且同时分别作用在这两个物体上。这一定律就是静力学的公理四，它不仅适用于平衡的物体，而且适用于任何运动的物体。因为第二定律针对单个质点，综合应用第二定律和第三定律就可以将质点动力学理论推广到质点系，因此第三定律对于研究质点系动力学问题具有特别重要的意义，它给出了质点系中各质点间相互

作用力的关系，提供了从质点动力学过渡到质点系动力学的桥梁。

以牛顿三定律为基础的力学称为古典力学。古典力学认为，质量不变，力的测定不因参考系选择的不同而改变，但是质点的加速度却随着参考系选择的不同而不同。显然，牛顿第二定律并不是对任何参考系都适用的，它只适用于特定的参考系，这种参考系称为惯性参考系。对于一般的工程实际问题，把与地球固连的参考系或相对于地球做匀速直线运动的参考系作为惯性参考系，可以得到相当精确的结果。在本书中，如无特别说明，均取固定在地球表面的参考系为惯性参考系。必须指明，当研究电子、核子等质量很小的微观粒子或所研究物体的速度接近光速时，古典力学不再适用。

2. 单位制和量纲

力学中有许多物理量，每个物理量都需要用合适的单位来度量。由于物理量之间具有一定的关系，所以并不是每个物理量的单位都可以任意规定。在许多物理量中，以某些量作为基本量，它们的单位作为基本单位，其他量的单位都可以由基本单位导出，称为导出单位。

在国际单位制中，长度、质量和时间的单位是基本单位，分别取为 m（米）、kg（千克）和 s（秒），力的单位为导出单位。质量为 1kg 的质点，获得 1m/s^2 的加速度时，作用于该质点上的力为1N（单位名称：牛顿），即

$$1\text{N} = 1\text{kg} \cdot 1\text{m/s}^2$$

在精密仪器工业中，也用厘米克秒制（CGS）。在厘米克秒制中，长度、质量和时间是基本单位，分别取为 cm（厘米）、g（克）和 s（秒），力为导出单位。1g 质量的质点，获得的加速度为 1cm/^2 时，作用于质点上的力为 1dyn（达因），即

$$1\text{dyn}=1\text{g} \cdot 1\text{cm/s}^2$$

牛顿和达因的换算关系为

$$1\text{N}=10^5\text{dyn}$$

力的量纲为

$$\dim \boldsymbol{F} = \text{MLT}^{-2}$$

10.2 质点的运动微分方程

设质量为 m 的质点 M 受 n 个力 $\boldsymbol{F}_1$，$\boldsymbol{F}_2$，…，$\boldsymbol{F}_n$ 作用，如图 10-1 所示，由质点动力学第二定律有

$$m\boldsymbol{a} = \sum_{i=1}^{n} \boldsymbol{F}_i \tag{10-3}$$

由运动学的知识，若用矢径 $\boldsymbol{r}$ 表示质点 M 在惯性坐标系 $Oxyz$ 中的空间位置，则质点的加速度为

$$\boldsymbol{a}=\frac{\mathrm{d}^2\boldsymbol{r}}{\mathrm{d}t^2}$$

将上式代入式（10-3），得

$$m\frac{\mathrm{d}^2\boldsymbol{r}}{\mathrm{d}t^2}=\sum_{i=1}^{n}\boldsymbol{F}_i \tag{10-4}$$

式（10-4）就是矢量形式的质点运动微分方程，为方便运算，常用它的投影式。

1. 质点运动微分方程在直角坐标轴上的投影

设质点 M 的矢径 $\boldsymbol{r}$ 在直角坐标系 $Oxyz$ 上的投影分别为 x、y、z，如图 10-1 所示，力 $\boldsymbol{F}_i$ 在 x、y、z 轴上的投影分别为 F_{ix}、F_{iy}、F_{iz}，则式（10-4）在直角坐标轴上的投影为

$$\left.\begin{aligned}m\frac{\mathrm{d}^2x}{\mathrm{d}t^2}&=\sum_{i=1}^{n}F_{ix}\\m\frac{\mathrm{d}^2y}{\mathrm{d}t^2}&=\sum_{i=1}^{n}F_{iy}\\m\frac{\mathrm{d}^2z}{\mathrm{d}t^2}&=\sum_{i=1}^{n}F_{iz}\end{aligned}\right\} \tag{10-5}$$

如果质点做平面曲线运动，则根据质点运动所在的平面，式（10-5）中仅有两式；如果质点做直线运动，则在这种情况下，质点的运动微分方程只有一个。

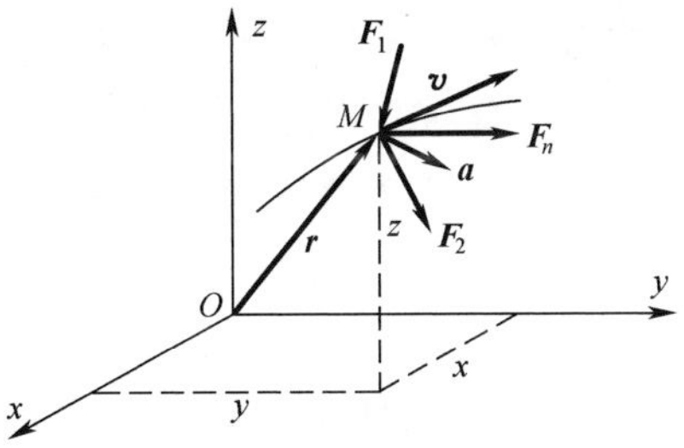

图 10-1

2. 质点运动微分方程在自然轴上的投影

由点的运动学可知，点的全加速度 $\boldsymbol{a}$ 在切线和主法线构成的密切面内，点的加速度在副法线上的投影等于零，即

$$\boldsymbol{a}=a_\tau\boldsymbol{\tau}+a_n\boldsymbol{n}\,,\quad a_b=0$$

式中，$\boldsymbol{\tau}$ 和 $\boldsymbol{n}$ 为沿轨迹切线和主法线的单位矢量，如图 10-2 所示。式（10-4）在自然轴系上的投影式为

$$\left.\begin{aligned} m\frac{\mathrm{d}v}{\mathrm{d}t} &= \sum_{i=1}^{n} F_{i\tau} \\ m\frac{v^2}{\rho} &= \sum_{i=1}^{n} F_{in} \\ 0 &= \sum_{i=1}^{n} F_{ib} \end{aligned}\right\} \tag{10-6}$$

式中，$F_{i\tau}$、F_{in}、F_{ib} 分别是作用于质点的各力在切线、主法线及副法线上的投影，ρ 为运动轨迹在该点处的曲率半径，v 是质点的运动速度。

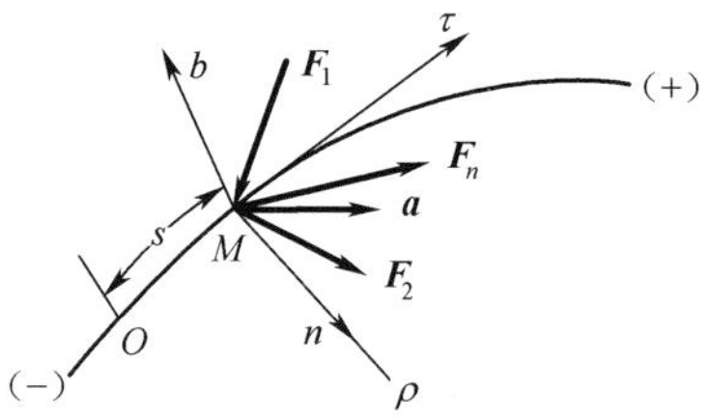

图 10-2

除了直角坐标和自然坐标两种形式外，依据所研究问题的特点，质点运动微分方程还可以写成球坐标、柱坐标、极坐标等形式。这里不再一一叙述。

3. 质点动力学的两类基本问题

应用质点运动微分方程（10-4）可求解质点动力学的两类基本问题。

（1）第一类基本问题。已知质点的运动，求作用于质点的力。对于第一类基本问题，只需对质点已知的运动方程求两次导数，得到质点的加速度，代入质点的运动微分方程，即可求解第一类基本问题，从数学的角度可视为微分问题。

（2）第二类基本问题。已知作用于质点的力，求质点的运动。对于第二类基本问题，是解微分方程，即按作用力的函数规律进行积分，并根据问题的具体运动条件确定积分常数，从数学的角度可视为积分问题。

例 10-1 曲柄连杆机构如图 10-3 所示。曲柄 OA 以匀角速度 ω 转动，$OA=r$，$AB=l$，当 $\lambda=r/l$ 比较小时，以点 O 为坐标原点，滑块 B 的运动方程可近似写为

$$x=l\left(1-\frac{\lambda^2}{4}\right)+r\left(\cos\omega t+\frac{\lambda}{4}\cos 2\omega t\right)$$

如滑块的质量为 m，忽略摩擦及连杆 AB 的质量，求当 $\varphi=\omega t$ 为 0 和 $\frac{\pi}{2}$ 时连杆 AB 所受的力。

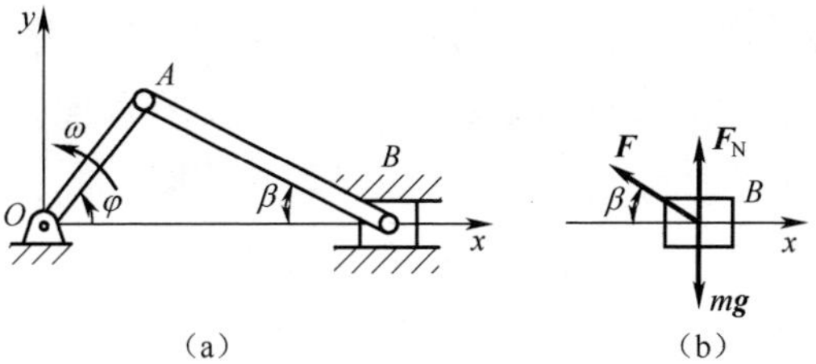

图 10-3

解：该问题为已知滑块的运动方程求作用于滑块上的力，故属于动力学第一类基本问题。由于不计连杆 AB 的质量，则连杆 AB 为二力杆。取点 O 为坐标原点建立直角坐标系，如图 10-3（a）所示，以滑块 B 为研究对象，其受重力 $m\boldsymbol{g}$、光滑接触面约束力 $\boldsymbol{F}_N$ 及连杆 AB 对滑块 B 的作用力 $\boldsymbol{F}$，受力分析如图 10-3（b）所示。滑块 B 沿 x 轴的运动微分方程为

$$ma_x = -F\cos\beta$$

由滑块 B 的运动方程，通过微分求得

$$a_x = \frac{\mathrm{d}^2 x}{\mathrm{d}t^2} = -r\omega^2(\cos\omega t + \lambda\cos 2\omega t)$$

（1）当 $\varphi = \omega t = 0$ 时，$\beta = 0$，且 $a_x = -r\omega^2(1+\lambda)$，由滑块的运动微分方程得

$$F = mr\omega^2(1+\lambda)$$

连杆 AB 受拉力。

（2）当 $\varphi = \frac{\pi}{2}$ 时，$\cos\beta = \sqrt{l^2 - r^2}/l$，且 $a_x = r\omega^2\lambda$，由滑块的运动微分方程得

$$F = -\frac{mr^2\omega^2}{\sqrt{l^2 - r^2}}$$

连杆 AB 受压力。

例 10-2　质量为 m 的炮弹从某点 O 以初速 $\boldsymbol{v}_0$ 发射，且 $\boldsymbol{v}_0$ 与水平方向夹角为 α，如图 10-4 所示。不计空气阻力和地球自转的影响，试求炮弹在重力作用下的运动方程和轨迹。

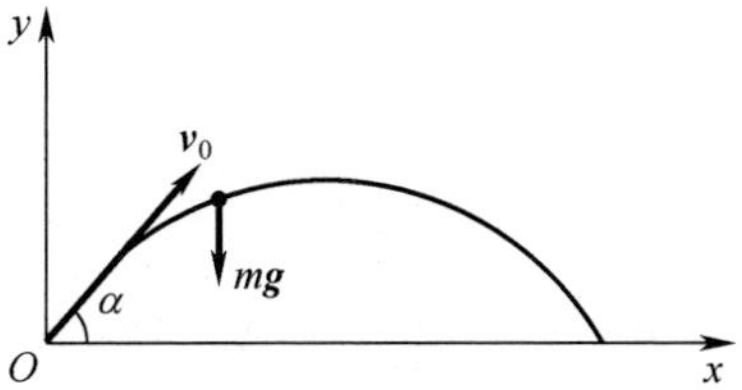

图 10-4

解：以炮弹（视为质点）为研究对象，因不考虑地球自转的影响，所以其运动轨迹为一平面曲线。取点 O 为坐标原点建立直角坐标系，如图 10-4 所示。该问题为已知质点所受的力求质点的运动规律，属于第二类基本问题。

由于不计空气阻力，炮弹只受重力 $m\boldsymbol{g}$ 的作用。由质点运动微分方程得

$$\left.\begin{aligned} m\frac{\mathrm{d}^2x}{\mathrm{d}t^2}=m\frac{\mathrm{d}v_x}{\mathrm{d}t}=0 \\ m\frac{\mathrm{d}^2y}{\mathrm{d}t^2}=m\frac{\mathrm{d}v_y}{\mathrm{d}t}=-mg \end{aligned}\right\} \qquad ①$$

按题意，$t=0$ 时，$v_{0x}=v_0\cos\alpha$，$v_{0y}=v_0\sin\alpha$，则上式的定积分为

$$\left.\begin{aligned} \int_{v_{0x}}^{v_x}\mathrm{d}v_x=0 \\ \int_{v_{0y}}^{v_y}\mathrm{d}v_y=-\int_0^t g\mathrm{d}t \end{aligned}\right\} \qquad ②$$

炮弹的速度随时间的变化规律为

$$v_x=\frac{\mathrm{d}x}{\mathrm{d}t}=v_0\cos\alpha\text{，}\quad v_y=\frac{\mathrm{d}y}{\mathrm{d}t}=-gt+v_0\sin\alpha \qquad ③$$

按题意，$t=0$ 时，$x_0=0$，$y_0=0$，则式③的定积分为

$$\int_0^x\mathrm{d}x=\int_0^t v_0\cos\alpha\mathrm{d}t\text{，}\quad \int_0^y\mathrm{d}y=\int_0^t(-gt+v_0\sin\alpha)\mathrm{d}t \qquad ④$$

炮弹的运动方程为

$$x=v_0\cos\alpha t\text{，}\quad y=-\frac{1}{2}gt^2+v_0\sin\alpha t \qquad ⑤$$

将式⑤消去时间 t，得炮弹的轨迹方程为

$$y=x\tan\alpha-\frac{gx^2}{2v_0^2\cos^2\alpha}$$

由解析几何可知，炮弹的轨迹为位于铅垂面内的一条抛物线。

例 10-3 桥式起重机跑车用钢丝绳吊挂一质量为 m 的重物沿横向做匀速运动，速度为 $\boldsymbol{v}_0$，重物中心至悬挂点的距离为 l。突然刹车，重物因惯性绕悬挂点 O 向前摆动，求钢丝绳的最大拉力。

解：以重物（抽象为质点）为研究对象，由于其运动轨迹为以悬挂点 O 为圆心，以绳长 l 为半径的圆弧，故该题适合用自然法求解。重物受重力 $m\boldsymbol{g}$ 和钢丝绳的拉力 $\boldsymbol{F}_\mathrm{T}$ 共同作用，在一般位置时受力如图 10-5 所示。设钢丝绳与铅垂线成角 φ 时重物的速度为 $\boldsymbol{v}$。

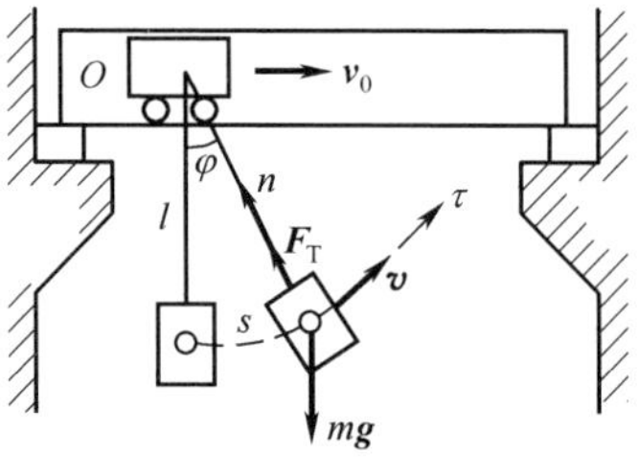

图 10-5

应用自然形式的质点运动微分方程

$$ma_t = m\frac{\mathrm{d}v}{\mathrm{d}t} = -mg\sin\varphi \qquad ①$$

$$ma_n = m\frac{v^2}{l} = F_{\mathrm{T}} - mg\cos\varphi \qquad ②$$

由式②可知，$F_{\mathrm{T}} = mg\cos\varphi + m\dfrac{v^2}{l}$，其中 v 和 φ 是变量，由式①可知，重物做减速运动，因此，$\varphi = 0$ 时钢丝绳的拉力最大，即

$$F_{\mathrm{T\,max}} = m\left(g + \frac{v_0^2}{l}\right)$$

从式①来看，待求的是质点的运动规律，故属于质点动力学的第二类基本问题；从式②来看，在求出质点的运动规律后，利用它可以求钢丝绳的拉力，这是质点动力学的第一类基本问题。因此该问题是第一类基本问题与第二类基本问题综合在一起的动力学问题，称为混合问题。

习　　题

10-1　罐笼质量 $m = 480\mathrm{kg}$，上升时的速度如题 10-1 图所示。求在下列时间间隔内悬挂罐笼的钢丝绳的拉力：（1）$t = 0$ 至 $t = 2\mathrm{s}$；（2）$t = 2\mathrm{s}$ 至 $t = 8\mathrm{s}$；（3）$t = 8\mathrm{s}$ 至 $t = 10\mathrm{s}$。

10-2　题 10-2 图所示质为 $m_1 = 60\mathrm{kg}$ 的箱子 A 放在质量 $m_2 = 40\mathrm{kg}$ 的小车 B 上，若箱子和小车间的动摩擦因数 $f = 0.2$，拉力 $F = 300\mathrm{N}$，求小车和箱子的加速度。

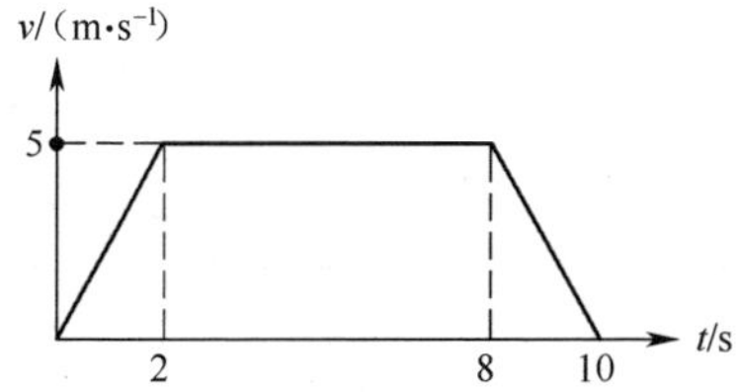

题 10-1 图

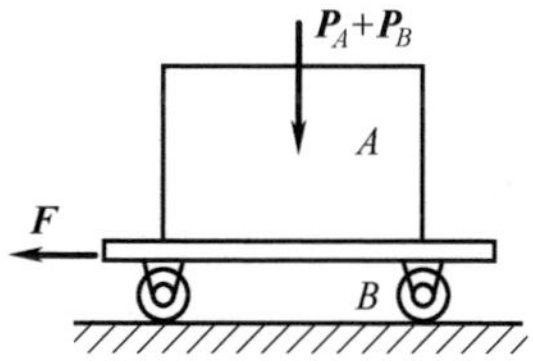

题 10-2 图

10-3　小球 A 重 P，以两细绳 AB、AC 挂起，如题 10-3 图所示。现把绳子 AB 突然剪断，试求在该瞬时绳子 AC 的拉力 F_{T} 及小球到达铅垂位置时绳子中的拉力。

10-4　一质量为 m 的物体放在匀速转动的水平台上，它与转轴之间的距离为

R，如题 10-4 图所示。设物体与转台表面的摩擦因数为 f_s，求当物体不致因转台旋转而滑出时水平转台的最大速度。

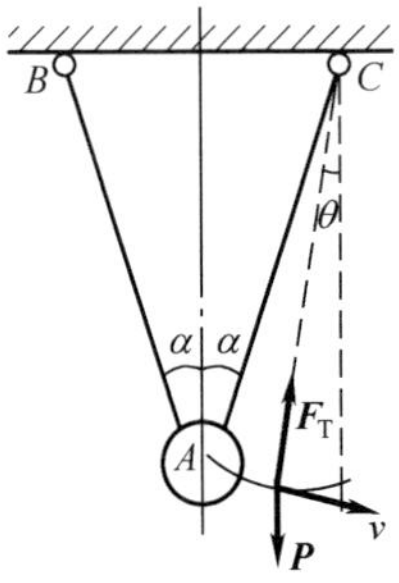

题 10-3 图

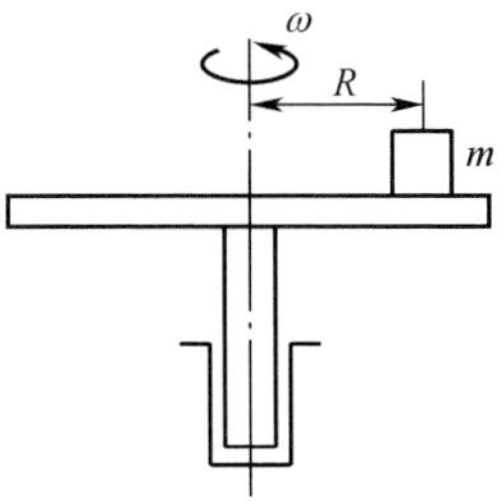

题 10-4 图

10-5 质量为 m 的矿石在静止的水中由静止开始缓慢下沉，如题 10-5 图所示。由实验知，当矿石速度不大时，水的阻力与矿石速度大小成正比，其方向与速度方向相反，即 $\boldsymbol{F}=-\mu\boldsymbol{v}$， μ 为阻尼系数，它与矿石形状、截面尺寸、介质密度有关。若水的浮力忽略不计，试求矿石的下沉速度和运动规律。

10-6 物体 M 放在粗糙的斜面上，斜面倾角的正切值为 $\tan\theta=\dfrac{1}{30}$，物体与斜面的动摩擦因数 $f=0.1$，物体的质量为 300g。现用绳子水平牵引物体 M，牵引力的方向与 AB 边平行，如题 10-6 图所示。在某一时间后物体开始做匀速直线运动，已知其平行于 AB 边的分速度 $v_2=120\text{mm/s}$，求与 AB 垂直的分速度 v_1 和绳子的张力 F_T。

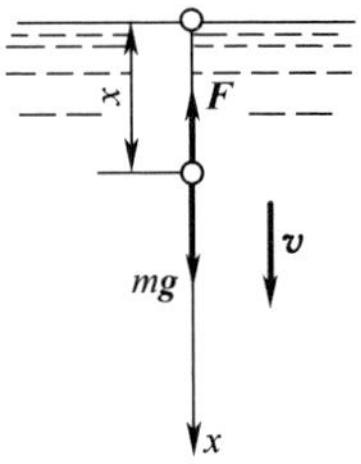

题 10-5 图

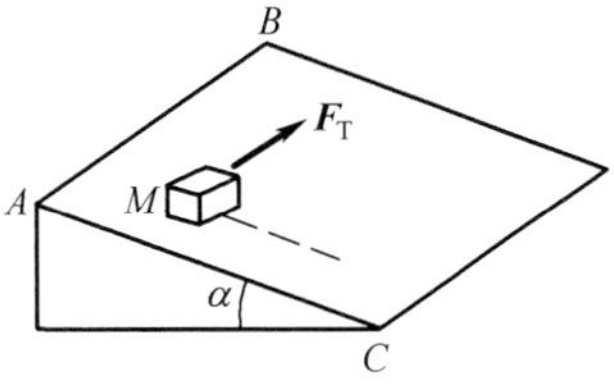

题 10-6 图

10-7 滑块 A 的质量为 m，因绳子的牵引沿水平导轨滑动，绳子的另一端缠在半径为 r 的鼓轮上，鼓轮以匀角速度 ω 转动，如题 10-7 图所示。不计导轨摩擦，求绳子的张力 F_T 和距离 x 之间的关系。

10-8 题 10-8 图所示质量 $m=1\text{kg}$ 的小球，由长 $l=30\text{cm}$ 的细绳悬挂于固定点 O，小球 A 在水平面内做匀速圆周运动，形成一锥摆，设绳与铅垂线成 $\alpha=60^\circ$ 的夹角。求小球的速度与绳子的张力。

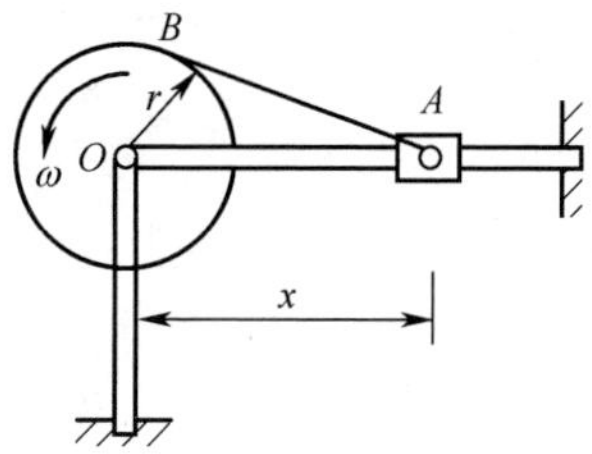

题 10-7 图

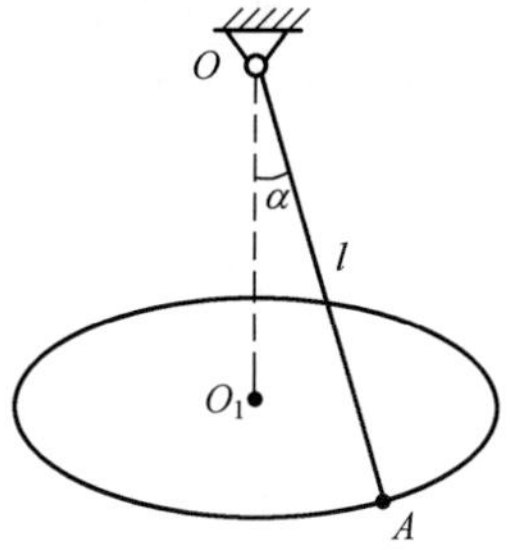

题 10-8 图

10-9　质量为 m 的质点 M 带有电荷 e，以水平的初速度 v_0 进入电场强度按 $E = A\cos kt$ 变化的均匀电场中，其中 A、k 为已知常数，并且初速度方向与电场强度方向垂直，如题 10-9 图所示。质点 M 在电场中受力为 $\boldsymbol{F} = -e\boldsymbol{E}$，忽略质点的重力，求质点的运动轨迹。

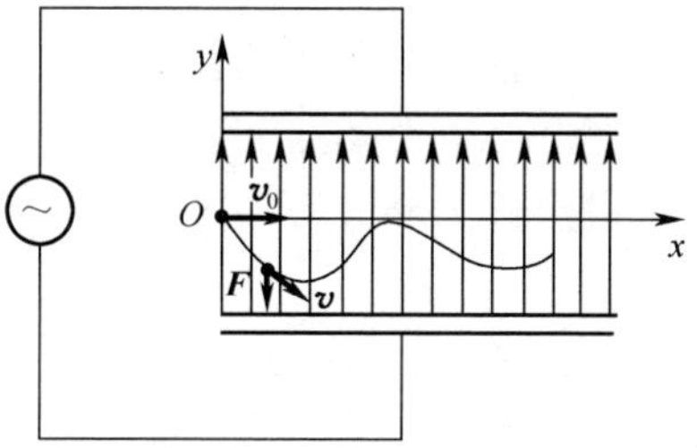

题 10-9 图

10-10　题 10-10 图所示单摆的摆长为 l，摆锤的质量为 m，已知摆的摆动方程为 $\varphi = \varphi_0 \sin\left(\sqrt{g/l}\right)t$（rad），其中 φ_0 和 g 为常数，t 以 s 计。求 $\varphi = 0$ 和 $\varphi = \varphi_0$ 时摆绳的拉力。

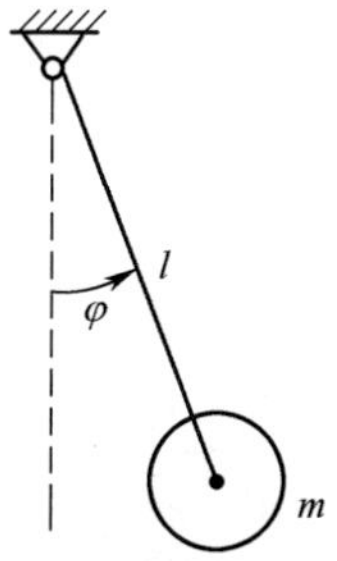

题 10-10 图

10-11　质量为m的小球C由两根细杆（质量不计）支撑，如题 10-11 图所示。球和杆一起绕铅垂轴AB转动。已知转动角速度为ω（常数），各杆的长度为$AC=5l$，$BC=3l$，$AB=4l$。杆与杆之间的连接均为光滑铰接。求AC、BC两杆对小球的作用力。

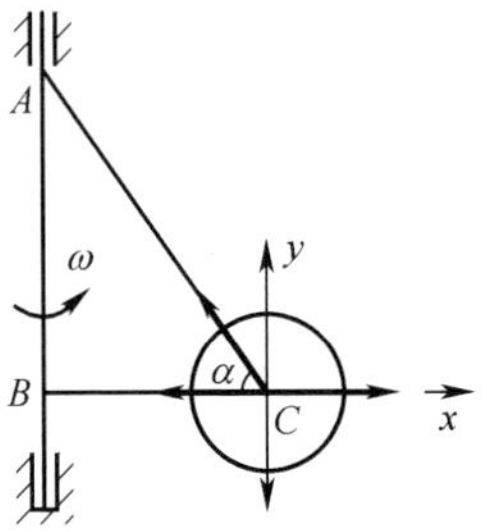

题 10-11 图

10-12　一物体质量$m=10\text{kg}$，在变力$F=100(1-t)$（力的单位为N）的作用下运动。设物体的初速度$v_0=0.2\text{m/s}$，开始时力的方向与速度方向相同。问经过多长时间后物体的速度为零，此前走了多少路程？

10-13　题 10-13 图所示的物体在光滑水平面上与弹簧相连，物块的质量为m，弹簧的刚度系数为k。当弹簧拉长变形量为x_0时释放物块。求物块的运动规律。

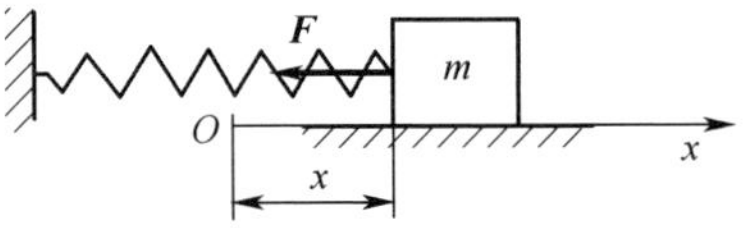

题 10-13 图

第 11 章　动 量 定 理

从理论上讲，似乎将求解质点运动微分方程的方法加以推广，并以此来解决由 n 个质点组成的质点系动力学问题是可行的，但一般情况下这种方法并不可行。因为，采用这种方法就意味着对质点系中的每一个质点进行分析，在此基础上要建立由 $3n$ 个运动微分方程组成的方程组进行联立求解，显然这是一个非常复杂的数学问题，而且未必就能获得解析解。另外，在工程中，对于很多实际问题，只需知道某些点的特征参数即可，没有必要了解所有点的运动特征参数。因此，为了简化计算，人们在长期的科学实践中归纳出以研究质点系整体运动特征为基础的若干规律，建立了与运动有关的物理量（动量、动量矩、动能）和与力有关的物理量（冲量、力矩、功）相互对应的关系，这些关系总称为动力学普遍定理，包括动量定理、动量矩定理和动能定理。

为了便于学习知识，本章及其后两章将从牛顿定律出发推导动力学普遍定理，所用参考系是惯性参考系。研究顺序是由质点运动微分方程推导出质点动力学普遍方程，继而推广到质点系和刚体。

11.1　动量和冲量

1. *动量*

人们从实践得知，物体运动的强弱与其速度有关，也与本身质量有关。例如，飞翔的小鸟虽然质量小，但是由于相对于飞机的速度很大，因此，一旦撞上飞机，对飞机的破坏力是很大的；轮船靠岸时，虽然速度小，但是因其质量很大，如果操作不慎，也会撞坏码头。为了表示物体运动量的强弱，把物体的质量与其速度矢的乘积称为物体的动量。

质点的质量与其速度矢的乘积称为质点的动量，记作 $m\boldsymbol{v}$。质点的动量是矢量，方向与速度矢的方向一致。在国际单位制中，动量的单位为 $\mathrm{kg \cdot m/s}$。

质点系中所有质点动量的矢量和称为质点系的动量，用 $\boldsymbol{p}$ 表示

$$\boldsymbol{p} = \sum m_i \boldsymbol{v}_i \tag{11-1}$$

设质点系由 n 个质点 M_1，M_2，…，M_n 组成，各质点的质量分别为 m_1，m_2，…，m_n。总质量 $m = \sum m_i$，并以 $\boldsymbol{r}_1$，$\boldsymbol{r}_2$，…，$\boldsymbol{r}_n$ 表示各质点对任选的参考点 O 的矢径，如图 11-1 所示。

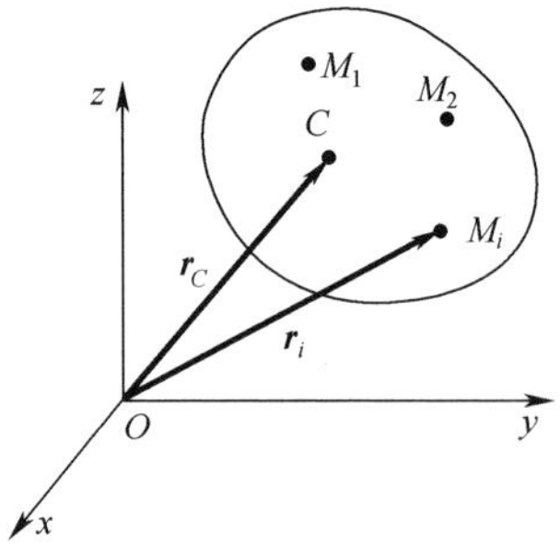

图 11-1

由重心坐标公式［式（4-29）］可知在均匀重力场情况下有

$$x_C=\frac{\sum mx_i}{\sum m_i},\quad y_C=\frac{\sum my_i}{\sum m_i},\quad z_C=\frac{\sum mz_i}{\sum m_i}$$

设质点系质量中心（简称质心）的矢径为$\boldsymbol{r}_C$，质点系任意质点 i 的矢径为$\boldsymbol{r}_i$，则上式可以写为矢量式，即

$$\boldsymbol{r}_C=x_C\boldsymbol{i}+y_C\boldsymbol{j}+z_C\boldsymbol{k}=\frac{\sum m_i\boldsymbol{r}_i}{\sum m_i}=\frac{\sum m_i\boldsymbol{r}_i}{m}$$

或

$$m\boldsymbol{r}_C=\sum m_i\boldsymbol{r}_i \tag{11-2}$$

两边对时间 t 求导，则有 $m\boldsymbol{v}_C=\sum m_i\boldsymbol{v}_i$，因此质点系的动量又可以表示为

$$\boldsymbol{p}=\sum m_i\boldsymbol{v}_i=m\boldsymbol{v}_C \tag{11-3}$$

即质点系的动量等于质心速度与其全部质量的乘积。

对于刚体系统，设第 i 个刚体的质心 C_i 的速度为 $\boldsymbol{v}_{Ci}$，整个刚体系统的动量为

$$\boldsymbol{p}=\sum m_i\boldsymbol{v}_{Ci} \tag{11-4}$$

动量是矢量，在具体计算过程中可利用投影形式，以 p_x、 p_y、 p_z 分别表示质点系的动量在固定直角坐标轴 x、y、z 轴上的投影，则有

$$p_x=\sum m_i\boldsymbol{v}_{ix},\quad p_y=\sum m_i\boldsymbol{v}_{iy},\quad p_z=\sum m_i\boldsymbol{v}_{iz} \tag{11-5}$$

若已知在三个轴上的投影分别为 p_x、p_y、p_z，则动量的大小和方向余弦为

$$\left.\begin{aligned}p&=\sqrt{p_x^2+p_y^2+p_z^2}\\ \cos(\boldsymbol{p},\boldsymbol{i})&=\frac{p_x}{p}\\ \cos(\boldsymbol{p},\boldsymbol{j})&=\frac{p_y}{p}\\ \cos(\boldsymbol{p},\boldsymbol{k})&=\frac{p_z}{p}\end{aligned}\right\} \tag{11-6}$$

例 11-1　画椭圆的机构由匀质的曲柄 OA、规尺 BD 以及滑块 B 和 D 组成（图 11-2），曲柄与规尺的中点 A 铰接。已知规尺长 $2l$，质量为 $2m_1$；两滑块的质量都是 m_2；曲柄长 l，质量为 m_1，并以角速度 ω 绕定轴 O 转动。试求当曲柄 OA 与水平成角 φ 时整个机构的动量。

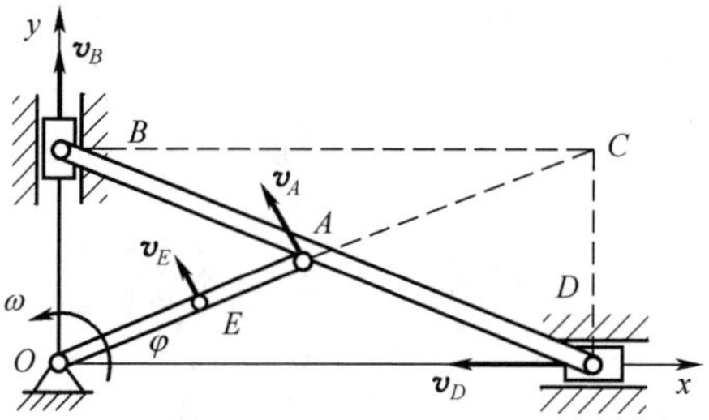

图 11-2

解：整个机构的动量等于曲柄 OA、规尺 BD、滑块 B 和 D 的动量的矢量和，即

$$\boldsymbol{p} = \boldsymbol{p}_{OA} + \boldsymbol{p}_{BD} + \boldsymbol{p}_B + \boldsymbol{p}_D$$

系统的动量在坐标轴 x、y 上的投影分别为

$$\begin{aligned} p_x &= -m_1 v_E \sin\varphi - (2m_1)v_A \sin\varphi - m_2 v_D \\ &= -m_1 \frac{l}{2}\omega\sin\varphi - (2m_1)l\omega\sin\varphi - m_2 2l\omega\sin\varphi \\ &= -\left(\frac{5}{2}m_1 + 2m_2\right)l\omega\sin\varphi \end{aligned}$$

$$\begin{aligned} p_y &= m_1 v_E \cos\varphi + (2m_1)v_A \cos\varphi + m_2 v_B \\ &= m_1 \frac{l}{2}\omega\cos\varphi + (2m_1)l\omega\cos\varphi + m_2 2l\omega\cos\varphi \\ &= \left(\frac{5}{2}m_1 + 2m_2\right)l\omega\cos\varphi \end{aligned}$$

所以系统的动量大小为

$$\begin{aligned} p &= \sqrt{p_x^2 + p_y^2} \\ &= \frac{1}{2}(5m_1 + 4m_2)l\omega \end{aligned}$$

方向余弦为

$$\cos(\boldsymbol{p}, \boldsymbol{i}) = \frac{p_x}{p} = -\sin\varphi$$

$$\cos(\boldsymbol{p}, \boldsymbol{j}) = \frac{p_y}{p} = \cos\varphi$$

2. 冲量

物体在力的作用下引起的运动变化不仅与力的大小和方向有关，还与力作用时间的长短有关。例如，人力推动汽车，经过一段时间，可以使汽车获得一定速度；如果改用另外一辆汽车牵引，则只需很短的时间就可以达到相同的速度。若作用力是常量，我们用力与作用时间的乘积来衡量力在这段时间内积累的作用。作用力与其作用时间的乘积称为常力的冲量。冲量是矢量，与力的方向一致。用 $\boldsymbol{F}$ 表示常力，作用时间为 t，则此力的冲量为

$$\boldsymbol{I}=\boldsymbol{F}t \tag{11-7}$$

如果 $\boldsymbol{F}$ 是变量，在微小时间 $\mathrm{d}t$ 内，力 $\boldsymbol{F}$ 的冲量称为元冲量，即

$$\mathrm{d}\boldsymbol{I}=\boldsymbol{F}\mathrm{d}t \tag{11-8}$$

力 $\boldsymbol{F}$ 在作用时间 $t_1\sim t_2$ 的冲量为矢量积分

$$\boldsymbol{I}=\int_{t_1}^{t_2}\boldsymbol{F}\mathrm{d}t \tag{11-9}$$

上式为一矢量积分，在具体计算时可投影于固定坐标 x、y、z 轴上

$$I_x=\int_{t_1}^{t_2}F_x\mathrm{d}t,\ I_y=\int_{t_1}^{t_2}F_y\mathrm{d}t,\ I_z=\int_{t_1}^{t_2}F_z\mathrm{d}t \tag{11-10}$$

冲量的单位在国际单位制中为 $\mathrm{N\cdot s}$，因此冲量与动量的量纲是相同的。

11.2 动量定理和动量守恒定律

1. 质点的动量定理

由质点动力学微分方程，有

$$\frac{\mathrm{d}(m\boldsymbol{v})}{\mathrm{d}t}=\boldsymbol{F}$$

或

$$\mathrm{d}(m\boldsymbol{v})=\boldsymbol{F}\mathrm{d}t \tag{11-11}$$

式（11-11）为质点动量定理的微分形式，即质点动量的增量等于作用于质点上作用力的元冲量。

对上式两边积分，如果时间为 $t_1\sim t_2$，速度为 $\boldsymbol{v}_1\sim\boldsymbol{v}_2$，得

$$m\boldsymbol{v}_2-m\boldsymbol{v}_1=\int_{t_1}^{t_2}\boldsymbol{F}\mathrm{d}t=\boldsymbol{I} \tag{11-12}$$

式（11-12）为质点动量定理的积分形式，即质点动量的变化等于作用于质点的力在此段时间内的冲量。

2. 质点系的动量定理

考察 n 个质点组成的质点系，第 i 个质点的质量为 m_i，速度为 $\boldsymbol{v}_i$，质点系外部物体对该质点作用力的合力为 $\boldsymbol{F}_i^{(\mathrm{e})}$，称为外力，质点系内部其他质点对该质点

作用的力为 $F_i^{(i)}$，称为内力。对每个质点应用质点动量定理，有

$$\mathrm{d}(m_1\boldsymbol{v}_1)=(\boldsymbol{F}_1^{(e)}+\boldsymbol{F}_1^{(i)})\mathrm{d}t=\boldsymbol{F}_1^{(e)}\mathrm{d}t+\boldsymbol{F}_1^{(i)}\mathrm{d}t$$

$$\cdots$$

$$\mathrm{d}(m_i\boldsymbol{v}_i)=(\boldsymbol{F}_i^{(e)}+\boldsymbol{F}_i^{(i)})\mathrm{d}t=\boldsymbol{F}_i^{(e)}\mathrm{d}t+\boldsymbol{F}_i^{(i)}\mathrm{d}t$$

$$\cdots$$

$$\mathrm{d}(m_n\boldsymbol{v}_n)=(\boldsymbol{F}_n^{(e)}+\boldsymbol{F}_n^{(i)})\mathrm{d}t=\boldsymbol{F}_n^{(e)}\mathrm{d}t+\boldsymbol{F}_n^{(i)}\mathrm{d}t$$

上式总共有 n 个。将 n 个方程式两端分别相加，得

$$\sum\mathrm{d}(m_i\boldsymbol{v}_i)=\sum\boldsymbol{F}_i^{(e)}\mathrm{d}t+\sum\boldsymbol{F}_i^{(i)}\mathrm{d}t$$

因质点系内各个质点相互作用的内力总是大小相等，方向相反且成对出现，因此冲量相互抵消，内力冲量的矢量和为零，即

$$\sum\boldsymbol{F}_i^{(i)}\mathrm{d}t=0$$

因 $\sum\mathrm{d}(m_i\boldsymbol{v}_i)=\mathrm{d}\sum(m_i\boldsymbol{v}_i)=\mathrm{d}\boldsymbol{p}$，表示质点系动量的增量，故得到质点系动量定理的微分形式

$$\mathrm{d}\boldsymbol{p}=\sum\boldsymbol{F}_i^{(e)}\mathrm{d}t=\sum\mathrm{d}\boldsymbol{I}_i^{(e)} \tag{11-13}$$

即质点系动量的增量等于作用于质点系的外力元冲量的矢量和。

式（11-13）也可以表示为

$$\frac{\mathrm{d}\boldsymbol{p}}{\mathrm{d}t}=\sum\boldsymbol{F}_i^{(e)} \tag{11-14}$$

即质点系的动量对时间的导数等于作用于质点系的外力的矢量和，称为质点系动量定理的微分形式。

对式（11-14）两边积分，得

$$\boldsymbol{p}_2-\boldsymbol{p}_1=\sum\boldsymbol{I}_i^{(e)} \tag{11-15}$$

即在某一时间间隔内质点系动量的改变量等于在这段时间内作用于质点系外力冲量的矢量和，称为质点系动量定理的积分形式。

动量定理是矢量式，在应用中经常使用其投影式，如式（11-14）和式（11-15）在直角坐标系上的投影分别为

$$\frac{\mathrm{d}p_x}{\mathrm{d}t}=\sum F_x^{(e)}，\quad \frac{\mathrm{d}p_y}{\mathrm{d}t}=\sum F_y^{(e)}，\quad \frac{\mathrm{d}p_z}{\mathrm{d}t}=\sum F_z^{(e)} \tag{11-16}$$

$$p_{2x}-p_{1x}=\sum I_x^{(e)}，\quad p_{2y}-p_{1y}=\sum I_y^{(e)}，\quad p_{2z}-p_{1z}=\sum I_z^{(e)} \tag{11-17}$$

例 11-2　质量为 m_1 的平台 AB 放于水平面上，平台与水平面间的动滑动摩擦因数为 f，质量为 m_2 的小车 D 由绞车拖动，相对于平台的运动规律为 $s=\frac{1}{2}bt^2$，其中 b 为已知常数，如图 11-3 所示。不计绞车的质量，求平台的加速度。

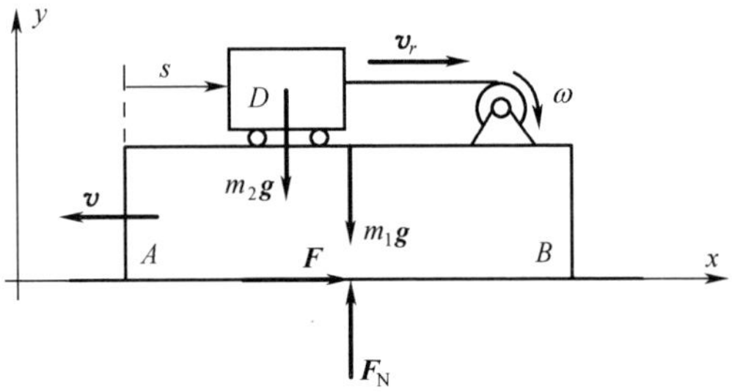

图 11-3

解：先分析受力。选取整体作为质点系，作用在水平方向的外力有摩擦力 $\boldsymbol{F}$，竖直方向有小车和平台的重力及地面对整体的法向约束力 $\boldsymbol{F}_{\mathrm{N}}$。

再分析运动。动量定理中的速度为绝对速度，平台水平方向动量为$-m_1\boldsymbol{v}$。由速度合成定理可知，小车的绝对速度为$\boldsymbol{v}_r-\boldsymbol{v}$，因此小车水平方向动量为$m_2(\boldsymbol{v}_r-\boldsymbol{v})$。质点系水平方向动量为$p_x=-m_1v+m_2(v_r-v)$，竖直方向动量为$p_y=0$。

由动量定理微分形式的投影式得$\dfrac{\mathrm{d}p_x}{\mathrm{d}t}=\sum F_x^{(\mathrm{e})}$，$\dfrac{\mathrm{d}p_y}{\mathrm{d}t}=\sum F_y^{(\mathrm{e})}$，分别有

$$\frac{\mathrm{d}}{\mathrm{d}t}[-m_1v+m_2(v_r-v)]=F$$

$$0=F_{\mathrm{N}}-(m_1+m_2)g$$

式中，$v_r=\dot{s}$，$F=fF_{\mathrm{N}}$。

解得$a=\dfrac{\mathrm{d}v}{\mathrm{d}t}=\dfrac{m_2b-f(m_1+m_2)g}{m_1+m_2}$。

注意：取质点系为研究对象，运用动量定理时不考虑质点系内力。

3. 质点系的动量守恒定律

由质点系的动量定理可以推导出动量守恒定律：

（1）如果作用在质点系上的外力系的主矢等于零，由式（11-14）知，该质点系的动量保持不变，即

$$\boldsymbol{p}_1=\boldsymbol{p}_2=\text{恒矢量}$$

（2）如果作用在质点系上的外力系的主矢在某轴上的投影等于零，由式（11-16）知，该质点系的动量在该轴上的投影保持不变，即若$\sum F_x^{(\mathrm{e})}=0$，则

$$p_{1x}=p_{2x}=\text{常量}$$

例 11-3 火炮（包括炮车与炮筒）的质量为 m_1，炮弹的质量为 m_2，炮弹相对炮车的发射速度为 $\boldsymbol{v}_r$，炮筒对水平面的仰角为 α，如图 11-4（a）所示。设火炮放在光滑水平面上，且炮筒与炮车相固连，试求火炮的后坐速度和炮弹的发射速度。

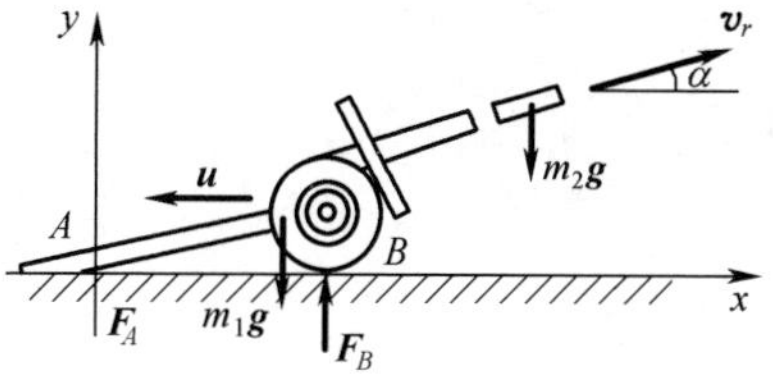

（a）

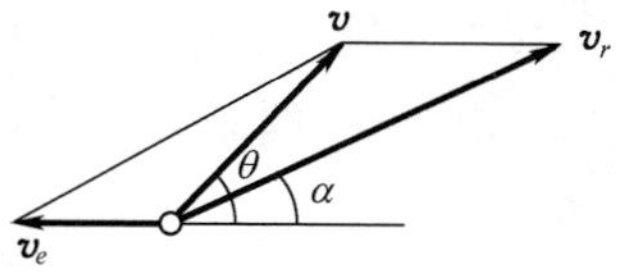

（b）

图 11-4

解：取火炮和炮弹（包括炸药）作为研究对象。设火炮的后坐速度为 $\boldsymbol{u}$，炮弹的发射速度为 $\boldsymbol{v}$，对水平面的仰角为θ，如图 11-4（b）所示。炸药（其质量略去不计）的爆炸力是内力，作用在系统上的外力在水平轴 x 的投影都是零，即有 $\sum F_x^{(e)} = 0$。可见，系统动量在 x 轴上的投影守恒，考虑到初始瞬时系统处于静止，即有 $p_{x0} = 0$，于是有

$$p_x = m_2 v\cos\theta - m_1 u = 0$$

另一方面，对于炮弹应用速度合成定理，可得

$$\boldsymbol{v} = \boldsymbol{v}_e + \boldsymbol{v}_r$$

考虑到$\boldsymbol{v}_e = u$，并将上式投影到轴 x 和 y 上，就得到

$$v\cos\theta = v_r\cos\alpha - u$$

$$v\sin\theta = v_r\sin\alpha$$

联立求解上述三个方程，即得

$$u = \frac{m_2}{m_1 + m_2} v_r \cos\theta$$

$$v = \sqrt{1 - \frac{(2m_1 + m_2)m_2}{(m_1 + m_2)^2}\cos^2\alpha v_r}$$

$$\tan\theta = \left(1 + \frac{m_2}{m_1}\right)\tan\alpha$$

讨论：由上式可见，$\boldsymbol{v}$ 与 $\boldsymbol{v}_r$ 方向不同，$\theta > \alpha$。当 $m_1 >> m_2$ 时，$\theta \approx \alpha$。但在军舰或车上时，应该考虑修正量 m_2 / m_1。

11.3　质心运动定理和质心运动守恒定律

1. *质心运动定理*

质点系质心的位置可以由各质点的质量及相互的位置确定。当质点系运动时，各质点的位置在改变，质点系质心的位置也在变化。由式（11-3）知，质点系动

量等于质点系的质量与质心速度的乘积，即

$$\boldsymbol{p}=\sum m_i\boldsymbol{v}_i=m\boldsymbol{v}_C$$

质点系动量定理的微分形式为

$$\frac{\mathrm{d}\boldsymbol{p}}{\mathrm{d}t}=\frac{\mathrm{d}m\boldsymbol{v}_C}{\mathrm{d}t}=\sum\boldsymbol{F}_i^{(\mathrm{e})}$$

若质点系质量不变，则上式也可以写成

$$m\boldsymbol{a}_C=\sum\boldsymbol{F}_i^{(\mathrm{e})} \tag{11-18}$$

式中，$\boldsymbol{a}_C$为质点系质心的加速度。上式表明，质点系的质量与质心加速度的乘积等于作用于质点系外力的矢量和，即等于外力系的主矢。此结论称为质心运动定理。

由式（11-18）可知，质点系的内力不会改变质心的运动，只有外力才能影响质心的运动。比如在汽车发动机中气体的压力是内力，因此即便这个力是汽车行驶的原动力，但是它不能使汽车的质心运动。那么汽车是如何启动的呢？原来，汽车发动机中的气体压力推动气缸内的活塞，经过一系列传动，主动轮可以转动，如果车轮与地面的接触面足够粗糙，那么地面对主动轮作用的静滑动摩擦力就是改变汽车质心运动状态的外力。但是，如果地面光滑或者不足以克服汽车前进的阻力，那么将无法改变质心的运动状态，主动轮将会在原地打转，汽车不能前进。

式（11-18）与质点的动力学基本方程，即牛顿第二定律$m\boldsymbol{a}=\sum\boldsymbol{F}$在形式上相似，因此可表达如下：质点系质心的运动可以视为一个质点的运动，设想此质点集中了整个质点系的质量及其所受外力。例如打出的炮弹，如果忽略空气阻力，则炮弹的质心运动就是只受重力作用的抛物线运动；若中途爆炸为很多碎片，则碎片的运动各不相同，但全部碎片的质心仍然做抛物线运动，直到有碎片着地。

但是质心运动定理和牛顿第二定律又有不同。$m\boldsymbol{a}_C=\sum\boldsymbol{F}_i^{(\mathrm{e})}$是导出的定理，它描述的对象是质点系的质心，而$m\boldsymbol{a}=\sum\boldsymbol{F}$是公理，它描述的对象是质点。

质心运动定理是矢量，实际计算时一般用投影形式，质心运动定理在直角坐标轴上的投影式为

$$ma_{Cx}=\sum F_x^{(\mathrm{e})}，\quad ma_{Cy}=\sum F_y^{(\mathrm{e})}，\quad ma_{Cz}=\sum F_z^{(\mathrm{e})} \tag{11-19}$$

质心运动定理在自然轴上的投影式为

$$ma_C^{\tau}=\sum F_{\tau}^{(\mathrm{e})}，\quad ma_C^{n}=\sum F_n^{(\mathrm{e})}，\quad 0=\sum F_b^{(\mathrm{e})} \tag{11-20}$$

例 11-4 如图 11-5 所示，在曲柄滑槽机构中，长为l的曲柄以匀角速度ω绕O轴转动，运动开始时$\varphi=0$。已知均质曲柄的质量为m_1，滑块A的质量为m_2，导杆BD的质量为m_3，点G为其质心，且$BG=\dfrac{1}{2}$。求：（1）机构质量中心的运动方程；（2）作用在O轴的最大水平力。

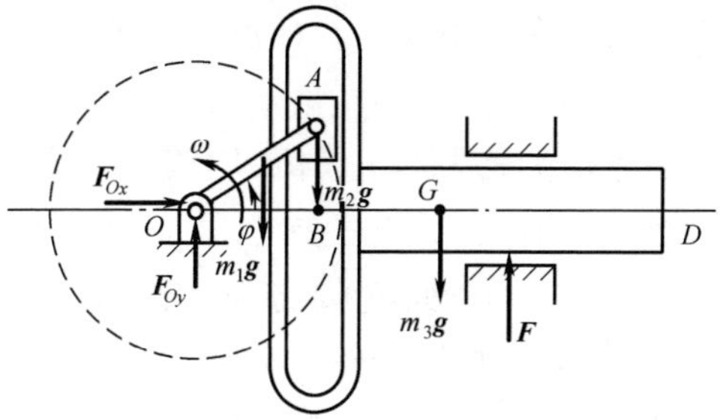

图 11-5

解：选取整个机构为研究的质点系。作用在水平方向的外力有 $\boldsymbol{F}_{Ox}$，由质心的坐标公式［式（4-29）］

$$x_C = \frac{\sum m_i x_i}{\sum m_i},\quad y_C = \frac{\sum m_i y_i}{\sum m_i}$$

得到质心的运动方程为

$$x_C = \frac{m_3 l}{2(m_1+m_2+m_3)} + \frac{m_1+2m_2+2m_3}{2(m_1+m_2+m_3)} l\cos\omega t$$

$$y_C = \frac{m_1+2m_2}{2(m_1+m_2+m_3)} l\sin\omega t$$

机构的受力如图 11-5 所示。

由质心运动定理在 x 轴上的投影式得

$$ma_{Cx} = \sum F_x^{(e)}$$

有

$$(m_1+m_2+m_3)\ddot{x}_C = F_{Ox}$$

解得

$$F_{Ox} = -\frac{1}{2}(m_1+2m_2+2m_3)l\omega^2\cos\omega t$$

显然，最大水平约束力 $F_{Ox\max} = \frac{1}{2}(m_1+2m_2+2m_3)l\omega^2$ 。

2. 质心运动守恒定律

作为质心运动的一种特殊情况，下面研究质心运动守恒定律。

（1）如果外力主矢 $\sum F_i^{(e)} = 0$，由式（11-18）可知

$$\boldsymbol{v}_C = \text{恒矢量}$$

此时，质心做惯性运动，或做匀速直线运动或静止不动。

（2）如果外力系的主矢在某轴上的投影等于零，由式（11-19）可知，如 $\sum F_x^{(e)} = 0$，则

$$v_{Cx} = \text{常量}$$

即质心速度在该轴上的投影保持不变。若开始时速度投影等于零，则质心沿该轴的坐标保持不变。

综上所述，若质点系所受外力的主矢恒等于零，则质心的运动速度为一常矢量（保持守恒）。将此称为质心运动守恒定律。

例 11-5 如图 11-6 所示，单摆 B 的支点固定在一可沿光滑水平直线轨道平移的滑块 A 上，设 A、B 的质量分别为 m_A、m_B。运动开始时，$x=x_0$，$\dot{x}=0$，$\varphi=\varphi_0$，$\dot{\varphi}=0$。试求单摆 B 的轨迹方程。

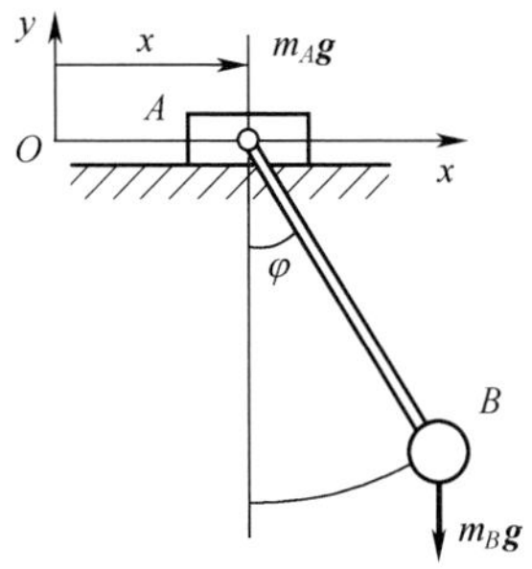

图 11-6

解： 以系统为对象，其运动可用滑块 A 的坐标 x 和单摆摆动的角度 φ 两个广义坐标确定。

由于沿 x 方向无外力作用，且初始静止，所以系统沿 x 轴的动量守恒，质心坐标 x_C 保持常值 x_{C0}，则

$$x_C=\frac{m_A x+m_B(x+l\sin\varphi)}{m_A+m_B}=\frac{m_A x_0+m_B(x_0+l\sin\varphi_0)}{m_A+m_B}=x_{C0}$$

解得

$$x=x_{C0}-\frac{m_B}{m_A+m_B}l\sin\varphi$$

单摆 B 的坐标为

$$x_B=x+l\sin\varphi=x_{C0}+\frac{m_A}{m_A+m_B}l\sin\varphi$$

$$y_B=-l\cos\varphi$$

消去 φ，即得到单摆 B 的轨迹方程为

$$\left(1+\frac{m_B}{m_A}\right)^2(x_B-x_{C0})^2+y_B^2=l^2$$

$$x=x_{C0}$$

是以 $x=x_{C0}$， $y=0$ 为中心的椭圆方程，因此悬挂在滑块上的单摆也称为椭圆摆。

习　　题

11-1　求题 11-1 图所示各均质物体的动量。设各物体质量皆为 m。

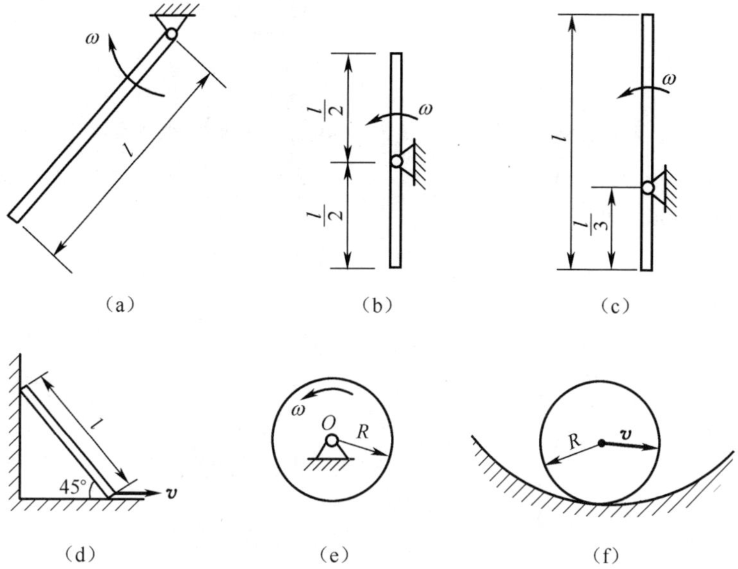

题 11-1 图

11-2　坦克履带质量为 m_1，两个车轮的质量为 m_2。如题 11-2 图所示，将车轮看成均质圆盘，半径为 r。设坦克前进速度为 $\boldsymbol{v}$，试求此质点系的动量。

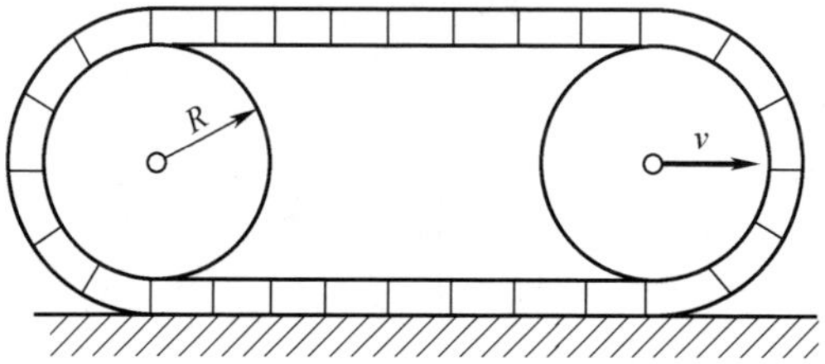

题 11-2 图

11-3　椭圆机构中，规尺 AB 的质量为 $2m_1$，滑块 A 和 B 的质量均为 m_2。曲柄 OC 的质量为 m_1，且以匀角速度 ω 绕 O 轴转动。如题 11-3 图所示，$OC = AC = BC = l$。设物体均为均质，求机构动量。

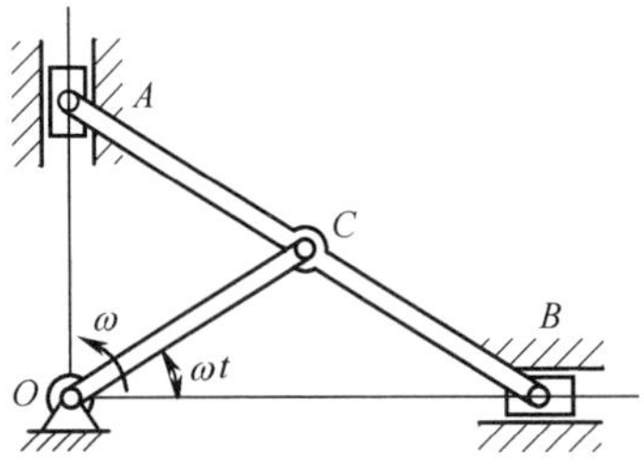

题 11-3 图

11-4 质量 $m=0.28\text{kg}$ 的棒球，以 $v_0=50\text{m/s}$ 的速度水平向右运动，在棒击后速度改变，降至 $v=40\text{m/s}$，方向与 v_0 的夹角 $\theta=135°$，指向如题 11-4 图所示。求棒作用于球的冲量的水平分量和铅垂分量。

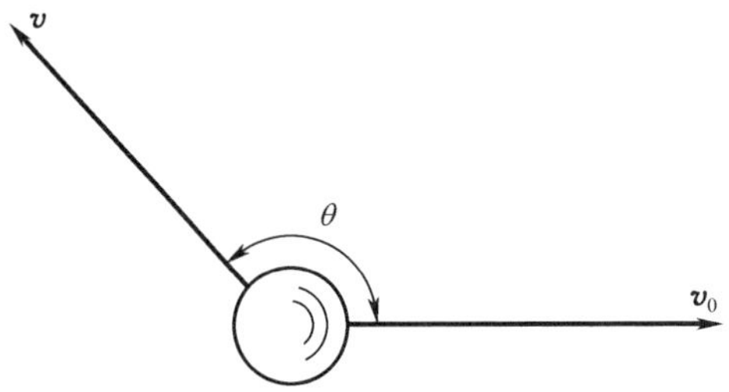

题 11-4 图

11-5 滑轮机构如题 11-5 图所示。物体 A 和 B 的质量分别为 m_1 和 m_2。滑轮 C 和 D 的质量分别为 m_3 和 m_4，质心与形心重合。设物体 B 以加速度 $\boldsymbol{a}$ 下降，求滑轮 C 的轴承 O 处的约束力。绳质量略去不计。

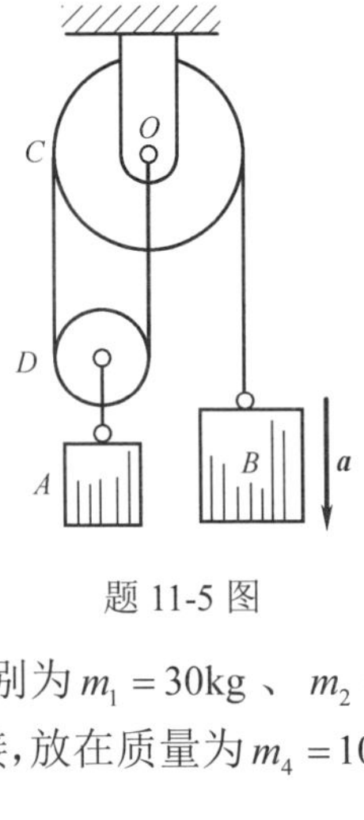

题 11-5 图

11-6 三个物块的质量分别为 $m_1=30\text{kg}$、$m_2=15\text{kg}$、$m_3=20\text{kg}$，由一条绕过定滑轮 M 和 N 的绳子相连接，放在质量为 $m_4=100\text{kg}$ 的平台 $ABED$ 上，如题 11-6

图所示。当物块 m_1 下降时，物块 m_2 在平台上向右移动，而物块 m_3 沿斜面上升。如略去摩擦和绳子重量，求重物 m_1 下降1m 时平台相对地面的位移。

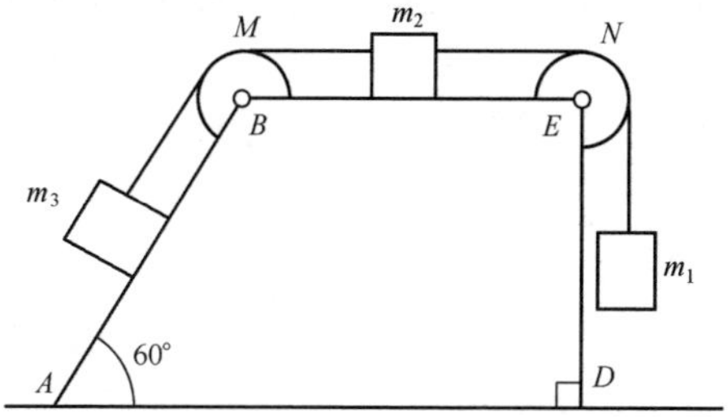

题 11-6 图

11-7　如题 11-7 图所示，均质滑轮 A 的质量为 m，重物 M_1、M_2 的质量分别为 m_1 和 m_2，斜面的倾角为 θ，不考虑摩擦。已知重物 M_2 的加速度 $\boldsymbol{a}$，试求轴承 O 处的约束力（表示成 a 的函数）。

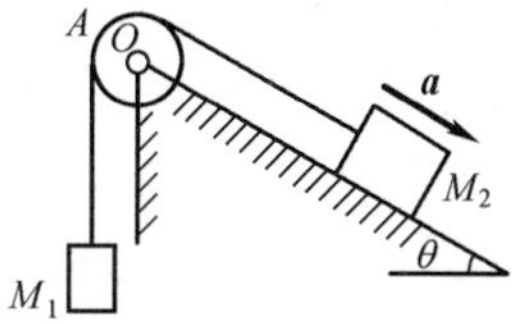

题 11-7 图

11-8　两均质杆 AC 和 BC 的质量分别为 m_1 和 m_2，在点 C 用铰链连接，两杆立于铅垂平面内，如题 11-8 图所示。设地面光滑，两杆在图示位置时无初速倒向地面。当 $m_1 = m_2$ 和 $m_1 = 3m_2$ 时，点 C 的运动轨迹是否相同？

11-9　如题 11-9 图所示，均质杆 AB（长为 $2l$）竖直地立在光滑水平面上。求它从竖直位置无初速地倒下时端点 A 相对图示坐标系的轨迹。

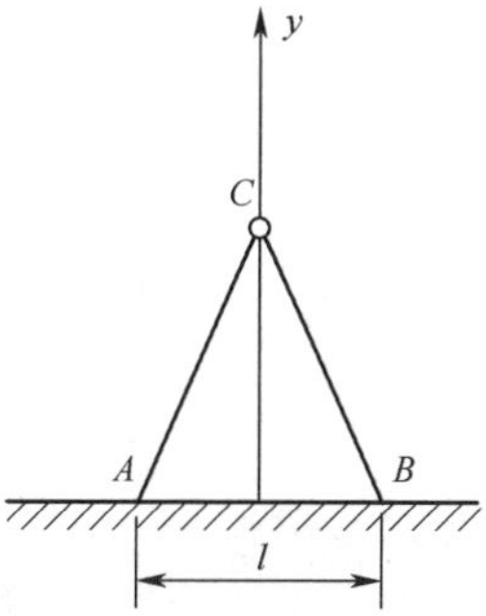

题 11-8 图

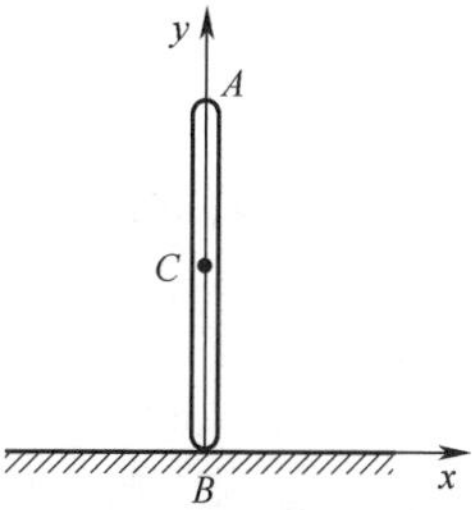

题 11-9 图

11-10 如题 11-10 图所示，质量为 m_1 的电动机放在光滑水平面上。电动机转轴 O 上装一质量为 m_2 的皮带轮，由于质量不均匀，皮带轮质量偏心，不在 O 轴上，偏心距 $OC = e$。转子以匀角速度 ω 转动，试求电动机的水平运动规律。

11-11 如题 11-11 图所示，质量为 m_1 的小车 A 悬挂摆锤 B，$p = m_1 g$。已知摆锤摆动规律 $\varphi = \varphi_0 \cos kt$。设摆锤 B 的质量为 m_2，摆长为 l，摆杆的重量及摩擦忽略不计，求小车的运动方程。

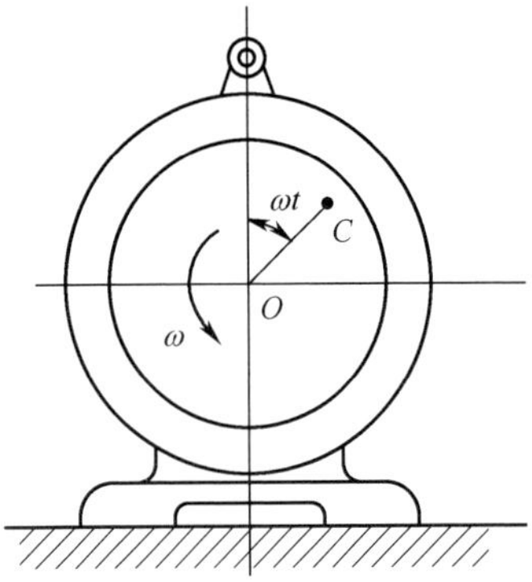

题 11-10 图

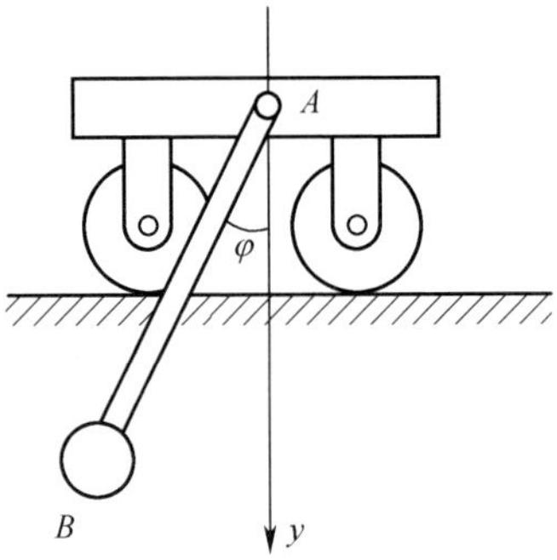

题 11-11 图

11-12 质量为 m，长为 $2l$ 的均质杆 OA 绕固定轴 O 在铅垂面内转动，如题 11-12 图所示。已知在图示位置时，杆的角速度为 ω，角加速度为 α。试求此时杆在 O 轴处的约束力。

11-13 质量为 M 的大三角块放在光滑水平面上，大三角块斜面上放一个与它相似且质量为 m 的小三角块。已知两三角块的边长分别为 a 和 b。两三角块为均质，试求小三角块由题 11-13 图所示位置滑到底时大三角块的位移。

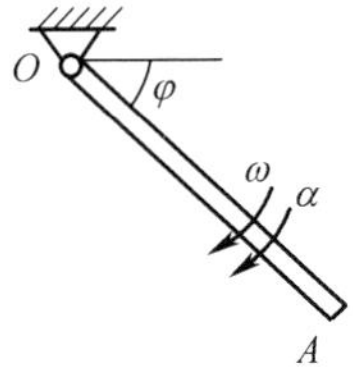

题 11-12 图

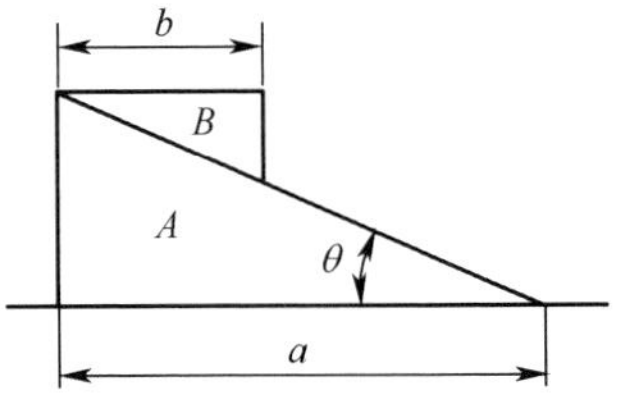

题 11-13 图

第 12 章　动量矩定理

动量定理建立了质点和质点系动量的改变与外力之间的关系，但是对于有些运动，比如飞轮（图 12-1）在外力矩作用下绕通过质心的定轴转动时，由于它的动量恒等于零，所以无法用动量定理解决此类问题。动量矩定理建立了质点和质点系相对于某固定点（或固定轴）的动量矩的改变与外力之矩两者之间的关系，非常便于研究此类问题。为了方便分析问题，本章先研究作为辅助知识的刚体对轴的转动惯量，再论述质点和质点系的动量矩定理。

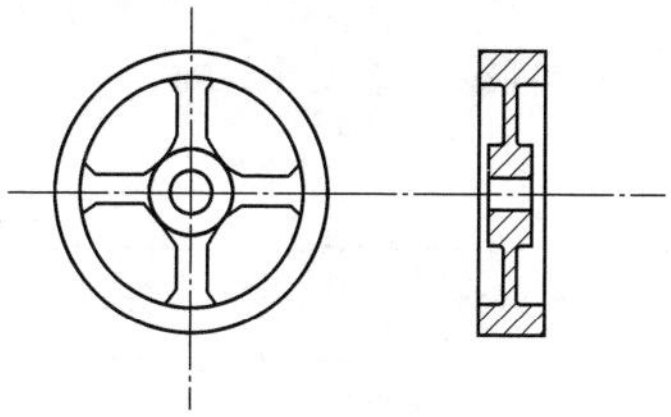

图 12-1

12.1　刚体对轴的转动惯量

1. 转动惯量的定义及一般公式

一刚体绕某固定轴转动，该刚体对于转动轴的转动惯量就定义为：刚体内各质点的质量与其到轴的距离平方的乘积之和，即

$$J_z = \sum m_i r_i^2 \tag{12-1}$$

假如物体的质量是连续分布的（刚体），则上式可用积分表示为

$$J_z = \int_m r^2 \mathrm{d}m \tag{12-2}$$

上式表明，转动惯量是一个几何量，其大小仅与刚体的质量大小、分布及转动轴的位置有关，与刚体的运动状态无关。刚体质量相同，其分布距离轴越远，对转轴的转动惯量越大。

在工程实际中，对于要求稳定运转的机构，如内燃机、冲床等，要求机械的转动惯量较大，以使在外力矩变化时可以减少转速的波动。机械设备上安装飞轮就是为了达到这个目的。为了充分发挥飞轮材料的作用，除必要的轮辐外，要将材料的绝大部分配置在离轴较远的轮缘上（图 12-1）；相反，对于频繁启动和制动的机械，例如装卸货物的载重机构、龙门刨床的主电机等，则要求它们的转动惯量小一些。电压表等仪器中的指针，形薄又轻，随指针离转轴越远宽度越窄，这样保证其转动惯量足够小，使得电压等被测量参数有微小变化时可通过指针转动反映出来。

转动惯量的单位是千克·米^2（$kg·m^2$）。由于这个单位较大，有时也采用千克·厘米^2（$kg·cm^2$）。在实际应用中，物体的转动惯量常用它的总质量与某一长度ρ的平方的乘积来计算，即

$$J_z = M\rho^2 \tag{12-3}$$

这个长度$\rho = \sqrt{J_z / M}$称为物体对z轴的惯性半径或回转半径。在机械工程手册中列出了简单几何形状或几何形状已经标准化的零件的惯性半径，供工程技术人员查阅，见表 12-1。

表 12-1　均质物体的转动惯量

物体形状	简图	转动惯量 J_z	回转半径 ρ_z
细直杆	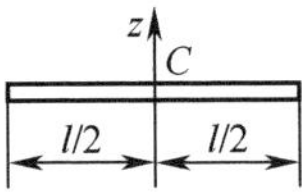	$\frac{1}{12}Ml^2$	$\frac{1}{2\sqrt{3}}l = 0.289l$
薄圆板	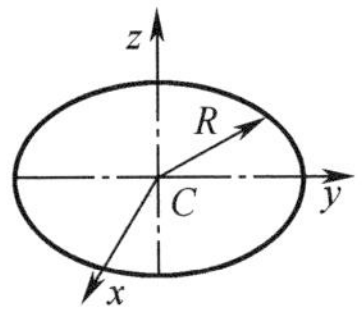	$\frac{1}{2}MR^2$	$\frac{R}{\sqrt{2}} = 0.707R$
圆柱	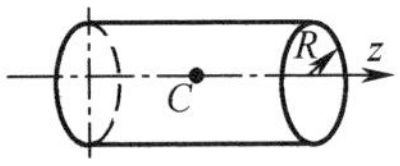	$\frac{1}{2}MR^2$	$\frac{R}{\sqrt{2}} = 0.707R$
空心圆柱	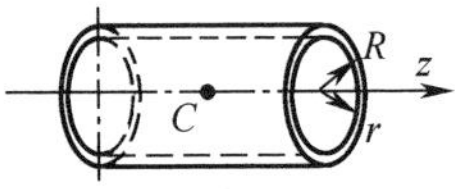	$\frac{1}{2}M(R^2 - r^2)$	$\sqrt{\frac{R^2 - r^2}{2}} = 0.707\sqrt{R^2 - r^2}$
实心球	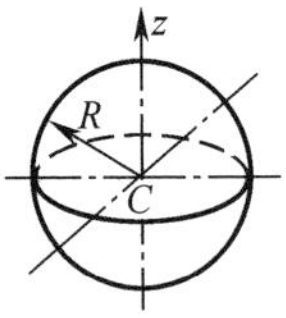	$\frac{2}{5}MR^2$	$0.632R$
薄壁空心球	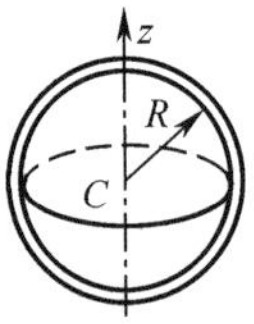	$\frac{2}{3}MR^2$	$\sqrt{\frac{2}{3}}R = 0.816R$

续表

物体形状	简图	转动惯量 J_z	回转半径 ρ_z
细圆环	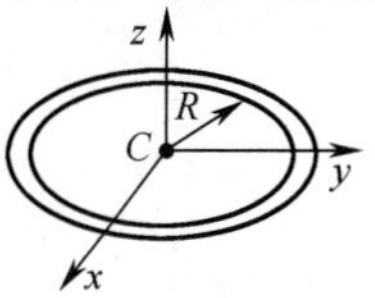	MR^2	R
矩形六面体	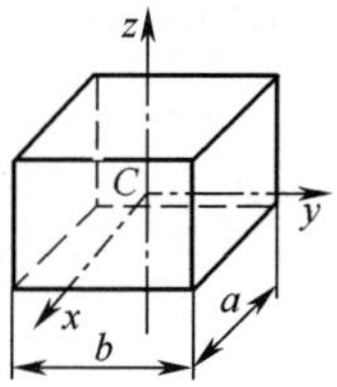	$\frac{1}{12}M(a^2+b^2)$	$\sqrt{\frac{a^2-b^2}{12}}=0.289\sqrt{a^2-b^2}$

2. 均质简单形状物体转动惯量的计算

对形状简单而规则的物体，可以直接从定义式（12-1）或式（12-2）出发，用积分求它们的转动惯量。

（1）均质细直杆（图 12-2）对于 z 轴的转动惯量。

设杆长为 l，单位长度的质量为 ρ，取杆上一微段 dx，其质量为 $m=\rho\cdot \mathrm{d}x$，则此杆对 z 轴的转动惯量为

$$J_z=\int_0^l(\rho\mathrm{d}x\cdot x^2)=\rho\frac{l^3}{3}$$

由于杆的质量 $M=\rho l$，因此

$$J_z=\frac{1}{3}Ml^2$$

（2）均质薄圆环（图 12-3）对于中心轴的转动惯量。

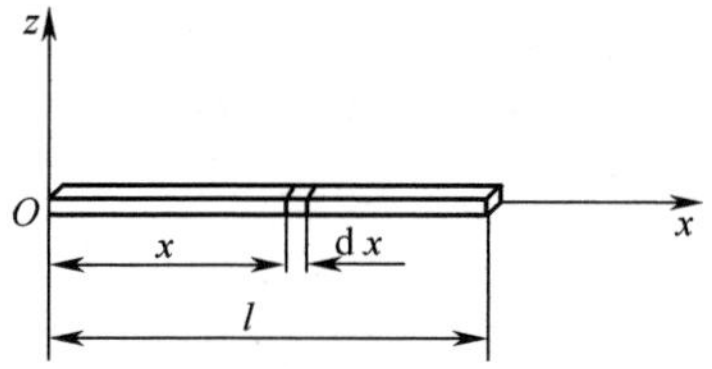

图 12-2

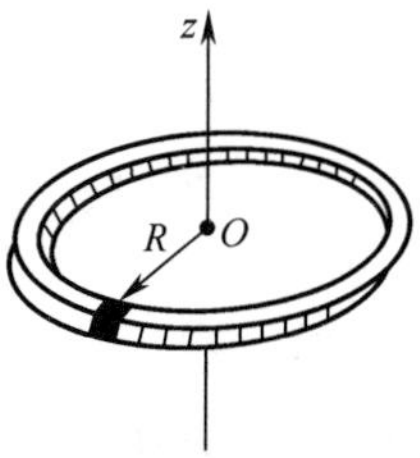

图 12-3

设圆环质量为 M，半径为 R，将圆环沿圆周分成许多微段，设每段的质量为 m_i，由于这些微段到 z 轴的距离都等于 R，因此圆环对 z 轴的转动惯量为

$$J_z=\sum m_iR_i^2=\left(\sum m_i\right)R^2=MR^2$$

（3）均质圆盘（图 12-4）对中心轴的转动惯量。

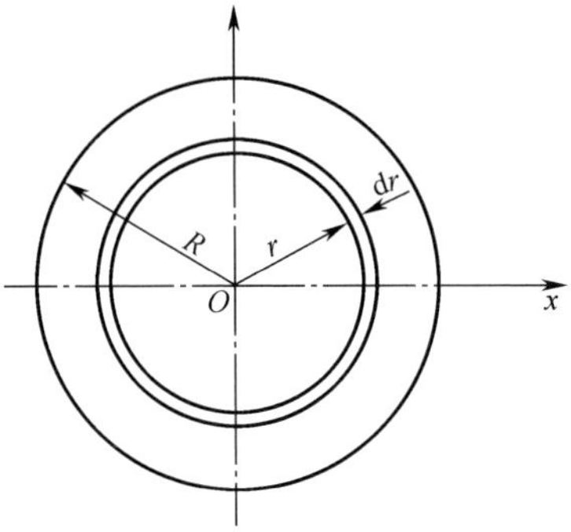

图 12-4

设圆盘半径为 R，质量为 M。将圆盘分成无数细圆环，其中取任一半径为 r，宽度为 dr 的圆环，质量为

$$m_i = 2\pi r_i \cdot \mathrm{d}r_i \cdot \rho$$

其中 $\rho = M/(\pi R^2)$，为均质圆盘的单位面积质量，于是

$$J_z = \int_0^R r^2 2\pi r \rho \mathrm{d}r = 2\pi\rho \int_0^R r^3 \mathrm{d}r = \frac{\rho\pi}{2} R^4$$

因为 $\rho\pi R^2 = M$，故

$$J_z = \frac{1}{2} MR^2$$

一些常见的均质物体转动惯量的计算公式已在手册中列成表格，表 12-1 就是从中摘出的一部分。同一物体对不同转轴的转动惯量往往是不同的，表中为了注明转轴，在符号 J 后加了下标。

3. 平行轴定理

从转动惯量的定义不难看出，同一刚体对不同轴的转动惯量是不相等的。转动惯量的平行轴定理说明了刚体对相对平行的两轴的转动惯量之间的关系，定理叙述如下：刚体对某一轴 z 的转动惯量，等于它对通过质心 C 并与 z 轴平行的轴的转动惯量，加上刚体质量 M 与两轴距离 d 的平方的乘积（图 12-5），即

$$J_z = J_{zC} + Md^2 \qquad (12\text{-}4)$$

证：作直角坐标系 $Oxyz$ 以及与之平行的质心坐标系 $Cx_C y_C z_C$，并设 Oy 轴与 Cy_C 轴重合，则物体中任一点的坐标为：

$$x_i' = x_i,\quad y_i = y_i' + d$$

$$\begin{aligned} J_z &= \sum m_i r_i^2 = \sum m_i (x_i^2 + y_i^2) \\ &= \sum m_i (x_i'^2 + y_i'^2 + 2y_i'd + d^2) \\ &= \sum m_i (x_i'^2 + y_i'^2) + 2d\sum m_i y_i' + d^2 \sum m_i \end{aligned}$$

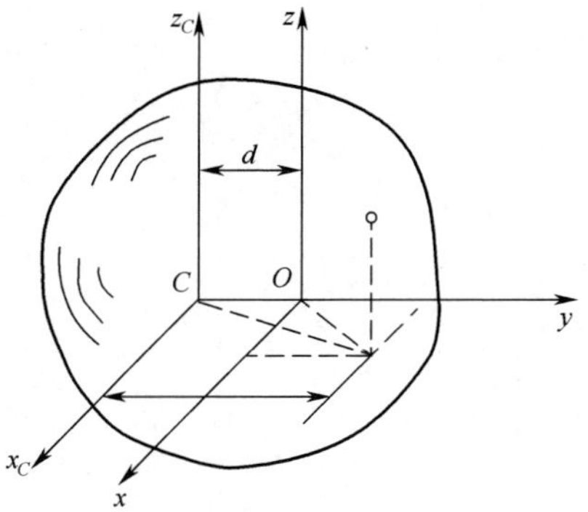

图 12-5

因 $Cx_Cy_Cz_C$ 坐标系的原点为质心 C，故

$$\sum m_i y_i' = My_C = 0$$

又因 $\sum m_i = M$，表示刚体的质量，故

$$J_z = \sum m_i r_i'^2 + Md^2$$

$$J_z = J_{zC} + Md^2$$

例如均质细直杆对通过端点并与杆垂直的 z 轴的转动惯量为 $J_z = Ml^2/3$，则此杆对通过质心 C 并与 z 轴平行的轴的转动惯量为

$$J_{zC} = J_z - Md^2 = \frac{Ml^2}{3} - M\left(\frac{l}{2}\right)^2 = \frac{1}{12}Ml^2$$

通常求简单形状物体的转动惯量可直接查表；对形状、结构比较复杂的物体，可先把它分成几个简单形体，求得这些简单形体的转动惯量后再进行适当加减，即可求得原物体的转动惯量。

例 12-1　钟摆简化如图 12-6 所示。已知均质细杆和均质圆盘的质量分别为 m_1 和 m_2，杆长为 l，圆盘直径为 d。求钟摆对于通过悬挂点 O 的水平轴的转动惯量。

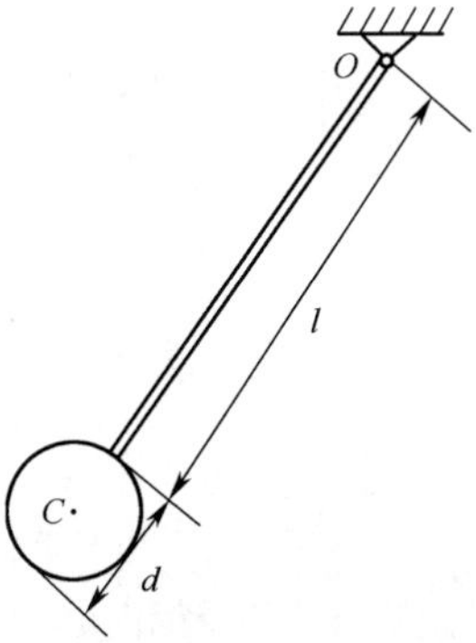

图 12-6

解：钟摆对于水平轴 O 的转动惯量为

$$J_O = J_{O杆} + J_{O盘}$$

式中

$$J_{O杆} = \frac{1}{3}m_1 l^2$$

设 J_C 为圆盘对于中心 C 的转动惯量，则

$$\begin{aligned} J_{O盘} &= J_C + m_2\left(l+\frac{d}{2}\right)^2 \\ &= \frac{1}{2}m_2\left(\frac{d}{2}\right)^2 + m_2\left(l+\frac{d}{2}\right)^2 \\ &= m_2\left(\frac{3}{8}d^2 + l^2 + ld\right) \end{aligned}$$

于是得

$$J_O = \frac{1}{3}m_1 l^2 + m_2\left(\frac{3}{8}d^2 + l^2 + ld\right)$$

12.2 动 量 矩

1. 质点的动量矩

由静力学知，力 $\boldsymbol{F}$ 对点 O 的矩定义为矢径 $\boldsymbol{r}$ 与力 $\boldsymbol{F}$ 的矢积，用 $\boldsymbol{M}_O$ 表示（图 12-7），即

$$\boldsymbol{M}_O = \boldsymbol{r} \times \boldsymbol{F}$$

矩矢 $\boldsymbol{M}_O$ 在 O 点，垂直于 $\boldsymbol{r}$ 与 $\boldsymbol{F}$ 所组成的平面。

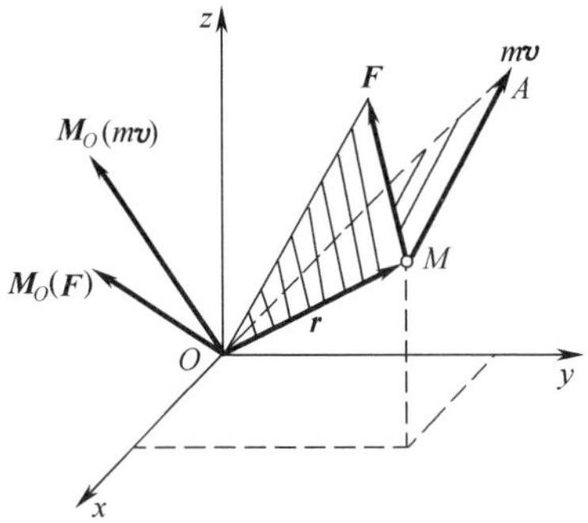

图 12-7

仿照力对点之矩，也可以定义质点的动量 $m\boldsymbol{v}$ 对 O 点的矩，它等于矢径 $\boldsymbol{r}$ 与动量 $m\boldsymbol{v}$ 的矢积。以符号 $\boldsymbol{M}_O(m\boldsymbol{v})$ 表示该质点对 O 的动量矩，即

$$M_O(mv) = r \times mv \tag{12-5}$$

质点的动量矩是矢量，它垂直于矢径 r 与 mv 所组成的平面，矢量的指向由右手法则确定，如图 12-8 所示，它的大小为

$$\left|M_O(mv)\right| = mv \cdot r\sin\alpha = 2\triangle OMA$$

与力对轴的矩相对应，质点的动量 mv 对轴也可以求矩。质点的动量在 Oxy 平面内的投影$(mv)_{xy}$对于点 O 的矩定义为质点动量对于 z 轴的矩，简称对于 z 轴的动量矩。对轴的动量矩是代数量，即

$$M_z(mv) = M_O(mv_{xy}) = \pm 2\triangle OMA' = x(mv_y) - y(mv_x)$$

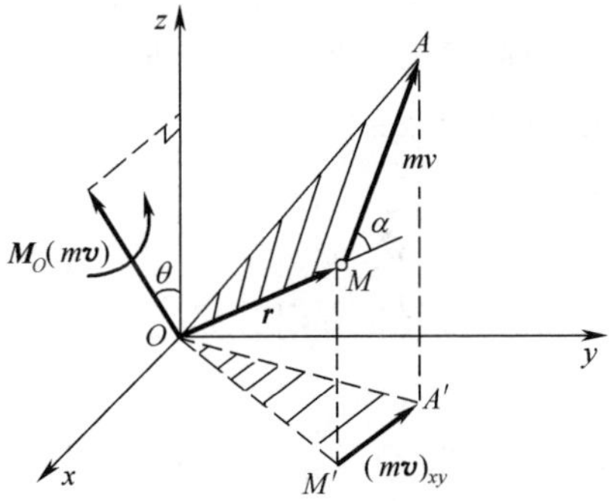

图 12-8

同样，质点对于点 O 的动量矩和对 z 轴的动量矩的关系，与力对点的矩和力对轴的矩关系相似。动量 mv 对通过点 O 的任一轴的矩等于动量对点 O 的矩矢在轴上的投影，即

$$\left[M_O(mv)\right]_z = M_z(mv)$$

故

$$M_O(mv) = M_x(mv)i + M_y(mv)j + M_z(mv)k \tag{12-6}$$

$$\left.\begin{aligned} M_x(mv) &= \left[M_O(mv)\right]_x = y(mv_z) - z(mv_y) \\ M_y(mv) &= \left[M_O(mv)\right]_y = z(mv_x) - x(mv_z) \\ M_z(mv) &= \left[M_O(mv)\right]_z = x(mv_y) - y(mv_x) \end{aligned}\right\} \tag{12-7}$$

在国际单位制中，动力矩的单位用 $kg \cdot m^2/s$ 或 $N \cdot m \cdot s$ 表示。

2. 质点系的动量矩

质点系对某点 O 的动量矩等于质点系内各质点的动量对该点的矩的矢量和，用 L_O 表示，即

$$L_O = \sum M_O(m_i v_i) = \sum r_i \times m_i v_i \tag{12-8}$$

质点系对 z 轴的动量矩等于各质点对同一 z 轴动量矩的代数和，即

$$L_z = \sum M_z(m_i \boldsymbol{v}_i) \tag{12-9}$$

将式（12-8）投影到 z 轴上得

$$[\boldsymbol{L}_O]_z = \sum [\boldsymbol{M}_O(m_i \boldsymbol{v}_i)]_z$$

由式（12-7）$M_z(m_i \boldsymbol{v}_i) = [\boldsymbol{M}_O(m_i \boldsymbol{v}_i)]_z$，并注意到式（12-8），得

$$[\boldsymbol{L}_O]_z = L_z \tag{12-10}$$

即质点系对某点 O 的动量矩矢在通过该点的 z 轴上的投影等于质点系对于该轴的动量矩。刚体平动时，可将全部质量集中于质心，作为一个质点计算其动量矩。

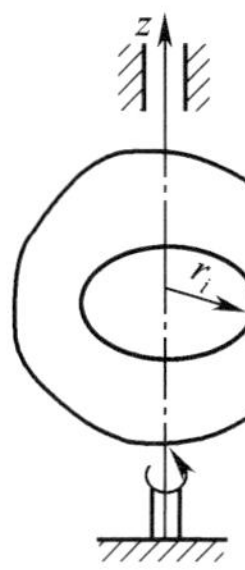

图 12-9

刚体绕定轴转动是工程中最常见的一种运动情况。设刚体以角速度 ω 绕固定轴 z 轴转动（图 12-9），刚体内任一点 M_i 的质量为 m_i，转动半径为 r_i，则

$$L_z = \sum M_z(m_i \boldsymbol{v}_i) = \sum m_i v_i r_i$$
$$= \sum m_i (\omega r_i) r_i = \omega \sum m_i r_i^2$$

令 $\sum m_i r_i^2 = J_z$，称为刚体对 z 轴的转动惯量，则得

$$L_z = J_z \omega \tag{12-11}$$

即绕定轴转动的刚体对其转轴的动量矩就等于刚体对转轴的转动惯量与转动角速度的乘积。

12.3 动量矩定理

1. 质点的动量矩定理

将质点对固定点 O 的动量矩［式（12-5）］对时间求导数有

$$\frac{\mathrm{d}}{\mathrm{d}t}[\boldsymbol{M}_O(m\boldsymbol{v})] = \frac{\mathrm{d}}{\mathrm{d}t}(\boldsymbol{r} \times m\boldsymbol{v}) = \boldsymbol{r} \times \frac{\mathrm{d}}{\mathrm{d}t}(m\boldsymbol{v}) + \frac{\mathrm{d}\boldsymbol{r}}{\mathrm{d}t} \times m\boldsymbol{v}$$

上式右端第二项

$$\frac{\mathrm{d}\boldsymbol{r}}{\mathrm{d}t} \times m\boldsymbol{v} = \boldsymbol{v} \times m\boldsymbol{v} = \boldsymbol{0}$$

根据质点动量定理 $\frac{\mathrm{d}}{\mathrm{d}t}(m\boldsymbol{v}) = \boldsymbol{F}$，上式改写为

$$\frac{\mathrm{d}}{\mathrm{d}t}[\boldsymbol{M}_O(m\boldsymbol{v})] = \boldsymbol{r} \times \boldsymbol{F}$$

即

$$\frac{\mathrm{d}}{\mathrm{d}t}[\boldsymbol{M}_O(m\boldsymbol{v})] = \boldsymbol{M}_O(\boldsymbol{F}) \tag{12-12}$$

上式即为质点的动量矩定理：质点对某定点的动量矩对时间的导数，等于作

用于质点的力对该点的矩。

将式（12-12）在各固定坐标轴上投影，考虑矢量对点之矩与通过该点轴之矩的关系，可得

$$\left.\begin{aligned}\frac{\mathrm{d}}{\mathrm{d}t}M_x(m\boldsymbol{v})=M_x(\boldsymbol{F})\\ \frac{\mathrm{d}}{\mathrm{d}t}M_y(m\boldsymbol{v})=M_y(\boldsymbol{F})\\ \frac{\mathrm{d}}{\mathrm{d}t}M_z(m\boldsymbol{v})=M_z(\boldsymbol{F})\end{aligned}\right\}\tag{12-13}$$

这就是质点对固定轴的动量矩定理：质点对某固定轴的动量矩对时间的导数，等于作用在质点上的力对同一轴之矩。

2. 质点动量矩守恒定律

下面讨论质点动量矩定理的两种特殊情况。

（1）若 $\boldsymbol{M}_O(\boldsymbol{F})=0$，则由式（12-12）知 $\boldsymbol{L}_O=$常矢量。

即若作用于质点的力对某点的矩始终等于零，则质点对此点动量矩的大小和方向都不变。这称为质点动量矩守恒定律。

（2）若 $\boldsymbol{M}_z(\boldsymbol{F})=0$，则由式（12-13）知 $\boldsymbol{L}_z=$常量。

即若作用于质点的力对某轴的矩始终等于零，则质点对此轴动量矩的大小和方向都不变。这称为质点对轴的动量矩守恒定律。

如果作用在质点上的力的作用线始终通过某固定点 O，这种力称为有心力，点 O 称为力心。如太阳对行星的引力和地球对人造卫星的引力就是有心力的例子。若质点 M 在力心为 O 的有心力 $\boldsymbol{F}$ 作用下运动，则显然有 $M_z(\boldsymbol{F})=0$（图 12-10），根据动量矩守恒定律得

$$M_O(m\boldsymbol{v})=r\times m\boldsymbol{v}=\text{常矢量}$$

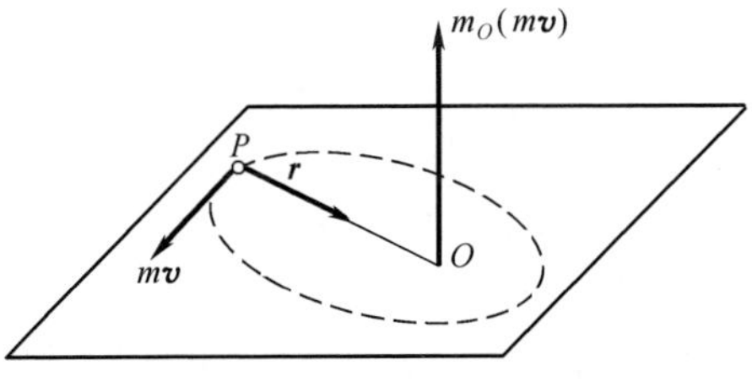

图 12-10

由此可得在有心力作用下质点运动的两个特点。

（1）$\boldsymbol{M}_O(m\boldsymbol{v})$垂直于 $\boldsymbol{r}$ 与 $m\boldsymbol{v}$ 所在的平面。显然 $\boldsymbol{M}_O(m\boldsymbol{v})$是恒矢量，方向始终不变，那么 $\boldsymbol{r}$ 和 $m\boldsymbol{v}$ 始终在一个平面内，因此质点在有心力作用下的运动轨迹是平

面曲线。

（2）点 O 的动量矩的大小不变，即 $|M_O(m\boldsymbol{v})| = mvh =$ 常矢量。其中 h 是点 O 到动量矢 $m\boldsymbol{v}$ 的垂直距离。

由上面的分析可知，人造地球卫星绕地球转动时，其轨道的平面方位始终不变，而且在距离地球较近时运动速度较大，距离地球较远时运动速度较小。

例 12-2 如图 12-11 所示，试求单摆的运动规律。重为 mg 的摆锤系在不可伸长的软绳上，设绳长为 l。

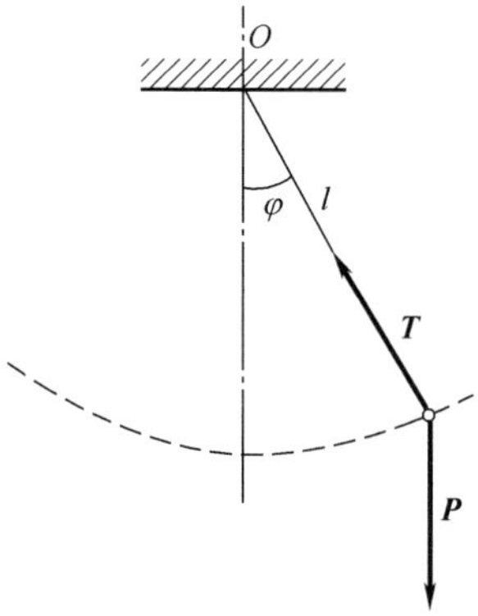

图 12-11

解： 取单摆为研究的质点，它受的力有重力 $m\boldsymbol{g}$ 和绳子的拉力 $\boldsymbol{T}$。取通过点 O 垂直于图面的轴，并取 φ 角逆时针方向为正，则重力对点 O 之矩为负。

应用质点对该轴动量矩定理［式（12-13）］得

$$\frac{\mathrm{d}}{\mathrm{d}t} M_O(m\boldsymbol{v}) = M_O(\boldsymbol{F}) \qquad ①$$

因为

$$M_O(m\boldsymbol{v}) = \frac{p}{g} vl = \frac{p}{g} l^2 \frac{\mathrm{d}\varphi}{\mathrm{d}t}$$

$$M_O(\boldsymbol{F}) = -mgl\sin\varphi$$

代入式①得

$$\frac{\mathrm{d}^2\varphi}{\mathrm{d}t^2} + \frac{g}{l}\sin\varphi = 0$$

当单摆做微小摆动时，$\sin\varphi \approx \varphi$，因此上式可写为

$$\frac{\mathrm{d}^2\varphi}{\mathrm{d}t^2} + \frac{g}{l}\varphi = 0$$

解此微分方程，得单摆做微小摆动时的运动方程为

$$\varphi = \varphi_0 \sin\left(\sqrt{\frac{g}{l}} \cdot t + \alpha\right)$$

式中，φ_0 为角振幅，α 为初位相，由初始条件确定，其周期为

$$T = 2\pi\sqrt{\frac{l}{g}}$$

这种周期与初始条件无关的性质称为等时性。

3. 质点系的动量矩定理

设质点系由 n 个质点组成，作用于每个质点的力分为内力 $\boldsymbol{F}_i^{(\mathrm{i})}$ 和外力 $\boldsymbol{F}_i^{(\mathrm{e})}$，则对其中任一质点 m_i 应用质点动量矩定理有

$$\frac{\mathrm{d}}{\mathrm{d}t}\boldsymbol{M}_O(m_i\boldsymbol{v}_i) = \boldsymbol{M}_O(\boldsymbol{F}_i^{(\mathrm{i})}) + \boldsymbol{M}_O(\boldsymbol{F}_i^{(\mathrm{e})}) \quad （i = 1, 2, \cdots, n）$$

将所有的 n 个方程相加得

$$\sum\frac{\mathrm{d}}{\mathrm{d}t}\boldsymbol{M}_O(m_i\boldsymbol{v}_i) = \sum\boldsymbol{M}_O(\boldsymbol{F}_i^{(\mathrm{i})}) + \sum\boldsymbol{M}_O(\boldsymbol{F}_i^{(\mathrm{e})}) \quad （i = 1, 2, \cdots, n）$$

由于内力有等值、反向、共线的性质，所以内力的主矩为

$$\sum\boldsymbol{M}_O(\boldsymbol{F}_i^{(\mathrm{i})}) = 0$$

上式左端

$$\sum\frac{\mathrm{d}}{\mathrm{d}t}\boldsymbol{M}_O(m_i\boldsymbol{v}_i) = \frac{\mathrm{d}}{\mathrm{d}t}\sum\boldsymbol{M}_O(m_i\boldsymbol{v}_i) = \frac{\mathrm{d}\boldsymbol{L}_O}{\mathrm{d}t}$$

故得

$$\frac{\mathrm{d}\boldsymbol{L}_O}{\mathrm{d}t} = \sum\boldsymbol{M}_O(\boldsymbol{F}_i^{(\mathrm{e})}) = \boldsymbol{M}_O^{(\mathrm{e})} \tag{12-14}$$

此式为质点系动量矩定理：质点系对某固定点的动量矩对时间的导数，等于作用于质点系的外力对同一点的矩。

将式（12-14）投影到固定坐标轴上，可得质点系对轴的动量矩定理，即质点系对某固定轴的动量矩对时间的导数等于作用于该质点系所有外力对同一轴之矩的代数和。

$$\left.\begin{aligned}\frac{\mathrm{d}L_x}{\mathrm{d}t} &= \sum M_x(\boldsymbol{F}^{(\mathrm{e})})\\ \frac{\mathrm{d}L_y}{\mathrm{d}t} &= \sum M_y(\boldsymbol{F}^{(\mathrm{e})})\\ \frac{\mathrm{d}L_z}{\mathrm{d}t} &= \sum M_z(\boldsymbol{F}^{(\mathrm{e})})\end{aligned}\right\} \tag{12-15}$$

质点系动量矩定理不包含内力，说明内力不能改变其动量矩，只有外力才能改变质点系的动量矩，但内力可以改变质点系内各质点的动量矩，起着传递的作用。

4. 质点系动量矩守恒定律

（1）若$\sum M_z(\boldsymbol{F}^{(e)})=0$，则由式（12-14）得，$\boldsymbol{L}_O=$常矢量。

即若作用于质点系的外力对某固定点的主矩始终等于零，则质点系对该点的动量矩矢的大小和方向都保持不变。这就是质点系对固定点的动量矩守恒定律。

（2）若$\sum M_z(\boldsymbol{F}^{(e)})=0$，则由式（12-15）得，$\boldsymbol{L}_z=$常量。

即若作用于质点系的外力对某固定轴之矩的代数和始终等于零，则质点系对该轴的动量矩保持不变。这就是质点系对固定轴的动量矩守恒定律。

在动量矩守恒的情况下，通过调整身体姿态以改变转动惯量，进而改变身体旋转的角速度，是运动员及杂技演员常用的方法。花样滑冰运动员双臂和腿时而展开，时而收拢。当$\sum M_z=0$时，展开双臂和腿会使运动员的转动惯量增大，其绕过重心的铅垂轴转动的速度降低；如果将双臂和腿收拢，则转动惯量减小，转速将会增大。

必须指出，上述动量矩定理的表达式只适用于对固定点或固定轴。对于一般的动点或动轴，其动量矩定理有更复杂的表达式，本书中不讨论这类问题。

例 12-3 在图 12-12 所示的机构中，水平杆 AB 固连于铅直转轴。杆 AC 和 BD 的一端各用铰链与 AB 杆相连，另一端各系重 P 的球 C 和 D。开始时两球用绳相连，而杆 AC 和 BD 处于铅直位置，机构以角速度ω_0绕 z 轴转动。在某瞬时绳被拉断，两球因而分离，经过一段时间又达到稳定运转，此时杆 AC 和 BD 各与铅直线成α角，如图 12-12（b）所示。设杆重均略去不计，试求这时机构的角速度ω。

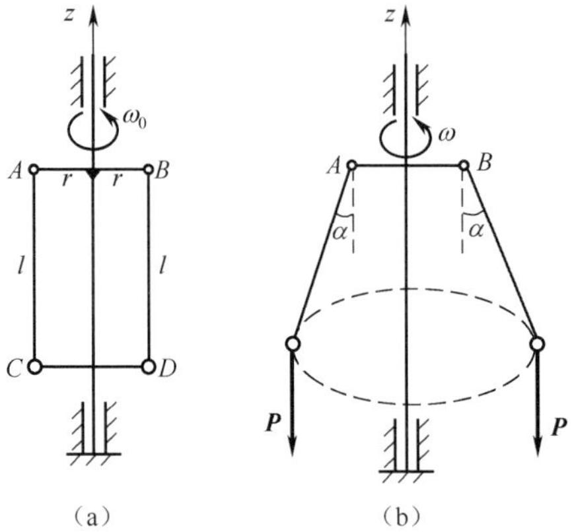

图 12-12

解： 取杆和球一起组成的系统为研究对象，所受外力为球的重力和轴承反力。这些力对 z 轴之矩都等于零，所以系统对 z 轴的动量矩守恒。

开始时，系统的动量矩为

$$L_{z1}=2\frac{p}{g}v_0r=2r^2\omega_0\frac{P}{g}$$

最后稳定运转时，系统的动量矩为

$$L_{z2}=2\frac{p}{g}v(r+l\sin\alpha)=2(r+l\sin\alpha)^2\omega\frac{p}{g}$$

因为 $L_{z1}=L_{z2}$，即

$$2(r+l\sin\alpha)^2\omega\frac{p}{g}=2r^2\omega_0\frac{P}{g}$$

于是得

$$\omega=\frac{r^2}{(r+l\sin\alpha)^2}\omega_0$$

例 12-4　如图 12-13 所示，手柄 *AB* 上施加转矩 M_O，并通过鼓轮 *D* 来使物体 *C* 移动。已知鼓轮可看成匀质圆柱，半径为 *r*，重量为 $\boldsymbol{P}_1$，物体 *C* 的重量为 $\boldsymbol{P}_2$，它与水平面间的动摩擦因数是 f'。手柄、转轴和绳索的质量以及轴承摩擦都可忽略不计，试求物体 *C* 的加速度。

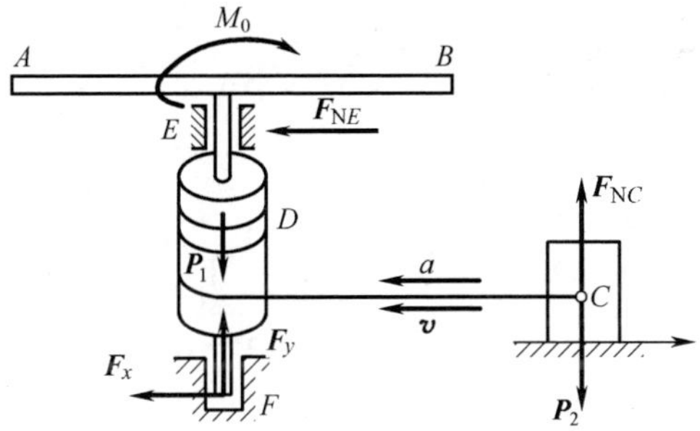

图 12-13

解：选取整个系统为研究的质点系。质点系对通过 *z* 轴的动量矩为

$$L_z=\left(\frac{1}{2}\cdot\frac{P_1}{g}r^2\right)\omega+\frac{P_2}{g}r^2\omega=\frac{r^2\omega}{2g}(P_1+2P_2)$$

作用于质点系的外力除力偶 M_O、重力 $\boldsymbol{P}_1$ 和 $\boldsymbol{P}_2$ 外，还有 *E*、*F* 处的约束反力 $\boldsymbol{F}_{\mathrm{NE}}$ 和 $\boldsymbol{F}_x$、$\boldsymbol{F}_y$，以及支承面对物体 *C* 的反力 $\boldsymbol{F}_{\mathrm{NC}}$ 和摩擦力 $\boldsymbol{F}$。这些力对 *z* 轴的动量矩为

$$M_z^{(\mathrm{e})}=M_0-Fr=M_0-f'P_2r$$

应用动量矩定理有

$$\frac{\mathrm{d}L_z}{\mathrm{d}t}=M_z^{(\mathrm{e})}$$

即 $$\frac{r^2\alpha}{2g}(P_1+2P_2)=M_0-f'P_2r$$

所以 $$a=r\alpha=\frac{2(m_0-f'P_2r)}{(P_1+2P_2)r}g$$

12.4 刚体绕定轴转动的微分方程

设刚体在外力 $\boldsymbol{F}_1$，$\boldsymbol{F}_2$，…，$\boldsymbol{F}_n$ 和轴承反力 $\boldsymbol{F}_{\mathrm{N1}}$、$\boldsymbol{F}_{\mathrm{N2}}$ 作用下绕定轴 z 转动，如图 12-14 所示。刚体对 z 轴的转动惯量是 J_z，角速度为 ω，于是刚体对于 z 轴的动量矩 $L_z=J_z\omega$。

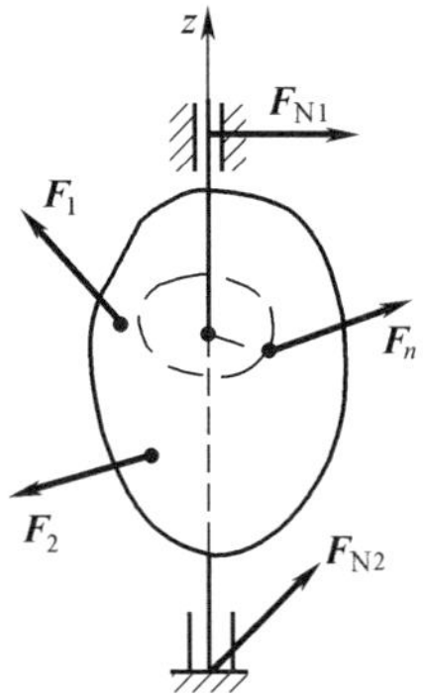

图 12-14

根据质点系对 z 轴的动量矩定理有

$$\frac{\mathrm{d}L_z}{\mathrm{d}t}=\sum M_z(\boldsymbol{F}_i^{(\mathrm{e})})+\sum M_z(\boldsymbol{F}_{\mathrm{N}i})$$

因为轴承反力 $\boldsymbol{F}_{\mathrm{N1}}$、$\boldsymbol{F}_{\mathrm{N2}}$ 对 z 轴的力矩等于零，所以

$$\frac{\mathrm{d}}{\mathrm{d}t}(J_z\omega)=\sum M_z(\boldsymbol{F}^{(\mathrm{e})})$$

或 $$J_z\frac{\mathrm{d}\omega}{\mathrm{d}t}=\sum M_z(\boldsymbol{F}^{(\mathrm{e})}) \tag{12-16}$$

由于 $\frac{\mathrm{d}\omega}{\mathrm{d}t}=\alpha$，上式又可改写为

$$J_z\alpha=\sum M_z(\boldsymbol{F}^{(\mathrm{e})}) \tag{12-17}$$

或 $$J_z\frac{\mathrm{d}^2\varphi}{\mathrm{d}t^2}=\sum M_z(\boldsymbol{F}^{(\mathrm{e})}) \tag{12-18}$$

以上各式均称为刚体绕定轴转动的微分方程，即刚体对转轴的转动惯量与角加速度的乘积，等于作用于刚体的外力对该轴矩的代数和。

从式（12-16）至式（12-18）可以看出：

（1）当刚体绕一轴 z 转动时，外力主矩 M_z 越大，角加速度 ε 越大。这表示外力主矩是使刚体转动状态改变的原因。当外力主矩 $M_z=0$ 时，角加速度 $\alpha=0$，刚体做匀速转动或保持静止（转动状态不变）。

（2）在同样外力主矩 M_z 作用下，刚体的转动惯量 J_z 越大，获得的角加速度 ε 越小，这说明刚体的转动状态变化得慢。可见，转动惯量是刚体转动时的惯性大小的度量。这可和平动时刚体（或质点）惯性度量相比拟。转动惯量和质量都是力学中表示物体在做不同运动时惯性大小的物理量。

（3）刚体定轴转动微分方程和质点以直线运动的微分方程在形式上相似，求解问题的方法与步骤也相似。

例 12-5　求复摆的运动规律。一个刚体，由于重力作用而自由地绕一水平轴转动（图 12-15），称为复摆（或物理摆）。设复摆的质量为 m，质心 C 到转轴 O 的距离为 a，复摆对轴的转动惯量为 J_O。

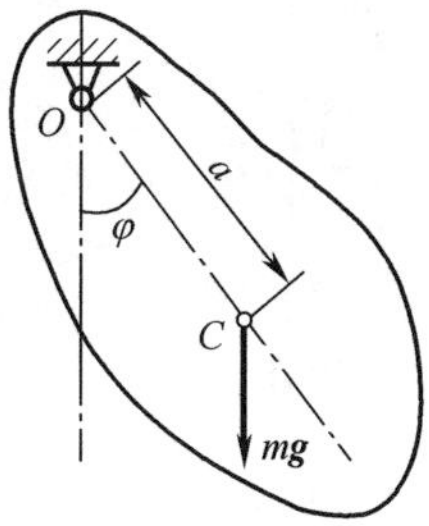

图 12-15

解：以复摆为研究的质点系。复摆受的外力有重力 $\boldsymbol{mg}$ 和轴承的约束反力。设 φ 角以逆时针方向为正，则重力对 O 点之矩为负。应用刚体定轴转动微分方程［式（12-18）］，则

$$J_O \frac{\mathrm{d}^2\varphi}{\mathrm{d}t^2} = -mga\sin\varphi$$

即

$$\frac{\mathrm{d}^2\varphi}{\mathrm{d}t^2} + \frac{mga}{J_O}\sin\varphi = 0$$

当复摆做微幅摆动时，可取 $\sin\varphi \approx \varphi$ 。令 $\omega_n^2 = \dfrac{mga}{J_O}$ ，上式成为 $\dfrac{\mathrm{d}^2\varphi}{\mathrm{d}t^2} + \omega_n^2\varphi = 0$ ，解此微分方程得 $\varphi = \varphi_0 \sin(\omega_n t + \alpha)$ 。

式中，φ_0 为角振幅，α 为初位相，两者均由初始条件决定。复摆的周期为

$$T = \frac{2\pi}{\omega_n} = 2\pi\sqrt{\frac{J_O}{mga}}$$

在工程实际中常用上式，通过测定零件（如曲柄、连杆等）的摆动周期计算其转动惯量 $J_O = \dfrac{T^2 mga}{4\pi^2}$ 。这种测量转动惯量的实验方法称为摆动法。

例 12-6　传动轴系如图 12-16（a）所示。设轴 I 和轴 II 的转动惯量分别为 J_1 和 J_2。今在轴 I 上作用主动力矩 M_1，轴 II 上有阻力矩 M_2，转向如图所示。设各处摩擦忽略不计，求轴 I 的角加速度。

解：分别取轴 I 和轴 II 为研究对象，它们的受力情况如图 12-16（b）所示。

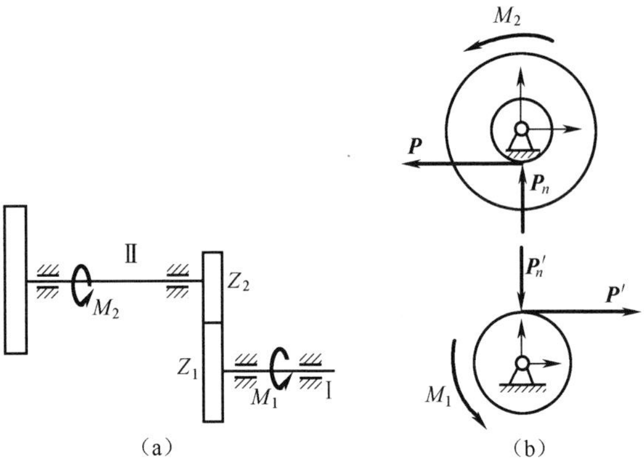

图 12-16

分别列出两轴对轴心的转动微分方程

$$J_1\alpha_1 = M_1 - P'R_1$$

$$J_2\alpha_2 = -M_2 + PR_2$$

式中，R_1 和 R_2 分别为两啮合齿轮的节圆半径。

因为 $P = P'$，$i_{12} = \dfrac{\alpha_1}{\alpha_2} = \dfrac{Z_2}{Z_1}$，于是得

$$\alpha_1 = \frac{M_1 - \dfrac{M_2}{i_{12}}}{J_1 + \dfrac{J_2}{i_{12}}} = \frac{(M_1Z_2 - M_2Z_1)Z_2}{J_1Z_2^2 + J_2Z_1^2}$$

12.5 刚体平面运动微分方程

由运动学可知，刚体的平面运动可以分解为随基点的平动和绕基点的转动。在动力学中，常取质心 C 为基点（图 12-17），它的坐标为 x_C、y_C，刚体上的任一线段 CD 与 x 轴的夹角为 φ，则刚体的位置由 x_C、y_C 和 φ 确定，刚体的运动分解为随质心的平动和绕质心的转动两部分。

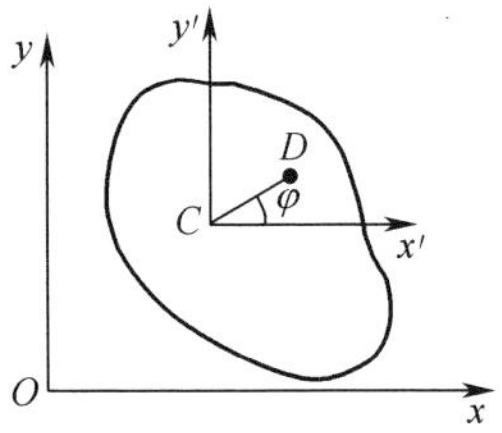

图 12-17

图 12-17 中，$Cx'y'$ 为固连于质心 C 的平动参考系，平面运动刚体相对于此动系的运动是绕质心 C 的转动，则刚体对质心 C 的动量矩为 $L_C = J_C \cdot \omega$。

如果刚体上作用的外力系可以向质心所在平面简化为一个平面任意力系，则在

该平面力系作用下，刚体随质心的平动部分可运用质心运动定理，相对质心的转动部分可运用相对于质心的动量矩定理来确定，从而得到刚体平面运动微分方程

$$\left.\begin{aligned} m\boldsymbol{a}_C &= \sum \boldsymbol{F}^{(e)} \\ J_C\alpha &= \sum M_C(\boldsymbol{F}^{(e)}) \end{aligned}\right\} \tag{12-19}$$

或

$$\left.\begin{aligned} m\frac{\mathrm{d}^2\boldsymbol{r}_C}{\mathrm{d}t^2} &= \sum \boldsymbol{F}^{(e)} \\ J_C\frac{\mathrm{d}^2\varphi}{\mathrm{d}t^2} &= \sum M_C(\boldsymbol{F}^{(e)}) \end{aligned}\right\} \tag{12-20}$$

在应用时需取其投影式

$$\left.\begin{aligned} m\frac{\mathrm{d}^2x_C}{\mathrm{d}t^2} &= \sum X^{(e)} \\ m\frac{\mathrm{d}^2y_C}{\mathrm{d}t^2} &= \sum Y^{(e)} \\ J_C\frac{\mathrm{d}^2\varphi}{\mathrm{d}t^2} &= \sum M_C(\boldsymbol{F}^{(e)}) \end{aligned}\right\} \quad 或 \quad \left.\begin{aligned} m\frac{v_C^2}{\rho} &= \sum F_n^{(e)} \\ m\frac{\mathrm{d}v_C}{\mathrm{d}t} &= \sum F_\tau^{(e)} \\ J_C\frac{\mathrm{d}^2\varphi}{\mathrm{d}t^2} &= \sum M_C(\boldsymbol{F}^{(e)}) \end{aligned}\right\} \tag{12-21}$$

下面举例说明刚体平面运动微分方程的应用。

例 12-7　半径为 r，重为 P 的均质圆轮沿水平直线滚动（图 12-18）。设轮的惯性半径为 ρ，作用于圆轮的力偶矩为 M。求轮心的加速度。如果圆轮对地面的静滑动摩擦因数为 f，问力偶矩 M 必须符合什么条件方不致使圆轮滑动？

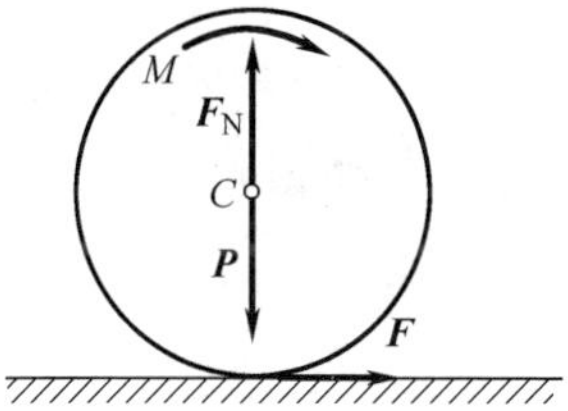

图 12-18

解：以圆轮为研究对象，圆轮做平面运动，其受力如图 12-18 所示，根据刚体平面运动微分方程可得

$$\frac{P}{g}a_{Cx} = F \tag{①}$$

$$\frac{P}{g}a_{Cy} = F_N - P \tag{②}$$

$$\frac{P}{g}\rho^2\alpha = M - Fr \tag{③}$$

因 $a_{Cy}=0$，故 $a_{Cx}=a_C$。

由圆轮滚而不滑可得如下补充方程

$$a_C = r\alpha \tag{4}$$

联立式①至式④求解得

$$F=\frac{P}{g}r\alpha，\quad F_N=P$$

$$\alpha=\frac{Mg}{P(\rho^2+r^2)}，\quad M=\frac{F(r^2+\rho^2)}{r}$$

欲使圆轮只滚不滑，还要满足 $F\leqslant fF_N$，故得圆轮只滚不滑的条件为

$$M\leqslant fP\frac{r^2+\rho^2}{r}$$

例 12-8 均质圆轮半径为 r，质量为 m，受到轻微扰动后，在半径为 R 的圆弧上往复滚动，如图 12-19 所示。设表面足够粗糙，使圆轮在滚动时无滑动。求质心 C 的运动规律。

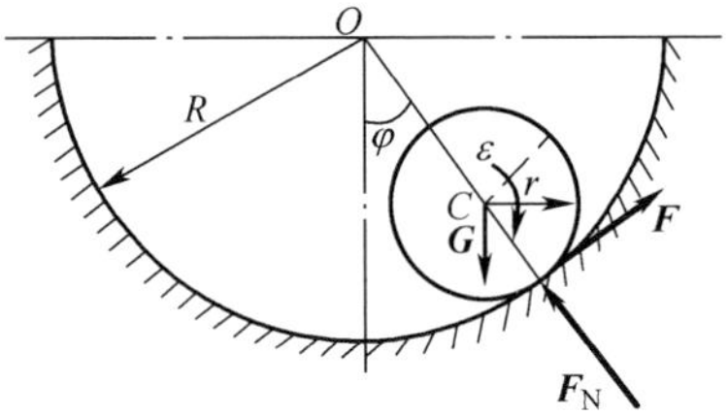

图 12-19

解： 圆轮在曲面上做平面运动，受到的外力有重力 $G=mg$、圆弧表面的法向反力 $\boldsymbol{F}_N$ 和摩擦力 $\boldsymbol{F}$。

设 φ 角以逆时针为正，取切线轴的正向如图，并设圆轮以顺时针转动为正，则图示瞬时刚体平面运动微分方程在自然轴上的投影式为

$$ma_C^\tau = F - mg\sin\varphi \tag{1}$$

$$m\frac{v_C^2}{R-r} = F_N - mg\cos\varphi \tag{2}$$

$$J_C\alpha = -F\cdot r \tag{3}$$

由运动学知，当圆轮只滚不滑时，角加速度的大小为

$$\alpha=\frac{a_C^\tau}{r} \tag{4}$$

取 S 为质心的弧坐标，由图 12-19 知

$$S=(R-r)\varphi$$

注意到$a_C^\tau=\dfrac{d^2s}{dt^2}$，$J_C=\dfrac{1}{2}mr^2$，当$\varphi$很小时$\sin\varphi\approx\varphi$，联立式①、式③和式④求得

$$\frac{3}{2}\cdot\frac{d^2s}{dt^2}+\frac{g}{(R-r)}s=0$$

令$\omega_n^2=\dfrac{2g}{3(R-r)}$，则上式成为

$$\frac{d^2s}{dt^2}+\omega_n^2s=0$$

此方程的解为

$$S=S_0\sin(\omega_nt+\alpha)$$

式中，S_0和α是两个常数，由运动初始条件确定。

如$t=0$时，$S=0$，初速度为v_0，于是

$$0=S_0\sin\alpha\text{，}\quad v_0=S_0\omega_n\cos\alpha$$

解得

$$\tan\alpha=0,\ \alpha=0^\circ$$

$$S_0=\frac{v_0}{\omega_n}=v_0\sqrt{\frac{3(R-r)}{2g}}$$

最后得

$$S=v_0\sqrt{\frac{3(R-r)}{2g}}\sin\left(\sqrt{\frac{2}{3}\cdot\frac{g}{(R-r)}}\cdot t\right)$$

这就是质心沿轨迹的运动方程。

由式②可求得圆轮在滚动时对地面的压力F_N'为

$$F_N'=F_N=m\frac{v_C^2}{R-r}+mg\cos\varphi$$

式中右端第一项为附加动压力，其中

$$v_C=\frac{ds}{dt}=v_0\cos\left(\sqrt{\frac{2}{3}\cdot\frac{g}{(R-r)}}\cdot t\right)$$

习　题

12-1　已知质量为m的质点的运动方程为$x=a\cos2\omega t,\ y=b\sin\omega t$，求质点对原点$O$的动量矩。

12-2　已知题 12-2 图所示的无重杆 OA 的角速度$\omega_O=2$ rad/s，均质圆盘$m=15$ kg，$R=100$ mm。分图（a）中，圆盘与OA杆焊接在一起，分图（b）和分图（c）中，圆盘与OA杆铰接，且相对OA以角速度$\omega_r=2$ rad/s 转动，转向如

图所示。求在以上三图中圆盘对 O 轴的动量矩。

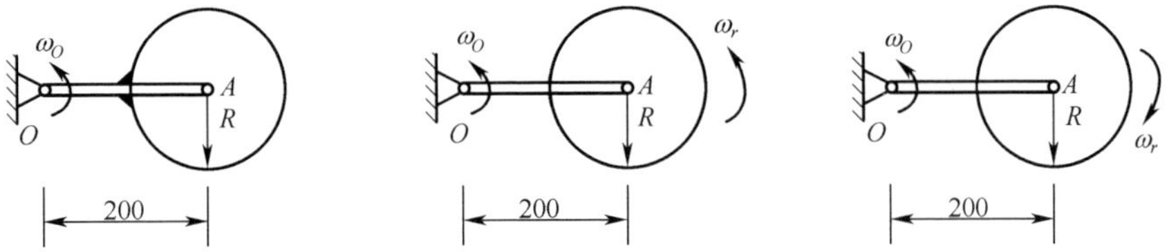

（a） （b） （c）

题 12-2 图

12-3 已知重物 a、b 的质量各为 m_1、m_2，塔轮的质量为 m_3，受力如题 12-3 图所示。对 O 轴的回转半径为 ρ，且质心位于转轴 O 处。已知塔轮的内外径分别为 r 和 R。求塔轮的角加速度。

12-4 匀质圆轮 A、B 的质量分别为 M 和 m，半径分别为 R 和 r，且 $R=2r$。两圆轮上缠绕有不可伸长的细绳，如题 12-4 图所示。当轮 A 绕固定轴 O_1 转动时，通过细绳带动轮 B 升降并转动，细绳与两轮间没有滑动。求当轮 A 以角速度 ω 转动时系统的动量及对 O_1 轴的动量矩。

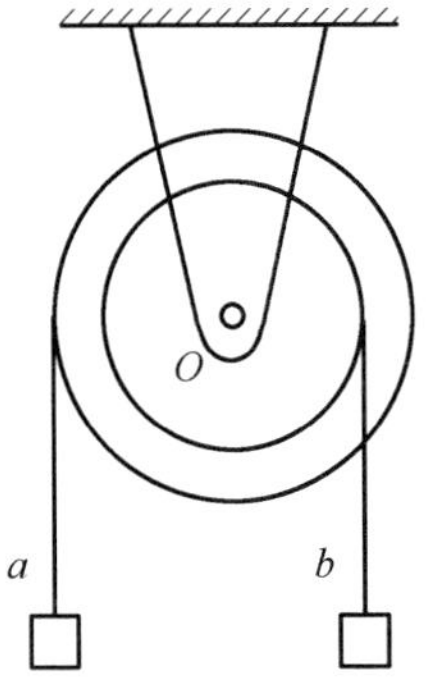

题 12-3 图

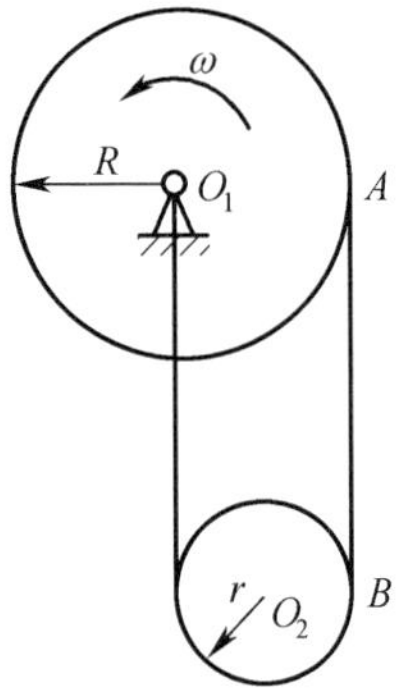

题 12-4 图

12-5 如题 12-5 图所示，鼓轮重 1200N，置于水平面上，外半径 $R=90$ cm，轮轴半径 $r=60$ cm，对质心轴 C 的回转半径 $\rho=60$ cm。缠绕在轮轴上的软绳水平地连于固定点 A，缠在外轮上的软绳水平地跨过质量不计的定滑轮吊一重物 B，B 重 $P=400$ N。鼓轮与水平面之间的动摩擦因数为 0.4，求轮心 C 的加速度。

12-6 如题 12-6 图所示的离心式空气压缩机的转速 $n=8600$ r/min，每分钟容积流量 $Q=370$ m^3/min，第一级叶轮气道进口直径 $D_1=0.355$ m，出口直径 $D_2=0.6$ m。气流进口绝对速度 $v_1=109$m/s，与切线成角 $\alpha_1=90°$；气流出口绝对

速度 $v_2=183\text{m/s}$，与切线成角 $\alpha_2=21°31'$。设空气密度 $\rho=1.6\text{kg/m}^3$，试求这一级叶轮的转矩。

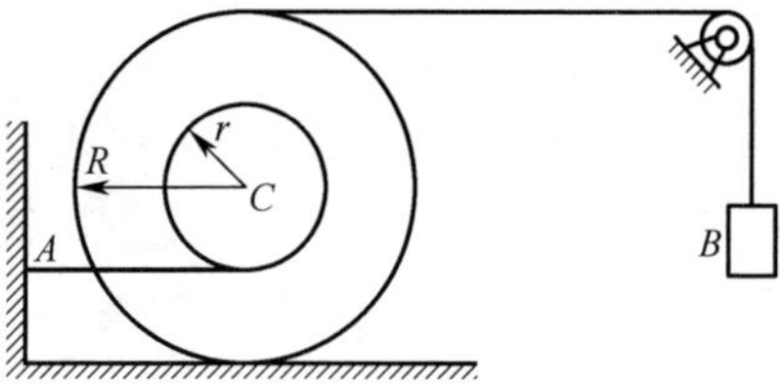

题 12-5 图

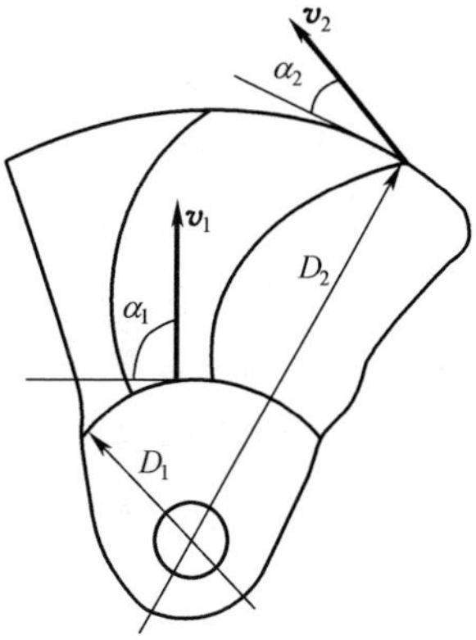

题 12-6 图

12-7 如题 12-7 图所示的物体 D 被装在转动惯量测定器的水平轴 AB 上，该轴上还固连有半径为 r 的鼓轮 E，缠在鼓轮上的细绳的下端挂有质量为 M 的物体 C。已知物体 C 被无初速度地释放后，经过时间 T 秒落下的距离是 h。试求被测物体对转轴的转动惯量 J。已知轴 AB 连同鼓轮对自身轴线的转动惯量是 J_0。设物体 D 的质心在轴线 AB 上，摩擦和空气阻力都可略去不计。

12-8 高炉运送矿石用的卷扬机如题 12-8 图所示。已知均质鼓轮的半径为 R，重量为 P，在铅直平面内绕水平轴 O 转动。小车和矿石总重量为 Q，作用在鼓轮上的力矩为 M，轨道的倾角为 α。设绳的重量和各处的摩擦均忽略不计，求小车的加速度。

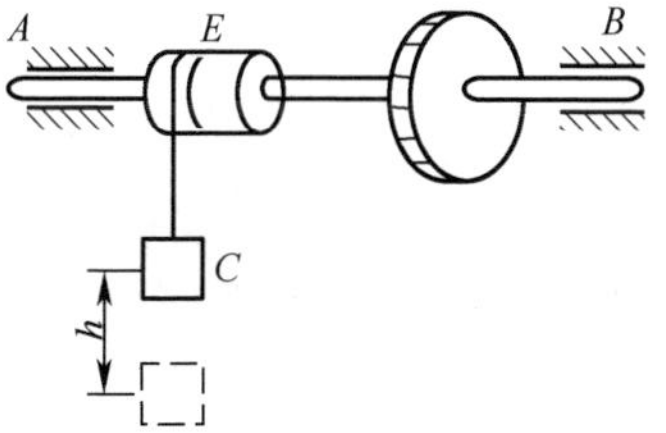

题 12-7 图

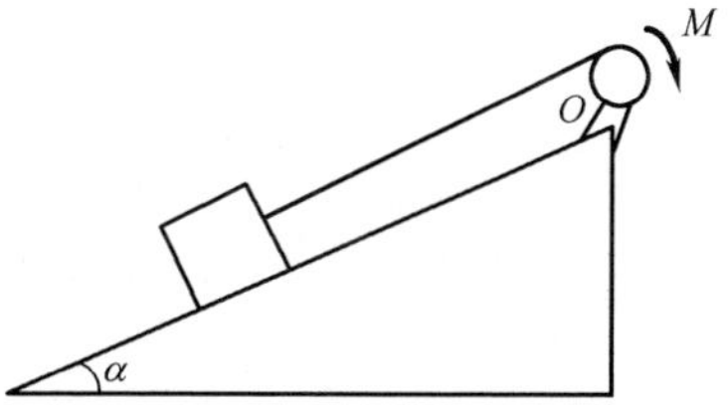

题 12-8 图

12-9 电绞车提升一重 m 的物体。在其主动轴上有一不变的力矩 M。已知：主动轴、从动轴和连同安装在这两轴上的齿轮以及其他附属零件的转动惯量分别为 J_1 和 J_2，传动比 $Z_2:Z_1=K$；吊车缠绕在鼓轮上，此轮半径为 R。设轴承的摩擦及吊索的质量均略去不计，求重物的加速度。

12-10 两个物体 A 和 B 的质量各为 m_1 和 m_2，且 $m_1 > m_2$，分别挂在两条不可伸长的绳子上，此两绳分别绕在半径为 r_1 和 r_2 的塔轮上，物体受重力的作用而运动。试求塔轮的角加速度及轴承的反力。塔轮的质量与绳的质量均可忽略不计。

12-11 圆轮 A 和 B 视为均质圆盘，圆轮 A 重 P_1，半径为 r_1，以角速度 ω 绕 OA 杆的 A 端转动，如题 12-11 图所示。此时将轮放置在重 P_2 的圆轮 B 上，其半径为 r_2。B 轮原为静止，但可绕其几何轴自由转动。放置后，A 轮的重量由 B 轮支持。略去轴承的摩擦与杆 OA 的重量，并设两轮间的摩擦因数为 f。问自 A 轮放在 B 轮上到两轮间没有滑动为止经过多少时间？

12-12 如题 12-12 图所示，轮子的质量 $m = 100\,\text{kg}$，半径 $R = 1\text{m}$，可以看成均质圆盘。当轮子以转速 $n = 120\text{r/min}$ 绕定轴 C 转动时，在杆 A 点垂直地施加常力 $\boldsymbol{P}$，经过 10s 轮子停转。设轮与闸块间的动摩擦因数 $f' = 0.1$，试求力 $\boldsymbol{P}$ 的大小。轴承的摩擦和闸块的厚度忽略不计。

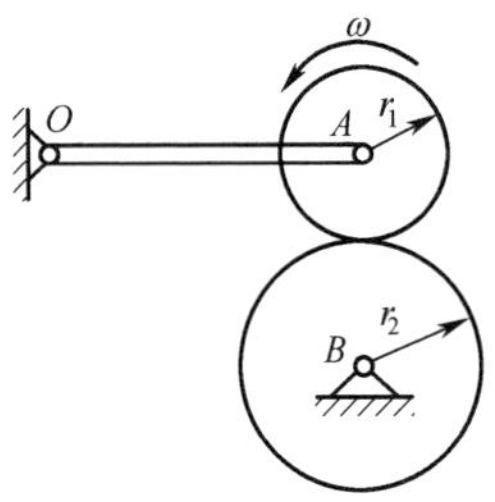

题 12-11 图

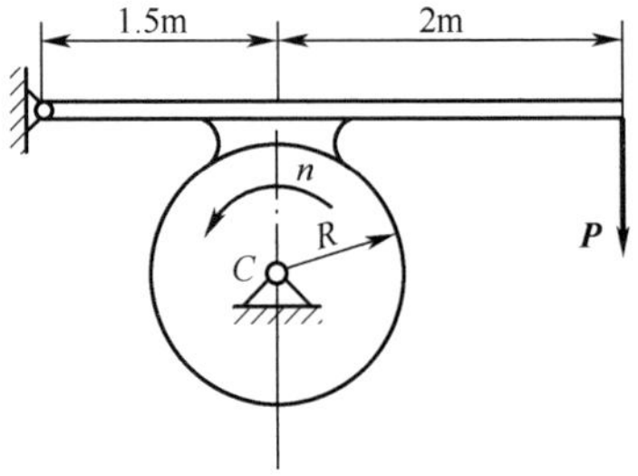

题 12-12 图

12-13 已知题 12-13 图中均质三角形薄板的质量为 m，高为 h，求对底边的转动惯量 J_x。

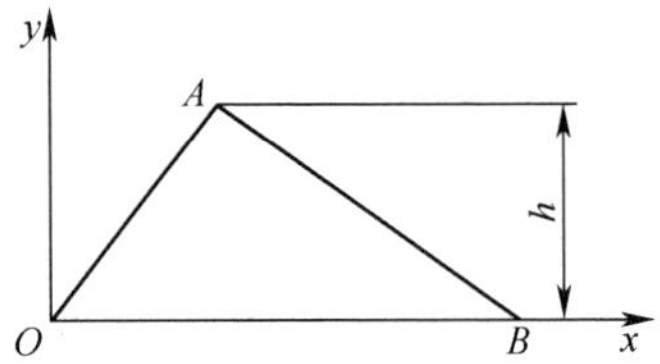

题 12-13 图

12-14 题 12-14 图中连杆的质量为 m，质心在点 C。若 $AC=a$，$BC=b$，连杆对 B 轴的转动惯量为 J_B，求连杆对 A 轴的转动惯量。

12-15 均质钢制圆盘如题 12-15 图所示，外径 $D=60\text{cm}$，厚 $h=10\text{cm}$。其上钻有四个圆孔，直径均为 $d_1=10\text{cm}$，尺寸 $d=30\text{cm}$。钢的密度取 $\alpha = 7.9\times10^{-3}\,\text{kg/cm}^3$，求此圆盘对过其中心 O 并与盘面垂直的轴的转动惯量。

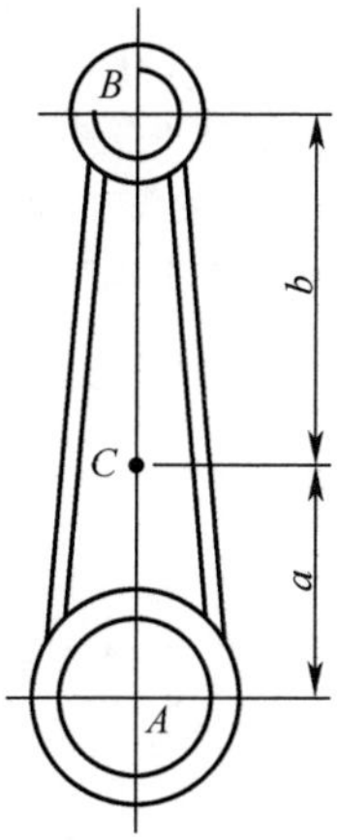

题 12-14 图

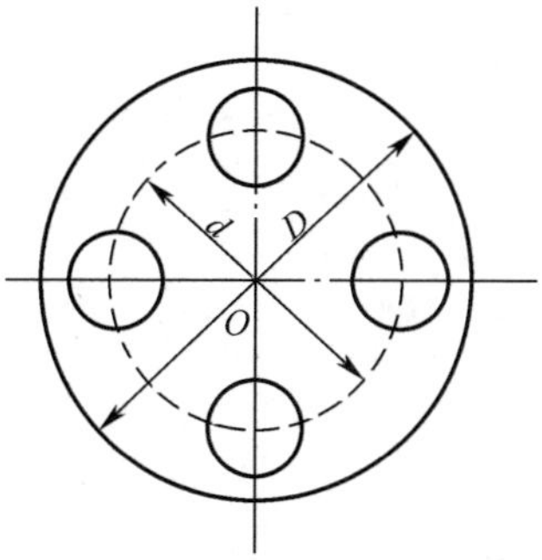

题 12-15 图

12-16　如题 12-16 图所示，均质圆柱体 A 的质量为 m，在外圆上绕一细绳，绳的一端 B 固定不动。圆柱因解开绳子而下降，其初速度为零。求当圆柱体的轴心降落了高度 h 时轴心的速度和绳子的张力。

12-17　如题 12-17 图所示，一个重为 P 的物块 A 下降时，借助于跨过滑轮 D 而绕在轮 C 上的绳子使轮子 B 在水平轨道上只滚动而不滑动。已知轮 B 与轮 C 固连在一起，总重为 Q，对通过轮心 O 的水平轴的回转半径为 ρ，试求物块 A 的加速度。

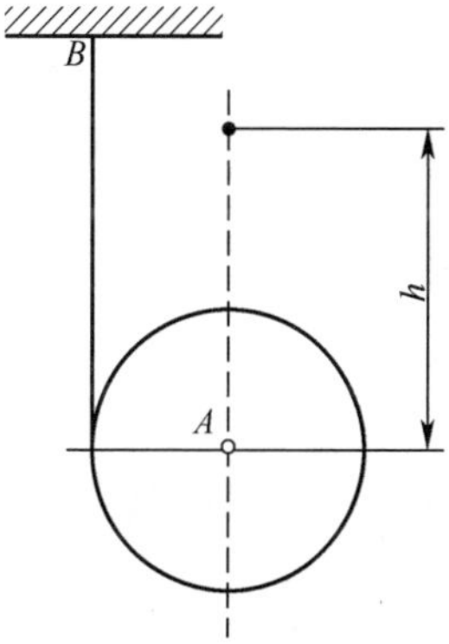

题 12-16 图

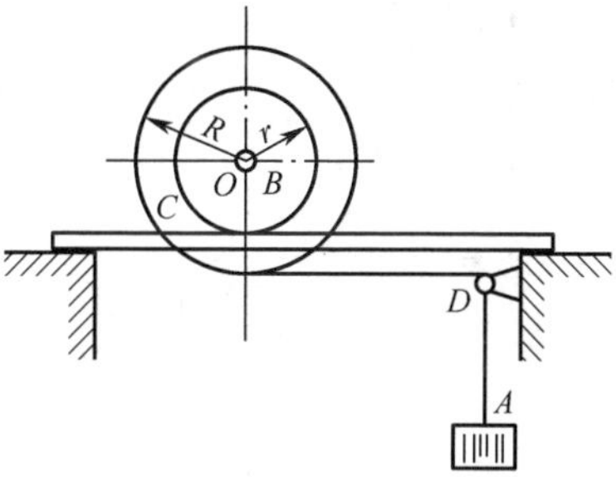

题 12-17 图

12-18　如题 12-18 图所示，滑轮 A、B 分别重 Q_1、Q_2，半径分别为 R、r，且 $r=\dfrac{R}{2}$。物体 C 重 P。作用于 A 轮上的力矩 M 为一常量。试求 C 上升的加速度。A、B 轮可视为均质圆盘。

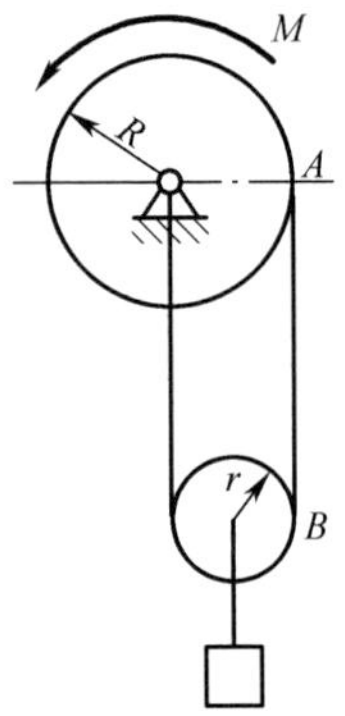

题 12-18 图

12-19 如题 12-19 图所示，均质杆 AB 长为 l，质量为 m，放在铅直平面内，杆的一端 A 靠在光滑的铅直墙上，另一端 B 放在光滑的水平地板上，并与地板面成 φ_0 角。此后，令杆由静止状态倒下，求：

（1）杆在任意位置时的角速度和角加速度。

（2）当杆脱离墙时此杆与水平面的夹角。

12-20 如题 12-20 图所示，长 l、重 W 的均质杆 AB 和 BC 用铰链 B 联结，并用铰链 A 固定，位于图所示平衡位置。今在 C 端作用一水平力 $\boldsymbol{F}$，求此瞬时两杆的角加速度。

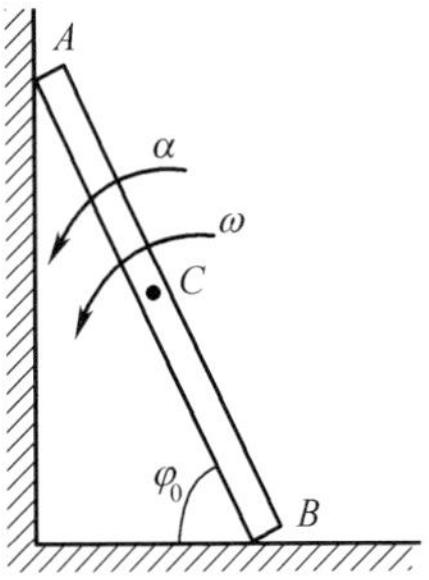

题 12-19 图

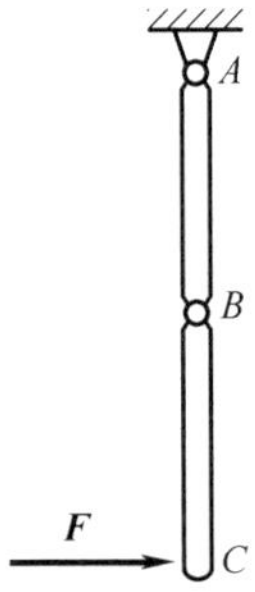

题 12-20 图

第13章　动能定理

前面学习的动量定理和动量矩定理分别以动量和动量矩来度量物体机械运动量的大小，较完整地描述了质点系所受的外力与其运动状态变化之间的关系，但没有考虑内力的作用效果及作用力的空间积累效应。

从物理学的发展得知：能量是自然界中各种运动形式的度量，而功是能量从一种运动形式转化为另一种运动形式的过程中所表现出来的量。例如，蒸汽机工作时，高温高压气体的热能转化为机械能，能量的变化可由气体压力在活塞的冲程中所做的功来度量，自由落体时物体的势能转化为动能，能量的变化也可由物体重力的功来度量。可见，功和能之间密切的联系使机械运动与其他形式的运动联系起来。本章将从能量的角度，利用功和能量变化之间的联系揭示物体机械运动的另一种度量——动能，研究质点系动能的变化与其所受作用力（包括内力和外力）的功之间的关系。

13.1　力　的　功

1．*常力在直线运动中的功*

力所做的功表示力在一段路程中对物体作用的累积效果。

设质点 M 在常力 $\boldsymbol{F}$ 作用下沿直线从 M_1 运动到 M_2（图 13-1），其位移为 $\boldsymbol{s}$，$\boldsymbol{F}$ 与 $\boldsymbol{s}$ 的夹角为 α，则常力 $\boldsymbol{F}$ 在此过程中所做的功用 W 表示，定义为

$$W = F\cos\alpha \cdot s = \boldsymbol{F}\cdot\boldsymbol{s} \tag{13-1}$$

容易看出：功是代数量，在国际单位制中，功的单位为 $\mathrm{N}\cdot\mathrm{m}$，称为焦耳(J)，$\alpha < \pi/2$ 时，$W > 0$，力做正功；$\alpha = \pi/2$ 时，$W = 0$，力不做功；$\alpha > \pi/2$ 时，$W < 0$，力做负功。

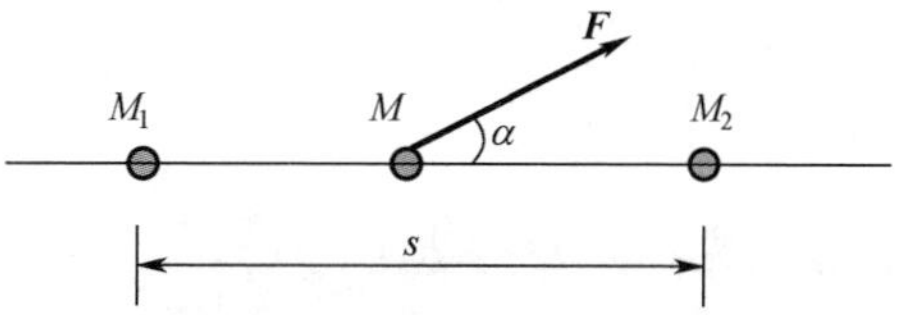

图 13-1

2. 变力在曲线运动中的功

设质点 $\boldsymbol{M}$ 沿曲线 M_1M_2 运动，作用在质点上的力 $\boldsymbol{F}$ 为变力（图 13-2）。在微小的路程 ds 上，力 $\boldsymbol{F}$ 的大小和方向皆可视为不变，而微小路程 ds 亦可看作直线，如以 d$\boldsymbol{r}$ 表示相应于 ds 的微小位移，由式（13-1）可知，力 $\boldsymbol{F}$ 在路程 ds 上所做的功等于力 $\boldsymbol{F}$ 与在微小位移 d$\boldsymbol{r}$ 的标量积称为变力 $\boldsymbol{F}$ 的元功，用 δW 表示

$$\delta W = F\cos\alpha \mathrm{d}s = F_\tau \mathrm{d}s = \boldsymbol{F}\cdot \mathrm{d}\boldsymbol{r} \tag{13-2}$$

式中，F_τ 为力 $\boldsymbol{F}$ 在 M 点沿轨迹切线处的投影。在一般情况下，上式右边不表示某个坐标函数的全微分，所以元功用符号 δW 而不用 dW。

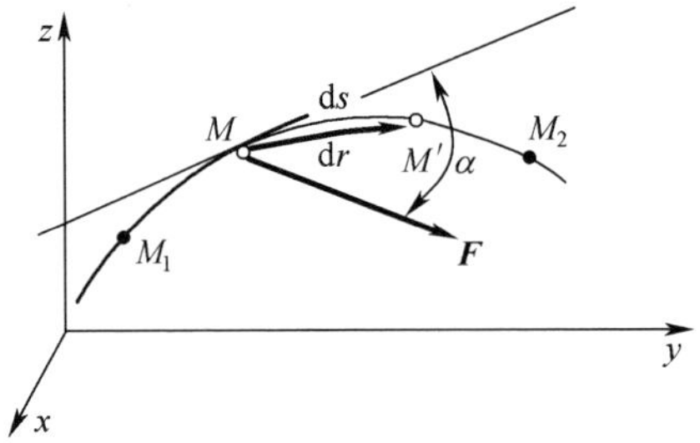

图 13-2

以矢量的形式表示力 $\boldsymbol{F}$ 和微小位移

$$F = F_x\boldsymbol{i} + F_y\boldsymbol{j} + F_z\boldsymbol{k}, \quad \mathrm{d}\boldsymbol{r} = \mathrm{d}x\boldsymbol{i} + \mathrm{d}y\boldsymbol{j} + \mathrm{d}z\boldsymbol{k}$$

将上式代入式（13-2），可得元功的解析式为

$$\delta W = F_x\mathrm{d}x + F_y\mathrm{d}y + F_z\mathrm{d}z \tag{13-3}$$

当质点沿轨迹曲线从 M_1 运动到 M_2 时变力 $\boldsymbol{F}$ 所做的功表示为

$$W_{12} = \int_{M_1}^{M_2}\delta W = \int_{M_1}^{M_2}\boldsymbol{F}\cdot \mathrm{d}\boldsymbol{r} = \int_{M_1}^{M_2}(F_x\mathrm{d}x + F_y\mathrm{d}y + F_z\mathrm{d}z) \tag{13-4}$$

3. 合力的功

设在物体的 M 点处同时作用有力 $\boldsymbol{F}_1$，$\boldsymbol{F}_2$，…，$\boldsymbol{F}_n$，如图 13-3 所示，此汇交力系的合力为

$$F_{\mathrm{R}} = \sum \boldsymbol{F}_i$$

设点 M 的位移为 d$\boldsymbol{r}$，则合力的功为

$$W_{12} = \int_{M_1}^{M_2}\boldsymbol{F}_{\mathrm{R}}\cdot \mathrm{d}\boldsymbol{r} = \int_{M_1}^{M_2}\left(\sum \boldsymbol{F}_i\cdot \mathrm{d}\boldsymbol{r}\right)$$
$$= \int_{M_1}^{M_2}\boldsymbol{F}_1\cdot \mathrm{d}\boldsymbol{r} + \cdots + \int_{M_1}^{M_2}\boldsymbol{F}_n\cdot \mathrm{d}\boldsymbol{r}$$

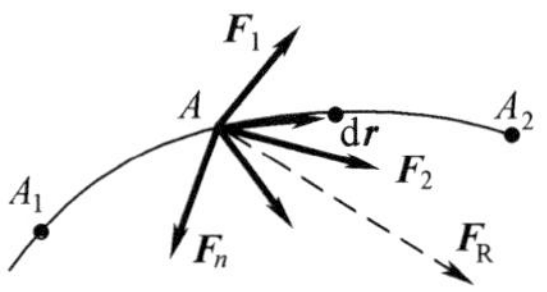

图 13-3

上式右端各项积分分别为各分力的功，则

$$W_{12} = \sum_{i=1}^{n} W_i \tag{13-5}$$

即在某一段路程中，合力的功等于各分力的功的代数和。

4. 几种常见力的功

（1）重力的功。设重 Q 的质点 M 沿某一轨迹由位置 M_1 运动到 M_2，如图 13-4 所示，建立直角坐标系 $Oxyz$，令 Oz 轴平行于重力 Q，则

$$F_x = F_y = 0,\ F_z = -Q$$

应用式（13-4）得

$$W_{12} = \int_{z_1}^{z_2} -Q\mathrm{d}z = Q(z_1 - z_2) \tag{13-6}$$

即重力所做的功仅取决于其重心始末位置的高度差 $(z_1 - z_2)$。若 $(z_1 - z_2) > 0$，物体的重心下降，重力的功为正值；反之，$(z_1 - z_2) < 0$，物体的重心上升，重力的功为负值。而如果重心始末位置高度相同，则不论物体运动中重心经过了怎样的路径，重力的功都等于零。重力的功与运动轨迹无关。

（2）弹性力的功。设一弹簧，自然长度为 l_0，一端在 O 点处固定，另一端 A 点系一物体，设物体受到弹性力的作用，作用点 A 的轨迹为图 13-5 所示的曲线 A_1A_2。在弹性限度内，弹性力的方向总是指向自然位置。比例系数 k 为弹簧的刚性系数。

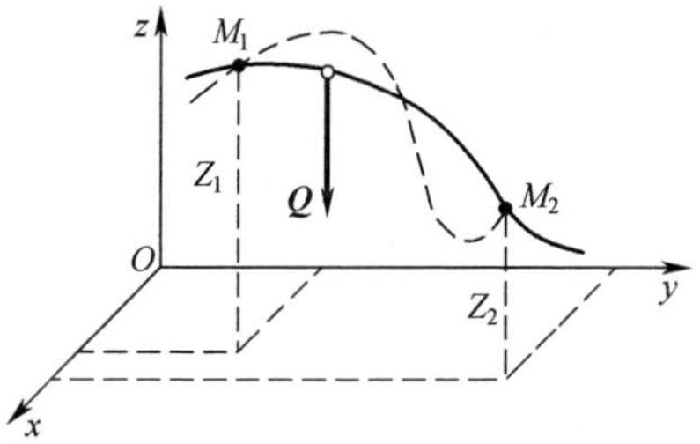

图 13-4

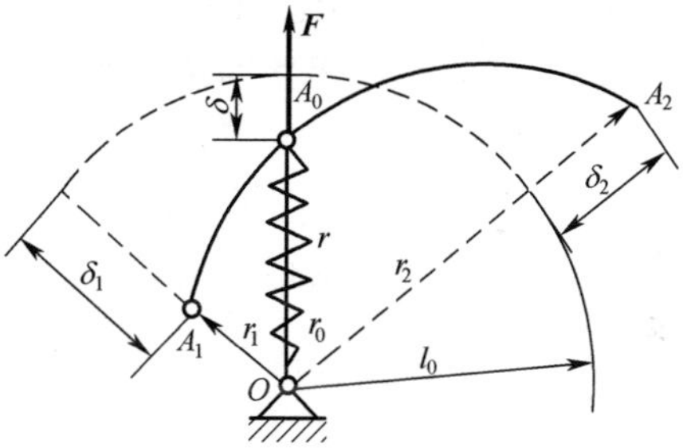

图 13-5

以点 O 为原点。设点 A 的矢径为 $\boldsymbol{r}$，沿矢径方向的单位矢为 $\boldsymbol{r}_0$，则

$$F = -k(r - l_0)\boldsymbol{r}_0$$

应用式（13-4）得

$$W_{12} = \int_{A_1}^{A_2} \boldsymbol{F}\cdot \mathrm{d}\boldsymbol{r} = \int_{A_1}^{A_2} -k(r - l_0)\boldsymbol{r}_0 \cdot \mathrm{d}\boldsymbol{r}$$

由于 $\boldsymbol{r}_0 \cdot \mathrm{d}\boldsymbol{r} = \dfrac{\boldsymbol{r}}{r}\cdot \mathrm{d}\boldsymbol{r} = \dfrac{1}{2r}\mathrm{d}(\boldsymbol{r}\cdot\boldsymbol{r}) = \dfrac{1}{2r}\mathrm{d}(r^2) = \mathrm{d}r$，故

$$\begin{aligned} W_{12} &= \int_{r_1}^{r_2} -k(r - l_0)\mathrm{d}r = \frac{k}{2}[(r_1 - l_0)^2 - (r_2 - l_0)^2] \\ &= \frac{k}{2}(\delta_1^2 - \delta_2^2) \end{aligned} \tag{13-7}$$

式中，δ_1、δ_2为初始和终了位置弹簧的变形量。

式（13-7）即为计算弹性力做功的普遍公式，即弹性力的功只决定于弹簧起始和终了的变形量，而与路径无关。当$\delta_1 > \delta_2$时，弹性力做正功；当$\delta_1 < \delta_2$时，弹性力做负功；如果弹簧最后返回到初始位置，则弹性力的功等于零。

（3）作用在刚体上力偶的功。图 13-6 所示为做平面运动的刚体。刚体上作用有 $\boldsymbol{F}$ 和 $\boldsymbol{F}'$ 组成的力偶，其力偶矩为 M，在刚体上任选一基点 A，则此平面运动分解为随基点 A 的平动和绕基点 A 的转动。

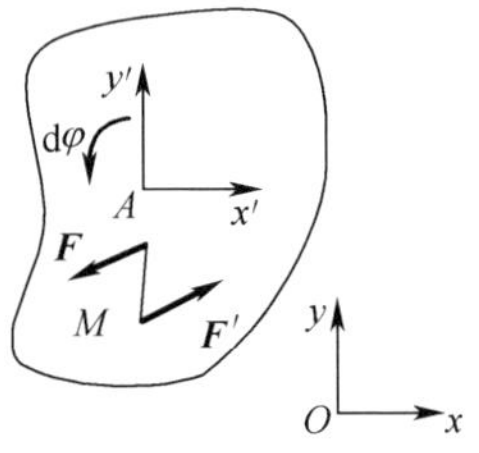

图 13-6

在时间间隔 dt 内，基点 A 的线位移微元为 d$\boldsymbol{r}_A$，刚体的角位移微元为$\mathrm{d}\varphi$，则由于$F = F'$，力偶 M 在上述元位移上的元功为

$$\delta W = \boldsymbol{F} \cdot \mathrm{d}\boldsymbol{r} = F \cdot \mathrm{d}r_A - F' \cdot \mathrm{d}r_A + M\mathrm{d}\varphi = M\mathrm{d}\varphi$$

力偶 M 在角位移φ_1到φ_2中所做的功为

$$W = \int_{\varphi_1}^{\varphi_2} M\mathrm{d}\varphi \tag{13-8}$$

（4）摩擦力的功。如果摩擦不能忽略，其功是正是负或是零要作具体分析，关键看摩擦力的作用点有无位移，它的位移方向与摩擦力的方向相同还是相反。一般情况下，当两物体的接触面发生相对滑动时，如图 13-7 所示，因为动滑动摩擦力与物体相对位移方向相反，故动滑动摩擦力做负功。

当物体沿某一固定面做无滑动的纯滚动时，如图 13-8 所示，滑动摩擦力 $\boldsymbol{F}$ 过速度瞬心 B，$v_B = 0$，因而其作用点处的位移为零，静滑动摩擦力不做功。

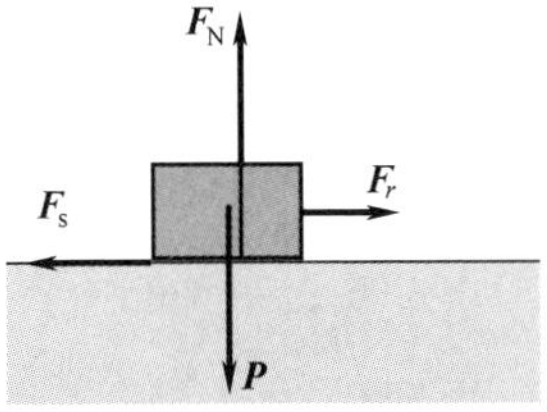

图 13-7

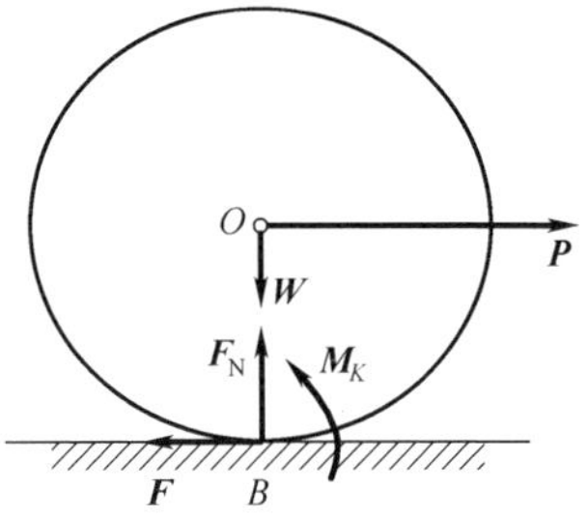

图 13-8

对于由摩擦力所带动的从动件，例如摩擦轮传动中的从动轮，如图 13-9（a）所示，主动轮O_1带动从动轮O_2反向转动。对于主动轮来说，它受到的摩擦力 $\boldsymbol{F}$ 是阻力，方向向上做负功，而对于从动轮O_2来说，所受摩擦力 $\boldsymbol{F}'$ 方向向下，是个主动力，与作用点的位移方向一致，故 $\boldsymbol{F}'$ 做的功是正功，如图 13-9（b）所示。

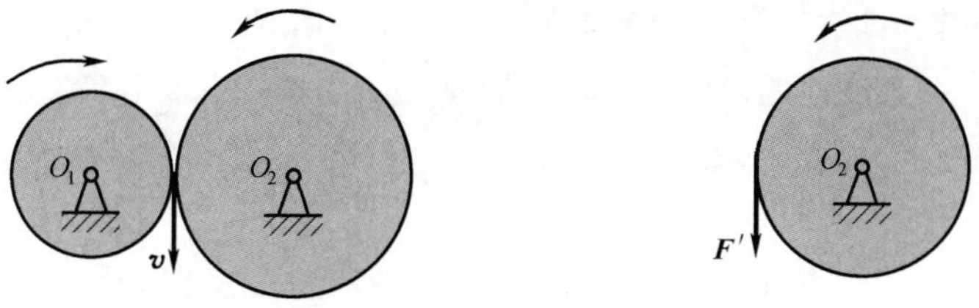

（a）　　　　（b）

图 13-9

5. 内力的功

质点系的内力都是成对出现的，彼此大小相等，方向相反，作用在同一条直线上，但所做功的和并不一定等于零。例如，汽车内燃机气缸内膨胀的气体质点之间的作用力、气体质点对活塞和气缸的作用力等都是内力，正是这些力做功使汽车的动能增加；机器内有相对滑动的两个零件之间的内摩擦力做负功，消耗机器的能量；还有轴与轴承摩擦力做功的问题；等等。同时也应注意，在很多情况下内力做功为零。例如刚体内两质点相互作用的内力，由于刚体上任意两质点间的距离始终保持不变，所以沿这两点连线的位移必定相等，致使其中一个内力做正功，另一个内力做负功，则这对力所做功的和为零。刚体中任意一对内力所做的功都等于零，所以刚体内力所做功的总和恒为零。

6. 理想约束反力的功

（1）光滑支承面、活动铰链支座、轴承、销钉的约束反力总是和它作用点的微小位移 d$\boldsymbol{r}$ 相垂直，如图 13-10 所示，这些约束反力的功恒等于零。

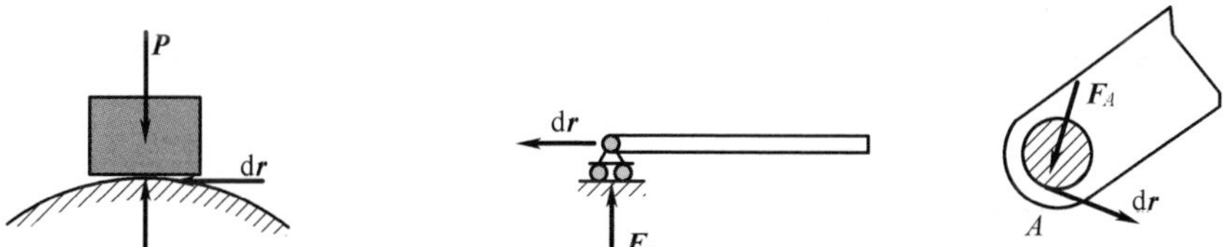

（a）　　　　（b）　　　　（c）

图 13-10

（2）光滑铰链约束反力。对于系统的光滑铰链约束，如图 13-11（a）所示，其约束反力是一等值、反向、共线的内力，当铰链中心产生位移 d$\boldsymbol{r}$ 时，这两个力所做的功大小相等，但符号相反，因而其和亦为零。

（3）不可伸长的柔绳的拉力，如图 13-11（b）所示。绳索两端的约束力 $\boldsymbol{F}_1$

和 $\boldsymbol{F}_2$ 大小相等，即 $F_1 = F_2$，由于绳索不可伸长，所以 A、B 两点的微小位移 $\mathrm{d}\boldsymbol{r}_1$ 和 $\mathrm{d}\boldsymbol{r}_2$ 在绳索中心线上的投影必相等，即 $\mathrm{d}r_1\cos\varphi_1 = \mathrm{d}r_2\cos\varphi_2$，因此不可伸长的绳索的约束力元功之和等于零。

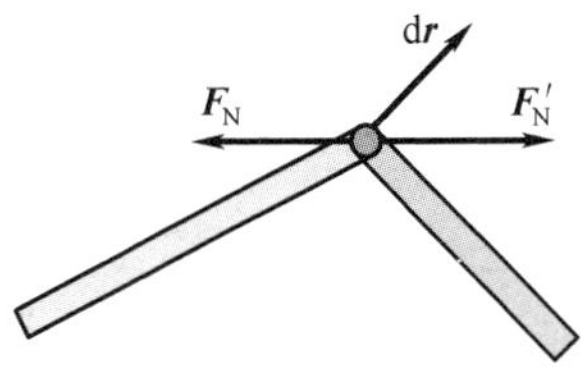

(a)

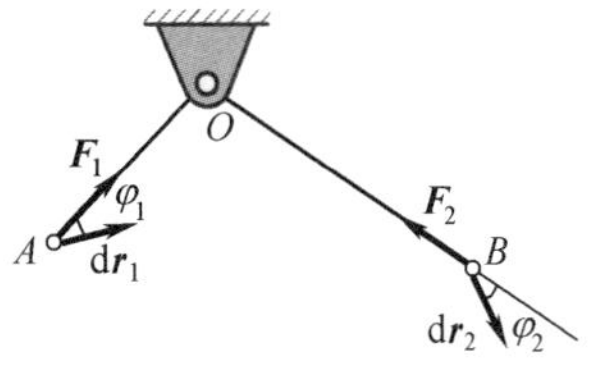

(b)

图 13-11

约束反力做功之和等于零的约束，称为理想约束。

13.2 动　　能

1. 质点的动能

设质点的质量为 m，速度为 $\boldsymbol{v}$，则质点的动能等于它的质量和速度平方乘积的一半，即

$$T = mv^2/2 \tag{13-9}$$

动能是标量，恒取正值。在国际单位制中，动能的常用单位是焦尔（J），和功的单位相同。

2. 质点系的动能

质点系的动能等于系统内所有质点动能的算术和，即

$$T = \sum \frac{1}{2} m_i v_i^2 \tag{13-10}$$

刚体是由无数质点组成的质点系，刚体在做不同的运动时，其内各点的速度分布也不同，所以动能表达式也不同。

（1）平移刚体的动能。当刚体做平移时，其内各点的速度都等于质心 C 的速度 $\boldsymbol{v}_C$，则刚体平动的动能为

$$T = \sum \frac{1}{2} m_i v_i^2 = \frac{1}{2}\left(\sum m_i\right) v_C^2$$

$$T = \frac{1}{2} M v_C^2 \tag{13-11}$$

也就是说：平移刚体的动能，等于刚体的质量与速度平方乘积的一半。可见，平移刚体的动能与把和它的质量集中于一点时的动能相同。

（2）定轴转动刚体的动能。设刚体以角速度 ω 绕定轴 z 转动，如图 13-12 所示，以 m_i 表示刚体内任意一点 M_i 的质量，以 r_i 表示 m_i 的转动半径，则刚体的动能为

$$T=\sum\frac{1}{2}m_iv_i^2=\frac{1}{2}\sum m_i(r_i\omega)^2=\frac{\omega^2}{2}\sum m_ir_i^2$$

式中，$\sum m_ir_i^2=J_z$，为刚体对转轴 z 的转动惯量，可得

$$T=\frac{1}{2}J_z\omega^2 \tag{13-12}$$

即定轴转动刚体的动能，等于刚体对转轴的转动惯量与其角速度平方乘积的一半。

（3）平面运动刚体的动能。取刚体的质心 C 所在的平面图形如图 13-13 所示，图形中的点 P 是平面图形某瞬时的瞬心，ω 是平面图形绕瞬心转动的角速度，此时刚体的运动可看成绕速度瞬心的瞬时转动，按定轴转动的公式计算，其动能为

$$T=\frac{1}{2}J_P\omega^2$$

式中，J_P 是刚体对于瞬时轴的转动惯量。然而在不同时刻，刚体以不同的点作为瞬心，因此用上式计算动能很不方便。设 C 为刚体的质心，根据计算转动惯量的平行轴定理有

$$J_P=J_C+Md^2$$

式中，M 为刚体的质量，d 为 C 点和 P 点间的距离，J_C 为对于质心轴的转动惯量。代入 $T=\frac{1}{2}J_P\omega^2$ 中得

$$T=\frac{1}{2}(J_C+Md^2)\omega^2=\frac{1}{2}J_C\omega^2+\frac{1}{2}M(d\omega)^2$$

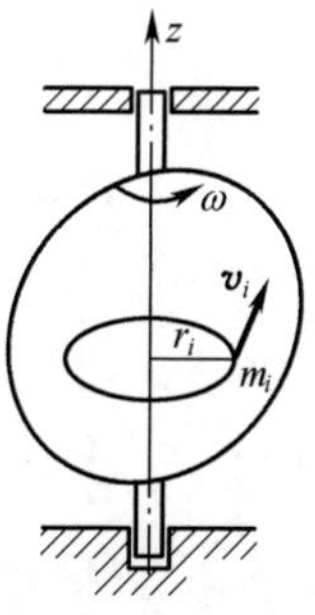

图 13-12

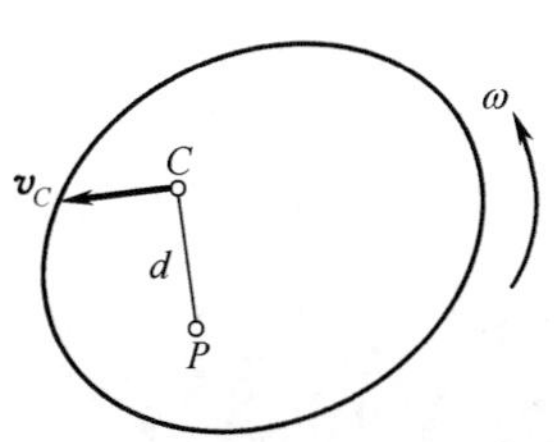

图 13-13

因为$d\omega = v_C$，于是

$$T = \frac{1}{2}Mv_C^2 + \frac{1}{2}J_C\omega^2 \tag{13-13}$$

即做平面运动刚体的动能，等于随质心平动的动能与绕质心转动的动能之和。

例 13-1 图 13-14 所示的坦克履带单位长度的质量为m，两轮的质量均为m_1，可视为均质圆盘，半径为R，两轮轴间距离为$l = \pi R$，当坦克以速度$\boldsymbol{v}$沿直线行驶时，试求此系统的动能。

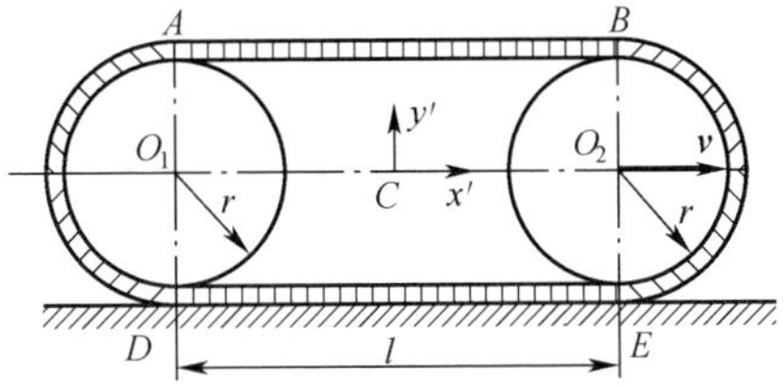

图 13-14

解：此系统的动能等于系统内各部分动能之和。两轮及其上履带部分做平面运动，其瞬心分别为D、E，可知轮的角速度$\omega = \dfrac{v}{R}$，履带AB部分做平动，平动速度为$2v$，履带DE部分速度为零。

（1）轮的动能为

$$T_1 = T_2 = \frac{1}{2}m_1v^2 + \frac{1}{2}\left(\frac{1}{2}m_1R^2\right)\left(\frac{v}{R}\right)^2 = \frac{3}{4}m_1v^2$$

（2）履带AB部分的动能为

$$T_{AB} = \frac{1}{2}m_{AB}(2v)^2 = \frac{1}{2}m\pi R\,4v^2 = 2m\pi R v^2$$

（3）两轮上履带（合并为一均质圆环）的动能为

$$T_3 = \frac{1}{2}J_D\omega^2 = \frac{1}{2}(2\pi Rm\cdot R^2 + 2\pi Rm\cdot R^2)\left(\frac{v}{R}\right)^2 = 2\pi Rmv^2$$

所以，此系统的动能为

$$T = 2T_1 + T_{AB} + T_3 + T_{ED} = 2\cdot\frac{3}{4}m_1v^2 + 2m\pi Rv^2 + 2\pi Rmv^2 + 0 = \left[\frac{3}{2}m_1 + 4\pi mR\right]v^2$$

13.3 动 能 定 理

1. *质点的动能定理*

取质点的运动微分方程的矢量形式为

$$m\frac{\mathrm{d}\boldsymbol{v}}{\mathrm{d}t}=\boldsymbol{F}$$

在方程两边点乘 d$\boldsymbol{r}$ 得

$$m\frac{\mathrm{d}\boldsymbol{v}}{\mathrm{d}t}\mathrm{d}\boldsymbol{r}=\boldsymbol{F}\cdot\mathrm{d}\boldsymbol{r}$$

因为 $\frac{\mathrm{d}\boldsymbol{r}}{\mathrm{d}t}=\boldsymbol{v}$，于是上式可写成

$$m\boldsymbol{v}\cdot\mathrm{d}\boldsymbol{v}=\boldsymbol{F}\cdot\mathrm{d}\boldsymbol{r}$$

即

$$\mathrm{d}\left(\frac{1}{2}mv^2\right)=\delta W \tag{13-14}$$

式（13-14）称为质点动能定理的微分形式：质点动能的增量等于作用在质点上力的元功。

对式（13-14）积分得

$$\int_{v_1}^{v_2}\mathrm{d}\left(\frac{1}{2}mv^2\right)=W_{12}$$

或

$$\frac{1}{2}mv_2^2-\frac{1}{2}mv_1^2=W_{12} \tag{13-15}$$

式（13-15）称为质点动能定理的积分形式：在质点运动的某个过程中，质点动能的改变量等于作用于质点的力做的功。

由式（13-14）和式（13-15）可见，力做正功，质点的动能增加；力做负功，质点动能减少。

2. 质点系的动能定理

对于质点系中任意一个质点，质量为 m_i，速度为 v_i，根据质点动能定理的微分形式可得

$$\mathrm{d}\left(\frac{1}{2}m_iv_i^2\right)=\delta W_i \quad (i=1,2,\cdots,n)$$

将所有 n 个方程相加可得

$$\sum\mathrm{d}\left(\frac{1}{2}m_iv_i^2\right)=\sum\delta W_i$$

由

$$T=\sum\left(\frac{m_iv_i^2}{2}\right)$$

得

$$\mathrm{d}T=\sum\delta W_i \tag{13-16}$$

即质点系动能的增量，等于作用在质点系上所有力的元功之和。式（13-16）称为质点系动能定理的微分形式。

对上式积分，得

$$T_2 - T_1 = \sum W_i \tag{13-17}$$

式中，T_1 和 T_2 分别是质点系在某一段运动过程中起点和终点的动能。式（13-17）称为质点系动能定理的积分形式：质点系在某一运动过程中，起点和终点动能的改变量，等于作用于质点系的所有力在这段过程中所做的功的和。

如果把作用于质点系内各质点上的力分为外力和内力，以 W_i^{e} 和 W_i^{i} 分别表示作用在质点 m_i 上外力的合力和内力的合力所做的功，则式（13-17）中的 $\sum W_i$ 等于所有外力和内力所做的功的和。即质点系动能定理的积分形式可写为

$$T_2 - T_1 = \sum W_i^{\mathrm{e}} + \sum W_i^{\mathrm{i}} \tag{13-18}$$

再次指出：在一般情况下，内力所做的功之和并不一定等于零。为便于应用，质点系的动能定理还可表达为另一种形式，即把作用于质点系的力分为主动力和约束反力，则式（13-17）变为

$$T_2 - T_1 = \sum W_i^F + \sum W_i^N \tag{13-19}$$

式中，$\sum W_i^F$ 和 $\sum W_i^N$ 分别表示所有主动力和约束反力在给定路程中所做的功之和。

在理想约束情况下，质点系所受的约束反力不做功，则

$$T_2 - T_1 = \sum W_i^F \tag{13-20}$$

如果在质点系中还有做功不等于零的非理想约束反力，例如摩擦力，只需把它们看作特殊的主动力加以处理，式（13-20）同样适用。

3. 有势力和势能

（1）有势力的概念。若物体在力场内运动，作用在物体上的力所做的功只决定于作用点的始末位置，而与运动轨迹的形状无关，则这样的力称为有势力或保守力。重力、弹性力、万有引力等都是有势力。

（2）势能的定义。所谓势能即质点在势力场内从某一位置 M 移至选定的基点 M_0 的过程中有势力所做的功，称为质点在点 M 相对于点 M_0 的势能。以 V 表示为

$$V = \int_M^{M_0} \boldsymbol{F} \cdot \mathrm{d}\boldsymbol{r} = \int_M^{M_0} (F_x \mathrm{d}x + F_y \mathrm{d}y + F_z \mathrm{d}z) \tag{13-21}$$

势能的大小与正负都是相对于零势位置而言的。因此，确定系统的势能之前，必须首先选定零势位置。对于不同的势能零点，在势力场中同一位置的势能可有不同的数值，因此势能是一个相对值（相对于不同基点）。

（3）有势力的元功与势能微分的关系。从物理学可得，有势力做功，其势能相应降低或增加。若以 $\mathrm{d}W$ 表示有势力的元功，$\mathrm{d}V$ 表示势能微分，则有

$$\mathrm{d}W = -\mathrm{d}V \tag{13-22}$$

表明保守力的元功等于其势能的全微分并具有相反的正负号，势能是有势力作用点位置的单值函数，即 $V = V(x, y, z)$。将式（13-22）积分可得

$$W = V_1 - V_2 \tag{13-23}$$

即有势力所做的功等于质点系在运动过程的初始与终了位置的势能差。

（4）机械能守恒。质点系在某瞬时的动能与势能的代数和称为机械能。设质点系在运动过程的初始和终了瞬时的动能分别为 T_1 和 T_2，有势力在这一过程中所做的功为 W_{12}。根据动能定理有

$$T_2 - T_1 = W_{12}$$

在势力场中，有势力的功可用势能计算，即

$$T_2 - T_1 = V_1 - V_2$$

移项后得

$$T_1 + V_1 = T_2 + V_2 \tag{13-24}$$

式（13-24）为机械能守恒定律的数学表达式，即当质点系仅在有势力作用下运动时，其机械能保持不变。这样的质点系称为保守系统。因此，势力场又称为保守力场，有势力又称为保守力。

可以证明，不仅重力场为势力场，弹性力场和万有引力场也都是势力场。

例 13-2　卷扬机如图 13-15 所示，鼓轮在常力矩 M 作用下将圆柱由静止沿斜面上拉。已知鼓轮的半径为 R_1，重为 P_1，质量分布在轮缘上；圆柱的半径为 R_2，重为 P_2，质量均匀分布。设斜坡的倾角为α，表面粗糙，使圆柱只滚不滑。系统从静止开始运动，求圆柱中心 C 经过路程 l 时的速度和加速度。

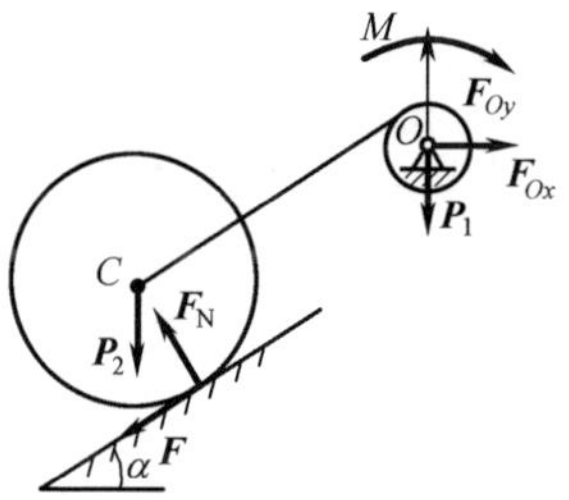

图 13-15

解：以圆柱和鼓轮一起组成的质点系为研究对象。作用于该质点系的力有重力 $\boldsymbol{P}_1$ 和 $\boldsymbol{P}_2$、外力矩 M、轴承反力 $\boldsymbol{F}_{Ox}$ 和 $\boldsymbol{F}_{Oy}$、斜面对圆柱的 $\boldsymbol{P}_2$ 作用力 $\boldsymbol{F}_{\mathrm{N}}$ 和静摩擦力 $\boldsymbol{F}$。

计算功：约束反力 $\boldsymbol{F}_{\mathrm{N}}$、$\boldsymbol{F}_{Ox}$、$\boldsymbol{F}_{Oy}$ 及摩擦力均不做功，因此

$$\sum W_i^F = M\varphi - P_2 \sin\alpha l$$

质点系的动能为：

质点系初始静止　　$T_1 = 0$

圆柱中心 C 经过路程 l 时

$$T_2 = \frac{1}{2}J_O\omega^2 + \frac{1}{2}\cdot\frac{P_2}{g}v_C^2 + \frac{1}{2}J_C\omega_2^2$$

式中，J_O、J_C 分别为鼓轮对中心轴 O、圆柱对过质心 C 的轴的转动惯量

$$J_O = \frac{P_1}{g}R_1^2\text{，}\quad J_C = \frac{P_2}{2g}R_2^2$$

因 ω_1 和 ω_2 分别为鼓轮和圆柱的角速度，$\omega_1 = v_C / R_1$，$\omega_2 = v_C / R_2$，于是

$$T_2 = \frac{v_C^2}{4g}(2P_1 + 3P_2)$$

由动能定理有

$$T_2 - T_1 = \sum W_i^F$$

$$\frac{v_C^2}{4g}(2P_1 + 3P_2) - 0 = M\varphi - P_2\sin\alpha l$$

将 $\varphi = l / R_1$ 代入上式解得

$$v_C = 2\sqrt{\frac{(M - P_2R_1\sin\alpha)gl}{R_1(2P_1 + 3P_2)}}$$

将上式平方后，视 l 为变量，对时间求导

$$\frac{\mathrm{d}}{\mathrm{d}t}(v_C^2) = 4\frac{(M - P_2R_1\sin\alpha)g}{R_1(2P_1 + 3P_2)}\cdot\frac{\mathrm{d}l}{\mathrm{d}t}$$

因为 $\frac{\mathrm{d}v_C}{\mathrm{d}t} = a_C$，$\frac{\mathrm{d}l}{\mathrm{d}t} = v_C$，所以上式变为

$$2v_Ca_C = 4v_C\frac{(M - P_2R_1\sin\alpha)g}{R_1(2P_1 + 3P_2)}$$

故

$$a_C = 2\frac{M - P_2R_1\sin\alpha}{R_1(2P_1 + 3P_2)}g$$

例 13-3 周转齿轮传动机构放在水平面内。如图 13-16 所示，动齿轮的半径为 r，重为 P_1，视为均质圆盘；曲柄重 P_2，长 l，作用一矩为 M（常量）的力偶，曲柄由静止开始转动，求曲柄的角速度（以转角 φ 的函数表示）和角加速度。

解：取整个系统为研究对象，作用于该质点系的力有重力 $\boldsymbol{P}_1$ 和 $\boldsymbol{P}_2$、外力矩 M、轴承 O 处反力。由于系统在水平面内，所以两个重力不做功，约束反力也不做功，只有常力偶 M 做功。

$$\sum W_i^F = M\varphi$$

质点系的动能为：

系统初始静止 $\qquad T_1 = 0$

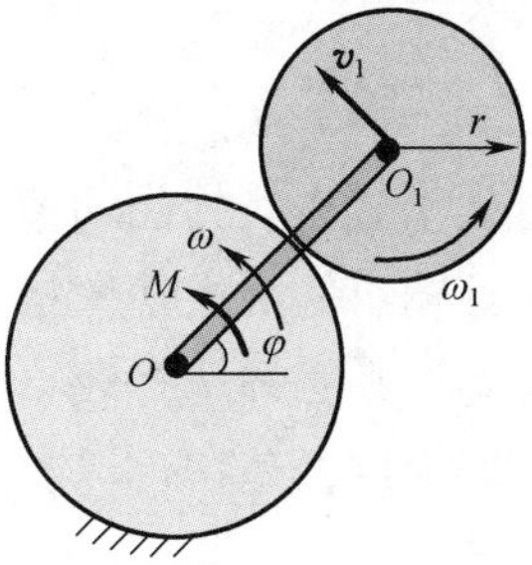

图 13-16

曲柄转过 φ 时

$$T_2=\frac{1}{2}\cdot\frac{P_2l^2}{3g}\omega^2+\frac{1}{2}\cdot\frac{P_1}{g}v_1{}^2+\frac{1}{2}\cdot\frac{P_1\ r^2}{2\ g}\omega_1{}^2$$

式中，ω 和 ω_1 分别为曲柄和动齿轮的角速度。

由于曲柄定轴转动，动齿轮做平面运动，所以有以下关系

$$v_1=l\omega,\ \ \omega_1=\frac{v_1}{r}=\frac{l}{r}\omega$$

得

$$T_2=\frac{P_2l^2}{6g}\omega^2+\frac{P_1}{2g}(l\omega)^2+\frac{P_1\ r^2}{4\ g}\left(\frac{l}{r}\omega\right)^2=\frac{2P_2+9P_1}{12g}l^2\omega^2$$

由动能定理 $T_2-T_1=\sum W_i^F$ ，得

$$\frac{2P_2+9P_1}{12g}l^2\omega^2-0=M\varphi$$

则

$$\omega=\frac{2}{l}\sqrt{\frac{3gM\varphi}{2P_2+9P_1}}$$

将上式平方后，视 φ 为变量，对时间 t 求导，则

$$\omega=\frac{\mathrm{d}\varphi}{\mathrm{d}t},\quad \alpha=\frac{\mathrm{d}\omega}{\mathrm{d}t}$$

$$\alpha=\frac{6gM}{(2P_2+9P_1)l^2}$$

13.4　功率、功率方程、机械效率

1. 功率

在工程实际中，为了表明力做功的效率，需要知道力在一定时间内所做的功，即单位时间内力所做的功，称为功率，以 P 表示。

dt 时间内，力的元功 $\delta W=\boldsymbol{F}\cdot\mathrm{d}\boldsymbol{r}$ ，则力的功率表示为

$$P = \frac{\mathrm{d}W}{\mathrm{d}t} = \frac{\boldsymbol{F} \cdot \mathrm{d}\boldsymbol{r}}{\mathrm{d}t} = \boldsymbol{F} \cdot \boldsymbol{v} \tag{13-25}$$

式中，$\boldsymbol{v}$ 是力 $\boldsymbol{F}$ 作用点的速度。上式表明力的功率等于力在力作用点速度方向上的投影与速度的乘积。机器能够输出的最大功率是一定的，由此可知，用机床加工时，如果希望有较大的切削力，则必须选择较小的切削速度。汽车上坡时，由于需要较大的驱动力，这时需要换用低速档，以求在发动机功率一定的条件下产生较大的驱动力。

由于力矩在 $\mathrm{d}t$ 时间内的元功为 $\mathrm{d}W = M\mathrm{d}\varphi$，则力矩的功率为

$$P = \frac{\mathrm{d}W}{\mathrm{d}t} = \frac{M\mathrm{d}\varphi}{\mathrm{d}t} = M\omega \tag{13-26}$$

在国际单位制中，功率的单位是焦耳/秒（J/s），称为瓦特（W，1W = 1J/s），工程中功率的单位常用千瓦（kW），1000W=1kW。

2. 功率方程

对质点系动能定理的微分形式［式（13-16）］的两端同除以 $\mathrm{d}t$，得

$$\frac{\mathrm{d}T}{\mathrm{d}t} = \frac{\sum \delta W_i}{\mathrm{d}t} = \sum P_i \tag{13-27}$$

上式称为功率方程，即质点系动能对时间的一阶导数等于作用于质点系的所有力的功率之和，表达了质点系动能的变化与作用在该质点系上各力的功率之间的关系。

功率方程可用来研究机械系统工作中能量变化的状态。在起重机工作中，电动机启动后，定子对转子有驱动力矩作用，这个驱动力矩为起重机提供能源，它的功率为正功，称为输入功率。起重机要起吊重物，重物的重力做负功，在起吊过程中要消耗起重机的功率，这部分消耗的功率用来达到起重的工作目的，称为有用功率或输出功率。此外，在起吊过程中，还要受到各接触处的摩擦阻力、空气阻力等的作用，这些阻力也做负功，这部分功率称为无用功率。

由于所有机器的功率一般都可分为上述三部分，故式（13-27）可写成

$$\frac{\mathrm{d}T}{\mathrm{d}t} = P_{\text{输入}} - P_{\text{有用}} - P_{\text{无用}} \tag{13-28}$$

或

$$P_{\text{输入}} = P_{\text{有用}} + P_{\text{无用}} + \frac{\mathrm{d}T}{\mathrm{d}t} \tag{13-29}$$

这说明，机器的输入功率消耗在三个方面：克服有用阻力、无用阻力和使机器加速运转。

3. 机械效率

任何机器输出的有用功率总是小于其输入功率，即 $P_{\text{有用}} < P_{\text{输入}}$。工程上把机器有

用输出功率（即有效功率）与输入功率之比的百分比称为机械效率，用η表示，即

$$\eta = \frac{有效功率}{输入功率} \tag{13-30}$$

机器的机械效率的高与低，表明机器对输入功率的有效利用程度的高或低，它是评价机器质量优劣的一个重要指标。一般情况下，$\eta < 1$。

13.5　动力学普遍定理的综合应用

动力学普遍定理包括动量定理、动量矩定理和动能定理。它们建立了质点或质点系运动的变化与所受的力之间的关系，都是由质点的牛顿定律推导出来的。动量定理和动量矩定理在描述运动的改变与作用力的关系中都反映了方向性，以矢量的形式表达。对于质点系，这两个定理都不包含内力，即内力不能改变质点系的动量和动量矩。质心运动定理也是矢量形式，常用来分析质点系受力与质心运动之间的关系，与相对于质心的动量矩定理联合，可共同描述质点系机械运动的总体情况，可建立刚体运动的基本方程，如平面运动微分方程等。动能定理是标量形式，它是从能量变化来反映运动的改变，并用力做的功来度量这个改变，在很多实际问题中将约束视为理想情况，因为约束力不做功，因而在动能定理的方程中不出现约束力会使问题大为简化。

动力学普遍定理中的各个定理各有特点，都有一定的适用范围，因此在求解动力学问题时需要根据质点或质点系的运动及受力情况、给定的条件和要求解的未知量选择适宜的定理，灵活运用，但在求解比较复杂的问题时往往需要几个定理联合运用。

例 13-4　在图 13-17 所示的机构中，已知：纯滚动的匀质轮与滑块 A 的质量均为 m，轮半径为 r，斜面倾角为 β，滑块 A 与斜面间的动摩擦因数为 f'，不计杆 OA 的质量和轮子的滚动摩阻。试求：（1）O 点的加速度；（2）杆 OA 的内力。

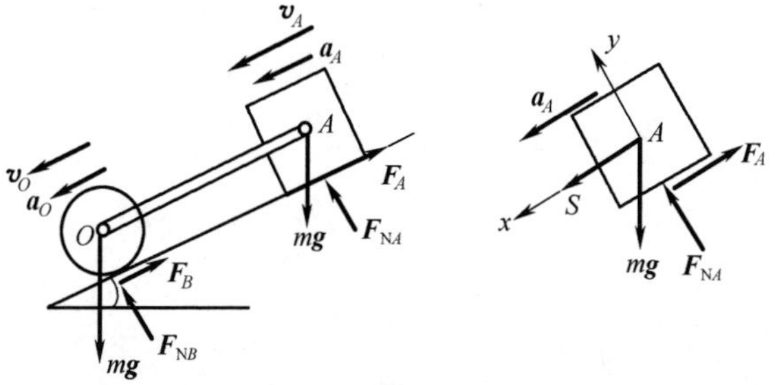

图 13-17

解：（1）由动能定理$\mathrm{d}T=\sum\delta W$可得

$$\mathrm{d}\left(\frac{1}{2}mv_A{}^2+\frac{1}{2}mv_O{}^2+\frac{1}{2}J_O\omega^2\right)=2mg\sin\beta\mathrm{d}L-f'mg\cos\beta\mathrm{d}L$$

式中，$v_A=v_O$，$a_A=a_O$，$J_O=\frac{1}{2}mr^2$，$\omega=\frac{v_O}{r}$。

对上式两边同除$\mathrm{d}t$得

$$a_O=\mathrm{d}v_O/\mathrm{d}t=\mathrm{d}v_A/\mathrm{d}t=2(2\sin\beta-f'\cos\beta)g/5$$

（2）分析滑块A的受力

$$F_{\mathrm{N}A}-mg\cos\beta=0,\quad F_{\mathrm{N}A}=mg\cos\beta,\ F_A=f'F_{\mathrm{N}A}=f'mg\cos\beta$$

例 13-5 均质细杆长为l，质量为m，静止直立于光滑水面上。当杆受微小干扰而倒下时，求杆刚达到地面时的角速度和地面约束力。

解：由于地面光滑，直杆沿水平方向不受力，倒下过程中质心将铅直下落。设杆端A左滑于任一角度θ，如图 13-18（a）所示，P为杆的瞬心。由运动学知，杆的角速度

$$\omega=\frac{v_C}{CP}=\frac{2v_C}{l\cos\theta}$$

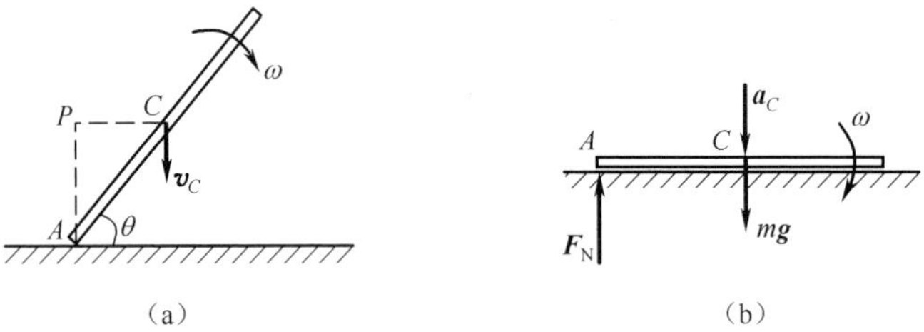

图 13-18

初始时杆的动能为

$$T_1=0$$

杆端A左滑任一角度θ时，杆的动能为

$$T_2=\frac{1}{2}mv_C^2+\frac{1}{2}J_C\omega^2=\frac{1}{2}m\left(1+\frac{1}{3\cos^2\theta}\right)v_C^2$$

此过程中只有重力做功，由动能定理$T_2-T_1=\sum W$，得

$$\frac{1}{2}m\left(1+\frac{1}{3\cos^2\theta}\right)v_C^2=mg\frac{l}{2}(1-\sin\theta)$$

当$\theta=0$时解出

$$v_C=\frac{1}{2}\sqrt{3gl},\quad \omega=\sqrt{\frac{3g}{l}}$$

杆刚达到地面时，受力及加速度如图 13-18（b）所示，由刚体平面运动微分方程，得

$$mg - F_{\mathrm{N}} = ma_C \quad ①$$

$$F_{\mathrm{N}}\frac{l}{2} = J_C\,\alpha = \frac{ml^2}{12}\alpha \quad ②$$

点 A 的加速度 a_A 为水平，由质心在 x 方向守恒，a_C 应为铅垂，由运动学知

$$\boldsymbol{a}_C = \boldsymbol{a}_A + \boldsymbol{a}_{CA}^n + \boldsymbol{a}_{CA}^\tau$$

沿铅垂方向投影，得

$$a_C = a_{CA}^n = \alpha \cdot \frac{l}{2} \quad ③$$

联立求解式①至式③，解出

$$F_{\mathrm{N}} = \frac{mg}{4}$$

由此可见，求解动力学问题，常要按运动学知识分析速度、加速度之间的关系；有时还要判明是否属于动量或动量矩守恒情况。如果守恒，则要利用守恒条件给出结果，才能进一步求解。

习　　题

13-1　题 13-1 图所示的弹簧原长 $l=10\text{cm}$，刚性系数 $k=4.9\text{kN/m}$，一端固定在点 O，此点在半径为 $R=10\text{cm}$ 的圆周上。如弹簧的另一端由点 B 拉至点 A 和由点 A 拉至点 D，分别计算弹性力所做的功。$AC \perp BC$，OA 和 BD 为直径。

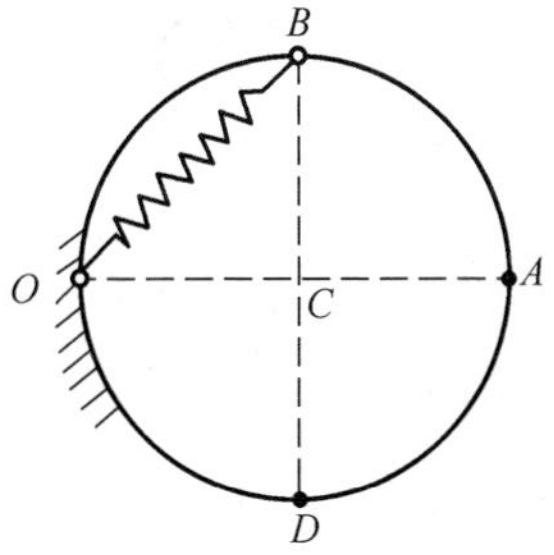

题 13-1 图

13-2　在题 13-2 图所示半径为 r 的卷筒上作用一力偶矩 $M = b\varphi + h\varphi^2$，式中 b、h 为常数，φ 为转角，物 B 重为 Q，与水平面间的动摩擦因数为 f。试求当卷筒转过两圈时作用于系统上所有力做功的总和。

13-3 题 13-3 图所示的滑块 A 的质量为 m_1，在滑道内滑动，匀质直杆长为 l，质量为 m_2。当 AB 杆与铅垂线的夹角为 φ 时滑块 A 的速度为 $\boldsymbol{v}$，AB 杆的角速度为 ω 。试求该瞬时系统的动能。

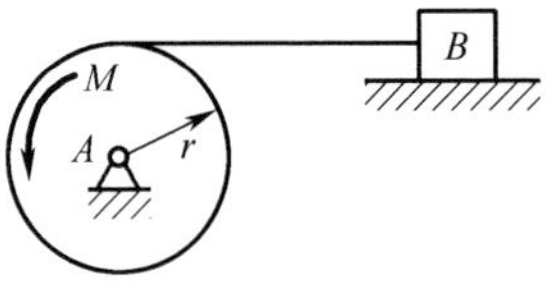

题 13-2 图

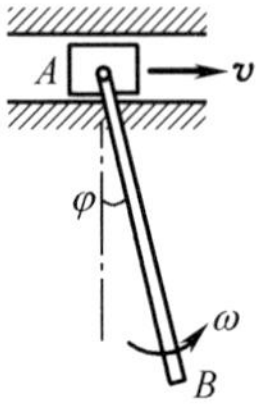

题 13-3 图

13-4 如题 13-4 图所示，质量为 $m=0.5\text{kg}$ 的小球，在外力 $\boldsymbol{F}=(2xy)\boldsymbol{i}+(3x^2)\boldsymbol{j}$ 的作用下，由静止开始在一铅垂放置的光滑槽内运动，槽的曲线方程为 $x^2=9y$，设开始时小球位于原点 O，求小球运动到 $A(3,1)$点时的速度（长度单位为 m，力的单位为 N）。

13-5 在题 13-5 图所示的滑轮组中悬挂两个重物，其中 M_1 重 P，M_2 重 Q。定滑轮 O_1 的半径为 r_1，重 W_1；动滑轮 O_2 的半径为 r_2，重 W_2。两轮都视为均质圆盘。如绳重和摩擦略去不计，并设 $P>2Q-W_2$，求重物 M_1 由静止下降距离 h 时的速度。

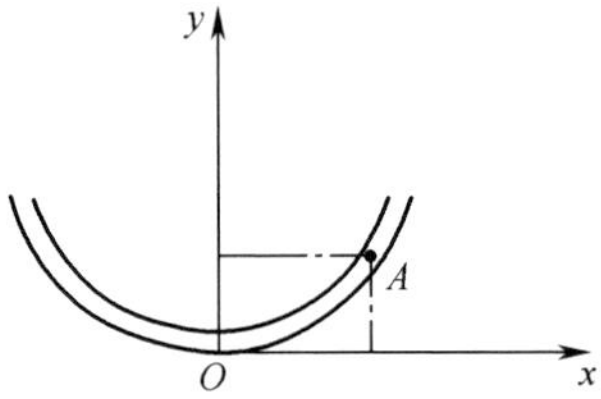

题 13-4 图

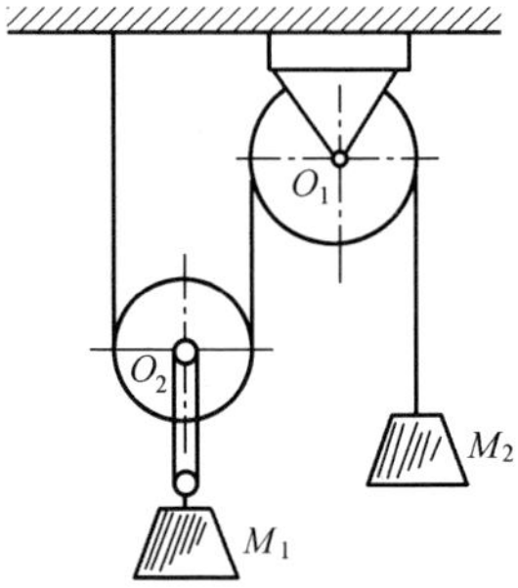

题 13-5 图

13-6 两个重 W 的物体用绳连接，此绳跨过滑轮 O，如题 13-6 图所示。在左方物体上放有一带孔的薄圆板，而在右方物体上放有两个相同的圆板，圆板均重 P。此质点系由静止开始运动，当右方重物 $Q+2P$ 落下距离 x_1 时，重物 Q 通过一固定圆环板，而其上重 $2P$ 的薄板被搁住。如该重物 Q 下降了距离 x_2，然后停止，求 x_2 与 x_1 的比。摩擦和滑轮质量不计。

13-7 A、B 两圆盘的质量都是 10kg，半径 r 都等于 0.3m，用绳子连结，如题 13-7 图所示。设正在旋转的 B 盘的角速度 $\omega=20\text{rad/s}$，求当 B 盘角速度减到

4rad/s 时 A 盘上升的距离。

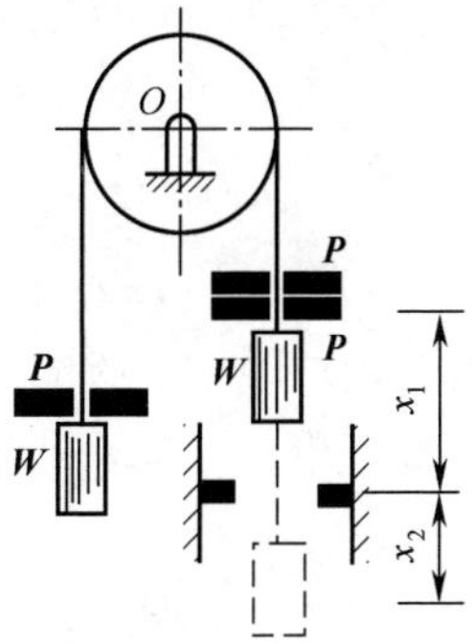

题 13-6 图

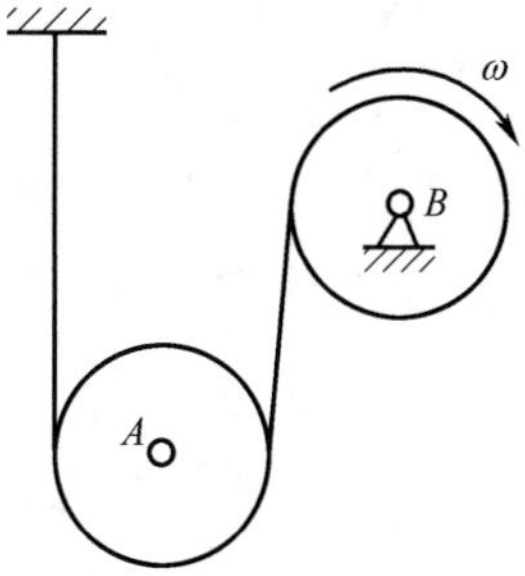

题 13-7 图

13-8　机构位于铅垂面内。已知：两相同直杆，长度均为 l，质量均为 m，在 AB 杆上作用有一不变的力偶矩 M。若在题 13-8 图所示的位置无初速地释放，试求当 A 端碰到支座 O 时 A 端的速度 v_A。

13-9　机构如题 13-9 图所示。已知：半径为 R，质量为 m_1 的匀质圆盘 A 在水平面上做纯滚动，定滑轮 C 半径为 r，质量为 m_2，重物 B 质量为 m_3。系统无初速地进入运动，试求重物 B 下降 h 距离时圆盘中心的速度和加速度。

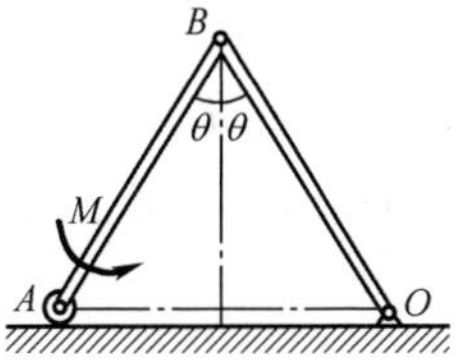

题 13-8 图

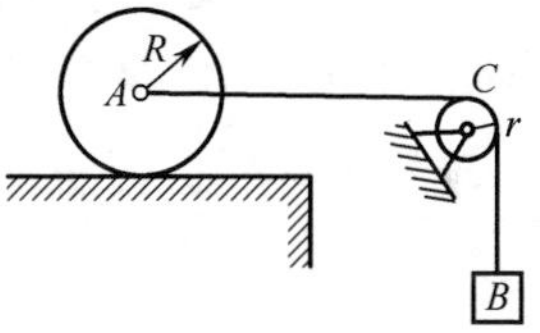

题 13-9 图

13-10　题 13-10 图所示的一均质板 C 水平地放置在均质圆轮 A 和 B 上，A 轮和 B 轮的半径分别为 r 和 R，A 轮做定轴转动，B 轮在水平面上滚动而不滑动，板 C 与两轮之间无相对滑动。已知板 C 和轮 A 的重量均为 P，轮 B 重 Q，在 B 轮上作用有矩为 M 的常力偶。试求板 C 的加速度。

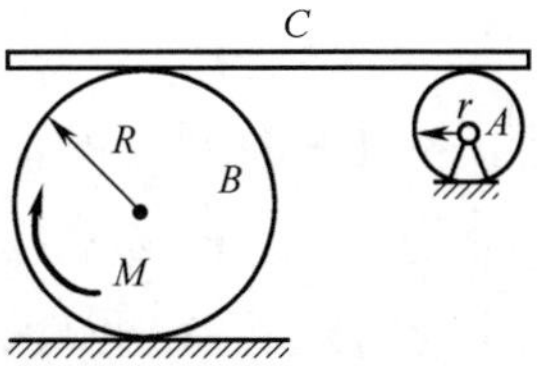

题 13-10 图

13-11 在题 13-11 图所示的机构中，已知：匀质圆盘 A 重为 P，匀质轮 O 重为 Q，半径均为 R，斜面的倾角为 β，圆盘 A 沿斜面做纯滚动，轮 O 上作用一力偶矩为 M 的常值力偶。试求轮 O 的角加速度 α。

13-12 如题 13-12 图所示为高炉上料卷扬机，卷筒绕 O_1 轴转动，转动惯量为 J，半径为 R，其上作用有力矩 M。料斗车重 P，运动时受到的阻力摩擦因数为 f。滑轮和钢绳质量以及轴承摩擦均不计。求当料斗走过距离 s 时的速度和加速度。

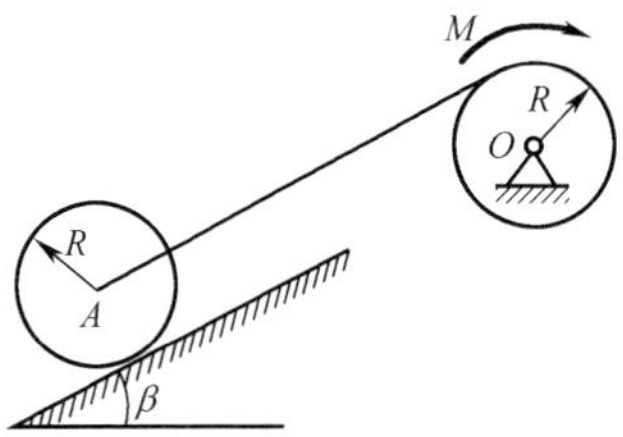

题 13-11 图

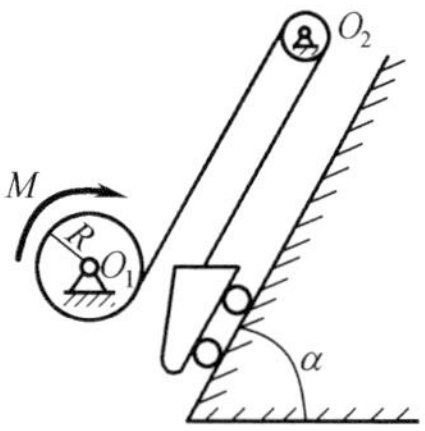

题 13-12 图

13-13 均质圆盘 A 重 W_1，半径为 r，沿倾角为 α 的斜面向下做纯滚动。物块 B 重 W_2，与水平面的动摩擦因数为 f'，定滑轮质量不计，绳的两直线段分别与斜面和水平面平行，如题 13-13 图所示。已知物块 B 的加速度为 a，试求 f'。

13-14 如题 13-14 图所示，均质杆质量为 m，长为 l，可绕距端点 $l/3$ 的转轴 O 转动，求杆由水平位置静止开始转动到任一位置时的角速度、角加速度及轴承 O 的约束反力。

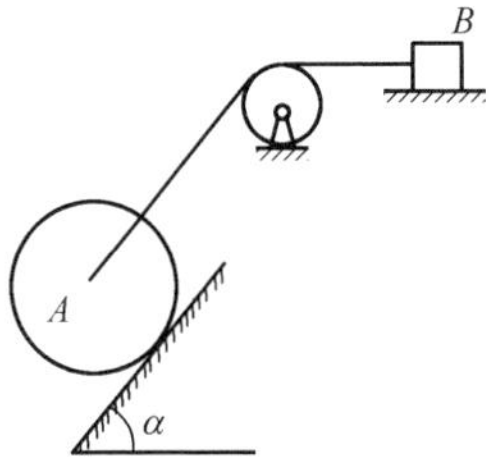

题 13-13 图

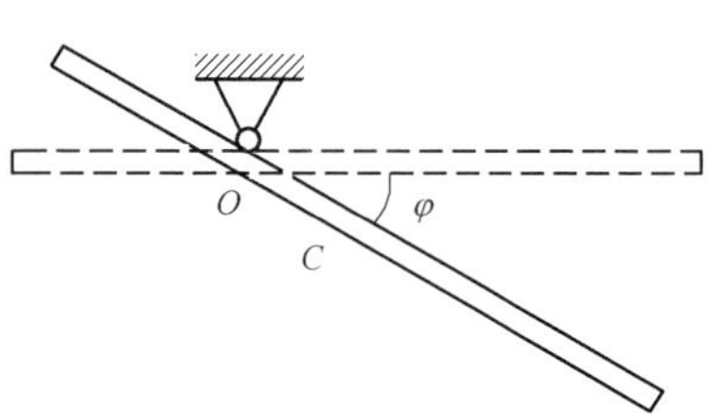

题 13-14 图

13-15 如题 13-15 图所示，轮 A 和轮 B 可视为均质圆盘，半径都为 R，重为 W_1。绕在两轮上的绳索中间连着物块 C，设物块 C 重为 W_2，且放在理想光滑的水平面上。今在轮 A 上作用一不变的力矩 M。求轮 A 与物块之间绳索的张力。绳的重量不计。

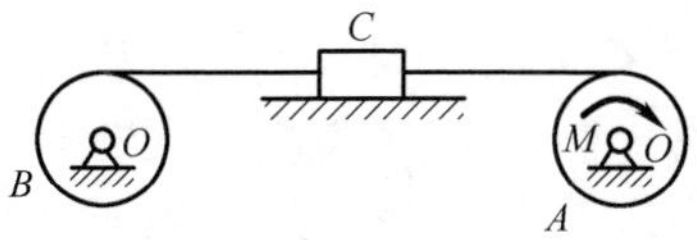

题 13-15 图

13-16　均质圆柱体 A 的重量为 P，在外缘上绕有一细绳，绳的一端 B 固定不动，如题 13-16 图所示，圆柱体无初速地自由下降，试求圆柱体质心的加速度和绳的拉力。

13-17　在题 13-17 图所示的机构中，已知：斜面倾角为β，物块 A 重为 P，与斜面间的动摩擦因数为f'。匀质滑轮 B 重为 W，半径为 R，绳与滑轮间无相对滑动；匀质圆盘 C 做纯滚动，重为 Q，半径为 r；绳的两直线段分别与斜面和水平面平行。试求当物块 A 由静止开始沿斜面下降到距离为 s 时：（1）滑轮 B 的角速度和角加速度；（2）该瞬时水平面对轮 C 的静滑动摩擦力。

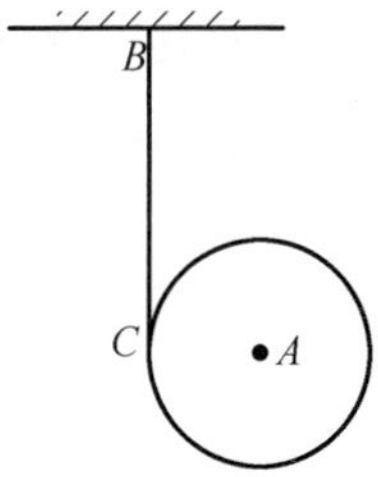

题 13-16 图

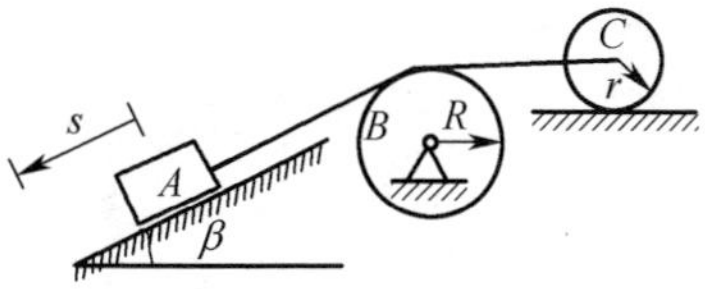

题 13-17 图

13-18　在题 13-18 图所示的机构中，已知：做纯滚动的匀质轮 A 的质量为 m_1，半径为 R，其上作用一力偶矩为 M 的常力偶；匀质轮 C 重为 m_2，半径为 r；物 B 重为 m_3；动滑轮 D 的质量、绳子的质量及轴承处的摩擦不计，与轮 A 相连的绳段与水平面平行。试求：（1）重物 B 上升的加速度 a；（2）EH 段绳的张力（表示为 a 的函数）；（3）轮 A 与水平面接触的约束力（表示成 a 的函数）。

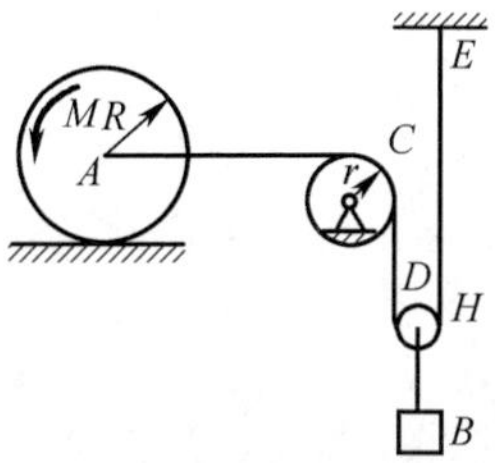

题 13-18 图

13-19　题 13-19 图所示细绳的一端系一重为 W_1 的物块 A，细绳绕过定滑轮 D 后再绕在鼓轮 B 上，使鼓轮 C 沿水平轨道做纯滚动；鼓轮总重量为 W_2，对轴心的回转半径为ρ，轮半径为 R，轴半径为 r。试求物块 A 的加速度。

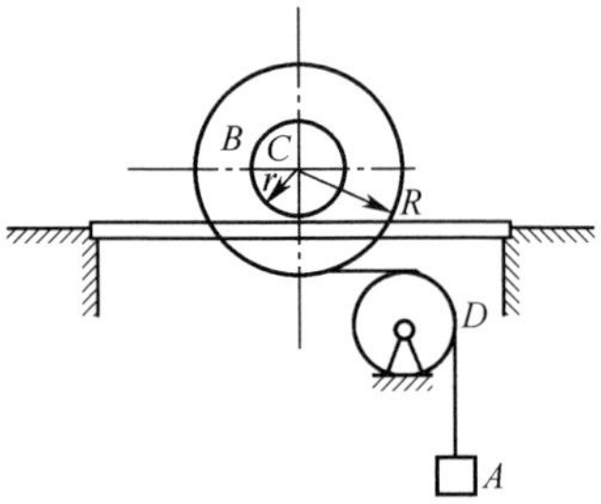

题 13-19 图

13-20　题 13-20 图所示均质直角杆 AOB 重 $3P$，且 $AD=DO=OB=L$，可绕水平固定轴 O 转动；弹簧刚度系数为 k，当 $\varphi=45°$ 时，弹簧位于铅直位置且系统处于平衡状态。欲使 OB 部分恰好能运动到水平位置，问给杆 AOB 的初角速度ω_0应为多大？

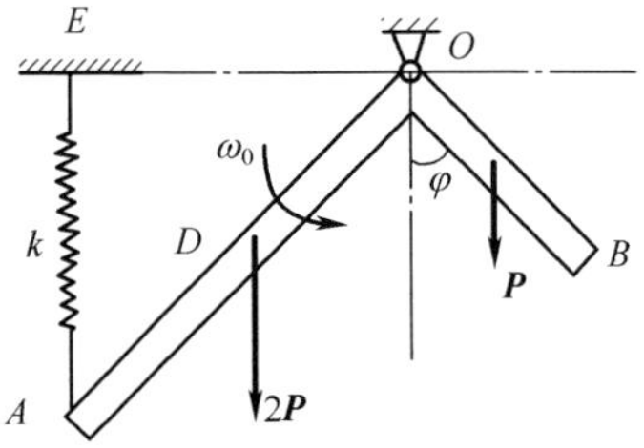

题 13-20 图

第 14 章　达朗贝尔原理

达朗贝尔原理又称动静法，其特点是引入惯性力的概念，将静力学中研究物体平衡问题的方法用来研究动力学的问题。这个方法提供了研究非自由质点系动力学问题的一个新的普遍的方法，因其形式简单及应用的普遍性，故在工程中应用比较广泛。达朗贝尔原理与虚位移原理构成了分析力学的基础。

14.1　惯性力及质点的达朗贝尔原理

1．质点的惯性力

设一质点的质量为 m，作用于其上的主动力为 $\boldsymbol{F}$，约束力为 $\boldsymbol{F}_{\mathrm{N}}$，加速度为 $\boldsymbol{a}$，如图 14-1 所示，由牛顿第二定律，有

$$\boldsymbol{F}+\boldsymbol{F}_{\mathrm{N}}=m\boldsymbol{a}$$

将上式移项写为

$$\boldsymbol{F}+\boldsymbol{F}_{\mathrm{N}}-m\boldsymbol{a}=\mathbf{0}$$

令

$$\boldsymbol{F}_{\mathrm{I}}=-m\boldsymbol{a} \tag{14-1}$$

$\boldsymbol{F}_{\mathrm{I}}$ 称为质点的惯性力，其大小等于质点的质量与加速度的乘积，方向与质点加速度的方向相反，它具有力的量纲，且与质点的质量和加速度有关。

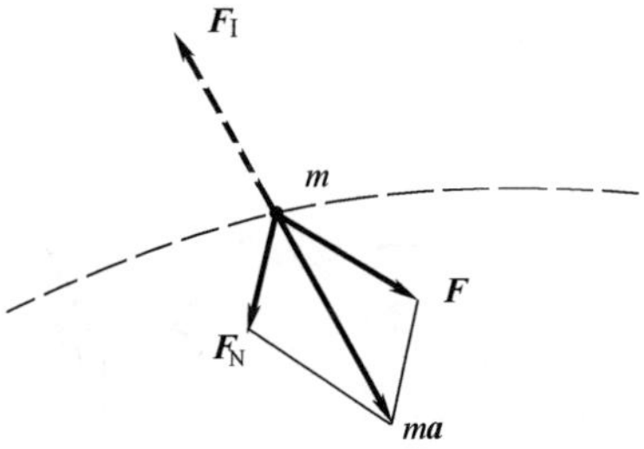

图 14-1

由惯性定律知，当物体受到其他物体的作用而引起其运动状态发生变化时，由于它具有惯性，力图保持其原有的运动状态，因此对于施力物体有反作用力，这就是物体的惯性力。

例如，一辆小车停放在水平光滑的道路上，当一个人用手推动小车，使小车

的运动状态发生变化，由静止开始运动，若忽略小车与路面之间的摩擦力，在给小车施加推力使其运动的同时，人的手也感受到了由小车作用的反作用力，这就是小车的惯性力。

显然，质点的惯性力不是作用在质点上，根据作用力与反作用力定律，而是作用在迫使质点改变运动状态的其他质点或物体上，即作用在给质点施加力的物体上。

2. 质点的达朗贝尔原理

将式（14-1）代入质点的运动方程，有

$$\boldsymbol{F}+\boldsymbol{F}_{\mathrm{N}}+\boldsymbol{F}_{\mathrm{I}}=\mathbf{0} \tag{14-2}$$

将上式向坐标轴投影，有

$$\left.\begin{aligned}\sum F_x=F_x+F_{\mathrm{N}x}+F_{\mathrm{I}x}=0\\ \sum F_y=F_y+F_{\mathrm{N}y}+F_{\mathrm{I}y}=0\\ \sum F_z=F_z+F_{\mathrm{N}z}+F_{\mathrm{I}z}=0\end{aligned}\right\} \tag{14-3}$$

从式（14-2）中可以看出，在质点运动的任一瞬时，作用在质点上的主动力、约束力和虚加的惯性力在形式上组成一平衡力系，这就是质点的达朗贝尔原理。

需要注意，质点上的作用力只有主动力 $\boldsymbol{F}$ 和约束反力 $\boldsymbol{F}_{\mathrm{N}}$，而惯性力 $\boldsymbol{F}_{\mathrm{I}}$ 虚加在质点上，从而实现了用静力学方法求解动力学问题的目的。因此式（14-2）并不表示真实存在的一个平衡的实际力系$(\boldsymbol{F},\boldsymbol{F}_{\mathrm{N}},\boldsymbol{F}_{\mathrm{I}})$，而仅说明 $\boldsymbol{F}$、$\boldsymbol{F}_{\mathrm{N}}$ 和 $\boldsymbol{F}_{\mathrm{I}}$ 三者的矢量和等于零，所反映的仍然是实际受力与运动之间的动力学关系。

例 14-1 在做水平直线运动的车厢中挂着一只单摆，当列车做匀变速运动时，单摆将稳定在与铅垂线成α角的位置（图 14-2）。试求列车的加速度 $\boldsymbol{a}$ 与偏角α的关系。

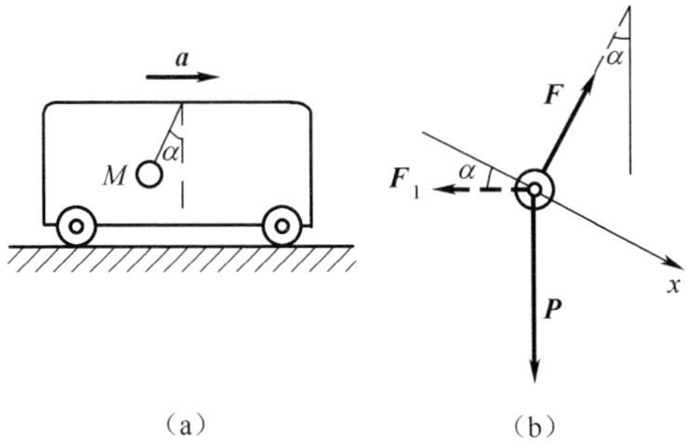

图 14-2

解：设单摆的质量为 m，其惯性力 $\boldsymbol{F}_{\mathrm{I}}$ 方向与 $\boldsymbol{a}$ 相反，大小为

$$F_{\mathrm{I}} = ma \tag{①}$$

以单摆为研究对象，应用达朗贝尔原理：其上受有重力 $\boldsymbol{P}$（$=m\boldsymbol{g}$）和绳的拉力 $\boldsymbol{F}$，这些力与惯性力 $\boldsymbol{F}_{\mathrm{I}}$ 构成一平衡力系，如图 14-2 所示，则

$$\sum F_x = 0\,,\quad -F_{\mathrm{I}}\cos\alpha + P\sin\alpha = 0 \tag{②}$$

将式①代入式②，解得

$$a = g\tan\alpha$$

可见α随着加速度大小 a 的变化而变化，只要测出偏角α就能知道列车的加速度。这就是摆式加速度计的原理。

本例表明，用达朗贝尔原理解决质点动力学问题（主要是第二类问题）时，比之应用牛顿第二定律，在一般情形下其优越性并不明显，但是在解决比较复杂的问题时，应用达朗贝尔原理解题会方便得多。

14.2　质点系的达朗贝尔原理

1. 质点系的达朗贝尔原理

设一质点系由 n 个质点组成，其中任一质点 i 的质量为 m_i，加速度为 $\boldsymbol{a}_i$，作用于此质点上的所有力分为主动力的合力 $\boldsymbol{F}_i$、约束力的合力 $\boldsymbol{F}_{\mathrm{N}i}$，对这个质点假想地加上它的惯性力

$$F_{\mathrm{I}i} = -m_i\boldsymbol{a}_i$$

由质点的达朗贝尔原理，有

$$\boldsymbol{F}_i + \boldsymbol{F}_{\mathrm{N}i} + \boldsymbol{F}_{\mathrm{I}i} = \boldsymbol{0}\ （i=1,\ 2,\ \cdots,\ n） \tag{14-4}$$

那么当一非自由质点系运动时，如果给系内每一质点加上该质点的惯性力和作用于每一质点上的主动力、约束反力，则整个质点系的主动力系、约束反力系和惯性力系也在形式上组成平衡力系。根据静力学中等效力系定理可知，此时力系的主矢 $\boldsymbol{F}_{\mathrm{R}}$ 和力系对任意一点的主矩 $\boldsymbol{M}_O$ 应分别等于零，即

$$\left.\begin{aligned} \boldsymbol{F}_{\mathrm{R}} &= \sum\boldsymbol{F}_i + \sum\boldsymbol{F}_{\mathrm{N}i} + \sum\boldsymbol{F}_{\mathrm{I}i} = \boldsymbol{0} \\ \boldsymbol{M}_O &= \sum\boldsymbol{M}_O(\boldsymbol{F}_i) + \sum\boldsymbol{M}_O(\boldsymbol{F}_{\mathrm{N}i}) + \sum\boldsymbol{M}_O(\boldsymbol{F}_{\mathrm{I}i}) = \boldsymbol{0} \end{aligned}\right\} \tag{14-5}$$

式(14-5)即质点系的达朗贝尔原理形式：作用于质点系上的外力系（外主动力系与外约束反力系）与惯性力系在形式上组成平衡力系。用式（14-5）求解非自由质点系动约束力或动应力的方法称为质点系的达朗贝尔原理。

质点系中每个质点上作用的主动力、约束力和它的惯性力在形式上组成平衡力系，这就是质点系的达朗贝尔原理。

2. 达朗贝尔原理的另一表述

把作用于第 i 个质点上的所有力（主动力与约束反力）分为外力 $F_i^{(e)}$ 和内力 $F_i^{(i)}$，则

$$\boldsymbol{F}_i^{(e)}+\boldsymbol{F}_{\mathrm{N}i}^{(i)}+\boldsymbol{F}_{\mathrm{I}i}=\mathbf{0}\quad（i=1,\ 2,\ \cdots,\ n）\tag{14-6}$$

这表明，质点系中每个质点上作用的外力、内力和它的惯性力在形式上组成平衡力系。

由静力学知，空间任意力系平衡的充分必要条件是该力系的主矢和对于任意一点的主矩等于零，即

$$\sum\boldsymbol{F}_i^{(e)}+\sum\boldsymbol{F}_i^{(i)}+\sum\boldsymbol{F}_{\mathrm{I}i}=\mathbf{0}\tag{14-7}$$

$$\sum\boldsymbol{M}_O(\boldsymbol{F}_i^{(e)})+\sum\boldsymbol{M}_O(\boldsymbol{F}_i^{(i)})+\sum\boldsymbol{M}_O(\boldsymbol{F}_{\mathrm{I}i})=\mathbf{0}\tag{14-8}$$

由于质点系的内力总是成对存在，且等值、反向、共线，因此有

$$\sum\boldsymbol{F}_i^{(i)}=\mathbf{0}，\quad\sum\boldsymbol{M}_O(\boldsymbol{F}_i^{(i)})=\mathbf{0}$$

于是式（14-7）和式（14-8）简化为

$$\left.\begin{aligned}\sum\boldsymbol{F}_i^{(e)}+\sum\boldsymbol{F}_{\mathrm{I}i}=\mathbf{0}\\ \sum\boldsymbol{M}_O(\boldsymbol{F}_i^{(e)})+\sum\boldsymbol{M}_O(\boldsymbol{F}_{\mathrm{I}i})=\mathbf{0}\end{aligned}\right\}\tag{14-9}$$

上式表明，作用在质点系上的所有外力与虚加在每个质点上的惯性力在形式上组成平衡力系，这是质点系达朗贝尔原理的又一表述。

14.3 刚体惯性力系的简化

利用质点系的达朗贝尔原理求解质点系动力学问题，需要计算质点系内每个质点的惯性力并虚加在该质点上，但是这种做法在实际中并不行得通，因为将每一个质点的惯性力计算出来并加在其上，然后求解一个复杂的力系将是极为困难的。因此将其简化为由 n 个质点的惯性力组成的惯性力系，并用简化结果代替惯性力系的作用，将会为解决问题带来极大的方便。下面就来讨论质点系惯性力系的简化。

由力系的简化结论得知，一般情况下选取任一简化中心，将会得到一个主矢和一个主矩，主矢与简化中心的选取无关，而主矩与其有关。因此，无论质点系做何种运动，惯性力系简化的主矢表达形式都是相同的。

以 $\boldsymbol{F}_{\mathrm{IR}}$ 表示惯性力系的主矢，由达朗贝尔原理中第一式及质心运动定理，有

$$\boldsymbol{F}_{\mathrm{IR}}=\sum\boldsymbol{F}_i=\sum-m_i\boldsymbol{a}_i=-m\boldsymbol{a}_C\tag{14-10}$$

此式表明，对质点系做任意运动时惯性力系简化主矢的计算都是如此。

但是惯性力系简化的主矩与简化中心的位置有关。下面讨论刚体做平移、定轴转动和平面运动时惯性力系简化的主矩。

1. 刚体做平移

刚体平移时，每一瞬时刚体内任一质点 i 的加速度 $\boldsymbol{a}_i$ 与质心 C 的加速度 $\boldsymbol{a}_C$ 相同，有

$$\boldsymbol{a}_i=\boldsymbol{a}_C$$

任选一点 O 为简化中心，主矩用 $\boldsymbol{M}_{\mathrm{I}O}$ 表示，有

$$\boldsymbol{M}_{\mathrm{I}O}=\sum\boldsymbol{r}_i\times\boldsymbol{F}_{\mathrm{I}i}=\sum r_i\times(-m_i\boldsymbol{a}_i)=-(\sum m_i\boldsymbol{r}_i)\times\boldsymbol{a}_C=-m\boldsymbol{r}_C\times\boldsymbol{a}_C \tag{14-11}$$

式中，$\boldsymbol{r}_C$ 为质心 C 到简化中心 O 的矢径，此主矩一般不为零。

若选质心为简化中心，$\boldsymbol{r}_C=\boldsymbol{0}$，其主矩为零，惯性力系的简化结果为一合力。

因此，平移刚体的惯性力系可以简化为通过质心的合力，其大小等于刚体的质量与加速度的乘积，合力的方向与加速度的方向相反。

2. 刚体做定轴转动

（1）转轴上任选一点为简化中心。刚体定轴转动时，设刚体的角速度为ω，角加速度为α，刚体内任一质点的质量为 m_i，到转轴的距离为 r_i，则刚体内任一质点的惯性力为 $\boldsymbol{F}_{\mathrm{I}i}=-m_i\boldsymbol{a}_i$。

在转轴上任选一点 O 为简化中心，由静力学空间力系的知识可知，力对点的矩矢在通过该点的某轴上的投影等于力对该轴之矩。

建立直角坐标系如图 14-3 所示，质点的坐标为 x_i、y_i、z_i，分别计算惯性力系对 x、y、z 轴的矩，并分别用 $M_{\mathrm{I}x}$、$M_{\mathrm{I}y}$、$M_{\mathrm{I}z}$ 表示。

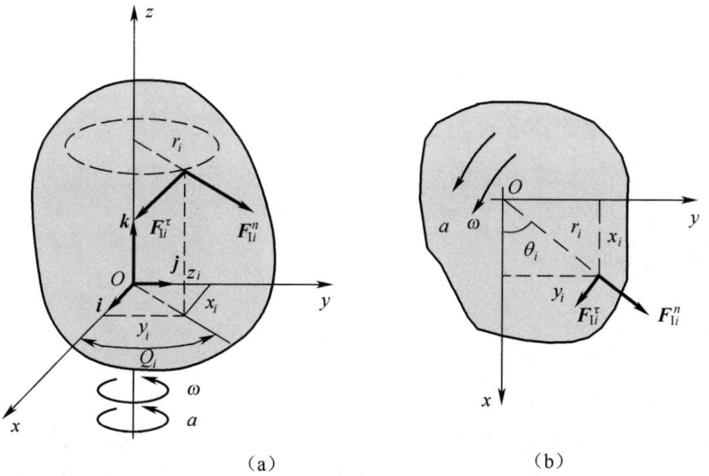

图 14-3

（2）切向惯性力和法向惯性力。质点的惯性力 $\boldsymbol{F}_{\mathrm{I}i}=-m_i\boldsymbol{a}_i$ 可分解为切向惯性力 $\boldsymbol{F}_{\mathrm{I}i}^{\tau}$ 和法向惯性力 $\boldsymbol{F}_{\mathrm{I}i}^{n}$。

切向惯性力和法向惯性力的大小分别为

$$F_{\mathrm{I}i}^{\tau}=m_ia_i=m_ir_i\alpha\ ,\quad F_{\mathrm{I}i}^{n}=m_ia_i^n=m_ir_i\omega^2$$

（3）惯性力系向转轴上一点简化的主矩。惯性力系对 x 轴的矩为

$$\begin{aligned}M_{\mathrm{I}x}&=\sum M_x(\boldsymbol{F}_{\mathrm{I}i})=\sum M_x(\boldsymbol{F}_{\mathrm{I}i}^{\tau})+\sum M_x(\boldsymbol{F}_{\mathrm{I}i}^{n})\\&=\sum m_ir_i\alpha\cos\theta\cdot z_i+\sum -m_ir_i\omega^2\sin\theta_i\cdot z_i\end{aligned}$$

而

$$\cos\theta_i=\frac{x_i}{r_i},\quad \sin\theta_i=\frac{y_i}{r_i}$$

记

$$J_{yz}=\sum m_iy_iz_i,\quad J_{xz}=\sum m_ix_iz_i$$

称其为对于 z 轴的惯性积，它取决于刚体质量对于坐标轴的分布情况。于是，惯性力系对 x 轴的矩为

$$M_{\mathrm{I}x}=J_{xz}\alpha-J_{yz}\omega^2$$

同理可得惯性力系对 y 轴的矩为

$$M_{\mathrm{I}y}=J_{yz}\alpha+J_{xz}\omega^2$$

惯性力系对 z 轴的矩为

$$M_{\mathrm{I}z}=\sum M_z(\boldsymbol{F}_{\mathrm{I}i}^{\tau})+\sum M_z(\boldsymbol{F}_{\mathrm{I}i}^{n})$$

由于各质点的法向惯性力均通过 z 轴，$\sum M_z(\boldsymbol{F}_{\mathrm{I}i}^{n})=0$，则有

$$M_{\mathrm{I}x}=\sum M_z(\boldsymbol{F}_{\mathrm{I}i}^{\tau})=\sum -m_ir_i\alpha\cdot r_i=-\left(\sum m_ir_i^2\right)\alpha=J_z\alpha$$

综上可得，刚体定轴转动时，惯性力系向转轴上一点 O 简化的主矩为

$$\boldsymbol{M}_{\mathrm{I}O}=M_{\mathrm{I}x}\boldsymbol{i}+M_{\mathrm{I}y}\boldsymbol{j}+M_{\mathrm{I}z}\boldsymbol{k}$$

如果刚体有质量对称平面且该平面与转轴 z 垂直，简化中心 O 取为此平面与转轴 z 的交点，惯性积为零，即

$$J_{yz}=\sum m_iy_iz_i=0,\quad J_{xz}=\sum m_ix_iz_i=0$$

则惯性力系简化的主矩为

$$M_{\mathrm{I}O}=M_{\mathrm{I}z}=-J_z\alpha \tag{14-12}$$

工程中绕定轴转动的刚体常常有质量对称平面。

综上所述，当刚体有质量对称平面且绕垂直于此对称面的轴做定轴转动时，惯性力系向转轴简化为此对称面内的一个力和一个力偶。这个力等于刚体质量与质心加速度的乘积，其方向与质心加速度的方向相反，作用线通过转轴；这个力

偶的矩等于刚体对转轴的转动惯量与角加速度的乘积，转向与角加速度相反。

3. 刚体做平面运动（平行于质量对称平面）

做平面运动的刚体常常有质量对称平面，且平行于此平面运动。与刚体绕定轴转动相似，刚体做平面运动，其上各质点的惯性力组成的空间力系可简化为质量对称平面内的平面力系。

取质量对称平面内的平面图形如图 14-4 所示。由运动学知，平面图形的运动可以分解为随基点的平移和绕基点的转动。

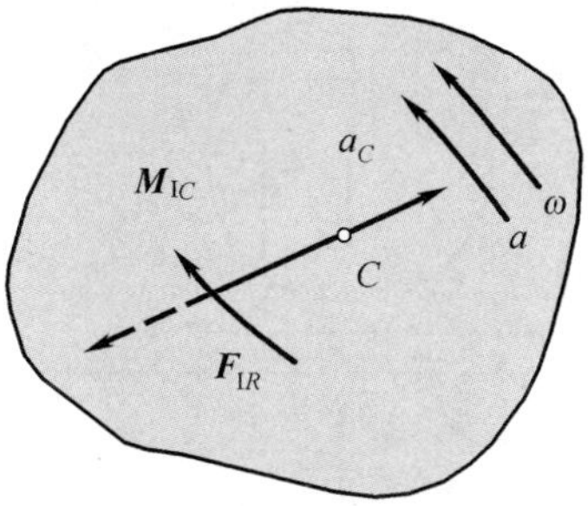

图 14-4

取质心 C 为基点，设质心的加速度为 a_C，绕质心转动的角速度为ω，角加速度为α，与刚体绕定轴转动相似，此时惯性力系向质心 C 简化的主矩为

$$M_{IC} = -J_C\alpha \tag{14-13}$$

式中，J_C 为刚体通过质心且垂直于质量对称平面的转动惯量。

因此，有质量对称平面的刚体，平行于此平面运动时，刚体的惯性力系简化为一个力和一个力偶。这个力通过质心，其大小等于刚体的质量与质心加速度的乘积，其方向与质心加速度的方向相反；这个力偶的矩等于刚体通过质心且垂直于质量对称平面的轴的转动惯量与角加速度的乘积，转向与角加速度相反。

通过上面的论述，应用达朗贝尔原理，通过建立静力学平衡方程可求解非自由质点系动力学方程。当质点系运动已知时，应用达朗贝尔原理求未知约束反力是十分方便的。应用达朗贝尔原理的一般步骤为：

（1）选定研究对象。

（2）分析系统所受的主动力和约束反力，画出受力图。

（3）分析系统的运动，主要是分析各点的加速度，特别是质心的加速度。在刚体做平面运动的情况下要分析刚体的角加速度。

（4）根据运动分析的结果将相应的惯性力加到每个质点上，实际计算时，对应于系统内不同物体的运动形式，将惯性力系的简化结果（主矢和主矩）加在简化点上。

（5）根据达朗贝尔原理，选定适当的坐标及取矩中心，写出相应的平衡方程。

（6）解平衡方程，求出需求的未知量。

例 14-2 如图 14-5 所示，电动机的定子及其外壳总质量为 m_1，质心位于 O 处，用地脚螺钉固定于水平基础上；转子质量为 m_2，质心位于 C 处，偏心距 $OC=e$，运动开始时质心 C 在最低位置。转子以匀角速度ω转动，求基础和地脚螺钉对电动机的总约束力。

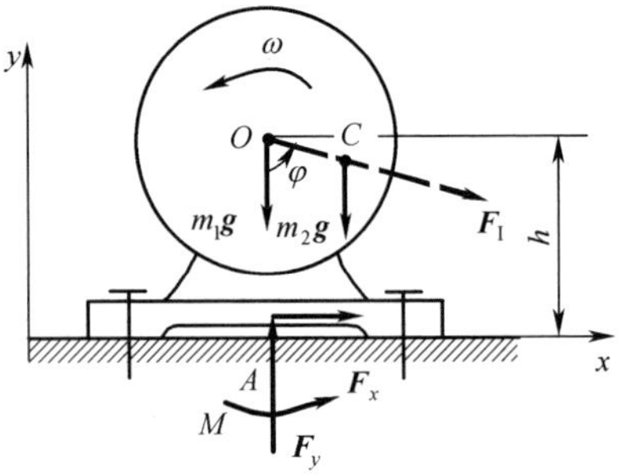

图 14-5

解： 以电动机为研究对象。除受重力 $m_1\boldsymbol{g}$ 和 $m_2\boldsymbol{g}$ 外，基础及地脚螺钉对电动机作用的约束反力向点 A 简化为一力偶 M 和一力 $\boldsymbol{F}_A$（图中 $\boldsymbol{F}_{Ax}$ 与 $\boldsymbol{F}_{Ay}$ 为其分力）。

转子绕定轴 O 以角速度ω匀速转动，惯性力系简化为一个通过点 O 的力，大小为

$$F_1 = m_2 e\omega^2$$

其方向与质心 C 的加速度 $\boldsymbol{a}_C$ 相反（如图所示）。

根据达朗贝尔原理，可列出平衡方程

$$\sum F_x = 0,\ \ F_{Ax} + F_1 \sin\varphi = 0$$

$$\sum F_y = 0,\ \ F_{Ay} - (m_1 + m_2)g - F_1 \cos\varphi = 0$$

$$\sum M_A(\boldsymbol{F}) = 0,\ \ M - m_2 g e \sin\varphi - F_1 h \sin\varphi = 0$$

因为$\varphi = \omega t$，代入上述方程组中，解得

$$F_{Ax} = -m_2 e\omega^2 \sin\omega t$$

$$F_{Ay} = (m_1 + m_2)g - m_2 e\omega^2 \cos\omega t$$

$$M = m_2 e \sin\omega t (g + \omega^2 h)$$

例 14-3 如图 14-6（a）所示，滚子半径为 R，质量为 m，质心在其对称中心 C 点。在滚子的鼓轮上缠绕细绳，已知水平力 $\boldsymbol{F}$ 沿细绳作用，使滚子在粗糙水平面上做无滑动的滚动。鼓轮的半径为r，滚子对质心轴的回转半径为ρ。试求滚

子质心的加速度 $\boldsymbol{a}_C$ 和滚子所受到的摩擦力 $\boldsymbol{F}_1$。

解：以滚子为研究对象，作用于滚子上的外力有重力 $\boldsymbol{P}$（$\boldsymbol{P}=m\boldsymbol{g}$）、水平拉力 $\boldsymbol{F}$、地面的法向反力 $\boldsymbol{F}_N$ 和静摩擦力 $\boldsymbol{F}_1$，如图 14-6（b）所示。

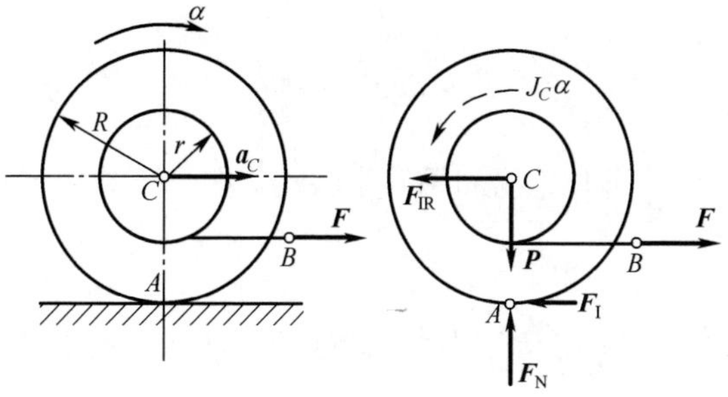

图 14-6

滚子做平面运动，设其质心加速度为 $\boldsymbol{a}_C$，角加速度为α，方向如图所示。由无滑动的滚动的运动学条件可知

$$a_C = R\alpha \qquad ①$$

于是，滚子的惯性力系简化为作用在 C 点的主矢和主矩，其大小分别为

$$F_{IR} = ma_C，\quad M_{IO} = J_C\alpha = m\rho^2\alpha \qquad ②$$

方向分别与质心加速度 $\boldsymbol{a}_C$ 和角加速度α相反。

根据达朗贝尔原理，列出平衡方程

$$\sum M_A(F) = 0,\ F_{IR}R + M_{IO} - F(R-r) = 0$$

将式①和式②带入上式，解得

$$\alpha = \frac{F(R-r)}{m(R^2+\rho^2)}$$

所以，质心加速度为

$$\alpha = \frac{FR(R-r)}{m(R^2+\rho^2)} \qquad ③$$

$$\sum F_x = 0，\quad F - F_1 - ma = 0$$

将式③带入上式，解得摩擦力为

$$F_1 = F\frac{Rr+\rho^2}{R^2+\rho^2} \qquad ④$$

现在来讨论使滚子与地面间不发生滑动的条件：设静滑动摩擦因数为 f，则无滑动的条件为

$$F_1 \leqslant fF_N$$

由平衡方程得 $F_N=mg$，连同式④代入上式条件，可得

$$f \geqslant \frac{F}{mg}\left(\frac{Rr+\rho^2}{R^2+\rho^2}\right)$$

或

$$f \leqslant fmg\left(\frac{R^2+\rho^2}{Rr+\rho^2}\right)$$

也就是说，为使滚子与地面间不发生滑动，在 F 一定时，f 必须足够大；在 f 一定时，F 不能过大。

14.4　绕定轴转动刚体的轴承动约束力

1. 绕定轴转动刚体的轴承动约束力

电动机、柴油机、鼓风机等绕定轴转动的机械，转动起来之后轴承受力与不转时轴承受力不一样。转动机械当受到轴承动约束力作用时，可能产生破坏、振动和噪声。因此，必须了解消除动约束力的条件，从而寻求避免转动机械产生破坏、振动和噪声的方法。

设任一刚体绕 AB 定轴转动，角速度为 ω，角加速度为 α，取此刚体为研究对象，转轴上一点 O 为简化中心，其上所有的主动力向 O 点简化的主矢与主矩以 $\boldsymbol{F}_{\mathrm{R}}$ 和 $\boldsymbol{M}_O$ 表示，惯性力系向 O 点简化的主矢与主矩以 $\boldsymbol{F}_{\mathrm{IR}}$ 和 $\boldsymbol{M}_{\mathrm{IO}}$ 表示（F_{IR} 沿 z 轴方向没有分量）。

如图 14-7 所示，轴承 A、B 处的五个全约束力分别以 $\boldsymbol{F}_{Ax}$、$\boldsymbol{F}_{Ay}$、$\boldsymbol{F}_{Bx}$、$\boldsymbol{F}_{By}$、$\boldsymbol{F}_{Bz}$ 表示。

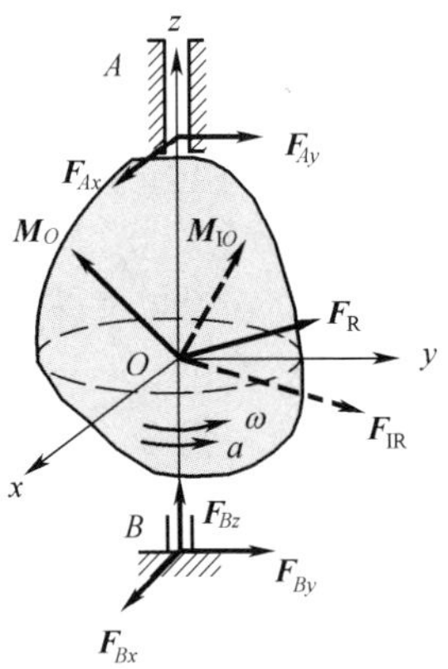

图 14-7

为求出轴承 A、B 处的全约束力，建立坐标系如图所示，根据质点的达朗贝尔原理，形成一个空间任意力系，列平衡方程如下：

$$\sum F_x = 0,\ F_{Ax} + F_{Bx} + F_{Rx} + F_{Ix} = 0$$
$$\sum F_y = 0,\ F_{Ay} + F_{By} + F_{Ry} + F_{Iy} = 0$$
$$\sum F_z = 0,\ F_{Bz} + F_{Rz} = 0$$
$$\sum M_x = 0,\ F_{By} \cdot OB - F_{Ay} \cdot OA + M_x + M_{Ix} = 0$$
$$\sum M_y = 0,\ F_{Ax} \cdot OB - F_{Bx} \cdot OB + M_y + M_{Iy} = 0$$

由上述五个方程解得轴承全约束力为

$$F_{Ax} = -\frac{1}{AB}[(M_y + F_{Rx} \cdot OB) + (M_{Iy} + F_{Ix} \cdot OB)]$$
$$F_{Ay} = \frac{1}{AB}[(M_x - F_{Ry} \cdot OB) + (M_{Ix} - F_{Iy} \cdot OB)]$$
$$F_{Bx} = \frac{1}{AB}[(M_y - F_{Rx} \cdot OA) + (M_{Iy} - F_{Ix} \cdot OA)]$$
$$F_{By} = -\frac{1}{AB}[(M_x + F_{Ry} \cdot OA) + (M_{Ix} + F_{Iy} \cdot OA)]$$
$$F_{Bz} = -F_{Rz}$$

2. 轴承动约束力等于零的条件

由于惯性力没有沿 z 轴方向的分量，所以止推轴承 B 沿 z 轴的约束力 F_{Bz} 与惯性力无关，而与 z 轴垂直的轴承约束力 $\boldsymbol{F}_{Ax}$、$\boldsymbol{F}_{Ay}$、$\boldsymbol{F}_{Bx}$、$\boldsymbol{F}_{By}$ 显然与惯性力系的主矢 $\boldsymbol{F}_{IR}$ 和主矩 $\boldsymbol{M}_{IO}$ 有关。

由于惯性力系的主矢 F_{IR} 与主矩 M_{IO} 引起的轴承约束力称为动约束力，要使动约束力等于零，必须有

$$F_{Ix} = F_{Iy} = 0,\ M_{Ix} = M_{Iy} = 0$$

即要使动约束力等于零的条件是：惯性力系的主矢等于零，惯性力系对于 x 轴和 y 轴的主矩等于零。

根据对中心惯性主轴的讨论，有

$$F_{Ix} = -ma_{Cx} = 0,\ F_{Iy} = -ma_{Cy} = 0$$
$$M_{Ix} = J_{xz}\alpha - J_{yz}\omega^2 = 0$$
$$M_{Iy} = J_{yz}\alpha + J_{xz}\omega^2 = 0$$

由此可见，要使惯性力系的主矢等于零，必须有 $\boldsymbol{a}_C = \boldsymbol{0}$，即转轴必须通过质心；而要使 $M_{Ix} = 0$，$M_{Iy} = 0$，必须有 $J_{xz} = J_{yz} = 0$，即刚体对于转轴 z 的惯性积必须等于零。

因此，刚体绕定轴转动时，避免出现轴承动约束力的条件是：转轴通过质心，

刚体对转轴的惯性积等于零。

设刚体的转轴通过质心，且刚体除重力外没有受到其他主动力的作用，则刚体可以在任意位置静止不动，称这种现象为静平衡。

当刚体的转轴通过质心且为惯性主轴时，刚体转动时不出现轴承动约束力，称这种现象为动平衡。

能够静平衡的定轴转动刚体不一定能够实现动平衡，但是能够动平衡的定轴转动刚体肯定能够实现静平衡。事实上，由于材料的不均匀或制造、安装误差等原因，都可能使定轴转动刚体的转轴偏离中心惯性主轴。为了避免出现轴承动约束力，确保机器运行安全可靠，在有条件的地方，可在专门的静平衡与动平衡试验机上进行静、动平衡试验。

根据试验数据，在刚体的适当位置附加一些质量或去掉一些质量，使其达到静、动平衡试验的要求。静平衡试验机可以调整质心在转轴上或尽可能地在转轴上；动平衡试验机可以调整对转轴的惯性积，使其对转轴的惯性积为零或尽可能地为零。在工程中，制造定轴转动刚体时，故意制造出偏心距，如某些打夯机，正是利用偏心块的运动来夯实地基，这种情况不是消除振动，而是利用振动提高机器的工作效率。

习　题

14-1　均质圆盘做定轴转动，其中题 14-1 图（a）和（c）的转动角速度为常数，而题 14-1 图（b）和（d）的角速度不为常量。试对图示四种情况进行惯性力的简化。

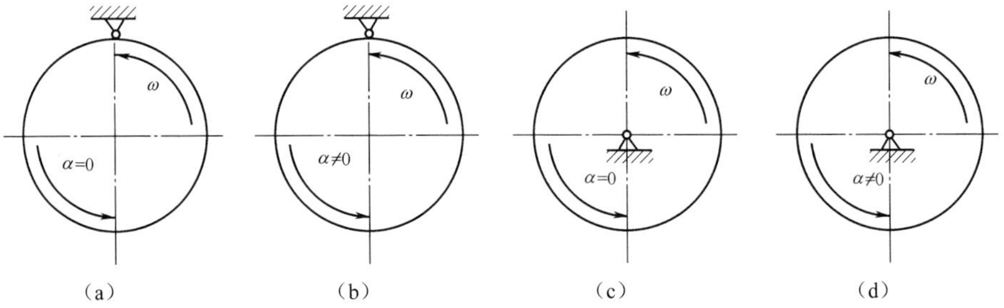

题 14-1 图

14-2　两种情形的定滑轮质量均为 m，半径均为 r。题 14-2 图（a）中的绳子所受拉力为 W，题 14-2 图（b）中物块重力为 W。试分析两种情形下定滑轮的角加速度、绳子的张力和定滑轮轴承处的约束力是否相同。

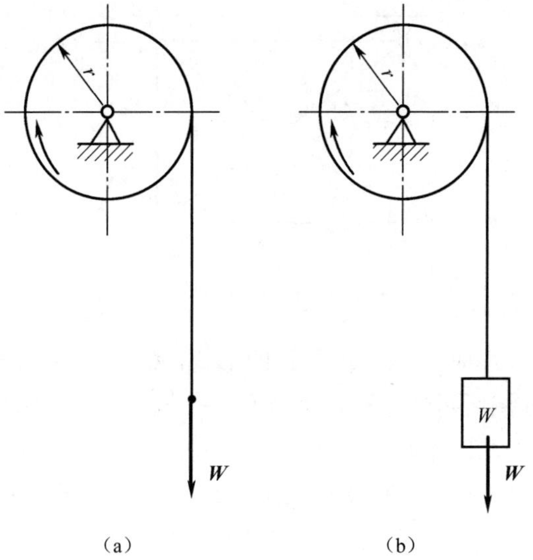

题 14-2 图

14-3　题 14-3 图所示的调速器由两个质量均为 m_1 的均质圆盘构成，圆盘被偏心地悬于与调速器转动轴相距为 a 的十字形框架上，而此调速器以等角速度 ω 绕铅垂轴转动。圆盘的中心到悬挂点的距离为 l，调速器的外壳质量为 m_2，放在这两个圆盘上并可沿铅垂轴上下滑动。如果不计摩擦，试求调速器的角速度 ω 与圆盘偏离铅垂线的角度 φ 之间的关系。

14-4　题 14-4 图所示的两重物通过无重滑轮用绳索连结，滑轮又铰接在无重支架上。已知物 G_1、G_2 的质量分别为 $m_1 = 50\text{kg}$，$m_2 = 70\text{kg}$，杆 AB 长 $l_2 = 120\text{cm}$，AC 间的距离 $l_2 = 80\text{cm}$，夹角 $\theta = 30°$。试求杆 CD 所受的力。

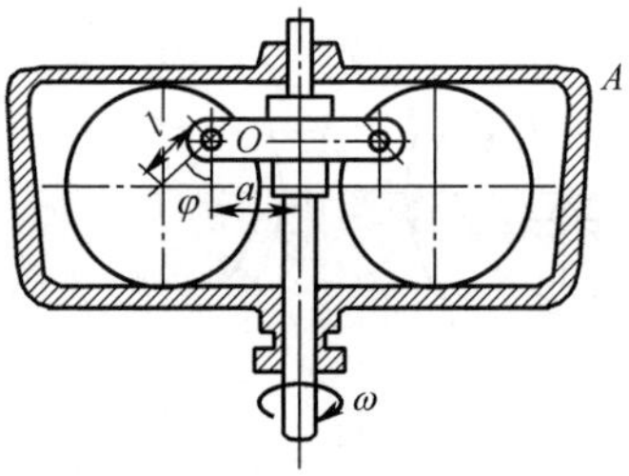

题 14-3 图

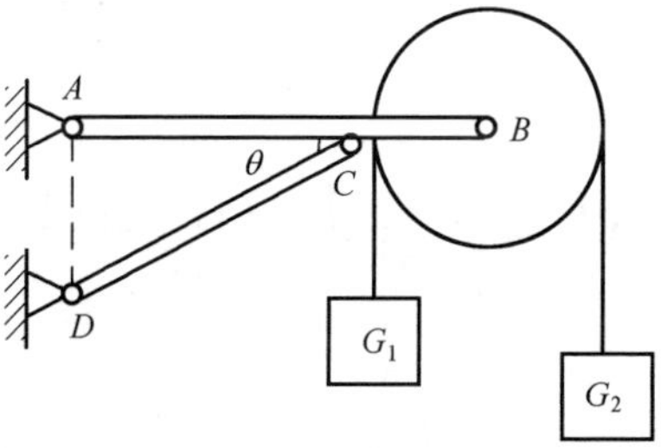

题 14-4 图

14-5　矩形均质平板尺寸如题 14-5 图所示，质量为 27kg，由两个销子 A、B 悬挂。若突然撤去其中一个销子，求撤去一个销子瞬时平板的角加速度和另一个销子的约束力。

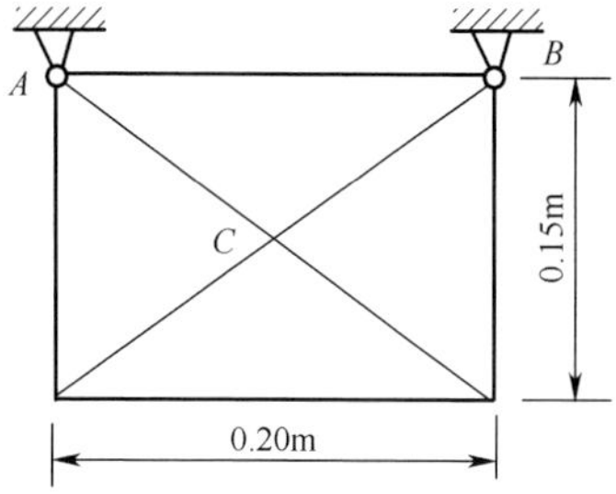

题 14-5 图

14-6　两均质杆焊成题 14-6 图所示的形状，绕水平轴在铅垂平面内做等角速度转动。在题 14-6 图所示的位置时角速度 $\omega=\sqrt{0.3}\text{rad/s}$ 。假设杆的单位长度重力的大小为 100N/m。试求轴承 A 的约束力。

14-7　在题 14-7 图所示的凸轮导板机构中，偏心轮的偏心距 $OA=e$ 。偏心轮绕 O 轴以等角速度转动。当导板 CD 在最低位置时弹簧的压缩为 b，导板质量为 m。为使导板在运动过程中始终不离开偏心轮，试求弹簧刚度系数的最小值。

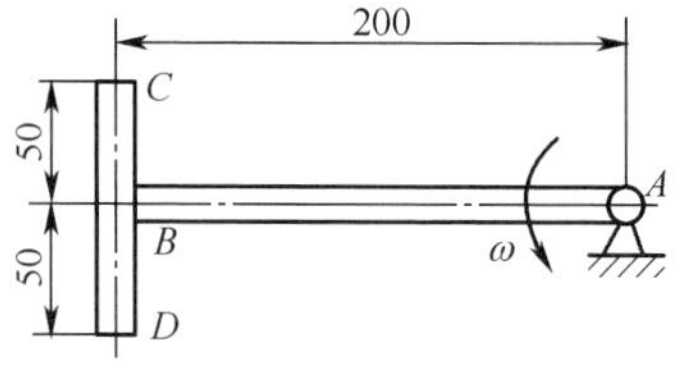

题 14-6 图

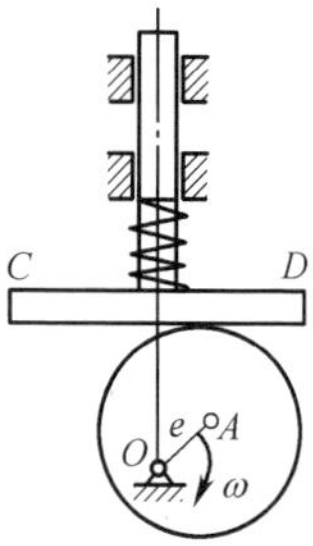

题 14-7 图

14-8　题 14-8 图所示的均质定滑轮铰接在铅直无重悬臂梁上，用绳子与滑块相接。已知轮半径为 1m，重力的大小为 20kN，滑块重力的大小为 10kN，梁长为 2m，斜面倾角 $\tan\theta=3/4$ ，动摩擦因数为 0.1。若在轮上作用一常力偶矩，$M=10\text{kN}\cdot\text{m}$ 。试求：（1）滑块上升的加速度；（2）A 处的约束力。

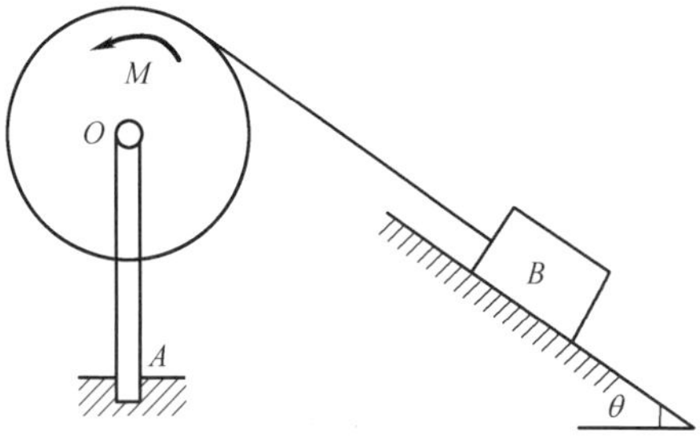

题 14-8 图

14-9 重力大小为 100N 的平板置于水平面上，其间的摩擦因数 $f = 0.20$ ，板上有一重力为 300N，半径为 20cm 的均质圆柱。圆柱与平板间无相对滑动，滚动摩阻可略去不计。若平板上作用一水平力 $F = 200\text{N}$ ，如题 14-9 图所示。求平板的加速度及圆柱相对于平板滚动的角加速度。

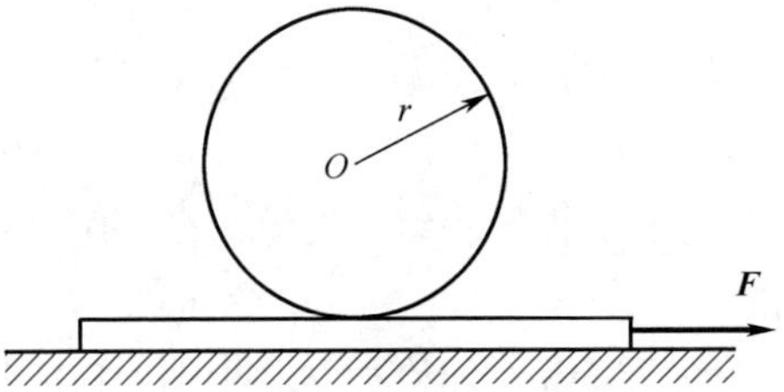

题 14-9 图

14-10 直径为 1.22m，重 890N 的均质圆柱以题 14-10 图所示的方式装置在卡车的箱板上，为防止运输时圆柱前后滚动，在其底部垫上高 10.2cm 的小木块，试求圆柱不致产生滚动时卡车的最大加速度。

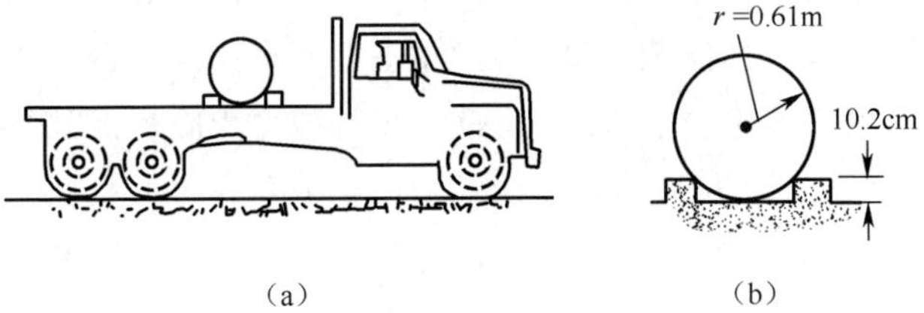

题 14-10 图

参 考 文 献

[1] 哈尔滨工业大学理论力学教研室编．理论力学（I）[M]．7 版．北京：高等教育出版社，2009.

[2] 哈尔滨工业大学理论力学教研室编．理论力学（II）[M]．7 版．北京：高等教育出版社，2009.

[3] 同济大学理论力学教研室编．理论力学（上册）[M]．上海：同济大学出版社，1992.

[4] 同济大学理论力学教研室编．理论力学（下册）[M]．上海：同济大学出版社，1992.

[5] 郝桐生．理论力学[M]．2 版．北京：高等教育出版社，1982.

[6] 王家荣，李家祺，张扬健．理论力学[M]．北京：高等教育出版社，1994.

[7] 范钦珊，薛克宗，程保荣．理论力学[M]．北京：高等教育出版社，2000.

[8] 刘又文，彭献．理论力学[M]．北京：高等教育出版社，2006.

[9] 尹冠生，王爱勤，冯振宇．理论力学[M]．西安：西北工业大学出版社，2000.

[10] 陈立群，戈新生，徐凯宇，等．理论力学[M]．北京：清华大学出版社，2006.

[11] 邹春伟．理论力学[M]．北京：中国铁道出版社，2008.

[12] 王月梅．理论力学[M]．北京：机械工业出版社，2004.

[13] 周志红．理论力学[M]．北京：人民交通出版社，2009.

[14] 韦林，周松鹤，唐晓弟．理论力学[M]．上海：同济大学出版社，2007.

[15] 唐国兴，王永廉．理论力学[M]．2 版．北京：机械工业出版社，2011.

[16] 张克猛，张义忠．理论力学[M]．北京：科学出版社，2007.

[17] 陈长征，罗跃纲，邹进和，等．理论力学[M]．北京：科学出版社，2004.